中国社会科学院 学者文选
刘国光集
中国社会科学院科研局组织编选

中国社会科学出版社

图书在版编目(CIP)数据

刘国光集／中国社会科学院科研局组织编选.—北京：中国社会科学出版社，2005.7（2018.8 重印）

（中国社会科学院学者文选）

ISBN 978-7-5004-5156-3

Ⅰ.①刘… Ⅱ.①中… Ⅲ.①刘国光—文集②经济学—文集 Ⅳ.①F0-53

中国版本图书馆 CIP 数据核字(2005)第 081134 号

出 版 人	赵剑英
责任编辑	王 曦
责任校对	林福国
责任印制	王 超
出　　版	中国社会科学出版社
社　　址	北京鼓楼西大街甲 158 号
邮　　编	100720
网　　址	http://www.csspw.cn
发 行 部	010-84083685
门 市 部	010-84029450
经　　销	新华书店及其他书店
印刷装订	北京市十月印刷有限公司
版　　次	2005 年 7 月第 1 版
印　　次	2018 年 8 月第 2 次印刷
开　　本	880×1230　1/32
印　　张	14.375
字　　数	353 千字
定　　价	79.00 元

凡购买中国社会科学出版社图书，如有质量问题请与本社营销中心联系调换
电话：010-84083683

版权所有　侵权必究

出版说明

一、《中国社会科学院学者文选》是根据李铁映院长的倡议和院务会议的决定，由科研局组织编选的大型学术性丛书。它的出版，旨在积累本院学者的重要学术成果，展示他们具有代表性的学术成就。

二、《文选》的作者都是中国社会科学院具有正高级专业技术职称的资深专家、学者。他们在长期的学术生涯中，对于人文社会科学的发展做出了贡献。

三、《文选》中所收学术论文，以作者在社科院工作期间的作品为主，同时也兼顾了作者在院外工作期间的代表作；对少数在建国前成名的学者，文章选收的时间范围更宽。

中国社会科学院

科研局

1999 年 11 月 14 日

目 录

关于社会主义再生产比例和速度的数量关系的
　　初步探讨 …………………………………………… （1）
论积累对消费资料的需求和消费资料的生产
　　对积累的制约 ……………………………………… （31）
马克思关于社会再生产的原理及其在社会主义
　　经济中的应用 ……………………………………… （47）

论社会主义经济中计划与市场的关系 ………………… （60）
再论计划调节与市场调节问题 ………………………… （89）
再论买方市场 …………………………………………… （106）
再谈计划与市场的关系问题 …………………………… （127）

关于发展社会主义商品经济问题 ……………………… （139）
关于社会主义商品经济理论问题 ……………………… （180）
关于社会主义市场经济理论的几个问题 ……………… （199）

略论两种模式转换 ……………………………………… （217）
试论我国经济的双重模式转换 ………………………… （222）

转变增长方式　加快体制改革 …………………………（230）

对经济体制改革中几个重要问题的看法 …………………（237）
坚持经济体制改革的基本方向 ………………………………（253）
稳中求进的改革思路 …………………………………………（264）
谈谈中国经济学界对近期中期经济改革的不同思路 ……（277）

正视通货膨胀问题 ……………………………………………（281）
坚决抑制通货膨胀 ……………………………………………（290）
略论通货紧缩趋势问题 ………………………………………（295）

关于当前的经济调整和经济改革
　——学习十三届五中全会决定的体会 …………………（302）
当前宏观经济形势的几个焦点问题 …………………………（324）
论"软着陆" ……………………………………………………（335）
从短缺到宽松 …………………………………………………（344）
对我国经济形势与宏观调控一些问题的看法 ……………（349）
中国经济增长形势分析 ………………………………………（367）
宏观调控政策转向中性及其他 ………………………………（387）

中国经济结构调整问题 ………………………………………（394）
研究宏观经济形势要关注收入分配问题 …………………（402）
谈谈政府职能与财政功能的转变 ……………………………（418）
进一步重视社会公平问题 ……………………………………（429）

作者主要著作目录 ……………………………………………（442）
作者年表 ………………………………………………………（444）

前　言

　　刘国光先生是我国老一代经济学家中的翘楚，是当代中国最著名和最有影响力的经济学家之一。国光先生自1955年苏联留学归国半个世纪以来，潜心钻研马克思主义经济理论，对社会再生产和综合平衡问题的研究，具有很高造诣，做出了重大理论贡献。"文化大革命"以后研究重点是在现实经济，提出了一系列有关我国经济体制改革的重大意见，受到学术界、中央政府和社会的重视与尊重，在国际、国内有着广泛而持久的影响力。他长期领导并主持的中国社会科学院经济学科片课题研究，就经济体制改革和宏观经济管理等方面问题向中央政府提出了许多宝贵建议，并逐步建立了"稳健派"、"宽松学派"，在社会上赢得了良好的声誉。1979年6月，国光先生就提出了计划与市场相结合的改革模式，指出要破除对计划经济的迷信，主张多用经济办法管理经济；1984年，他提出要为改革创造宽松的经济环境；1985年又提出相互制约、互为影响的双重模式转换；在1988年3月召开的中共十二届二中全会上，他坚持稳定物价方针不动摇，驳斥"通货膨胀有益论"；在1992年党的十四大上，他是社会主义市场经济体制的坚定支持者和积极鼓吹者，强调在政府宏观调控下要使得市场对资源配置起到更加基础性的作用。自1993年起，国光先生不再担任中国社会科学院的领导职务，改任中国社会科学院特邀顾问，仍然关注国计民生，每年的经济形势分析与预测报告会上都发表有分量的观点，受到社会普遍关注。1997年至2002年期间，他深刻总结了"软着陆"和"治理通货紧缩"的经验，及时提出对策措施，受到决策部门的高度重视。正是由于国光先生长期以来对经济理论和经济决策的重大贡献，他于2005年荣获首届"中国经济学杰出贡献奖"。

国光先生的主要著作有《社会主义再生产问题》（1980）、《马克思的社会再生产理论》（1981）、《论经济改革与经济调整》（1983）、《中国经济大变动与马克思主义经济理论的发展》（1988）、《改革、稳定、发展》（1991）、《中国经济改革和发展的新阶段》（1996）、《中国经济走向：宏观经济运行与微观经济改革》（1998）、《中国经济运行与发展》（2001）、《中国宏观经济问题》（2004）等；合著有《匈牙利经济体制考察报告》（1981）、《南斯拉夫的计划与市场》（1981）、《中国的经济体制改革》（1982）、《苏联东欧几国的经济理论和经济体制》（1984）、《中国经济发展战略问题研究》（1984）、《中国社会主义经济的改革、开放和发展》（1987）、《中国经济体制改革的模式研究》（1988）、《80年代中国经济改革与发展》（1991）、《不宽松的现实和宽松的实现：双重体制下的宏观经济管理》（1991）、《中国经济的两个根本性转变》（1996）等；主编有《国民经济管理体制改革的若干理论问题》（1980）、《国民经济综合平衡的若干理论问题》（1981）、《深圳特区发展战略研究》（1985）、《海南经济发展战略》（1988）、《体制变革中的经济稳定增长》（1990）、《深圳经济特区90年代经济发展战略》（1993）等。更完整的书目可见本书附录。对于一些有志于研究中国经济思想史和改革开放历史的同志来说，这份书目是非常宝贵的，据此可进一步查寻检索相关内容。目前，中国社会科学出版社正在系统整理和出版多卷本《刘国光文集》。对于多数读者来说，阅读多卷本《文集》会有一定难度，他们很希望有一本能够多面而简要地反映国光先生学术思想观点的《文选》。现在这本《刘国光集》很大程度上满足了这种要求，它较为系统地收录了国光先生自20世纪60年代至今各个重要历史时期的代表性论文，简约而全面地反映了国光先生的学术思想和学术观点，具有较高的学术价值和史料价值。与此前所编的《刘国光选集》（山西人民出版社1986年版）、《刘国光自选集》（学习出版社2003年版）等相比，《刘国光集》时间跨度更长，因而也更有系统性和代表性。

下面就《刘国光集》的部分文章及背景材料作简要介绍，便于读者能够更加深刻地认识并准确把握国光先生的经济思想。

（一）马克思主义再生产理论与经济增长理论

1951—1955年期间，国光先生在莫斯科经济学院国民经济计划教研室当研究生，由于志趣契合加之勤奋刻苦，学习与研究工作达到了废寝忘食的程度，由此打下了扎实的理论功底。《社会主义再生产问题》是国光先生的首要代表作，也是社会主义经济增长理论的扛鼎之作，在社会主义经济思想史中占有重要地位。其主要研究成果都是国光先生回国之后的几年间完成的，其学术观点之新颖和研究水平之高，当时就已经引起学术界的关注和研究部门的高度重视。选入本集的两篇论文具有代表性：

1962年，国光先生在《关于社会主义再生产比例和速度的数量关系的初步探讨》一文中根据马克思的经济思想，提出了"刘氏增长模型"，即经济增长速度取决于投资增长率和投资效率，在社会主义经济中表现为生产基金扩大和生产基金利用效率提高上。其特征除了表现在增长速度上外，还表现在部门协调和比例关系上，后者是实现经济增长速度的前提条件。值得注意的是，这个结论对于反思和批判大跃进中不切实际、不讲平衡的冒进主义是有针对性和现实意义的。1962 年是值得关注的年份，它是结束三年困难时期、国民经济恢复增长的重要转折期，一部分经济学家经历了深刻思想变化之后，开始摆脱极"左"路线的思想束缚，对现实和现行体制进行大胆剖析与深入批判，产生了像孙冶方、顾准这样的思想巨匠。同年，国光先生发表了《论积累对消费资料的需求和消费资料的生产对积累的制约》一文，进一步阐述再生产过程中两大部类比例关系，开启了后来有关综合平衡的重要经济思想。综合平衡思想是有效遏制极"左"路线在经济领域无限蔓延的有力武器。

1981 年，国内再度掀起研究马克思主义再生产理论的高潮，中央号召全党开展学习讨论，国光先生发表了长文《马克思关于社会再生产的原理及其在社会主义经济中的应用》，并收录在《马克思的社会再生产理论》这本书中。这本小册子一次发行量就高达 13.6 万册，影响空前。它全面系统地介绍了马克思的社会再生产理论及其在实际中的应用，对《资本论》第二卷有关再生产理论作了深入透彻的解释，进一步激发了国内学者深入钻研《资本论》第二卷的巨大热情。顺便指出，马克思再生产理论是社会主义计划经济综合平衡以及后来社会主义市场经济中实行宏观调控的理论基石，这种理论渊源是值得关注的。

（二）社会主义经济中的计划与市场关系

1979 年，国光先生在《论社会主义经济中计划与市场的关系》一文中较早地明确了市场取向的改革方向，显示了一个理论家的胆识和远见。他揭示了社会主义经济中计划与市场关系这个带有根本性、全局性的问题，指出社会主义经济中计划和市场的关系，既不是相互排斥，也不是由外在的原因所产生的一种形式上的凑合，而是由社会主义经济的本质所决定的一种内在有机的结合。为了确保国民经济各部门、各地区协调发展，维护整个社会的共同利益以及正确处理各方面的物质利益关系，必须在利用市场机制的同时，加强国家计划的指导作用。这一观点对于理清对社会主义经济中计划与市场关系的混乱思想和模糊认识，以及各种错综复杂的改革关系具有重要意义。

1980年，国光先生在《再论计划调节与市场调节问题》一文中强调计划调节与市场调节不应是板块式结合方式而是相互渗透的有机整体，指出市场调节不是权宜之计，对市场调节的种种疑虑是不必要的，随着市场取向改革的不断深入，"买方市场"将逐步形成，价格趋向合理。要逐步缩小指令性计划的范围和比例，相应地扩大指导性计划的范围和比例。有组织的计划协调和价值杠杆的自觉运用是保持宏观经济决策与微观经济活动一致性的最重要手段。

（三）对社会主义市场经济理论的深刻认识

1992年，在中共十四大召开前夕，国光先生发表了《关于社会主义市场经济理论的几个问题》的重要文章，进一步深化了对社会主义经济体制的认识，提出了许多新观点、新概念，这是经济学界对经济理论的重大贡献，是集体智慧的结晶。他在文中回顾了对计划和市场认识的曲折过程，指出市场经济是商品经济的一种高度发展了的现象形态，在资源配置方式上市场起着基础性作用，以市场配置为主取代行政配置为主的方式是我国经济体制改革的实质所在。对于资源配置手段，凡是市场能够解决的，都要让市场去解决，只有市场管不好、管不了的才交由政府用政策和计划来管。现代市场经济不仅不排斥政府干预和计划指导，而且必须借助和依靠它们来弥补市场的缺陷。由于市场经济受到社会制度的广泛制约，不能脱离其社会制度而独立存在，因而，社会主义市场经济与资本主义市场经济仍然有着本质差别，表现在所有制结构以及与所有制结构相适应的分配制度等方面具有不同的特征。但是，作为市场经济，社会主义市场经济与资本主义市场经济在价值规律、供求关系、价格信号、竞争机制上仍然有着许多共同特征。建立社会主义市场经济体制需要实现企业机制、市场机制以及收入分配机制和社会保障制度等方面配套改革，是一项复杂的系统工程。

（四）"双向协同、稳中求进"的改革思路

1984年，国光先生针对经济过热苗头和通货膨胀势头提出了"为改革创造相对宽松的经济环境"的理论观点与政策主张，认为经济体制改革要能够顺利进行下去，必须要有比较宽松的经济环境，即总供给略大于总需求的有限的买方市场条件。它不同于纯粹以价格"闯关"为主线或以所有制改革为目标的改革思路，而是主张企业改革（所有制）与市场改革（价格）双向协同配套原则，稳步推进改革措施，逐步扩大改革战果，实现渐进式改革。

1987年，理论界对中期改革思路（1988—1995）展开了激烈争论，个别专家学者提出了"通货膨胀有益论"，认为"适度通货膨胀是获取高速经济必须付出的代价，只能用适度通货膨胀支持高速经济增长"，国光先生及其领导的中国社会科学院经济学科片课题组有针对性地提出了整顿经济秩序、治理通货膨胀、有选择地深化改革的著名的"稳中求进"的改革方案，与中央政府的意见取得高度一致。1988年初，国光先生在中共十二届二中全会上的发言，强调"稳定物价"方针不能放弃，力陈治理通货膨胀对策，整理成的《正视通货膨胀问题》一文发表后，激起社会更大反响，也引起某些既得利益者的不满。他的思路和观点的正确性无疑被1988年以后的经济过热及后来治理整顿的实践所证实。

（五）从"双重模式转换"到"两个根本性转变"

1985年，国光先生在《略论两种模式转换》等一系列文章中指出，1978年以来我国经济生活中发生的深刻变化概括起来不外乎两种模式转换，即发展模式转换和体制模式转换。经济发展模式转换是指从过去片面以追求增长速度为最高目标，以外延型增长方式为主、以不平衡发展为主要策略，逐渐转变为以提高人民生活水平为最高目标，以内含型增长方式为主、以相对平衡的发展为主要策略，使增长速度、结构比例、经济效益优化结合，保证国民经济持续、稳定、协调、高效地增长。经济体制模式转换是指从过去过度集中的（行政）决策权力结构、直接控制的调节结构、平均主义的利益结构、政企不分的组织结构，逐步改变为以增强企业活力为核心的多层次决策结构，以经济手段间接调控制为主的调节体系、把物质利益原则和社会公正原则结合起来的利益结构，以及政企分开的组织结构。实现体制模式转换的根本宗旨，就是不断增强企业的动力和压力。一手搞活微观经济，一手抓好宏观调控，才能从根本上治理"投资饥饿症"和盲目投资、重复建设的痼疾，彻底摆脱经济增长过程中"大起大落"的恶性循环。

国光先生深刻指出，在我国经济大变动中同时进行两种模式转换，必然是密切关联、相互影响、互为制约的，是相互交错、互为表里的系统工程,这是推进改革和发展的两把标尺,只有双方共同促进,即实现经济体制从传统的计划经济向社会主义市场经济体制转变、经济增长方式从粗放型向集约型转变这两个根本性转变,才能实现国民经济持续快速健康发展。"经济体制的选择和经济增长方式的选择和更新,应成为经济工作始终关注和决策的重要内容。"国光先生这个时期所提出的"双重模式转换"已经孕育着十年之后中央文件所提出的"两个根本性转变"这一党领导经济工作的根本指导思想的主要内容。

(六) 论"软着陆"和"治理通货紧缩"

1997年,国光先生《论"软着陆"》一文总结了1993年下半年到1996年我国经济实现"软着陆"的成功经验,被认为是迄今为止宏观调控方面不可多得的好文章。他指出,在体制转轨尚未完成之时中央政府的宏观调控必须坚持以抑制通货膨胀为首要任务,同时要保持经济的适度快速增长;既要坚持"总量平衡、适度从紧、适时微调"的方针,又要创造稳定、宽松的经济环境。大力推进"两个根本性转变"是医治我国经济增长大起大落、抑制通货膨胀、搞好总量平衡和结构调整的治本之策。

针对1998—2002年期间出现的通货紧缩现象,国光先生认真分析了我国经济运行机制、特点和条件,查找原因寻找解决方案。他认为,出现供大于求的矛盾主要来自于初步形成的买方市场,以及前期过度投资造成生产过剩,再加上当期需求不足。内需不足的主要原因在于投资和消费比例失调,收入分配差距过大,社会保障和各项福利措施不到位,预期支出增加导致当前支出减少。克服通货紧缩的主要措施,一方面是采取扩张性财政政策,辅之以稳健的货币政策,另一方面要促进消费需求,提高消费率。在我国经济发展过程中,扩大内需应是长期坚持的方针,扩张性财政政策则是短期政策,需要正确区分二者关系。实施扩张性财政政策的力度除了取决于财政自身的状况而外,应视企业自主发展动力的消长而定,并及时地转向中性财政政策。

《刘国光集》共收录 31 篇文章,分专题按发表时间先后顺序编排。除个别文字改动以外,都保持了原文风格。

桁　林
2005 年 6 月

关于社会主义再生产比例和速度的数量关系的初步探讨[*]

两年以前，我国经济学界对经济发展速度和比例的关系问题曾作过广泛的讨论。那次讨论的焦点，集中在"高速度"和"按比例"的关系问题上。尽管有不少分歧意见，但是看来，大家对以下几点的认识，大体上是一致的：1."按比例"要适应"高速度"的要求；2."高速度"要受到"按比例"的制约；3."恰当的速度"和"恰当的比例"，应该是结合在一起的。

我们考虑，"高速度"和"按比例"的关系，同"速度"和"比例"的关系，不是属于同一层次的问题。所谓"高速度"、"按比例"、"恰当的速度"、"恰当的比例"这样一些概念所讲的速度、比例，当然不是指任何一种状态的速度、比例，而是指具有特定含义、符合特定要求的速度和比例。只有在阐明了不同的速度和比例的客观联系的基础上，找出判断速度和比例是否恰当的准绳或界线，才能够进一步切实地解决"高速度"和"按比例"的关系问题。

---

[*] 本文原载《经济研究》杂志，1962年第4期。

社会主义经济发展的客观过程中，再生产的速度和比例，在一定范围内，可以有种种不同的结合。一定时期中比例和速度的不同结合，又会对后续时期的比例和速度，发生种种不同的影响。对于经济发展速度和比例的客观可能的种种不同的结合，社会主义社会是有选择余地的。社会主义经济计划的重要任务之一，就在于根据共产党在一定时期提出的政治经济任务和方针政策，根据当时经济发展的具体条件，从速度和比例的种种不同的可能结合中，选择最恰当的方案，使国民经济不但能够在当前的计划时期高速度、按比例地发展，而且能够为后续时期的进一步发展，创设良好的条件。

显而易见，为了从速度和比例的种种不同的可能结合中，作出正确的选择，一个必要的前提是：正确认识速度和比例的不同结合中存在着的客观必然联系。对于计划工作来说，尤其重要的是正确认识、掌握速度和比例间的数量关系：怎样的比例，必然引起怎样的速度；怎样的速度，又必然要求怎样的比例。社会主义计划经济的优越性，使我们能够根据速度和比例间的客观的数量联系，来拟定和实现最优的计划方案。但是，在经验不足或研究不够的场合，如果我们对速度和比例的客观数量联系没有足够的认识，那么，计划安排的速度和比例，在实际的经济过程中，就可能结合不起来。可能产生这样的情况：在保证了计划速度的场合，就不能达到计划预计的比例，而在保证了计划比例的场合，就不能达到计划预计的速度；或者实际进程的结果，使实际形成的速度、比例以及两者的结合状态，都同计划的预计发生程度较大、方向不同的偏离。所以，对于提高计划的准确性来说，深入研究再生产速度和比例的数量关系的规律性，就有十分重要的意义。

再生产速度和比例的关系，是牵涉到社会主义扩大再生产过程的各个方面的一个十分复杂的问题，需要进行多方面的研究。

在这篇文章中，打算只就社会生产领域中的基本比例，即两大部类的比例，同社会总产品、国民收入生产的增长程度的联系，作一个初步的探讨。

一

为了分析两大部类的比例的变化对社会产品、国民收入增长速度的影响，首先需要简单说明一下，社会产品和国民收入的生产增长程度，是由什么来决定的。

我们知道，扩大再生产的源泉，来自积累。社会产品生产规模的扩大程度，同积累的规模和它的利用效果，有着直接的联系。根据《资本论》第二卷第三篇中所述扩大再生产的第一个数例，我们可以看到在生产资料积累（在资本主义社会为不变资本积累）同社会总产品的扩大之间，有着如下的关系：

时期	生产资料基金		社会总产品		
	总额 C	积累（比上年净增）$\triangle C$	总额 P	比上年净增 $\triangle P$	净增速度 $t_p = P_n/P_{n-1}$
0	5500	—	9000	—	—
1	6000	500	9800	800	+8.9%
2	6600	600	10780	980	+10%
3	7260	660	11858	1078	+10%
4	7985	725	13043	1185	+10%
5	8784	799	14348	1305	+10%

上例的分析表明，社会产品的净增速度，可以用下式来确定：

$$t_p = \frac{\triangle P_n}{P_{n-1}} = \frac{\triangle C}{P_{n-1}} \times \frac{\triangle P_n}{\triangle C} = \frac{\triangle C}{P_{n-1}} \Big/ \frac{\triangle C}{\triangle P_n}$$

如以 α 来代替 $\frac{\triangle C}{P_{n-1}}$，以 β 来代替 $\frac{\triangle C}{\triangle P_n}$，那么，上式可改写为：

$$t_p = \frac{\alpha}{\beta} ① \quad\cdots\cdots\cdots\cdots\cdots\cdots\cdots\cdots\cdots\cdots\cdots\cdots\cdots (1)$$

上式中，α 代表生产资料积累占基期社会产品总额的比重，我们把它叫做生产资料积累的相对潜力；β 代表每增产一单位产品所需要的生产资料基金积累，我们把它叫做积累基金的占用系数。由上式可知，社会产品生产的净增速度，同生产资料积累的相对潜力成正比例的变化，与积累基金的占用系数则成反比例的变化。在我们考察再生产的比例和速度的关系时，就必须从不同的比例对于生产资料积累潜力和生产基金占用系数所发生的影响，来着手进行分析。

现在我们来看看两大部类的不同比例，是怎样通过生产资料积累潜力的变化，对社会产品增长速度发生影响的。这个问题，又可以分两层来谈：1. 两大部类之间的产品生产比例，同生产资料积累潜力的关系；2. 两大部类之间的积累的投资比例，对生产资料积累潜力的进一步变化所产生的影响。

根据马克思的扩大再生产条件的公式，社会生产规模扩大所需要的追加生产资料，或生产资料积累的绝对数额，取决于第Ⅰ部类体现新创造价值部分的产品，超过第Ⅱ部类消耗的生产资料数额的大小。换句话说，生产资料积累的绝对数额，等于第Ⅰ部类全部产品扣除了两个部类所消耗的生产资料后的剩余。如以 △C

---

① 从马克思的扩大再生产图式中，同样可以得到国民收入净增速度 td 的公式为：$td = \frac{\alpha}{\beta}$。不过在这里，α 代表生产资料积累 △C 占国民收入 D 的比率，$\alpha = \frac{\triangle C}{D}$；β 代表每增产一单位国民收入所需要的生产资料积累，即 $\beta = \frac{\triangle C}{\triangle D}$。

代表生产资料积累，c 代表生产资料消耗，P_I 代表第 I 部类产品，那么，$\triangle C = P_I - c$。把这个等式的双方都除以社会产品总额 P，则得生产资料积累相对潜力（α 或 $\frac{\triangle C}{P}$）的确定公式如下：

$$\alpha = \frac{P_I}{P} - \frac{c}{P} \quad\quad\quad\quad\quad\quad\quad\quad\quad\quad\quad (2)$$

由上式可知，生产资料积累的相对潜力，是受两个数值决定的：一是第 I 部类产品在社会总产品中所占比重（这反映了两大部类产品的生产比例）；一是生产每一单位社会产品平均消耗的生产资料（或叫生产资料消耗系数）。生产资料积累的相对潜力，与第 I 部类产品比重成正方向的变化，与生产资料的平均消耗系数成反方向的变化。如果我们假定生产资料消耗系数不变①，那么，生产资料积累的相对潜力，就完全取决于两大部类产品的生产比例：第 I 部类产品比重越大，则生产资料积累的相对潜力也越大。

由此可以得出结论：在其他情况相同时，社会产品的部类构成中，第 I 部类产品的比重越高，则扩大再生产的速度也可以越大。但是，必须注意的是，社会生产部类构成（即第 I 部类占社会总产品的比重）的提高，反映着社会生产力和技术水平的提高，反映着社会生产的分工协作体系的复杂化。这些情况，不能不对社会平均每一单位产品的生产资料消耗系数和生产资料基金的占用系数发生影响。而在国民经济技术改造和建立重工业基础的一定阶段，社会生产技术水平的提高和分工协作体系的复杂

---

① 为了使这个假定对当前的分析是有效的，必须同时假定两大部类产品的生产资料消耗系数是相等的；这样，社会总产品的生产资料的平均消耗系数，才不致因两大部类产品比例的变化而改变。这种假定，纯然是为了简化分析条件，使我们有可能集中注意于观察两大部类比例对生产资料积累潜力，从而对再生产速度的直接影响。

化，又往往是同社会平均的生产资料消耗系数和生产基金占用系数的提高相伴随的。这些数值的提高，可能在一定程度上，削弱第Ⅰ部类比重提高对积累潜力从而对再生产速度的影响。所以，在具体判断速度高低的可能性时，是不能孤立地从社会生产两大部类的比例结构来看的。

社会主义计划经济的条件，使我们能够自觉地根据经济发展的需要，来改变两大部类产品生产的比例，为以后时期生产资料积累潜力的增长和较高的生产发展速度，创设物质技术条件。然而，生产比例的改变，从较长时期来看，又基本上取决于生产资料积累的投资方向的安排。在这里，有决定性意义的是生产性固定基金投资在两大部类之间的分配比例。

需要指出，生产资料积累的投资比例，是通过两大部类生产基金的比例的变化，来影响两大部类产品生产比例、从而影响生产资料积累潜力的改变。使两大部类生产基金的比例有所改变的，不是生产资料积累的投资比例本身的数值，而是这一投资比例对两大部类原有生产基金比例的关系。如果生产资料积累在两大部类间的投资比例等于两大部类原有生产基金的比例，那么，后一比例就不能改变。只有当投入第Ⅰ部类的积累在全部生产资料积累中所占比重，大于第Ⅰ部类原有生产基金在社会原有的全部生产基金中所占比重时，第Ⅰ部类生产基金所占比重，从而第Ⅰ部类产品在社会产品中所占比重，才有可能提高。

为了观察生产资料积累的投资方向对于以后时期生产资料积累潜力进一步变化的影响，我们现在把上述第（2）式改写为下式[①]：

[①] 这个式子是这样得出的：我们已知第（2）式为：$\alpha = \dfrac{P_I}{P} - \dfrac{c}{P}$。又知生产基金占用系数 $f = \dfrac{C}{P}$。故 $P = \dfrac{C}{f}$，$P_I = \dfrac{C_I}{f_I}$。代入上式，得 $\alpha = \dfrac{C_I}{C} \times \dfrac{f}{f_I} - \dfrac{c}{P}$。

$$\alpha = \frac{C_I}{C} \times \frac{f}{f_I} - \frac{c}{P} \quad \cdots\cdots\cdots\cdots\cdots\cdots\cdots\cdots (3)$$

上式中，α仍代表生产资料积累的相对潜力，$\frac{c}{P}$仍代表社会平均单位产品的生产资料消耗系数；C_I/C代表第Ⅰ部类生产基金在社会全部生产基金中所占比重；f和f_I分别代表社会平均的和第Ⅰ部类的单位产品的生产基金占用系数。由第（3）式可知，生产资料积累的相对潜力，随着第Ⅰ部类生产基金占社会生产基金的比重（C_I/C），依同一方向变化；而与第Ⅰ部类生产基金占用系数对社会平均生产基金占用系数的比率（f_I/f），及与社会平均的生产资料消耗系数（c/P），则依相反方向变化。为了简化分析条件，我们这里仍然假定生产资料消耗系数和生产基金占用系数都不受两大部类比例改变的影响[①]；在这种假定条件下，生产资料积累的相对潜力，纯然是随着第Ⅰ部类生产基金在社会生产基金中所占比重的变化，发生同一方向、同一程度的变化的。而第Ⅰ部类生产基金在社会生产基金中所占比重的变化，如前所述，则又是生产资料积累基金在两大部类间的投资比例不等于两大部类间原有生产基金的比例的结果。

所以，生产资料积累基金在两大部类间的投资方向的安排，对于生产资料积累的相对潜力本身的改变，从而对于扩大再生产速度的进一步变化，有着十分重要的意义。这是很显然的，因为，投入第Ⅰ部类的积累的比重越大，特别是投入第Ⅰ部类中提供生产设备和固定基金的其他物质要素的生产部门的积累比重越大，则这些部门由于自己的生产能力不断扩大，就能够

---

① 参见第5页注①。

向国民经济一切部门提供越来越多的追加的生产能力，从而为再生产规模的进一步扩大和高速度发展，从物质技术基础上提供了可能。

值得注意的是，生产资料积累基金中投入第Ⅰ部类的比重（以下用 a 来代表），大于社会原有生产基金中第Ⅰ部类的比重（即 C_1/C），对提高再生产速度所发生的影响，只能持续一定时间。当 $a > C_1/C$，并且在以后各时期中使 a 维持一定的不变数值，那么，经过一定时间，两大部类间的生产基金的比例 C_1/C，必将提高到与 a 一致的水平。当 C_1/C 达到与 a 一致的水平，而其他条件又相同时，前者就不再继续上升，从而，生产资料积累的相对潜力和扩大再生产的速度，也就不再继续提高。由此可以得出一个结论：如果我们想要不断地提高再生产的速度，那么就必须不断地提高 a 或生产资料积累基金中投入第Ⅰ部类的比重。但是，我们立刻就会看到，不断提高 a 的数值，实际上是不可能的。

积累基金投入第Ⅰ部类的比重，有一个不可逾越的绝对极限。在社会主义经济发展的正常情况下，a 的数值无论如何不能大于 1。a 大于 1 意味着第Ⅱ部类维持简单再生产的生产能力的缩减，而被移用于第Ⅰ部类的扩大再生产，因为只有这样，才能使投入第Ⅰ部类的生产资料基金，超过全部生产资料积累基金（即 $a > 1$）。但是事实上，在社会主义再生产正常运行的情况下，不仅 $a > 1$ 是不能设想的，即使 $a = 1$，即全部生产资料积累基金都投入第Ⅰ部类，也是难以设想的。在到达 1 这个绝对极限以前，a 就会遇到自己的最高界限。这个最高界限，是第Ⅱ部类必要的扩大所需要的最低限度的投资所设定的。关于这一点，我们将在下面第四节，回过头来再谈。

二

上节分析两大部类的产品生产比例和积累投资比例对于生产资料积累潜力、从而对于扩大再生产速度的影响时，我们有意识地舍弃了扩大再生产对消费资料提出的要求，也就是舍弃了与第Ⅱ部类产品平衡有关的问题。只是在上节的末尾，当我们考察生产资料积累投入第Ⅰ部类的比重继续提高的可能性时，才碰到了第Ⅱ部类的必要投资所设定的界限。但是，应当看到，不仅生产资料积累投入第Ⅰ部类的份额，有一个从第Ⅱ部类方面设定的界限，而且用于积累的生产资料本身的生产，也有一个从第Ⅱ部类方面所给予的界限。不仅如此，马克思的再生产原理还告诉我们，扩大再生产所必要的积累，不但包括生产资料积累，而且包含着一定比例的消费资料的积累。所有这些，都是与第Ⅱ部类产品平衡有关的。十分明显，扩大再生产中消费资料平衡问题，是同劳动资源、劳动就业、消费水平等问题分不开的。所以，当我们分析消费资料的平衡条件对两大部类的比例从而对再生产的速度所设定的界限时，不能不涉及扩大再生产中的劳动资源、劳动就业和消费水平问题。

在这一节，我们首先考察一下，用于积累的生产资料的生产，从消费资料的生产和消费方面，受到什么限制，以及这一限制所及于再生产速度的影响。

为了简化分析条件，这里和以后都假定，全体就业劳动者都从事物质生产（或者假定：非生产领域的需要，已从各有关项目中作了必要的扣除）。这些就业劳动者，不论在哪一部门从事生产，他们在一年中生产的最终成果，都要体现在可用于当年消费和积累的国民收入中，也就是体现在以下两部分产品中：1. 全部消费资料；2. 用于积累的生产资料。这样，我们可以把全体生产劳动者，按照他们生产的最终成果，划分为两类。凡与当年消费资料的生产有关的劳动者，不论他们是直接从事消费资料生产（如农业、轻工业中可直接供消费之用的产品的生产）的劳动者，还是为消费资料的当年生产提供生产资料（主要是农产原料）的劳动者，我们可以归为一类，叫做消费资料的生产劳动者，其人数以 N'' 来代表。凡与积累的生产资料的生产有关的劳动者，不论他们是直接从事积累的生产资料生产的劳动者（这里主要是生产性基本建设部门和机器设备制造部门的劳动者），还是为生产这些积累的生产资料提供生产资料的劳动者（这里包括建筑材料部门、冶金部门、采掘部门、动力部门等一系列重工业部门的劳动者），我们可以另归一类，叫做积累的生产资料的生产劳动者，其人数以 N' 来代表。如果社会劳动力总资源为 N，那么，$N = N' + N''$[①]。

---

① N' 和 N'' 的划分，和劳动者人数按原有意义的两大部类的划分（N_I 和 N_{II}），口径上略有不同。第 I 部类的劳动力（N_I）中，有一部分，其劳动成果最终体现在当年生产的消费资料中（体现为 IIc）；在这里是把他们当作与当年消费资料生产有关的劳动者，并入 N'' 中。这一部分劳动力人数如以 N_I'' 来表示，则 N_I、N_{II} 的划分同 N'、N'' 的划分的关系如下：

$$N' = N_I - N_I'', \text{ 或 } N_I = N' + N_I''$$
$$N'' = N_{II} + N_I'', \text{ 或 } N_{II} = N'' - N_I''$$

在扩大再生产中，N' 的动态，基本上决定了 N_I 的动态。所以，N' 和 N'' 的比例变化，可以大体上用来代表劳动力资源在两大部类间分配比例的变化。N'、N'' 的划分，还有一个好处，就是可以把农业和轻工业视为一方，把生产性基建和重工业视为另一方，便于说明实际问题；这是在 N_I、N_{II} 的划分下难以做到的。当然，即使在 N'、N'' 的划分下，理论分组上的一些次要的交叉（如农业也提供积累用的生产资料等等），也是不可避免的；在分析实际问题的时候，要注意这一点。关于 N'、N'' 的划分的方法论的简单说明，参见拙作《论积累对消费资料的需求和消费资料的生产对积累的制约》一文，载《中国经济问题》1962 年第 1 期，第 2—3 页。

在上述前提下，如果再生产是以原有的规模反复进行，则全部劳动力资源都投入与消费资料的当年生产直接有关和间接有关的部门。这时，全部生产出来的消费资料，都用于满足消费资料的生产劳动者的消费需要，而没有任何剩余。在这种假定的情况下，没有可能在当年同时进行积累的生产资料的生产，因而扩大再生产的投资也是不可能的：扩大再生产的速度等于零。十分明显，要使扩大再生产的投资成为可能，首先必须把可用于积累的生产资料生产出来。而要生产积累用的生产资料，就必须要有追加的劳动力资源，或者从消费资料的生产劳动者（N''）中间抽出一部分劳动力，来从事投资所需物资的生产。用不着多加说明就可以明白：与投资所需物资的生产直接间接有关的就业劳动者（N'）的存在，乃是积累潜力的存在和再生产能以扩大的规模进行的标志；而 N' 的绝对数值和它对 N'' 的相对数值的提高，则又是积累的绝对潜力和相对潜力可能增长，从而扩大再生产速度可能提高的标志。

然而，积累的生产资料的生产所需的追加劳动者，不论是从国民经济中可能存在的剩余劳动力资源潜力中和从新增劳动人口中得到补充，还是由消费资料的生产劳动者移转过来，他们的消费，都要从当年生产的消费资料中取得补偿[①]。换句话说，消费资料的生产，在满足了直接、间接从事当年消费资料生产的劳动者的消费之后，还必须有一个剩余。而要达到这点，最根本的条件是：消费资料的生产劳动者的平均劳动生产率

[①] "为了扩大生产（绝对意义上的'积累'），必须首先生产生产资料，而要做到这一点，就必须扩大制造生产资料的社会生产部门，就必须把工人吸收到那一部门中去，这些工人也就对消费品提出需求。因而，'消费'是跟着'积累'或者跟着'生产'而发展的。"（《评经济浪漫主义》，《列宁全集》第 2 卷，人民出版社版，第 122 页。）

（以最终产品即消费资料的产量来表现的劳动生产率），必须大于劳动者的平均消费水平[①]。现在我们令消费资料的生产劳动者的劳动生产率为 h''，社会劳动者平均消费水平[②]为 i。那么，消费资料的年生产总额等于 $N'' \times h''$；消费资料的生产劳动者的消费总额等于 $N'' \times i$；而消费资料生产部门可以提供的剩余消费资料则等于 $N'' \times h'' - N'' \times i = N''(h'' - i)$。

从这里不难看到，能够从事生产积累的生产资料的劳动者人数 N'，可用下式来确定：

$$N' = \frac{N''(h''-i)}{i} \quad \cdots\cdots\cdots\cdots\cdots\cdots\cdots\cdots \quad (4)$$

上式表明，可以从事生产积累的生产资料的劳动者人数，是受消费资料的生产劳动者人数、他们的劳动生产率以及社会劳动者平均消费水平这样一些数值所制约的。如果假定社会劳动力资源没有限制，那么，消费资料的生产劳动者人数越多，他们的劳动生产率越高，则可以投入积累的生产资料生产部门的劳动者人数也越多。劳动者平均消费水平的提高，则对此倾向起相反的抑制作用。而在社会劳动力总资源为一定的场合，则可以投入积累的生产资料生产的劳动者人数相对于消费资料的生产劳动者人数的比率 N'/N''，从而前者的绝对人数 N'，就

[①] 在这里，农业的劳动生产率和剩余生产物，对于积累和扩大再生产，有特殊重要的意义。"……实际上，农业劳动的生产率，是一切剩余价值生产的自然基础，从而也是一切资本发展的自然基础。……超越于劳动者个人需要的农业劳动生产率，是一切社会的基础，尤其是资本主义生产的基础。"（马克思：《资本论》第3卷，人民出版社1953年版，第1024—1025页）。社会主义社会，也是这样。需要指出，马克思在这里所讲的农业，显然是作为消费资料的生产部门来看待的。

[②] 当我们提到劳动者的平均消费水平时，总是把他们的供养人口考虑在内的。至于非生产领域的人员和他们的消费，则根据我们的前提，已从有关项目中作了必要的扣除。

纯然取决于消费资料部门超越于劳动者自身消费的劳动生产率对于平均消费水平的比率：

$$\frac{N'}{N''} = \frac{h'' - i}{i} \quad \cdots\cdots\cdots\cdots\cdots\cdots\cdots\cdots\cdots\cdots\cdots\cdots (5)$$

从这里可以得出一个十分重要的结论。在一定时期，当社会劳动力总资源为一定，消费资料的生产劳动者的劳动生产率和劳动者的平均消费水平都为一定的条件下，通过提高第Ⅰ部类的就业劳动者的绝对人数 N' 和相对人数 N'/N''，来扩大生产资料积累的绝对潜力和相对潜力，以促进再生产速度的提高，是有着一定的限度的。这个限度，就是 $(h''-i)/i$ 这一比率所设定的。如果第Ⅰ部类比重的扩大，竟使 N'/N'' 的数值，大大超过 $(h''-i)/i$ 这一比率所设定的界限，那么，事情就会走到自己的反面：生产资料积累潜力的随后的暂时缩减和再生产速度的暂时降低，在客观上将是不可避免的。

N'/N'' 大于 $(h''-i)/i$，意味着什么呢？这种关系意味着：第Ⅰ部类的生产规模，特别是其中为积累和扩大再生产而提供的生产资料生产的规模，超过了消费资料生产所能负担的能力，特别是超过了农业的现有劳动生产率所能承担的程度；以至可供的剩余消费资料，不能充分满足从事生产积累的生产资料的劳动者的消费需要，在这种情况下，调整两大部类的比例，以较多的劳动力资源充实消费资料及其原料部门的生产力量，并利用现有潜力来提高这些部门的劳动生产率，以进一步发展消费资料的生产，就成为客观上的必要。在进行这种调整的时候，N' 的相对数值或其绝对数值就要有所降低，以使 N'/N'' 的比例同 $(h''-i)/i$ 的比率重新取得平衡。而 N'/N'' 数值的降低，在其他情况相同时，势必会通过生产资料积累的相对潜力的暂时缩减，使扩大再生产的速度暂时有所下降。可是，随着再生产比例关系的调整和消费资料生产部门劳动生产率的逐步提高，经过一定时间以后，可供的剩余消费资料将会进一步增长，N′的相对数值和绝对数值，都将获得进一步提高的实际可能性；这对于未来时期生产资料积累潜力的进一步增长和对扩大再生产的速度，将发生良好的影响。

让我们再看一下相反的情况，即 N′/N″ 的比例，低于 ($h″-i$)/i 的比率的情况。这种关系表明：第Ⅰ部类的生产规模，特别是其中供积累用的生产资料的生产规模，相对于当时的客观可能条件来说，是发展得不够充分的。这时，消费资料生产部门可以提供的剩余消费资料，能够容纳比现有规模更大的生产资料的生产。然而这个潜力并没有得到充分的利用，因而实际上达到的扩大再生产的程度，是低于当时客观条件所能容许达到的速度的。所以，N′/N″ 低于 ($h″-i$)/i 的情况，也表明了扩大再生产的比例和速度，是不合理想的。当这种情况存在时，在满足了两大部类劳动者的既定消费需要以后的剩余消费品，当然可以全部用来进一步提高劳动者的消费水平，使后者的实际增长，大大超过原先预定的增长；但是，这样我们就不能利用这个潜力，来进一步提高社会生产的增长速度。在原先预定的消费水平的增长指标已经可以达到的场合，上述的剩余消费资料，就可以或者通过外贸来换取积累所需的生产资料，或者作为准备基金来进一步增加从事生产积累所需生产资料的劳动者的绝对人数和相对人数，以加速本国生产的生产资料积累潜力的增长。所以，N′/N″ ＜ ($h″-i$)/i 的情况，固然一方面表明了当前再生产比例和速度的结合，是不尽恰当的，但是另一方面也表明了：存在着进一步提高社会生产结构中第Ⅰ部类的比重、从而提高再生产速度的可能性。

由上述可知，生产资料积累的相对潜力、从而扩大再生产的速度，同消费资料的生产、消费水平之间，存在着紧密的数量联系。社会主义国家在国民经济计划中安排生产资料积累的规模和扩大再生产的速度时，不但要考虑第Ⅰ部类的生产规模，特别是其中生产性基本建设部门和一系列重工业部门的生产规模，能够提供多少积累所需的生产资料，而且要考虑这样的生产性建设和重工业发展的规模，能否为消费资料的生产能力所承担，特别是能否为农业中超越于劳动者个人消费需要的农业劳动生产率的水平所承担。社会主义计划经济的优越性，使我们完全有可能通过对剩余消费资料的生产潜力和劳动人民消费水平的计划和计算，来掌握两大部类之间劳动力资源分配比例的界限，并且据此来安排扩大再生产的比例和速度的关系。

三

直到现在，我们是假定扩大再生产所需积累，完全是由生产资料构成的。可是，大家知道，积累的物质构成，不但包含生产资料，而且包含消费资料[①]。消费资料积累这一范畴的引入，对前面分析过的再生产比例和速度的关系，引起什么新的变化呢？

前面，当我们假定消费资料积累不存在时，消费资料的生产总额，应能补偿两大部类的生产劳动者的消费需要；从事生产积累的生产资料的劳动者的消费需要，要由消费资料生产部门超过劳动者自身消费需要后所提供的剩余消费品来满足。这个剩余消费品的全部，都是假定用于满足从事生产积累的生产资料的劳动者的消费需要的。十分明显，消费资料积累的出现，要对上述的

---

① 参见马克思：《资本论》第 1 卷，人民出版社 1953 年版，第 726—727 页。

剩余消费资料，提出追加的需求。这个追加的需求，势必要求扩大消费资料的生产规模，或者减少给予积累的生产资料生产部门的剩余消费资料。如果社会劳动力总资源为已定，消费资料部门的劳动生产率和劳动者的平均消费水平都为已定，那么，这一追加需求的出现，不能不引起消费资料的生产劳动者人数的相应扩大，从而使积累的生产资料的生产劳动者人数相应地减少。因此，在必须同时进行消费资料积累的场合，从事生产积累所需生产资料的劳动者的绝对人数和相对人数，都比在没有消费资料积累的假定场合为小。在其他条件相同时，这就使得第Ⅰ部类的比重、生产资料积累的绝对潜力和相对潜力以及扩大再生产的速度，都要受到相应的限制。

在这种场合（其他条件与前相同，所不同的只是出现了消费资料积累——$\triangle V$），作为判断两大部类比例和扩大再生产速度是否适度的一个准绳，就不再是前节所述的 $N'/N'' = (h''-i)/i$ 或者 $N'i = N''(h''-i)$；而是 $N'i = N''(h''-i) - \triangle V$。至于 $N'i$ 大于或小于 $N''(h''-i) - \triangle V$ 所反映的经济情况，以及这些情况对比例、速度的进一步变化所产生的影响，则相应于上节所述 N'/N'' 大于或小于 $(h''-i)/i$ 的情况，这里就不再赘述。

由于消费资料积累在社会生产的比例和速度的形成中的上述作用，消费资料积累的绝对数值和它对生产资料积累的相对数值的大小，就自然要引起我们的注意。

我们知道，扩大再生产所需的消费资料积累，是用来作为下一时期生产领域追加劳动者的消费需要和原有就业劳动者消费水平提高所需的准备基金的。在过去的讨论中，有些同志把这一准备基金，同下一时期生产领域全部新增的消费需要的补偿基金混同起来，认为消费资料积累就是用来补偿下期生产领域全部新增的消费需要。其实，下期新增的全部消费需要的补偿，要依靠下期消费资料生产的扩大来解决。而作为准备基金的本期消费资料积累，在数量上也不等于下期全部新增的消费需要；它还要取决于消费资料基金周转速度的变化。消费资料基金周转速度快些，则本期消费资料积累相对于下期新增消费需要来说，就可以小些。只是在假定消费资料基金周转速度为一年一次并且不变的场合，消费资料积累在数量上才等于下期全部新增的消费需要。

关于消费资料积累在积累基金中所占份额，或者它和生产资料积累的比率，马克思曾经指出："剩余生产物是依什么比例分割在可变资本和不变资本之间，那要看资本的平均构成而定。资本主义越是发展，直接投在工资上面的部分，相对的说就越是小。"[1] 在资本主义社会中，资本平均构成的提高，作为资本积累规律的一个重要契机，同相对剩余人口的形成和劳动人民的相对贫困化，是形影不离的。在这里，可变资本在积累中所占份额，由竞争过程中自发形成的资本平均构成所决定；而劳动者就业人数和消费水平的变动，则服从于资本积累的需要，受着可变资本在积累总额中逐渐降低的份额的限制。

在社会主义社会中，积累基金平均构成的提高，是社会有计划地提高劳动者平均技术装备水平的反映。作为社会主义积累规律的一个契机，积累基金从而全部生产基金的平均构成的提高，又是同新增劳动人口的完全就业和劳动人民消费水平的不断提高相伴随的。所以，在社会主义社会中，消费资料积累在积累基金中所占份额，不像资本积累中的可变资本部分那样，是自发形成的积累资本的平均构成的结果。正好相反，社会主义积累中消费资料积累的绝对数额，首先要根据下一生产时期中新增劳动人口

---

[1] 马克思：《剩余价值学说史》第2卷，1957年俄文版，第496页。

的完全就业（和劳动者消费水平必要的提高）的要求来确定。当社会积累资源的总潜力，已被消费资料生产部门提供的剩余消费品的规模所最终决定时，生产资料的积累的规模、从而社会积累基金的平均构成，毋宁是消费资料积累的绝对数额按照上述要求被确定以后的一个结果。

所以，当我们考察一个社会主义国家在一定时期的积累基金的平均构成时，不能单纯地从原有经济技术水平来判断这个平均构成的高低，而必须结合本期积累资源潜力总额和下期劳动人口资源增长之间的对比关系来考察。积累所采取的技术水平本身，也要看积累资源同新增劳动人口资源之间，有着怎样的对比关系。相对于积累资源潜力来说，一个国家的劳动人口增长越快，则为新增劳动人口的就业所准备的消费资料积累就越多，因而生产资料积累的比重就越小，从而积累基金的平均构成就越低。反之，相对于积累资源潜力来说，劳动人口的增长速度越小，则为新增劳动人口的就业所准备的消费资料积累就可以较少，因而生产资料积累的比重就可以较大，从而积累基金的平均构成也可以较高。

我们已经知道，劳动人口的增长，是使消费资料积累成为必要的一个因素。同时，劳动人口的增长，又是积累的生产资料赖以推动、赖以发挥其生产效果的必要条件。"只有在人口的这个绝对增长（虽然与所应用的资本比较，人口是相对的减少了）的条件下，积累才能够是一个经常的、不断的过程。人口的增长是积累作为一个经常过程的基础。"[①] 如果单从劳动力资源方面来看，劳动人口增长越快，则他们所能推动的积累的生产资料就越多，这就越有利于积累过程的实现和再生产规模

---

① 马克思：《剩余价值学说史》第2卷，1957年俄文版，第482页。

和速度的扩大。但是，当积累资源潜力总额为一定，而其他条件又相同的场合，劳动人口的增长越快，则所需消费资料积累就越大，这就使得能够从事生产积累所需生产资料的劳动者的绝对人数和相对人数，比之劳动人口增长得较慢的场合要低些，从而使得积累基金的平均构成及与之相应的劳动者平均生产技术装备水平的提高幅度，也比劳动人口增长得较慢时要低些。所以，在积累资源潜力为一定的条件下，较快的劳动人口的增长，会伴随着劳动者平均生产技术装备水平的较小幅度的提高；反过来，较慢的劳动人口的增长，则会伴随着劳动者平均生产技术装备水平的较大幅度的提高。这样看来，似乎当积累资源潜力总额为已定时，劳动人口增长快慢所及于扩大再生产速度的影响，会在一定程度上，被劳动者平均生产技术装备程度（从而劳动生产率）的提高幅度的相反趋势的变化，所抵消。

在这里，我们不能不注意到扩大再生产速度的另一决定数值 β（即积累基金的占用系数）及与之有关的 f（即全部生产基金占用系数）的变化情况。在积累资源潜力总额为一定的条件下，虽然在劳动人口的增长速度同劳动者的平均生产技术装备水平的提高幅度之间，有一个相反方向的运动，但是，社会劳动生产率的提高幅度同劳动者平均生产技术装备水平的提高幅度之间，变化是不相等的。社会劳动生产率的提高，除了生产技术装备水平的提高外，还取决于许多因素，其中包括不同类

---

① 积累基金占用系数（$\beta = \frac{\triangle C}{\triangle P}$）同全部生产基金占用系数（$f = \frac{C}{P}$）之间的关系是这样的：全部生产基金占用系数是否发生变化，以及朝什么方向变化，要取决于积累基金占用系数的数值是等于、大于或小于原有生产基金的占用系数。如果 $\beta = f$，则 f 不变。如果 $\beta > f$，则 f 提高。如果 $\beta < f$，则 f 下降。

型技术进步的质量效果、工艺过程、劳动组织和生产组织的改进、劳动者熟练程度的提高等等。这一切条件综合作用的结果，有时使劳动生产率的提高幅度快于劳动者平均生产技术装备水平的提高幅度，这就使得积累基金和生产基金的占用系数有所下降[①]；有时则相反，使劳动生产率的提高幅度，小于劳动者平均生产技术装备水平的提高幅度，这就使得基金占用系数有所提高。这样，即使在社会积累资源潜力为已定的条件下，扩大再生产的速度，仍会随着生产基金占用系数和积累基金占用系数的改变，发生种种不同的变化。这是在分析积累基金同新增劳动人口资源的结合对于扩大再生产速度的影响时，必须注意的一个问题。

四

以上我们从消费资料生产的负担能力和消费资料的必要积累方面，考察了它们对生产资料积累潜力所设定的界限。现在，让我们回过头来看看生产资料积累在两大部类之间的投资比例对扩大再生产速度的影响。生产资料积累在两大部类之间的投资比例，同以上所讲的两大部类产品的生产比例、劳动资源在两大部类之间的分配比例，对于生产资料积累潜力和扩大再生产速度来说，具有不同的意义。已经形成的两大部类之间的劳动力分配比例和产品生产比例，是决定当前时期生产资料积累的绝对潜力和相对潜力的出发点，从而也是决定当前时期扩大再生产速度的出

[①] 关于劳动者平均基金装备系数、劳动生产率和单位产品的生产基金占用系数三者之间的数量关系，参阅拙作《关于社会主义再生产发展速度的决定因素的初步探讨》，载《经济研究》1961年第3期，第14页。

发点。而在当前时期的生产资料积累的规模已经确定以后,它在两大部类之间的投资比例,就成为进一步改变往后时期生产资料积累潜力,从而影响往后时期扩大再生产速度的动因。所以,对于较长时期中再生产速度的动态来说,生产资料积累在两大部类间的投资比例,较之作为出发点的生产资料积累规模本身,有着更为重要的意义。

本文第一节的末尾已经指出,投入第Ⅰ部类的生产资料积累的比重(即 $a = \frac{\triangle C_I}{\triangle C}$),有一个最高限界,这个限界,是受第Ⅱ部类生产的必要扩大所需最低限度的投资决定的。那么,第Ⅱ部类的投资,又是受什么决定的呢?假定消费资料生产部门的生产资料基金占用系数不变,则第Ⅱ部类生产规模的扩大所需生产资料的投资规模,取决于以下两个因素:1. 以后时期两大部类追加劳动者的消费需要(按原有劳动者消费水平);2. 全社会生产劳动者消费水平的提高。

这样看来,决定第Ⅱ部类的必要投资的因素,同时也就是上节所述决定消费资料积累的因素。但是,消费资料积累和第Ⅱ部类的投资在扩大再生产中的作用是不同的。如前所述,前者是为新增的消费需要所设立的准备基金或周转基金,而不是用来作为新增消费需要的补偿基金。以后各个时期中新增消费需要的补偿,要靠各该时期消费资料生产规模的扩大来解决,这就需要对与消费资料生产有关的部门进行必要的生产资料投资。在下面,为了集中考察两大部类之间的投资比例在较长时期中对再生产速度的影响,我们可以撇开前节已经分析过的消费资料积累问题,专门来看看劳动人口的增长和消费水平的必要提高,对于两大部类投资比例的制约作用。

上述两个因素中,劳动人口的增长,在可以预计到的计划时期内，是一个大体上既定的量。由于人口增长的特殊规律，社会主义社会对劳动力总资源增长的计划控制，只能在经过相当长的时间以后，才会达到社会自觉规定的目标。在可以预计的较短的计划时期内（如一年、五年、十年），新增劳动人口资源的数量，是比较难以改变的。这一既定的新增劳动人口的完全就业和消费需要，是社会主义社会安排长期生产发展计划时必须考虑的因素。这一因素决定了消费资料生产扩大的最低限度的规模；而在生产资料基金占用系数已知的前提下，这又决定了第Ⅱ部类所需投资的最低限额。从而，如生产资料积累总额已定，则投入第Ⅰ部类的比重（a）的最高限额，也就由此确定。

所以，在社会主义社会中，投入生产资料生产部门的积累占生产资料积累总额的比重（a），不但断然不能超过1的绝对极限，而且在一般正常情况下，不能超过上述劳动人口的增长所设定的最高限界。如果a的数值超过这一限界，则由于没有消费资料的相应增长的保证，新增劳动人口的就业就会受到限制，这样就使积累的生产资料不能得到充分的利用，从而不利于扩大再生产的速度。在这种情况下，如果新增劳动人口全部就业，原有劳动者的消费水平就会受到影响，劳动生产率也会受到一定的影响，这也是不利于扩大再生产的速度的。这种情况，从社会主义生产的目的来看，也是不符合要求的。所以，在社会主义计划经济中，a的数值大于上述最高限界的情况，是必须注意避免的，而且也是完全能够避免的。

现在来看看a的数值等于上述最高限界的情况。在这种情况下，由于以后时期的生产资料积累的绝对潜力和相对潜力达到最大可能的限度，扩大再生产的速度也达到最大可能的限度，而在a的这一限界数值同时也大于第Ⅰ部类生产资料基金在现有全部生产资料基金中所占比例（即 $a > \frac{C_1}{C}$）时，扩大再生产的速度，将以最大可能的幅度来递增。为了说明这个过程，让我们举一个假定的例子。假定的条件是：（1）基期劳动人口为400单位，每年大约增长1%；（2）基期国民收入为100000单位，其实物构成中，积累的生产资料占20%；（3）两大部类（按国民收入所包含的最终产品）的生产资料基金占用系数都等于2，并且假定逐年不变。在这些假定条件下，如果各年生产资料积累在两大部类间的投资比例，都按上述保证新增劳动人口消费需要所设定的界线来安排，那么，以后各年扩大再生产的比例、速度和劳动人口的平均消费水平，将如下页表所示。

上例中，投入第Ⅱ部类的生产资料积累，是按下期劳动人口增长的最低限度的需要来安排的，因而投入第Ⅰ部类的积累所占比重（a），达到最高限额，第一年即达0.92（184÷200），以后各年 a 的数值续有提高。虽然基期的生产资料积累的绝对潜力和相对潜力都比较低（只占国民收入生产额的20%），但是由于投入第Ⅰ部类的积累份额，依上述最高限额来安排，因而以后各年生产资料积累潜力增长极快，从而使扩大再生产的速度也越来越快。国民收入的净增速度，第二年为10%，到第十年达到42%。不过必须注意，这样的投资比例和再生产速度的结合，只能保证新增劳动人口按原有消费水平的需要，而全社会劳动者平均消费水平长时期中未能提高。从社会主义生产目的来看，这种情况，是不合理想的。

社会主义生产的最终目的，是满足社会及其成员日益增长的需要。而日益增长的需要，当然主要不是指新增劳动人口按原有消费水平的需要，而是指全社会劳动者平均消费水平逐步提高的需要。所以，当我们考察两大部类间投资比例对再生产

时期（年）	劳动人口	生产资料基金（单位100）第I部类	生产资料基金（单位100）第II部类	生产资料基金（单位100）总额	国民收入生产（单位100）生产资料	国民收入生产（单位100）消费资料	国民收入生产（单位100）总额	比上年增长	生产资料积累投资（单位100）第I部类	生产资料积累投资（单位100）第II部类	生产资料积累投资（单位100）总额	平均消费水平（单位1）
1	400.0	400.0	1600.0	2000.0	200.0	800.0	1000.0	—	184.0	16.0	200.0	200
2	404.0	584.0	1616.0	2200.0	292.0	808.0	1100.0	+10%	276.0	16.0	292.0	200
3	408.0	860.0	1632.0	2492.0	430.0	816.0	1246.0	+13.3%	413.6	16.4	430.0	200
4	412.1	1273.6	1648.4	2922.0	636.8	824.2	1461.0	+17.4%	620.4	16.4	636.8	200
5	416.2	1894.0	1664.8	3558.8	947.0	832.4	1779.4	+21.7%	930.2	16.8	947.0	200
6	420.4	2824.2	1681.6	4505.8	1412.1	840.8	2252.9	+26.3%	1395.3	16.8	1412.1	200
7	424.6	4214.5	1698.4	5912.9	2107.3	849.2	2956.5	+31.3%	2090.1	17.2	2107.3	200
8	428.9	6299.5	1715.6	8015.1	3149.8	857.8	4007.6	+36.6%	3132.6	17.2	3149.8	200
9	433.2	9427.0	1732.8	11159.8	4713.5	866.4	5579.9	+39.2%	4696.3	17.2	4713.8	200
10	437.5	14118.3	1750.0	15868.3	7059.2	875.0	7934.2	+42.2%	7041.6	17.6	7059.2	200
…	…	…	…	…	…	…	…		…	…	…	…

速度的长期变动趋势的影响时，不但要看到劳动人口增长的因素，而且要同时看到劳动人民平均消费水平的必要提高的因素。

在这里，我们又遇到一个矛盾。一方面，要使消费水平在最近时期有较大幅度的提高，就必须提高投入第Ⅱ部类的积累比重，相应地降低投入第Ⅰ部类的积累比重；这样就会对以后时期生产资料积累潜力的进一步增长和以后时期的扩大再生产速度，产生一定的限制，从而也会对未来的人民消费水平的进一步提高，带来一定的限制。另一方面，我们知道，消费水平的不断提高，只能在发展生产的基础上才能达到，特别是从较长时期来看，要达到更高的消费水平，就必须以建立雄厚的物质生产基础为前提。这就首先要求以积累的较大份额投入第Ⅰ部类；因为，只有在这个条件下，生产资料的积累潜力和扩大再生产的规模，才能更快地增长；随着时间的推移，这将为消费资料生活规模的扩大，提供越来越大的可能性。

平均消费水平的增长，在可以预见到的计划时期内，不像上述劳动人口增长的因素那样，是一个难改变的、既定的量。在较长时期内，消费水平的增长幅度，以及这一增长幅度在这个较长时期内各个年度上的分布，可以有种种不同的安排。而消费水平提高幅度的这些不同的时间序列，又是同两大部类的不同投资比例和再生产的不同速度，密切结合在一起的。为了说明两大部类间的投资比例、扩大再生产的速度和平均消费水平三者变化间的互相制约的关系，让我们仍然利用上例中对基期再生产假定的数字条件，并且设想所有各年投入第Ⅰ部类的生产资料积累的比重（a），具有从 0 起到 0.9 止几个不同的数值；这样，各年扩大再生产速度和劳动人民平均消费水平的变化，将如下表所示：

两大部类间不同投资比例对扩大再生产速度和平均消费水平的不同影响

时期(年)	扩大再生产速度（国民收入比上年净增百分率）							
	a=0	a=0.1	a=0.2	a=0.3	a=0.5	a=0.7	a=0.9
1	—	—	—	—	—	—	—
2	10.0	10.0	10.0	10.0	10.0	10.0	10.0
3	9.1	9.5	10.0	10.5	11.4	12.5	13.2
4	8.3	9.1	10.0	10.9	12.8	14.8	16.9
5	7.7	8.8	10.0	11.3	14.1	17.4	20.9
6	7.1	8.5	10.0	11.7	15.5	20.0	25.1
7	6.6	8.2	10.0	12.0	16.8	22.5	29.0
8	6.3	8.0	10.0	12.3	17.9	25.5	32.7
9	5.8	7.8	10.0	12.7	19.0	26.8	35.7
10	5.6	7.6	10.0	12.9	20.0	28.5	38.2
11	5.3	7.4	10.0	13.1	20.8	30.0	40.1
12	5.0	7.2	10.0	13.4	21.5	31.2	41.5
…	…	…	…	…	…	…	…

时期(年)	平均消费水平							
	a=0	a=0.1	a=0.2	a=0.3	a=0.5	a=0.7	a=0.9
1	200	200	200	200	200	200	200
2	223	220	218	215	210	205	201
3	245	241	237	234	224	213	202
4	267	263	258	253	240	225	205
5	288	285	281	276	261	240	211
6	309	*309	307	303	288	261	219
7	330	333	*334	*333	321	290	232
8	350	357	364	367	*362	330	251
9	369	383	396	407	414	*383	280
10	389	410	431	451	478	455	322
11	407	437	470	503	557	552	383
12	426	466	511	561	656	682	*471
…	…	…	…	…	…	…	…

* 符号指 a 为各种不同数值时，消费水平赶上和超过 a=0 时消费水平的年份。如 a=0.7 时的消费水平，在第九年赶上和超过 a=0 时的消费水平。

上表中为 a 设定的数值，都低于前例所述的最高限界。其中，a＝0 是一个相反的极端情况，即全部生产资料积累，在所有各年都投入第 II 部类。在这种情况下，最近时期的平均消费水平可以得到最大幅度的提高：在头五年内，a＝0 时各年所达到的平均消费水平，高于 a 为任何其他数值时的平均消费水平。但是，由于在这种情况下第 I 部类本身没有追加的生产资料投资，因而第 I 部类所能提供的生产资料积累的绝对数额始终不变，其相对潜力则逐年降低，从而扩大再生产的速度也逐年下降，从第二年的 10% 降为第十二年的 5%。如果 a＝0 这一投资比例继续下去，生产资料积累的相对潜力也要继续降低下去，直到生产资料积累的不变规模甚至不能够再按原有的生产技术水平来装备新增劳动人口的需要。与此同时，再生产速度的不断下降，也必然引起平均消费水平增长的绝对额和相对额的下降：a＝0 时的平均消费水平，从第七年起，就开始比 a 等于其他某些数值时所达到的平均消费水平为低；到第十二年，就比 a 等于其他任何数值时所达到的平均消费水平都要低。由此可见，从短时期看，把积累全部投入第 II 部类的这个极端的假定情况，虽然可使消费水平得到最大幅度的提高，但是，如果从较长时期来看，这却是不利于生产的发展从而也不利于消费水平的进一步提高的。因此，这也是一个不符合社会主义生产目的要求的、近视的方案，是不能够为社会主义的计划经济所接受的。

现在我们来看看 a 为其他数值，即大于零同时又小于前述最高极限的情况。在这些情况下，劳动人民的消费水平逐年都有所提高，但是在最初几年内，消费水平的提高幅度，不及 a＝0 时的消费水平提高幅度。从上表可以看到，a 的数值越大，则在开始阶段消费水平低于 a＝0 条件下消费水平的时间就越长。可是，随着 a 数值的增大，生产资料积累潜力的增长程度也加大，扩大再生产的速度，也越来越比 a 数值较低时的速度高。十分明显，扩大再生产的速度随着 a 的数值的增大而提高，经过一定时间后，就会对消费资料生产规模的扩大和平均消费水平的提高，产生极其显著的影响。在经过一定时间后，由于社会生产规模和其中消费资料生产规模的迅速扩大，劳动人民平均消费水平增长的相对额和绝对额，以及平均消费水平本身，都将大大超过 a 的数值较低时的情况。可是，必须同时注意，a 的数值越高，则其通过积累潜力和再生产速度的增大，对消费水平进一步提高的显著效果，在时间上也越是推迟。在我们假定的例子中，赶上和超过 $a=0$ 情况下消费水平所需的时间，当 a 为 0.1 时，是六年；当 a 为 0.2—0.3 时，是七年；当 a 为 0.5 时，是八年；当 a 为 0.7 时，是九年；当 a 为 0.9 时，则需十二年。

综上所述，生产资料积累在两大部类间的投资比例和扩大再生产速度的种种不同的结合，在经济实质上反映着劳动人民的最近时期的消费利益和将来时期的消费利益之间的关系。社会主义社会生产目的的实现，当然不能够只局限于最近时期的消费利益上，据此把积累集中投入第Ⅰ部类；这样会使将来的速度受到损失，从而不利于将来消费水平的进一步提高。另一方面，社会主义社会也不能把积累对提高消费水平的最终效果，寄托于过远的将来，并据此把积累集中投入第Ⅰ部类；这样就会使最近时期消费资料生产规模不能得到必要的扩大，从而影响最近时期人民消费水平的适当的提高。怎样权衡最近时期消费利益和未来时期消费利益的得失，使两者得到最恰当的结合，并且据此来选择两大部类的投资比例和与此相应的再生产速度，是一个有待于进一步从理论上进行探索的问题。除了上面所提到的一些限界外，现在可以指出的是：这个问题的解决，必须联系已经达到的社会生产力水平和人民消费水平、已经形成的社会生产的结构以及一定时期社会主义国家的国内外政治条件和形势来考虑。

看来，当社会生产力水平、社会生产的部类构成以及劳动者平均消费水平还比较低的时候，为了蓄积积累的潜力，建立扩大再生产的物质技术基础，为 a 选择比较高的数值，把生产资料积累的较大部分投入第Ⅰ部类，以尽可能地提高再生产速度，是完全必要的。但是，在这样做的时候，应当注意不能使 a 的数值，超过前述意义的最高限界，而要适当地低于这个限界，以使最近时期劳动人民的消费水平能够有所增长。当社会生产力水平和社会生产的部类构成都已经达到较高的水准时，则可以使 a 的数值，接近已经提高了的 $\frac{C_1}{C}$ 的比例（即第Ⅰ部类生产资料基金在原有全部生产资料基金中所占比重），使前者大体上稳定在 $\frac{C_1}{C}$ 比例数值的周围，或略高于 $\frac{C_1}{C}$ 的比例；这样就可以既能保证社会生产的高速度发展，又能保证平均消费水平较快地增长。

必须强调指出，再生产的速度问题，不单纯是一个经济问题，而且首先是一个重要的政治问题。所以，在考虑积累规模、投资比例和再生产速度的关系时，不能单纯地把这个问题归结为劳动人民的当前消费利益和长远消费利益的关系问题，或者单纯地看成为人民消费水平提高幅度的时间序列的选择问题。固然，劳动人民的短期消费利益和长期消费利益这一矛盾的正确处理本身，也具有十分重要的政治意义。但是，在解决这些问题的时候，绝对不能忽视一定时期内社会主义国家所处的国内外政治形势和面临的政治任务。国内外政治形势和政治任务的考虑，不能不使纯然从经济角度来选择的消费水平提高幅度的时间序列有所改变，从而对再生产的比例和速度的选择，提出不同的要求。这是在具体分析和具体安排再生产比例和速度的关系时，必须首先加以注意的。

＊　　　　　　＊　　　　　　＊

这篇文章探讨的社会主义再生产比例和速度的关系，主要限于生产领域若干基本比例——两大部类间的产品生产比例、劳动力分配比例、投资分配比例——同社会产品、国民收入生产的增长速度的关系。已经考察了的问题，当然远远不是比例和速度的关系这个大题目所应包括的全部问题。即使就生产领域而论，也还有许多与再生产速度有着十分重要联系的比例，诸如劳动手段和劳动对象的生产比例、原材料和加工制造间的比例等等，在本文中都还没有来得及进行分析。尤其要指出的是，本文的研究，限于外延的扩大再生产类型，主要是通过再生产速度的一项决定数值，即生产资料积累的相对潜力 α，来分析两大部类比例所及于速度的影响；而对再生产速度的另一项决定数值，即表现生产资料积累效果的生产基金占用系数 β，除了在个别的场合外，在本文中都是把它存而不论的。可是，在再生产的实际过程中，生产基金的占用系数，不但受着社会生产的部类结构和部门比例变化的影响，而且还受着与生产技术进步有关的一系列比例变化的影响。特别是不同类型技术进步的不同结合方案，会通过劳动者的生产基金装备系数和劳动生产率的不同变化，对生产基金占用系数从而对扩大再生产的速度，发生种种不同的影响。而不同类型技术进步方案的选择，又是同第Ⅰ部类内部，特别是固定基金积累所需生产资料生产内部比例的安排，有着十分密切的联系。所有这些属于内含的扩大再生产类型的问题，只好留待另外进行专门研究了。

论积累对消费资料的需求和消费资料的生产对积累的制约[*]

在分析积累，消费同社会生产的两大部类之间的关系时，我们通常总把积累同第一部类联系起来，把消费同第二部类联系起来，认为积累的规模，基本上应与第一部类的发展相适应，消费的规模，基本上应与第二部类的发展相适应。的确，积累基金的物质内容，主要是由扩大再生产所需的生产资料构成的，而第一部类产品在扣除了两大部类生产中消耗的生产资料的补偿部分以后，也都是全部作为积累之用的。另一方面，消费基金的物质内容，只能由消费资料来构成，而第二部类生产的消费资料，除了一小部分用于积累外，绝大部分都是作为当年消费之用的。所以，无论从积累，消费的物质内容来看，或者从两大部类产品的经济用途来看，积累同第一部类之间，消费同第二部类之间的密切联系，都是不能忽视的。

可是，在社会主义扩大再生产中，积累、消费同两大部类之间的关系，远比上述两对联系更为复杂。除了积累同第一部

---

[*] 本文原载《中国经济问题》杂志 1962 年第 1 期。

类之间，消费同第二部类之间的联系外，在积累同第二部类之间，消费同第一部类之间，也存在着交叉的关系。积累的规模，不仅要受生产资料生产规模的约束，而且要受消费资料生产规模的约束；同样，消费的规模，不仅要受消费资料生产规模的牵制，而且要取决于生产资料的生产规模。积累同消费资料生产之间、消费同生产资料生产之间的这种交叉的联系，是我们在过去的理论分析中注意不够的一个问题。而这个问题，对于社会主义经济计划的综合平衡来说，也是一个不能忽视的问题。

这篇文章，试图对积累同消费资料生产之间的关系，作一个初步探讨。

一

大家知道，积累基金的物质内容，虽然基本上由生产资料构成，但是同时也包含消费资料。马克思早已指出："为要积累，人们就须把剩余生产物一部分转化为资本。如非借助于奇迹，能转化为资本的，是限于能被使用在劳动过程上的物（即生产资料），和劳动者能依以维持生存的物（即生活资料）。因此，年剩余劳动的一部分，必须被用来生产追加的生产资料及生活资料，那是替换垫支资本必要的量以上有余的。"[①] 十分明显，消费资料的积累，要靠年剩余劳动投于追加的消费资料的生产部分来解决。关于积累基金中消费资料积累部分，依存于提供消费资料的农业和轻工业等部门的生产情况，在最近发表的若干论文中，

---

① 马克思：《资本论》第1卷，人民出版社1953年版，第726页。

已经开始被注意到。① 可是，必须指出，积累对消费资料的需求，不只限于消费资料的积累部分；积累基金的另一部分，即生产资料的积累，固然要依靠年剩余劳动的另一部分，即投入积累所需追加生产资料生产的部分来解决，然而，投入这一部分的劳动力的生活需要，也要依靠农业、轻工业等消费资料生产部门的生产来保证。所以，生产资料的积累同消费资料的生产之间，也存在着密切的依存关系。

为了阐明生产资料积累同消费资料生产之间的关系，需要解决一个方法论上的问题，即如何利用两大部类划分的原理，并且结合农、轻、重的关系，来观察我们当前所要探讨的问题。

我们知道，积累基金中生产资料的积累部分，在价值上等于 $I(v+m)-IIc$，或者等于 $I(c+v+m)-(Ic+IIc)$。而消费资料的生产，在价值上等于 $II(c+v+m)$。这两项之和，恰好等于当年生产的国民收入。所以，当我们分析生产资料积累同消费资料生产之间的关系的时候，事实上我们是就国民收入所包含的社会一年生产的最终产品的范围，来分析生产资料的生产（第一部类）同消费资料的生产（第二部类）之间的关系，而不是就社会总产品的范围，来分析两大部类的关系。

全社会的生产劳动者，不论他们在哪一生产部门从事劳动，他们的劳动的最终成果，都要体现在国民收入所包含的上述两种最终产品上，即积累的生产资料和全部生产出来的消费资料上。从实物形态上看，积累的生产资料，是由生产性基本建设和机器制造业的产品（厂房、水库、设备等等），扣除了社会生产性固

---

① 胡学政：《从积累和消费的关系看农、轻、重的关系》（《人民日报》1961年9月5日）；杨坚白：《试论农业、轻工业、重工业比例和消费、积累比例之间的内在联系》（《经济研究》1961年第12期）。

定基金当年磨损的补偿部分,加上其他生产资料生产部门所提供的社会生产资料物资储备的增长所构成的。参与积累的生产资料的形成的,不仅是上述部门直接生产这些生产品的劳动者,而且包括为生产积累的生产资料间接提供所需生产资料的劳动者,这里包含建筑材料部门、冶金部门、动力部门,采掘部门等一系列重工业部门的劳动者。我们把直接和间接与当年积累的生产资料的生产有关的劳动者并在一起,称之为积累的生产资料的生产劳动者;这一类劳动者的人数,以 N' 来代表。

国民收入中包含的另一部分最终产品,即全部消费资料,在实物形态上,是由可以直接供个人消费或其他非生产性消费的农产品、轻工业产品(和非生产性基建产品)构成的。参与消费资料的生产的,不仅有直接提供这些消费资料的部门的劳动者,而且包括为当年生产消费资料间接提供原料和其他生产资料的劳动者,特别重要的是,这里也包含生产农业原料的劳动者。我们把直接和间接与当年消费资料的生产有关的劳动者并在一起,称之为消费资料的生产劳动者;这一类劳动者的人数,以 N'' 来代表。

这样,如果我们按国民收入所包含的两种最终产品的口径,来划分全社会的生产劳动者,我们就可以把后者区别为积累的生产资料的生产劳动者 N',和消费资料的生产劳动者 N''。N' 和 N'' 的划分,同社会生产劳动者按社会总产品的两大部类口径的划分,略有不同。按照社会总产品的两大部类的划分口径,为当年生产的消费资料提供生产资料的劳动者(其中十分重要的是农产原料的生产者),就不能够包含到消费资料的生产劳动者中去,而应包括在第一部类即生产资料的生产部类中去。所以,N' 和 N'' 的划分,便于我们从农、轻、重关系的角度,来观察生产资料的积累同消费资料的生产之间的关系。如果我们把理论分组上不可避免的一些次要的交叉情况存而不论,① 那么,积累的生产资料的生产劳动者 N′,基本上是由生产性基本建设部门和重工业部门的职工构成的,而消费资料的生产劳动者 N″,则基本上是由农业、轻工业部门的劳动者构成的。

让我们回过头来,看看生产资料积累同消费资料生产的关系。为了进行生产资料的积累,必须把积累所需的追加生产资料生产出来。而要生产追加的生产资料,必须要有从事追加的生产资料的生产的劳动者,即积累的生产资料的生产劳动者 N′。生产资料积累规模扩大,当生产资料生产部门的劳动生产率为已定的场合,则 N′的数值也要相应的扩大。而积累的生产资料的生产劳动者的消费,则必须依靠消费资料的生产来解决。② 十分明显,为要满足积累的生产资料的生产劳动者的消费需求,消费资料生产劳动者的劳动生产率,就必须大于他们的平均消费,从而能够提供一个剩余。令消费资料的生产劳动者的劳动生产率为 h″,社会劳动者平均消费水平为 Z。③ 那么,消费资料的生产量等于 N″×h″;消费资料的生产劳动者的消费总额等于 N″×Z;而消费资料生产部门可供的剩余消费资料则等于 N″×h″ − N″×Z = N″(h″ − Z)。

---

① 例如,农业提供的消费品原料,有一部分,以储备增长的形态,属于生产资料积累的范围。又如,当年生产的消费资料的原料,有一部分,是重工业提供的等等。

② "为了扩大生产(绝对意义上的'积累'),必须首先生产生产资料,而要做到这一点,就必须扩大制造生产资料的社会生产部门,就必须把工人吸收到那一部门中去,这些工人也就对消费品提出需求。因而,'消费'是跟着'积累'或者跟着'生产'而发展的。"(《列宁全集》第 2 卷,人民出版社 1959 年版,第 122 页。)

③ 当我们提到劳动者的平均消费水平时,总是把他们的供养人口考虑在内的。至于非生产领域的人员和消费,则假定已从有关项目中作了必要的扣除。也就是说,这里假定全社会的劳动人口都从事物质生产。

从这里不难看到，能够从事积累的生产资料的生产劳动者的人数 N′，可用下式来确定：

$$N' = \frac{N''(h''-Z)}{Z}$$

由此可见，可以从事积累的生产资料的生产的劳动者人数（N′），是受消费资料的生产劳动者人数（N″）、他们的劳动生产率（h″）和劳动者的平均消费水平（Z）这样一些数值所决定的。在社会劳动力总资源没有限制的假定情况下，积累的生产资料的生产劳动者人数，既取决于消费资料的生产劳动者人数，又取决于消费资料生产部门超越于劳动者自身消费水平的劳动生产率。从事消费资料生产的劳动者人数越多，超越于自身消费的劳动生产率越高，则可以从事积累的生产资料的生产劳动者的人数也就越多。在社会劳动力总资源为已定的情况下，则积累的生产资料的生产劳动者相对于消费资料生产劳动者人数的比率（$\frac{N'}{N''}$），从而前者的绝对人数（N′）就纯然取决于消费资料部门超越于劳动者自身消费的劳动生产率对劳动者平均消费水平的比率：

$$\frac{N'}{N''} = \frac{h'-Z}{Z}$$

从这里可以得出一个十分重要的结论：当社会劳动力总资源为已定，消费资料部门的劳动生产率为已定、同时劳动者平均消费水平为已定时，则可以从事积累的生产资料的生产劳动者人数，① 从而生产资料的积累规模，是一个被决定的、一定的数值。这个数值，最终要取决于消费资料部门超越于劳动者自身消

---

① 为了简化分析的条件，在这里和以后，我们都假定：积累的生产资料生产部门的劳动生产率是已定的。

费需要的劳动生产率的水平。正是在这个意义上，超越于农业劳动者个人消费的农业劳动生产率，对于重工业和生产性基本建设的投资规模的确定，从而对于整个社会生产的发展来说，有着不容忽视的重要意义。

为 $(h''-Z)/Z$ 这一比率所设定的社会劳动力资源的分配比例的界线，从而为生产资料的积累潜力所设定的界线，在一般的正常情况下，是不能过分背离的。N'/N'' 过分提高（或消费资料生产部门的劳动力过早地转移到积累的生产资料的生产部门），以致 $\dfrac{h''-Z}{Z}$ 的比率被大大超过的情况，意味着重工业和生产性基本建设的投资规模，超过了消费资料部门、首先是农业的现有劳动生产率所能承担的程度。在这种情况下，就有必要调整重工业和生产性基本建设的规模，从而不能不使生产资料的积累潜力，暂时有所降低。另一方面，在消费资料生产部门特别是农业的劳动力得到进一步充实，其劳动生产率获得进一步的提高的时候，则由于 $\dfrac{h''-Z}{Z}$ 的比率，会逐渐超过 N'/N'' 的比例，那么，重工业和生产性基本建设的规模，就可以进一步提高，从而使生产资料的积累潜力，进一步地扩大。

由此可见，积累基金中生产资料积累的规模，同消费资料的生产之间，存在着紧密的数量关系。社会主义国家在国民经济计划中安排积累的规模时，不但要考虑重工业和基本建设的规模，能够提供多少积累所需的生产资料，而且要考虑这样的重工业和生产建设的规模，能否为消费资料的生产能力所承担。在这里具有决定意义的，仍然是超越于农业劳动者个人消费的农业劳动生产率。

二

积累基金的另一部分——消费资料积累——对提消费资料的农业、轻工业等部门的依存关系，是一目了然，用不着多加说明的。这里要说明的是，消费资料积累对消费资料所提出的追加需求，反过来会对生产资料的积累规模发生什么影响，以及与此密切相关的所谓积累基金的平均构成（即积累基金在生产资料积累和消费资料积累之间的分配比例）问题。

消费资料积累所需的消费资料，同生产资料积累物资的生产劳动者所需的消费资料一样，只能从消费资料生产总额中，扣除了消费资料的生产劳动者自身消费以后的余额中取得。上节我们没有考虑消费资料积累的需求时，超越于消费资料生产劳动者自身需要的剩余消费资料的全部，都是看成为满足积累的生产资料的生产劳动者的消费需要的。消费资料积累的出现，便对上述意义的剩余消费资料提出追加的需求。这个追加的需求，势必要求扩大消费资料生产的规模，或者要求减少给予积累的生产资料生产部门的剩余消费资料。如果社会劳动力总资源为已定，消费资料生产部门的劳动生产率和劳动者的平均消费水平都为已定，那么，这一追加需求的出现，不能不引起消费资料的生产劳动者人数的相应扩大，从而使积累的生产资料的生产劳动者人数相应减少。因此，在必须同时进行消费资料积累的场合，从事积累的生产资料的生产劳动者的相对人数和绝对人数，都比在没有消费资料积累的假定场合为小。如果生产资料生产部门的劳动生产率为已定，那么，生产资料的积累规模，也要相应地减少。

从以上的叙述中，可以得出以下两个结论：

第一，社会可以用来进行积累（包括生产资料积累和消费资料积累）的资源潜力，归根到底，要取决于消费资料部门所能提供的剩余消费品的数额有多么大；换句话说，要看消费资料生产部门、特别是农业中超越于劳动者个人需要的劳动生产率有多么高。

第二，在其他情况（如劳动力总资源、劳动生产率、平均消费水平等）相同时，消费资料积累的绝对规模越大，则通过劳动力资源在两大部类之间、剩余消费资料在消费资料积累的需要同积累的生产资料生产部门的需要之间的分配，生产资料积累的相对和绝对潜力就越是减少。反之，消费资料积累的绝对规模越小，则生产资料积累的相对和绝对潜力就越能扩大。

由于在消费资料生产部门的可供剩余消费产品为已定、从而社会积累资源总潜力为已定的条件下，生产资料的积累规模同消费资料的积累规模，依相反的方向变化，在这里有必要分析一下积累在生产资料和消费资料之间的分割比例或积累基金的平均构成，是怎样确定的。①

关于在资本主义社会中，资本积累在不变资本和可变资本之间的分割比例，马克思曾经指出："剩余生产物以什么比例，分割在可变资本和不变资本之间，那要看资本的平均构成而定。资本主义越是发展，直接投在工资上面的部分，相对地说就越是小。"② 在资本主义社会中，资本平均构成的提高，是在资本家追逐利润的剧烈竞争中自发形成的一个趋势。作为资本积累规律的一个重要契机，这个趋势，又是同劳动人口中失业后备军的形成，和劳动人民相对贫困化的过程，结了不解之缘。在这里，可

---

① 这里像以前一样，为了简化分析条件，我们仍然假定生产资料生产部门的劳动生产率为已定。
② 马克思：《剩余价值学说史》第2卷，1957年俄文版，第496页。

变资本在积累中所占份额，是自发形成的资本平均构成所决定的，而劳动者的就业人数和消费水平，则又只能被限制在这个被决定的可变资本的范围以内，服从于资本积累的需要。

在社会主义社会中，积累基金平均构成的提高，是社会有计划地提高劳动者平均技术装备水平的反映。作为社会主义积累规律的一个契机，生产基金平均构成的提高，又是同新增劳动人口的充分就业和劳动人民消费水平的提高，密不可分的。所以，在这里消费资料在积累中所占份额，不像资本积累中的可变资本那样，是自发形成的资本平均构成的结果。正好相反，社会主义积累中消费资料的绝对数额，首先要根据下一生产周期中新增劳动人口的充分就业（和劳动者消费水平的不断提高）的要求来确定。当社会积累资源的总潜力已被消费资料生产部门提供的剩余消费产品所决定时，生产资料的积累规模从而社会积累基金的平均构成，毋宁是消费资料积累的绝对额按上述要求确定以后的一个结果。

所以，当我们考察一个社会主义国家在一定时期积累基金的平均构成时，不能单纯地从原有经济技术水平来判断生产资料积累和消费资料积累的比率，是高是低；而必须结合本期积累资源潜力总额和下期劳动人口资源增长之间的对比关系来考虑。积累所采取的技术水平本身，也要看积累资源同新增劳动人口之间有怎样的对比关系。相对于积累资源潜力来说，一个国家的劳动人口增长越快，则为新增劳动人口的就业所准备的消费资料积累就越大，生产资料积累从而积累基金的平均构成就越低。反之，相对于积累资源潜力来说，劳动人口增长速度越小，则为新增劳动人口所准备的消费资料积累也可以较少，生产资料积累从而积累基金的平均构成也可以较高。

申而论之，一个经济技术水平较低的国家，虽然现有社会生产基金的平均构成较低，社会生产所能提供的积累资源潜力也比较小；但是，如果这个国家由于过去旧社会遗留下来的失业人口和其他未就业人员已经得到利用，致使可以吸收参加生产的新增劳动力资源相对急剧减少，那么，积累所采取的技术水平和积累基金的平均构成，就应该有比较迅速的提高。

由积累资源同新增劳动力资源的对比关系所决定的积累基金的平均构成，或者积累在生产资料基金和消费资料基金之间的分割比例，我们可以叫做积累需要的物质构成，以区别于积累的生产物质构成。后者是由一国的生产结构所决定的。积累的这两种物质构成，可能发生不一致的情况。例如上述由于新增劳动人口资源和积累资源对比关系的变化而要求迅速提高积累的平均构成的国家，同时又是一个重工业发展不够、而农业比重还比较大的国家。这里社会生产为积累所能提供的物资中，消费资料所占份额仍然较大，因而积累的生产物质构成就低于积累需要的物质构成。在积累的这两种物质构成不一致的场合，就必须通过改变社会生产结构，或者改变可以两用的物资的使用方向，或者通过外贸途径，使积累需要的物质构成得到实现。

以上的分析，是就社会积累规模没有超过消费资料部门可供剩余产品所容纳的限度的情况来说的。如果由于农业上连续的严重的自然灾害或其他原因，使消费资料生产部门可供剩余消费产品不能容纳已经扩大了的积累规模，因而有必要暂时压缩积累、调整两大部类的比例关系时，就有必要对积累的物质构成作相应的调整。在这种场合，由于必须进一步发展消费资料的生产，以保证劳动人民消费水平的适当提高，并补偿前一时期消费品储备的相对减少；在暂时缩小了的社会积累中，生产资料的积累会有较大幅度的减少（主要表现为生产性基本建设战线的缩短），而消费资料积累的份额却要有所提高（主要表现为消费品及其原材料储备的恢复和增长），因而积累基金的平均构成，也有暂时降低的可能。可是，随着国民经济中基本比例关系的调整和消费资料生产的进一步扩大，随着消费资料生产部门可供剩余生产品数额的继续增长，社会积累的资源潜力也将进一步增长；这时，积累基金平均构成必将恢复不断上升的长期趋势。这是因为，积累资源相对于新增劳动力资源的更快的增长，及由此带来的社会劳动者平均装备水平和社会生产基金的平均构成的不断提高，乃是社会主义扩大再生产在正常情况下所固有的、经常的过程。这一过程，作为社会劳动生产率不断提高的条件和结果，乃是保证社会主义扩大再生产能以持续的高速度发展的重要因素之一。

三

我们已经考察了积累对消费资料的两种需求。这两种需求是：

1. 积累的生产资料的生产劳动者的消费需要。这种需要又可划分为两小类。

第一小类：直接从事积累的生产资料生产的劳动者的需要。如生产性基本建设工人、机器设备制造业工人等等的消费需要。

第二小类：间接为积累的生产资料的生产提供生产资料的劳动者的需要，这里包括建筑材料、冶金、动力等部门有关劳动者的消费需要。

令生产资料的积累总额为 p'；直接参与积累的生产资料生产的职工报酬占其产品产值的比重为 a；那么，第一小类的消费需要等于 $p'a$。又令间接为上述产品的生产提供生产资料的劳动者的报酬占上述产品产值的比重力 b，则第二小类的消费需要等于 $p'b$。积累的生产资料的全体生产劳动者的消费需要等于 p'a + p'b = p'（a + b）。①

2. 消费资料积累的需求。这种需求，可以通过积累基金的平均构成系数（即生产资料积累对消费资料积累的比率）同生产资料积累联系起来。令积累基金的平均系数为 c，那么，消费资料积累的需求等于 p'/c。

积累对消费资料的上述几种需求的总和等于：

$$p'a + p'b + p'/c = p'(a + b + \frac{1}{c})。$$

如果认为，积累对消费资料的需求，只限于上述几个部分，那就错了。事实上，还有两种对消费资料的需求，同积累的规模之间，有着十分密切的联系，一种是与积累规模扩大有关的非生产领域的消费需要，另一种是随着生产资料积累的动用（如新建扩建企业投入生产等等）而必须增加的生产劳动者的消费需要。先看一下前一种消费需要。

生产资料积累规模的扩大，不仅意味着生产性建设部门、设备制造部门及与之有关的一系列重工业部门的扩大，而且，为这些部门职工服务的一系列所谓配套事业，也要扩大。这里包括商业、公用事业、邮电交通、文教卫生等等部门。这些部门机构人员的扩大，一方面要从社会劳动力总资源中占去一部分劳动力，另一方要对消费资料提出追加的需求。在非生产部门的扩大同生产建设规模扩大之间，存在着一定的比例关系；当然，这个比例关系，会随着情况不同而改变。例如，生产建设同等规模的扩

---

① p'（a + b）同前述 N'×Z 的关系是：
p' = N'×h'（h'代表这些部门表现在最终的积累产品上的劳动生产率）
$a + b = \frac{N'Z}{N'h'} = \frac{Z}{h'}$
p'（a + b）= N'h' × $\frac{Z}{h'}$ = N'×Z。

大，所需各项配套服务事业扩大的程度，在新建设地区就比在原有工业基地更大。但是，在一定时期，就全社会范围来看，在服务性事业同生产建设事业之间，可以确定一个大体上合理的平均系数或比率。如果我们把与生产资料积累规模扩大有关的非生产机构、人员的消费需求、对生产资料积累规模之间的平均比率用 d 来代表，那么这些非生产机构、人员对消费资料的追加需求，就等于 $p'd$。

$p'd$ 和前述 $p'(a+b+\frac{1}{c})$，都是因积累而引起的对消费资料的需求，这些需求，都要从当年生产的消费资料中取得补偿。令当年生产的消费资料总额为 p''；又令消费资料的生产劳动者的报酬占其产品总值的比重为 e，那么，可供的剩余消费资料为 $p''(1-e)$。① 消费资料的这个可供剩余，应当足以保证上述积累对消费资料的各项需要的满足②：

$$p''(1-e) = p'(a+b+\frac{1}{c}+d)$$

由上式可得：

$$p' = \frac{p''(1-e)}{a+b+\frac{1}{c}+d}$$

上式表明，生产资料的积累规模，是受消费资料可供剩余和

---

① $p''(1-e)$ 同前述 $N''(h''-Z)$ 的关系：$P'' = N''h''$
$e = \frac{N'' \times Z}{N'' \times h''} = \frac{Z}{h''}$ ∴ $p''(1-e) = N''h'' \times (1-\frac{Z}{h''})$
$= N''(h''-Z)$

② 此外，还有一些与积累无直接关系的消费资料需求，如一般行政管理、国防、消费资料后备及与积累无关的其他非生产机构人员的消费。这些消费资料需求，应从 $P''(1-e)$ 中作必要的扣除。

与生产资料积累有关的各项消费资料需求系数（a，b，$\frac{1}{c}$，d）所限定。生产资料的积累规模，同消费资料生产部门的负担能力成正方向的变化，同各项与积累有关的消费资料需求系数成反方向的变化。所以，在安排积累规模及与此有关的生产性基本建设投资和重工业发展规模时，必须结合各项消费资料的需求，来考虑农业、轻工业的承担能力。在这里十分重要的问题不仅在于确定消费资料生产部门（特别是农业）中超越于劳动者个人需要的劳动生产率，而且在于研究与积累有关的各项消费资料的需求系数，探索这些系数的决定因素和变动规律。这些问题，还有待于计划工作者和理论工作者的共同努力。

读者可能已经注意到，上述公式所列举的与积累有关的消费资料需求项目中，没有把生产资料积累基金的动用而引起的新增就业劳动者的消费需要包括进去。有些读者还可能怀疑：有没有必要在消费资料积累之外，另提出一个与新增劳动者消费需要有关的项目。因为，似乎本期的消费资料积累，已经可以解决下期新增劳动者的消费需要了。关于这个问题，这里简单说明一下。

为下期新增劳动人口所准备的消费资料积累与下期新增劳动人口生活所需消费资料的补偿，是不能混淆的。消费资料的积累是，在非生产性建筑物和消费品储备的形态上，作为下期新增劳动人口的经常生活需要的准备基金或周转基金，它不是用来补偿下期新增劳动人口的全部消费需要的。下期新增劳动人口的消费需要，要靠下期的消费基金的增长来补偿，也就是说，要靠下期消费资料生产规模的扩大来解决。同时，为下期新增劳动人口所准备的消费资料积累，在价值量上也不等于下期新增人口的全部消费需要，前者还要取决于消费资料储备基金的周转速度。正是由于下期的消费不能由本期生产的消费资料来补偿，所以，下期新增劳动人口的消费，虽然与本期的生产资料积累在下期的动用有关，我们也不能把它列入由本期生产的消费资料来补偿的需求项目公式之中，而应当在消费资料积累之外，另立一个项目，来考虑积累对后续时期消费的影响。

积累对后续时期消费的影响，是一个比积累在当前时期对消费资料的需求远为复杂的问题。这里当然不仅包括新增生产劳动者的需求，而且也要包括非生产部门相应扩大的需求，并且，根据社会主义基本经济规律和积累规律的要求，劳动人口的平均消费水平，也要随着积累和生产规模的扩大，不断地逐步地有所提高。还要看到，积累一方面引起后续时期消费需求的增长，另一方面，随着积累在后续时期的动用，新的生产能力也在不断增长。这些新增生产能力，最终在消费资料的生产上所能取得效果的大小和时间的早迟，又要看积累是依怎样的比例，在两大部类之间进行分配。对于未来时期消费水平的长期变动曲线或时间序列的影响来说，积累在两大部类之间的分配比例，较之积累规模本身，有着更为重要的意义。这个问题，已经越出了本文的范围，需要另行研究。

马克思关于社会再生产的原理及其在社会主义经济中的应用[*]

在《资本论》第二卷中，马克思创立了科学的社会再生产理论。他在考察社会总资本的再生产和流通的同时，分析和揭示了整个社会再生产的一般规律。这些规律是社会化大生产的共同规律，对社会主义经济也是适用的。我国三十年来社会主义建设的实践，反复证明了这一真理。目前，我国现实经济生活中存在的很多重大问题，都同我们对马克思关于社会再生产的理论学习不够有关。因此，从我国社会主义经济发展的实际需要出发，全面地，系统地，深入地学习马克思的社会再生产理论，并用以指导我们的实践，对于我们在本世纪内顺利完成实现四个现代化的伟大而又艰巨的事业，具有十分重要的意义。

在这篇文章中，我们打算对马克思社会再生产理论的一些基本原理，作一个概要的论述。在分析这些基本原理以前，有必要先交代一下：什么是再生产？什么是社会再生产？什么是社会再

---

[*] 本文原载《马克思的社会再生产理论》，中国社会科学出版社1981年版，与张曙光合写。

生产理论的中心问题?

在任何社会中,社会生产总是连续不断地进行的。马克思说:"一个社会不能停止消费,同样,它也不能停止生产。因此,每一个社会生产过程,从经常的联系和它不断更新来看,同时也就是再生产过程。"① 由于考察的范围不同,再生产可以分为个别再生产和社会再生产。所谓个别再生产,就是指一个独立的经济单位的再生产;在资本主义社会中,就是指个别资本的再生产;在社会主义社会中,就是指个别企业的再生产。所谓社会再生产,就是指整个社会范围内的总的再生产。在资本主义社会中,就是指社会总资本的再生产,在社会主义社会中,就是指整个国民经济范围的再生产,如社会总产品和国民收入的再生产等等。个别再生产可以叫做微观经济或者小范围经济,社会再生产可以叫做宏观经济或者大范围经济。

个别再生产和社会再生产之间存在着密切的内在联系。马克思在分析资本的再生产时,对此作过明确的说明。他说:"正如每一单个资本家只是资本家阶级的一个分子一样,每一单个资本只是社会总资本中一个独立的、可以说赋有个体生命的部分。社会资本的运动,由社会资本各个独立部分的运动的总和,即各个单个资本的周转的总和构成。"② 又说:"各个单个资本的循环是互相交错的,是互为前提,互为条件的,而且正是在这种交错中形成社会总资本的运动。"③ 在社会主义社会中,每一个企业(独立核算单位)是整个国民经济的一个相对独立的基本单位。整个国民经济的运动,即社会主义的社会再生产,是各个企业经

---

① 《马克思恩格斯全集》第23卷,第621页。
② 《马克思恩格斯全集》第24卷,第390页。
③ 同上书,第392页。

济运动，即个别再生产的总和；而且，这个总和不是简单地加总，而是各个企业互为前提、互为条件、互相交错的个别再生产的总和。

那么，什么是社会再生产的规律性呢？要弄清楚这个问题，首先得把社会再生产得以顺利进行的条件搞清楚。根据马克思的分析，社会再生产的条件就是社会总产品各个组成部分如何实现的条件，而社会总产品各个部分的实现过程，归根到底是总产品内部各个组成部分之间的交换。这里"不仅是价值补偿，而且是物质补偿，因而既要受社会产品的价值组成部分相互之间的比例的制约，又要受它们的使用价值，它们的物质形式的制约"[1]。要使社会总产品的实现过程得以顺利进行，就要在社会总产品的各个价值组成部分同实物组成部分之间建立起相互适应的关系，也就是说，要使各种使用价值的生产同对它们的需要之间互相协调。这就是所谓社会生产按比例发展的问题。这是任何一个社会再生产所共有的问题。马克思说："按一定比例分配社会劳动的必要性，决不可能被社会生产的一定形式所取消，而可能改变的只是它的表现形式。"[2] 因此，研究社会生产的比例关系及其运动的规律，就成为社会再生产理论的中心内容。

马克思说："一切节约归根到底都是时间的节约。正像单个人必须正确地分配自己的时间，才能以适当的比例获得知识或满足对他的活动所提出的各种要求，社会必须合理地分配自己的时间，才能实现符合社会全部需要的生产。因此，时间的节约，以及劳动时间在不同的生产部门之间有计划的分配，在共同生产的

---

[1] 《马克思恩格斯全集》第 24 卷，第 437—438 页。
[2] 《马克思恩格斯选集》第 4 卷，第 368 页。

基础上仍然是首要的经济规律。"① 这个首要经济规律，特别是其中"有计划地分配劳动时间于不同的生产部门"，究竟如何实现？通过什么样的机制来实现？在实现的过程中可能会遇到一些什么问题？马克思在他的社会再生产理论中，已从原则上提供了解决问题的钥匙。

关于社会再生产的类型问题

（一）简单再生产和扩大再生产

简单再生产和扩大再生产问题，是马克思社会再生产理论的基础问题之一。所谓简单再生产，就是指生产过程在原有规模上的重复。它的特点是，没有积累发生，全部剩余产品用于非生产性消费。所谓扩大再生产，就是指生产过程在扩大的规模上再现。其特点是，剩余产品不能全部用于非生产性消费，而必须有一部分用于积累。因此，马克思常常把积累当作扩大再生产的同义语。"积累就是资本的规模不断扩大的再生产。"②

简单再生产和扩大再生产的关系主要表现在两个方面：从理论上看，是抽象和具体的关系；从现实上看，类似于部分和全体的关系。马克思在分析社会总资本的再生产时，对这两个方面的关系作过分析。他指出：资本主义再生产是以扩大再生产为特征的，"在资本主义基础上，没有任何积累或规模扩大的再生产，是一种奇怪的假定，另一方面，生产条件在不同的年份不是绝对不变的（而假定它们是不变的），那么，规模不变的简单再生产就只是一个抽象。""但是，只要有积累，简单再生产总是积累

---

① 《马克思恩格斯全集》第46卷上册，第120页。
② 《马克思恩格斯全集》第23卷，第637页。

的一部分，所以，可以就简单再生产本身进行考察，它是积累的一个现实因素。"①（着重号是引者加的）马克思的这些分析，对社会主义的社会再生产也是适用的。

在社会主义社会中，简单再生产也是一个理论的抽象。因为，社会主义的社会再生产也是以扩大再生产作为特征的，没有积累发生，全部剩余产品都用于非生产性消费，就不可能用不断扩大再生产的手段来满足人民日益增长的需要，这就否定了社会主义经济的本质特征。不仅如此，在社会主义社会中，生产条件和生产规模绝对不变，一定量的社会生产基金，今年和去年一样，提供一样多的产品，满足一样多的需要，这种情况也是不大可能的。但这是一个合理的、科学的抽象。把简单再生产这一抽象条件下社会产品的交换和平衡关系搞清楚了，就便于揭示社会主义的社会再生产过程各主要方面和各基本要素的内在联系，便于进一步分析和把握扩大再生产的运动规律。这同马克思在分析社会总资本的再生产时，从简单再生产这个理论"抽象"开始是同一个道理的。

在社会主义再生产中，也像在资本再生产中一样，简单再生产不仅是一个理论上的"抽象"，而且是扩大再生产的一个"现实因素"。也就是说，简单再生产总是包括在社会主义的扩大再生产之中，并且占据着十分重要的地位。因为，第一，在扩大再生产的总体中，简单再生产总是最大"最重要的一部分"②，因而，原有生产规模维持的状况如何，直接影响着扩大再生产的规模。第二，原有生产能力和生产规模的维持是生产建设规模进一步扩大的前提，只有在原有规模得到维持的前提下，才有可能使

---

① 《马克思恩格斯全集》第24卷，第438页。
② 同上书，第457页。

生产建设的规模进一步扩大，并使后者获得比较坚实的基础。第三，原有生产能力的维持、更新和利用，往往同生产技术的进步和生产组织的改善联系在一起，这里蕴藏着扩大再生产的潜力，它和积累结合在一起，共同促进再生产规模的扩大。因此，在安排本期扩大再生产的人力物力资源时，首先要保证相当于上期原有规模的简单再生产的需要，在这个需要得到满足之后，再进一步安排再生产规模扩大部分的需要。这是我们处理简单再生产和扩大再生产的关系的一条基本原则。

从以上的分析可以看出，简单再生产和扩大再生产之间有着密切的内在联系。简单再生产作为积累的一个组成部分和现实因素，构成扩大再生产的基础和出发点，而扩大再生产则是在保持简单再生产基础上的进一步发展。这种互相联系的情况，在现实经济生活中表现得更为复杂。首先，随着生产技术和劳动生产率等条件的变化，产品的价值量和使用价值量的再生产规模会出现不一致：如果使用价值是简单再生产，产品价值的再生产就要缩小；如果产品价值是简单再生产，使用价值的再生产就要扩大。其次，现实经济生活中的很多相互关系问题，如当前生产和基本建设的关系问题，基本建设中更新改造和新建扩建的关系问题，机械制造中维修和制造、辅机、配件和主机的关系问题，采掘工业中掘进和采矿的关系问题等等，都同简单再生产和扩大再生产的关系有着密切的联系，但二者又不能完全等同；上述两个方面的每一个方面，往往是简单再生产和扩大再生产互相渗透，兼而有之。一般说来，基本建设、新建扩建、主机制造、采矿等同扩大再生产的联系比较密切，而当前生产、更新改造、维修、辅机配件、掘进等同简单再生产的关系比较密切。在我们的经济工作中，往往由于不切实际地追求高指标、高速度，看不到简单再生产是扩大再生产的基础和出发点，因而重基本建设，轻当前生产；重新建扩建，轻更新改造；重制造，重主机，轻维修，轻辅机配件；重采轻掘等等。这些片面性的做法，损伤了简单再生产的基础，扩大再生产也不能不退下来。所以，在处理简单再生产和扩大再生产的关系时，必须坚持先简单再生产后扩大再生产的原则，在实际工作中，要先安排当前生产，后安排基本建设；先安排更新改造，后安排新建扩建；先安排设备维修，后安排设备制造；先安排辅机配件的生产，后安排主机的制造；先安排掘进事宜，后安排采矿生产。只有这样，社会主义的扩大再生产才能获得坚实的基础和切实的保证。

我们不但在经济计划的安排中碰到简单再生产和扩大再生产的关系问题，而且在经济管理体制的改革中也遇到这个问题。例如，划分企业和国家的经济权限问题，有的同志认为，应以资金价值量的简单再生产和扩大再生产作为划分企业和国家经济权限的界限。凡属与简单再生产有关的产供销和人财物诸权，包括固定资产的全部折旧，都交给企业；凡属与扩大再生产有关的权限，特别是积累和基本建设投资诸权，都由国家掌握。实践证明，这样做还有一定问题。一来是在实际经济工作中，简单再生产和扩大再生产你中有我，我中有你，不易划分清楚。二来是若不给企业一定的扩大再生产的权力，企业仍然缺乏必要的机动能力来适应技术革新的需要和市场状况的变化，以便及时调整、改进和扩大自己的生产；也不利于企业和企业之间打破行政区域、行政系统乃至所有制界限进行必要的联合。这就是目前在扩大企业自主权试点中，通过利润留成建立企业生产发展基金以及企业有权支配这个基金的根据所在。当然，企业的这部分权力不能过大，因为整个社会扩大再生产比例和速度的改变，应当由国家计划，主要通过国家控制一部分积累资金来安排，而不能仅仅由企业根据市场状况和自身利益来决定。要使企业真正成为相对独立的商品生产者，自负盈亏，就要实行税利合一上缴，以税代利。这里，税率高低是个重要问题。如果税率很高，国家把利润全部拿走，企业只留折旧，只能搞简单再生产，那么企业的积极性和灵活性的发挥，就要受到限制。反之，如果税率很低，利润留在企业太多，扩大再生产的权力主要拿在企业手里，那么国家就难以对国民经济发展的速度和比例进行有计划的控制。交税以后，留在企业的平均资金利润率应有多高才合适，是一个需要探讨的问题，目前看来，要以能够保证企业通过一般的挖潜、革新、改造实现扩大再生产所需的资金，比较适宜。当然，还要适当考虑企业福利基金、奖励基金和后备基金的需要。

（二）外延的扩大再生产和内涵的扩大再生产

马克思把社会再生产划分为简单再生产和扩大再生产，又把扩大再生产划分为外延的扩大再生产和内涵的扩大再生产。

马克思说："积累，剩余价值转化为资本，按其实际内容来说，就是规模扩大的再生产过程，而不论这种扩大是从外延方面表现为在旧工厂之外添设新工厂，还是从内涵方面表现为扩充原有的生产规模。"① 在论述固定资本的局部更新会使生产的规模扩大时，马克思又说："如果生产场所扩大了，就是在外延上扩大；如果生产资料的效率提高了，就是在内涵上扩大。这种规模扩大的再生产，不是由积累——剩余价值转化为资本——引起的，而是由从固定资本的本体分出来、以货币形式和它分离的价值再转化为追加的或效率更大的同一种固定资本而引起的。"②

从马克思的上述论述中，可以得到这样两点认识：

---

① 《马克思恩格斯全集》第24卷，第356页。
② 同上书，第192页。

第一，所谓外延的扩大再生产，是指单纯依靠增加生产要素的数量，即依靠增人、增资、增投料，扩大生产场所来扩大生产规模。这里没有生产技术的进步，没有生产要素质量的变化，没有社会生产效率的提高。所谓内涵的扩大再生产，是指生产规模的扩大是依靠技术进步，依靠改善生产要素的质量，依靠提高活劳动的效率和生产资料的效率取得的。[1] 它是一种向生产的深度进军、向集约化方向发展的扩大再生产，所以有时人们也叫它做"集约的"扩大再生产，而把外延的扩大再生产叫做"粗放的"扩大再生产，后者是以生产向广度发展为特征的。

第二，扩大再生产划分为外延和内涵两种类型，同积累没有直接的必然联系。有积累发生，一定是规模扩大的再生产，但再生产的扩大并不一定非要积累不可，也就是说，扩大再生产的源泉可以是积累，也可以不是积累。例如，把暂时不必用于固定资产更新的折旧基金用来进行扩大生产能力，就是不用积累进行的扩大再生产。因此，把积累当作扩大再生产的唯一源泉是不恰当的。不论是有积累发生，还是没有积累发生的扩大再生产，都可以通过外延和内涵两种方式实现。

既然内涵扩大再生产是以生产技术的进步、生产要素质量的改善和生产经济效果的提高为前提，那么，内涵扩大再生产的实现总是同社会生产中质的变动紧密地联系在一起的。这些质的变动主要有：社会劳动分工的深化和社会生产专业化、联合化、集

---

[1] 就全社会范围来划分两种类型的扩大再生产，严格的定义应当从人力因素的标准来划分：凡靠增加劳动力的数量（即不靠技术进步）来扩大生产的叫外延的扩大再生产，凡靠在技术进步基础上劳动生产率提高的因素来扩大生产的叫内涵的扩大再生产。不能用其他因素（物力、投资等）来划分。这个问题比较复杂，这里不能评论。（参见《略论外延扩大再生产和内含扩大再生产的关系》，《光明日报》1962年7月2日）

中化、一体化的加强，社会生产经济结构的完善，社会生产技术水平的提高和劳动手段、劳动对象质量、性能的改善，以及劳动者技术水平和熟练程度的提高等。在内涵的扩大再生产中，时间因素的作用和"价值"大大增加，浪费时间必然导致技术上的落后和经济上的损失。不仅如此，在内涵的扩大再生产中，各种自然因素和自然力，也会作为要素，以更大的规模和更高的效能并入生产过程，因而，自然资源和生态环境的再生产，将日益成为社会再生产过程的一个重要内容。

社会再生产的类型是随着社会生产的发展而发展的。在前资本主义社会中，社会生产以手工劳动为主，生产力水平十分低下，因而它是以简单再生产为特征的社会再生产类型。这时的扩大再生产往往带有外延的性质。自从第一次产业革命和机器大工业出现以后，生产技术有了很大的进步，社会再生产便过渡到以扩大再生产为特征了；同时，扩大再生产也逐渐带有内涵的性质。现代技术进步，大体上可以分为两个阶段，第一个阶段是以机器劳动代替手工劳动的初期机械化阶段，第二个阶段是以高效率的机器体系代替低效率的机器体系的全面机械化、自动化阶段。与此相适应，在社会扩大再生产方式的发展上也出现了两种情况，在第一个阶段，外延因素仍然占有较大的比重，内涵的扩大再生产（主要是劳动节约型的）还带有局部的性质。随着从第一阶段向第二阶段过渡，内涵的特别是资金节约型的扩大再生产在社会生产中占有越来越大的比重，全面提高社会生产和再生产的效果就具有更加重要的意义。社会主义制度为了在社会劳动生产率和整个社会生产效率上战胜资本主义，极大地提高人民的物质文化生活水平，它的扩大再生产更应主要依靠内涵因素。我们搞四个现代化，就是要在充分利用我国现有人力、物力、财力和自然资源的基础上，使以提高经济效果为特征的集约生产方式，在我国的经济发展中逐渐成为起主导作用的扩大再生产方式。

在现实经济生活中，外延的扩大再生产和内涵的扩大再生产往往是结合在一起的。在如何处理外延扩大再生产和内涵扩大再生产的关系问题上，过去存在着两个方面的偏向：一个是对内涵扩大再生产的意义和作用认识不足，不了解社会主义再生产更应以内涵的扩大再生产为特征，以提高经济效果为主要手段，方能达到整个国民经济的持续增长和人民生活水平的真正提高，一讲扩大生产，人们首先想到的是增人、增设备、增投资，上新项目，铺新摊子，而不注意提高生产效率，不注意现有企业的挖潜、革新、改造。另一个偏向是，不注意充分利用我们自己在外延扩大再生产方面的有利因素，因而失去了很多能使生产得以扩大的机会。要使二者很好地结合起来，既要从赶超世界先进水平实现四个现代化的需要着眼，又要从我国人口多、底子薄的实际出发，要考虑如何充分利用我国丰富的劳动力资源来弥补我国建设资金不足和技术水平落后的缺陷，制定出正确的技术政策、就业政策、产业政策和投资政策。

在技术政策上，我们不能样样都搞最先进的技术，而必须实行先进技术、中间技术和手工劳动相结合。目前，我们已经有了一批技术先进和高度自动化的装置和企业，但这毕竟是极少数，大量的是一般技术和手工劳动。手工劳动的机械化仍然是我们当前的主要任务，也就是说，我们仍然基本上处于技术进步的第一个阶段。因此，在一个相当的时期内还要以中间技术为主，以便将来过渡到以先进技术为主。

在就业政策上，必须注意处理好劳动就业和提高劳动生产率的关系，一方面应充分看到提高劳动生产率是保证四化建设和社会主义胜利的最重要最主要的途径，因而，提高劳动生产率的要求不能因人多而放松，更不应当用三个人的活五个人做的办法去解决就业问题，降低劳动生产率。这样的就业方针和劳动政策将使我国经济落后的面貌永远也改变不了，人民生活的提高也无希望。解决就业问题的关键在于广开生产门路，向生产的深度和广度进军。

与此相应，在产业政策方面，我们既要建设一批技术先进、装备精良、资金密集和技术密集的现代化产业，当前更要大力发展劳动密集产业和改进传统手工业生产。这样就能充分发挥我国的人力优势。对于在我国一般被人们忽视的第三产业，即整个基础设施（交通、邮电、市政建设等）、商业服务领域以及文教科学卫生事业，更要大力发展。这些领域的发展对于解决劳动就业，对于整个国民经济的发展和人民物质文化生活的改善，都有重要意义。

在投资政策方面，除了保证上述几个方面的实现以外，一个十分重要的问题是正确处理新建扩建同现有企业的挖潜、革新、改造的关系。这不仅是正确处理简单再生产和扩大再生产的关系的一个重要方面，而且也同正确处理外延扩大再生产和内涵扩大再生产的关系密切有关。现有企业的挖潜、革新、改造，既包含有简单再生产的因素（补偿更新部分），也包含有扩大再生产的因素（在原有场地增加生产能力、节约消耗、改进质量等）；一般说来，通过这条途径实现的扩大再生产，往往是内涵的扩大再生产。而新建扩建主要是外延的扩大再生产，如果新建扩建是按原有的技术水平进行，那就是纯粹的外延扩大再生产；如果是按新的提高了的技术装备水平进行的，则是内涵和外延相结合的扩大再生产。比较起来，现有企业的更新改造是一个花钱少、建设快、收效大的办法。过去，我们生产规模的扩大比较偏重于铺新摊子，即主要靠外延的方式。在经济建设的开始阶段，由于工业基础薄弱，这样做是必要的，不如此，不能建立独立的比较完整的工业体系和国民经济体系。问题在于对现有企业的挖潜、革新、改造注意不够。现在，我们已经有了四十万个工业交通企业，固定资产六千多亿元，在这种情况下，实现以新建为主到以现有企业的革新改造为主的转变，不但是非常必要的，而且有了实现的可能。现有企业是我们实现四个现代化的基础和根据地，我们应当自觉地实现这种转变。

总之，只有通过以上几个方面，研究和采取正确的方针和有效的措施，我们才能处理好外延扩大再生产和内涵扩大再生产的结合问题，逐步实现向以内涵方式为主的扩大再生产的过渡，从而保证我们的国民经济高效率高速度地持续发展。

论社会主义经济中计划与市场的关系[*]

当前,全党工作的着重点正在转移到社会主义现代化建设上来。为了适应这样一个转变,保证我国国民经济稳步发展,我们必须总结将近30年来经济建设的经验和教训,对经济管理体制和经营管理方法进行认真的改革。怎样完成我们面临的这项改革任务,有许多重大的理论和实际问题迫切需要我们去研究和解决。其中一个对社会主义的经济管理带有全局性的问题,就是如何处理好计划和市场的关系问题。[①] 这篇文章拟对这个问题作一初步探索。

社会主义经济中计划和市场相结合的必然性

长期以来,在社会主义政治经济学中存在这样一种看法,即

---

[*] 本文的不同摘要曾载于《经济研究》1979年第5期等报刊。这里发表的是全文,系作者与赵人伟合写。

[①] 这篇文章所讲的计划,不是指作为意识形态的计划,而是指人们自觉地调节和控制社会经济发展的客观过程,这一客观过程过去经济学文献中曾用"计划化"一词来概括。另外,这篇文章所讲的计划,凡未注明是企业计划的,都是指国家计划或社会计划。

认为，既然社会主义经济是计划经济，资本主义经济是市场经济，因此社会主义经济与市场是不相容的，把社会主义计划经济理解为对市场的一种简单的和绝对的否定。尽管后来逐渐承认了社会主义经济中商品生产和价值规律的存在，但仍然把商品生产、价值规律、市场机制的作用同计划的作用置于绝对排斥的地位，似乎计划起作用的地方，市场机制就不起作用，或者反过来说，计划作用到不了的地方，市场机制才起作用。按照这种观点，社会主义的优越性不能表现在对市场的利用上，而只能表现在对市场的限制或排斥上，仿佛计划的作用越大，市场的作用越小，社会主义的优越性才能显示出来。这样一种把市场视为同社会主义经济的本性不相容的观点，给我们经济生活的实践带来了一系列消极后果。例如：

生产与需要脱节。由于片面强调计划和忽视市场，企业生产什么和生产多少，主要按照从上而下的指令性计划指标，而不能很好地按照社会的实际需要来安排。照道理说，按计划生产与按需要生产应当是一致的。但是，在社会主义条件下，离开了市场机制，一个统一的计划中心事实上无法精确地反映对千百万种产品的千变万化的需要。这样，按上面布置下来的计划生产出来的东西，往往货不对路，造成积压，而社会上需要的东西又供应不足。再加上企业生产的产品大部分是由国家统购包销的，企业所需生产资料大部分又是由国家统一分配计划调拨的，生产企业同消费者之间缺乏横向联系，不能直接见面，以致生产者不了解消费者的需要，消费者也不能对生产施加影响，计划指标不符合实际需要的缺陷不能通过市场机制灵活地反映出来，并得到及时的纠正，使产供销脱节的问题长期难以解决。

计划价格脱离实际。由于在制定价格时忽视价值规律的客观要求，使得许多产品的计划价格长期地、大幅度地同价值相背离。在这样的价格条件下，企业在产值、利润等指标上表现出来的经营成果不能反映企业本身经营状况的好坏；由不合理的价格因素而引起的亏本和盈利，也无法据以辨别企业经营的优劣。计划价格很少考虑供求的变化，长期固定不变。当出现商品不足、供不应求的时候，往往不采用调整价格的办法来促使增加供给和控制需求，而是采用票证来限额供应，使票证起了补充货币的作用，造成价值尺度的多元化。① 人们还把凭票限额供应叫做"计划供应"，似乎它就是社会主义计划经济本质的一种体现。殊不知，这是任何一个被围困的城防司令都会想出来的办法，同社会主义计划经济毫无本质联系。当然，社会主义计划经济不是不可以在一定时期和一定条件下利用这种限额限价的供应办法。但是，由于这种办法不能从经济上鼓励增加这些供应不足的商品的生产，而且往往会固定和加深这些商品的生产者的不利地位而使生产和供给减少，所以，它不但不能从根本上解决供需矛盾，而且往往进一步加剧这个矛盾。

资金分配上的供给制。我们不但在产品的生产和交换上，而且在资金的筹措和分配上，也忽视了市场的作用，突出的表现是财政上统收统支。过去，我们企业的收入，包括企业的纯收入和基本折旧基金，全部或大部上缴；企业发展生产、改进福利等开支，则都伸手向上面要。国家对企业无偿供给全部固定资产和大部分流动资金，企业对资金的使用效果可以不负任何经济责任，不管经营好坏、盈利亏本，工资基金不少拿，企业是"吃大锅饭"，职工是靠"铁饭碗"。由于物质利益与经营成果脱节，企

---

① 马克思指出："价值尺度的二重化是同价值尺度的职能相矛盾的"，"凡有两种商品依法充当价值尺度的地方，事实上总是只有一种商品保持着这种地位。"（《马克思恩格斯全集》第23卷，第114—115页）我们的许多无价票证，不是事实上已变成了有价票证吗？

业的经济核算不能不流于形式，单纯为记账而核算，而不是利用职工集体的物质利益来促进生产效果的提高。在这种情况下，尽管发出许多行政命令和政治号召，企业和职工对于节约生产消耗、改进产品质量、增加品种以适应市场消费者的需要，也难以有持久的内部动力，各方面的拖拉浪费，就长期难以克服。

企业结构上的自给自足倾向。社会主义经济是建立在社会化大生产基础上的，企业之间、地区之间、部门之间都存在着广泛的专业分工和协作的关系。特别是随着科学技术的进步，生产专业化和协作也将进一步发展。但是，由于忽视市场关系，用小生产的经营方式来对待社会主义的大生产，使得我们许多企业不是向专业化和协作的方向发展，而是向万事不求人、自给自足的方向发展。因此，我国的工业企业普遍存在着"小而全"、"大而全"的情况，许多企业不仅办成了"全能厂"，而且办成了一个社会。当然，这种情况，并不是完全由企业内部的原因所造成的。供产销的不平衡，协作单位不遵守合同，协作件得不到保证等原因，往往也迫使企业向"全能厂"方向发展。但从全社会来看，这些都是与排斥市场关系有关的。

上述种种情况表明，忽视商品生产、价值规律和市场机制的作用，实际上并不利于社会主义计划经济的发展。社会主义计划经济的一个重要特征就是要正确地安排和保持国民经济的适当比例，求得生产和需要的平衡。列宁说："经常的、自觉地保持的平衡，实际上就是计划性。"[①] 但是，在社会主义经济中，如果排斥市场机制，就往往会带来供产销的脱节，而难以求得生产和需要之间的平衡；如果各类产品计划价格长期违背价值规律的要求，各类产品的比价关系安排得不合理，那就往往使这些产品的

---

① 《列宁全集》第 3 卷，第 566 页。

生产不能按照客观要求的比例协调地发展。社会主义计划经济的另一个重要特征就是节约活劳动和物化劳动的消耗。当然，节约劳动时间和按比例地分配劳动时间是相互联系的。正如马克思所指出的："时间经济以及有计划地分配劳动时间于不同的生产部门，仍然是以集体为基础的社会首要的经济规律。甚至可以说这是程度极高的规律。"[1] 但是，在社会主义条件下，如果否认商品货币关系，拒绝利用价值规律，不讲经济核算，就必然导致高消耗、低质量和低效率，不能实现用最小限度的劳动消耗取得最大限度的效果这一社会主义计划经济的本质要求。

从实践看，是否承认市场的存在并积极利用它来为计划经济服务，对于社会主义经济的发展关系极大。近30年来，在我国社会主义建设过程中，有两次经济发展比较快，一次是第一个五年计划时期，一次是三年调整时期。这两个时期都比较注意利用价值规律，利用市场，其结果城乡协作较好，农轻重的关系比较协调，各方面也比较重视经济核算和经济效果。但是，在我国国民经济的发展中，有两次受到比较大的挫折，一次是第二个五年计划时期，一次是在60年代中期至70年代中期。这两次大的挫折，在政治上是同林彪、陈伯达和"四人帮"等人的破坏分不开的；在理论上则往往同他们在商品、货币、价值规律问题上制造混乱、抹杀市场的作用有关。应该指出，那种否认社会主义社会中商品货币关系的积极作用，把计划和市场看作互不相容的观点，不但在实践上造成了很大的危害，而且在理论上也是站不住脚的。

以生产资料公有制为基础的社会主义经济是有计划发展的经济。经济的有计划发展并不是同市场经济关系相对立的，而是同自发的或生产的无政府状态相对立的，后者是一切以私有制为基

---

[1] 《政治经济学批判大纲》第1分册，人民出版社1975年版，第112页。

础的社会经济的一个基本特征。而市场经济关系却不是私有制的社会经济所特有的。同市场经济关系相对立的是自然经济而不是计划经济。自然经济中不存在商品货币关系，只存在实物分配关系，这是一切自给自足和闭关自守的社会经济的一个基本特征。而市场经济关系却是建立在社会分工和协作的基础上的。市场经济关系并不一定都是自发性的和无政府状态的，这要看它存在于什么样的所有制条件之下。在社会主义公有制的条件下，市场经济关系是可以由人们自觉地加以控制，为社会主义计划经济服务的。市场经济关系既然是以社会分工和生产的社会化为物质前提的，从这一点来说，它与建立在社会化大生产基础上的社会主义计划经济非但不是互相排斥，毋宁有共通之处。社会主义的计划经济是存在商品货币关系条件下的计划经济，它只能同自发的市场经济以及自然经济相对立，而不能同人们自觉地加以控制的市场经济关系相对立。

长期以来，人们之所以片面强调计划而忽视市场，主要是因为有这样两个传统观念在作祟：一个是把市场同自发性等同起来，特别是同资本主义市场经济的无政府状态等同起来；另一个是把计划经济同自然经济混为一谈。前一个传统观念，往往成为一些人反对利用市场的武器，谁要一谈利用市场，他们就说谁是在搞资本主义。后一个传统观念，则往往成为一些人用自然经济来冒充社会主义计划经济的理论依据。在这两个相互联系的传统观念的保护伞下，在貌似坚持社会主义计划经济和反对资本主义市场经济的口号下，许多不符合社会主义经济发展利益的东西得到了繁育滋长：单纯的行政办法管理经济代替了经济办法管理经济；按"长官意志"办事代替了按客观经济规律办事；宗法家长式的统治代替了人民群众当家作主；适合于自然经济的封建衙门式的管理代替了适合于社会化大生产的科学管理等等。在我们这样一个原来商品经济很不发达、目前依然有80%的人口是半自给农民的国家里，上述一些传统观念和做法是有其深厚的社会基础的。我们现在面临着的历史任务是实事求是地按照客观经济规律，发展商品经济来为实现社会主义的四个现代化服务。我们要在社会主义建设中利用商品货币关系，正确处理计划和市场的关系，改革种种不符合社会主义客观经济规律的管理制度，就必须打破上述那些根深蒂固的传统观念。

为了彻底打破这些传统观念，把计划和市场很好地结合起来，还必须进一步探索社会主义条件下商品货币关系和市场存在的原因问题。对于这个问题，相当多的经济学者一直是用生产资料的两种形式的社会主义所有制即集体所有制同全民所有制的并存来解释的。我们认为，在现阶段，两种形式的社会主义所有制之间的商品货币关系对于社会主义的经济发展是很重要的。特别是在我国现在农业人口比重还很大，集体所有制在农业生产中占有举足轻重地位的情况下，更要重视两种公有制之间的商品关系，尊重集体所有制单位作为商品生产者的自主权。但是，单纯地用两种公有制的并存来解释社会主义制度下之所以存在商品货币关系和市场，则是不够本质的。因为，这种看法实际上仍然认为商品和市场关系同社会主义公有制最重要的部分即全民所有制的性质是不相容的，它只能从来自全民所有制外部的影响，而不能从全民所有制内部本身来说明为什么必然存在着商品和市场关系。经济学界历来流行的一些观点，诸如全民所有制内部调拨的生产资料实质上已不是商品而仅仅留有商品的外壳（"外壳论"）；价值规律对生产不起调节作用，它已被国民经济有计划按比例发展规律所代替（"代替论"）；价值规律以及有关的价格、利润、成本、利息等价值范畴不被看作客观的经济机制，而只当作可用可不用的核算工具（"工具论"）等等，实际上都是从上述"外因论"的基本观点所派生出来的。应当指出，所有这些被称为概括了社会主义各国经验的种种观点，并不符合所有社会主义国家的实际经验；而继续坚持这些观点给实践带来的危害，则是越来越清楚了。

我们认为，社会主义全民所有制内部之所以还存在着商品和市场关系，是由社会主义阶段所特有的物质利益关系所决定的。在生产资料公有制的条件下，虽然人与人之间剥削与被剥削的关系即物质利益上的对抗已经消灭了，但是，由于在社会主义阶段，劳动还不是像在共产主义阶段那样是生活的第一需要，而仅仅是谋生的手段，人们劳动能力和贡献又不相同，因此人们物质利益上的差别还存在。而且人们之间物质利益上的这种差别，不仅表现在个人与个人之间，还表现在全民所有制内部不同企业之间。不同企业凡不是由于客观因素而由于自身经营所造成的生产成果上的差别，要给不同企业及其职工带来物质利益上的差别，否则就不利于生产的发展。因此，全民所有制内部各个企业（相对独立的经济核算单位）之间的经济关系，必须采取等价补偿和等价交换的原则。不遵守这种原则，就意味着否认人们物质利益上的差别，从而就会打乱人们之间的物质利益关系。社会主义条件下所特有的这种物质利益关系，正是社会主义条件下商品和市场关系存在的直接原因（当然，分工、生产的社会化是物质前提）。这样一种商品关系或市场关系，其根源深藏于人们的物质利益的差别之中，反映这种关系的有关的经济范畴，绝不是可用可不用的工具，也不是徒具形式的外壳，而是一种客观存在的、有实际内容的经济机制。这里还要看到，所谓社会主义公有制条件下人们的劳动是直接的社会劳动，是仅就个别劳动同社会劳动的联系摆脱了私有制基础上的自发市场的阻割而言的。实际上，在社会主义阶段，由于个别劳动者只把自己的劳动仅仅当作谋生手段才能同社会所有的生产资料相结合，劳动者与劳动者之间、企业与企业之间还不能不实行等量劳动相交换即等价交换的原则，所以劳动的直接社会性，还不能不通过有计划的市场来表现。也就是说，人们有计划地分配社会劳动和节约社会劳动，还不能不通过反映社会主义阶段所特有的物质利益关系的市场机制来实现。

由此可见，社会主义经济中计划和市场的关系，既不是相互排斥，也不是由外在的原因所产生的一种形式上的凑合，而是由社会主义经济的本质所决定的一种内在的有机的结合。如果说，生产资料的社会主义公有制带来的人们之间的物质利益上的根本一致是社会主义经济能够实行计划的客观依据的话，那么，人们之间物质利益上的上述差别，则是社会主义经济中还存在着市场的直接原因。社会主义经济中人们之间物质利益上的这种一致与不一致，正是社会主义经济中计划与市场在矛盾中实现统一的客观基础。实践证明，如果片面地强调计划，忽视市场，就容易只看到人们之间根本利益的一致而忽视他们在利益上的差别，容易只看到全局的利益而忽视局部的和个人的利益，从而不利于调动企业和职工群众的积极性；如果片面地强调市场，忽视计划，则往往会产生相反的倾向，使基层和群众的积极性流于盲目和无政府的混乱境地。因此，要正确处理社会主义经济中各方面的物质利益关系，调动一切积极因素来加速社会主义建设，就必须从理论上和实践上解决计划和市场相结合的问题。

关于社会主义计划经济条件下如何利用市场的问题

由以上的分析可知，在社会主义制度下计划同市场非但不是互不相容的，而且一定要相互结合，才能充分发挥社会主义的优越性。在考察社会主义经济中计划与市场的问题时，既不能离开计划孤立地来谈市场，也不能离开市场来谈计划。由于迄今为止我们在这个问题上的主要偏向，是片面地重视计划而轻视市场，当前为了纠正这一偏向，首先要着重解决如何在社会主义经济条件下发展商品经济、利用市场机制的问题。

商品经济的发展和市场机制的作用，离不开市场舞台上出现的各个商品生产者的活动。社会主义市场的主体，除了集体所有制的企业单位外，主要是全民所有制（有的国家是社会所有制）的企业单位。这些企业单位既向市场提供各种消费品和生产资料，又向市场购买各种生产资料。要发挥市场的作用，全民所有制企业单位不具有一定的经济自主权力，不能够作为相对独立的商品生产者相互对待，是不行的。如果全民所有制的企业单位老是处在束手束脚、无权无责的地位，所谓利用市场就不过是一句空话。所以，我们当前这个问题是同扩大企业权限的问题密切联系在一起的。

同时，在计划经济条件下利用市场，又离不开发挥同价值范畴有关的经济杠杆和经济机制（诸如供求、价格、成本、利润、信贷、利息、税收等）的作用，把各个生产单位的经营成果同生产者的物质利益联系起来。这正是用经济办法管理经济的实质所在。如果不重视利用这些经济杠杆和经济机制的作用，不注意企业和个人的经济利益，而单纯地用行政办法来管理经济，那也根本谈不上什么利用市场。所以，我们当前这个问题又是同用经济办法管理经济的问题密切联系在一起的。

总之，在计划经济条件下利用市场，既同管理权限上扩大企业权力有关，又同管理方法上充分运用经济办法和经济手段有关。所有这些，都是为了使社会拥有的物力、财力、人力资源，按照社会的需要，得到合理的分配和节约的使用。那么，在物力、财力、人力资源的安排和使用上，应当怎样紧密地联系管理权力的下放和经济办法的运用，更好地发挥市场机制的作用呢？

物力资源的安排和使用。这主要是指商品的产供销问题。在这方面，要加强市场机制的作用，就要以销定产、按产定供，做到产需结合。

企业生产什么，生产多少，根据什么来确定？企业生产的产品，按照什么方式来销售？企业进行生产所需的生产资料，按照什么方式取得供应？上节我们讲过，现在实行的基本上是按照从上而下的指令性计划指标进行生产，按照统购包销的方式进行产品的销售，和按照统一分配、计划调拨的方式进行生产资料的供应，所有这些组织产供销的办法，往往造成社会生产和社会需要的脱节，使社会主义生产的目的不能得到很好的实现。大家知道，社会主义生产的目的是满足社会的需要，根据社会的需要来决定生产什么和生产多少，这是社会主义经济的一个根本原则。按国家计划来安排生产和按社会需要来安排生产，从根本上来说是一致的，但实际上却存在着矛盾。因为，国家计划主要考虑国家的需要，只能从总体上反映社会的需要，而不可能具体地、灵活地反映社会经济生活各个方面千变万化的需要，也不可能考虑到每个企业单位的具体生产技术条件。要解决这个矛盾，做到产需对路，使社会生产在产品数量、品种、质量上都符合社会需要，企业生产计划就不能一一由上面下来的指令性指标定死，而要在国家计划的指导下，根据市场的具体需要和企业本身的具体情况来确定。与此相应，无论是消费资料的流通还是生产资料的流通，都要改变那种不管有无销路，都由国营企业或物资机构统购包销的做法。除极少数短缺而在短期内不可能保证充分供应的物资要由国家组织供需部门协商分配外，其他物资都通过市场买卖。消费资料的流通要逐步实行商业选购和工业自销相结合的办法，以适应消费者的需要，做到以销定产；生产资料的流通也要逐步商业化，实行产销双方直接挂钩，或者通过中间批发商业企业来进行，以适应生产者的需要，做到按产定供。供应不足的物资，企业可以联合或单独投资发展生产，满足需要。这些在产供销问题上加强利用市场机制的办法，对于消除货不对路、商品积压和短缺并存的现象，对于促进不断提高产品质量、降低产品成本、改善花色品种，对于增进生产者的利益，以及对于保障消费者的权利[1]，都是十分必要的。

为了实现按需生产，产需结合，一个十分重要的问题是加强合同制。合同一般是产需双方直接签订的。他们对各自的经济利益考虑得比较周到，提出的要求和措施比较切合实际，合同中规定的产品品种、规格、数量、质量，既考虑了需方的要求，又考虑了供方的可能。它是解决产供销平衡的一个很好的工具，又是制定计划的一个可靠的依据。企业要保证合同的完成，完不成的要承担经济责任。企业完成了合同规定的任务，既满足了市场的需要，同时也实现了计划的要求。

当然，我们强调生产要更多地反映市场的需要，供销要更多地采取市场的方式，并不意味着要取消国家统一计划的指导。因为，个别消费者的抉择和个别企业的抉择，由于种种原因，并不一定符合全社会的利益。而且消费者需要本身并不是一成不变的东西，生产并不是消极地反映消费的需要，往往能够创造出新的需要。社会可以通过对生产和分配的调节来影响需要的改变。这些情况以及还有别的一些原因，决定了产供销的市场调节，必须在国家统一计划的指导下去进行。上面所说的产销合同和购销合同，在反映了市场的需要的同时，也不能离开计划的指导。通过

---

[1] 黄范章：《消费者权力刍议》，《经济管理》1979年第2期。

这样的合同所联结起来的供产销之间的市场平衡关系，是有计划的社会主义再生产过程得以顺利进行的必要条件。

财力资源的安排和使用，即财务管理和资金管理的问题。在这方面要加强市场机制的作用，就要实行企业的财务自理和自负盈亏，实行资金的有偿占用和按经济效果投放资金的原则。

迄今为止我们在财务管理上基本上实行的是统收统支办法，在基本建设投资和部分流动资金的分配上是实行财政无偿拨款的供给制办法，使企业经营成果同企业集体和职工个人利益脱节，使企业对合理地有效使用国家资金没有任何物质上的兴趣和责任，助长了企业在制订计划时讨价还价、争投资、争物资、争外汇的倾向。财政资金管理上的这种单纯行政办法，不利于提高投资效果和促进企业精打细算。要纠正这种状况，在这个方面也要在国家统一计划的指导下加强利用市场机制，主要的是要改变统收统支为企业财务自理和自负盈亏，并加强银行信贷的作用。企业自负盈亏的比较彻底的方式，是在合理调整价格和税收的前提下，企业除按国家规定缴纳各项税收、费用和贷款本息外，不再上交利润，剩余收入全部由企业按国家的统一法令政策，自主地决定用于扩大再生产的投资，提高职工收入和集体福利。作为过渡的办法，目前可以实行在企业保证国家规定的上交税收和利润等经济任务下，从企业利润中提取一定比例的企业基金，用于职工的物质鼓励和集体福利，并与基本折旧基金留成和大修理基金一道，用于企业的挖潜、革新、改造等发展生产方面的需要。

改变资金的无偿占用为有偿占用，首先是对那些用国家财政拨款建立的固定资产由国家按照资金的一定比率征收资金占用税。这种占用税或付款的办法同企业利润留成制结合在一起，就能使那些资金利用和经营效果比较好的企业能够从实现的较多的利润中得到较多的留成，从而得到较多的物质利益。而那些资金利用和经营效果不好的企业，就只能得到较少的利益或得不到利益。因此，实行有偿使用资金的制度，有利于促进企业和职工挖掘一切潜力，努力节约使用资金，充分发挥占用资金的效果。

在实行比较完全的企业财务自理的情况下，应该考虑逐步废弃全部基本建设投资和一部分流动资金由国家财政拨款的办法。除了企业从纯收入或利润留成中提取生产发展基金，自筹解决一部分外，基本建设投资基本上应改由银行贷款来解决，流动资金改行全额信贷。银行在发放基建投资和流动资金贷款时，要接受国家计划的指导，同时要考虑各个部门和各个项目的投资效果，实行有选择的发放贷款的制度。

在自负盈亏、财务自理的条件下，企业以自留的收入和必须还本付息的银行贷款来发展生产，自然不会再像在资金无偿供给时那样不负责任、满不在乎，而非要兢兢业业、精打细算不可。在这里，我们还要注意银行利息的杠杆作用，利用它来动员社会暂时闲置的货币资金，控制信贷资金的投放，促进企业加强经济核算，加速资金周转，讲究资金的使用效果。为此，我们要从调节资金供需以有利于发展商品生产和商品流通出发，采取差别的利率政策，适时调整银行利率，改变过去那种长期固定不变或只降不升的利率政策。

劳动力资源的安排和使用。在这方面要加强市场机制的作用，就要实行择优录用，容许一定程度的自由择业，用经济办法来调节劳动力的供需。

过去，在人财物资源的安排分配上，单纯地、完全地用行政的手段，离开市场机制最远的，要算是劳动力资源的分配了。通过劳动部门按计划指标分配劳动力的办法，虽然花了不少力量，在一定程度上保证了一些部门对劳动力的需要，解决了一些人员的就业，但这种单纯的行政分配方式带来不少问题。从企业来说，往往不能按照自身的需要来招收工人和裁减不需要的工人；从个人来说，往往不能按照自己的所长和兴趣选择职业，做什么样的工作完全取决于上级的分配，在实际工作中难免出现乔太守乱点鸳鸯谱的现象。这种状况显然不利于合理地使用劳动力，调动人的积极性；不利于贯彻经济核算制，提高经济活动的效果。在劳动就业领域存在的专业不对口、长期两地分居以及还存在一定数量的待业人口等问题，固然在相当大的程度上是林彪、"四人帮"极"左"思潮的干扰和破坏所造成的，但同劳动力资源分配上的缺乏市场机制也有密切的关系。在劳动力的调配和使用上存在的走后门、裙带关系等怪现象，不但同社会主义经济制度的本性不相容，而且是一种在资本主义的商品经济中也难以见到的，比资本主义更落后的封建性的东西。

要扫除劳动力分配和使用上种种不合理不经济的现象，做到人尽其才，我们认为，在劳动力安排上应当实行择优录用的原则，实行计划分配和自由择业相结合的原则。企业在国家计划的指导下和国家法律规定的范围内，有权根据生产技术的需要和择优录用的原则，通过劳动部门，招收合乎需要的职工。也有权裁减多余人员，交劳动部门调剂给需要的单位，或组织培训、适当安排。职工待业期间的生活费由社会保险基金支付。个人在服从社会总的需要的前提下，应有一定程度的选择工作岗位的自由。应当看到，择业的自由，是每个人的自由发展的一个重要组成部分。而每个人的自由发展，诚如科学的共产主义理论奠基人所指出的，乃是一切自由发展的条件。[1] 在社会主义阶段，特别是在我国现在这样生产力水平比较低的情况下，要实行共产主义阶段那样充分自由地选择工作岗位是不可能的。但是，社会主义还默

---

[1] 参看《马克思恩格斯选集》第1卷，第273页。

认每个个人的劳动能力是他的天赋特权，而且在实行按劳分配原则的情况下，劳动力简单再生产乃至扩大再生产（包括抚育、培养、进修等）的费用，在不同程度上还是由劳动者个人和家庭来负担的。因此，我们不能不承认每个劳动者对自己的劳动力有一定程度的个人所有权，从而允许人们在一定程度上有选择工作岗位的自由。这对于更好地实现各尽所能、按劳分配原则，对于个人才能的发挥和整个社会的发展，都是有利的。

当然，个人择业的一定程度的自由，并不意味着容许劳动力无控制地在企业之间、部门之间、城乡之间和地区之间自由流动。对于劳动力流动的控制，主要的不应该采取行政和法律的手段，而应该采取经济办法。例如，可以采用连续工龄津贴的办法，以鼓励职工长期留在一定企业单位工作；可以按照实际情况调整地区工资差别和采取改善生活条件的措施，以稳定职工在边远地区工作等等。此外，还可以根据国内外市场需要，利用我国劳动力丰富、工资成本低的条件，采取各种灵活方式，广开就业门路，如广泛发展服务事业，发展各种形式的劳务出口事业等等，这既有利于解决待业人口的就业问题，又有利于改善市场供应，增加外汇收入和提高生产技术水平。

以上，我们从商品的产供销、从人财物的安排和分配上论述了在社会主义计划经济条件下如何利用市场机制的问题。应当指出，在市场机制的利用中，有两个综合性的问题需要特别提出，即价格问题和竞争问题。这里，我们就这两个问题作一概略的探讨。

价格问题。长期以来，由于否认价值规律对社会主义生产的调节作用，把同价值规律有关的经济范畴仅仅看作是一种计算的工具或形式，以便于核算等为理由，主张价格要长期固定不变，把计划价格相对稳定的方针变为长期冻结的方针。但是，由于经济生活在不断变化,影响各类产品价格的各种客观因素也在不断变化,价格也不可能是固定不变的。人为地冻结物价,就会使价格愈来愈脱离客观实际,违背客观规律的要求。例如,劳动生产率的变化从而产品价值的变化,是决定价格变动的一个根本性因素。大家知道,各部门之间劳动生产率的变化是不一致的,就我国现阶段的情况来说,工业部门的劳动生产率要比农业部门增长得快一些。但是价格的长期固定不变,就使得各类产品的比价关系不能反映这些产品的劳动生产率从而价值的变化情况。目前我国存在的农业产品价格的剪刀差,实际上并不完全是由历史的因素所造成的。工农业产品之间的交换比价,本来就是一种相对关系,在工业劳动生产率的提高快于农业的情况下,保持原来的比价关系不变就意味着剪刀差的扩大。又如,供求关系是影响价格的一个重要因素。但是,不容波动的固定价格却不能反映供求关系的变化。许多产品长期供求失衡,也无法通过价格的变动来调整供需。对于一些因价格过于偏低而亏损的产品,用财政补贴来维持它们的价格固定不变,固然在一定时期内对于保证生产的进行和人民生活的稳定有积极作用,但这种办法从根本上来说不利于促进经营管理的改善和生产的发展,它毕竟是一种治标的办法。只有通过发展生产、增加供给的治本办法,才能从根本上解决供不应求的矛盾。过去,我们为了保持价格的固定不变付出了极大的代价,大量的票证和排队所换来的是低标准的平均分配,而不是生产和供给的迅速增长。而且往往造成一种恶性循环:什么东西实行了限额限价的供应,什么东西的生产就由于缺乏必要的刺激而上不去,从而这种东西的供应紧张也就愈难解决。尽管三令五申地下达计划指标也无济于事。大量事实证明,价格如不合理,计划的目标也难以实现。我国目前许多产品价格与价值背离越来越远,它已影响到某些部门特别是农业和原材料燃料工业的发展，影响到农轻重关系的协调。

为了改变这种状况，除了按照三中全会关于缩小工农产品交换差价的精神，继续调整国民经济各主要部门的产品比价关系外，还要允许企业对产品的计划价格有一定程度的浮动之权。这实际上是承不承认价格是一种市场机制的问题。允许价格在一定幅度内的浮动，有利于调节供求关系和促进生产的发展，这正是在计划的指导下利用市场机制的一个表现。当然，允许价格的这种浮动并不意味着不要任何价格控制。价格浮动幅度的规定和变动，实际上是离不开计划指导的。对于少数同广大群众生活有密切关系的主要消费品和对生产成本影响面大的重要生产资料，在一定时期内由国家统一定价实行价格控制，是更有必要的。

此外，为了衡量各部门的经济效果，还涉及价格形成的基础问题。这里不可能详细地讨论这个问题。我们赞成用资金利润率作为评价一个企业和一个部门生产经营状况的标准，为此必须有一个可资比较的价格前提，这就是以生产价格为基础制定的价格。只有这样，才能对物质技术装备不一样、资金占用不一样的部门和企业，按照一个统一的尺度进行衡量，使不同部门和企业生产经营状况的优劣，通过它们实际资金利润率的高低综合地反映出来。也只有这样，才能给我们以客观的根据来确定资金的投放方向和社会劳动的合理分配，为发展社会主义经济创造更为有利的条件。

竞争问题。只要存在商品经济，就意味着有竞争。一定程度的竞争，和上面所说的一定程度的价格浮动，是互相联系、互为条件的，它们都是市场机制的有机组成部分。没有价格的浮动和差别，就没有竞争；反过来，没有竞争，价格的浮动和差别也不能真正实现，市场的供求规律就不能正常运行，价值规律也难以得到贯彻。① 在社会主义计划经济条件下，在物力、财力、人力资源的分配上利用市场机制，就不能不容许有一定程度的竞争。上面所说的按照市场需要进行生产和组织供销，按照投资效果来决定资金的投放，按照择优录用的原则进行人员的安排，以及按照市场供求情况容许价格有一定的浮动等等，实际上都离不开竞争。

一讲起竞争，人们就容易把竞争简单地同资本主义联在一起，特别是同资本主义所带来的消极后果联在一起。其实，竞争并不是资本主义所特有的经济范畴，而是商品经济的范畴。早在奴隶社会和封建社会里，竞争就随着商品生产和商品交换的发展而出现了。封建社会的手工业行会制度，就有限制竞争的作用，如果没有竞争，也就谈不上对竞争的限制。随着资本主义的发展，行会也就逐步消失了。可见，资本主义只不过是随着商品关系的普遍化而把竞争也推向普遍化罢了。而且，从历史的观点来看问题，即使资本主义商品经济条件下的竞争，也并非只有消极的作用，而无积极的作用，它曾经促进了资本主义生产力的巨大发展。社会主义制度下客观上既然存在着商品生产和商品交换的必要性，如果我们否认竞争，实际上就是否认商品经济的客观存在，否认价值规律的作用。社会主义社会中各个企业是以商品生产者的身份在市场上出现并相互对待的，它们生产的商品的质量和花色品种是否为市场为消费者所欢迎，它们在生产商品中个别劳动消耗是高于还是低于社会必要劳动消耗，以及高多少低多少，都要影响企业及其职工的物质利益。各个企业间进行的竞

---

① 恩格斯说："只有通过竞争的波动从而通过商品价格的波动，商品生产的价值规律才能得到贯彻，社会必要劳动时间决定商品价值这一点才能成为现实。"(《马克思恩格斯全集》第21卷，第215页)

争，对于改进生产技术、改善经营管理、降低各种消耗、提高劳动生产率、提高产品质量、改进花色品种，都起着积极的作用。这种竞争使企业的经营成果得到市场的检验，使消费者对价廉物美、品种多样的商品的需求得到满足，并促进整个社会生产力的向前发展。如果说，争取更多的物质利益是企业生产发展的一种内在动力的话，那么，企业彼此之间的竞争是企业生产发展的一种外在的压力。如果我们不容许竞争，做什么生意办什么事情都是只此一家别无分号，一切都统得死死的，那只能使商品的花色品种越来越少，质量越来越差，生产和流通中的浪费越来越大。总之，竞争促进进步，垄断造成停滞和倒退，这在一定意义上对社会主义也是适用的。不仅全民所有制的企业之间要容许一定程度的竞争，更要容许集体所有制单位之间及其与全民所有制企业之间的一定范围的竞争，还要容许集市贸易在国家法律规定范围内的竞争。这种竞争，不仅对增加市场上价廉物美的商品的供应，增加农民的收入有好处，而且对于督促全民所有制企业单位改善经营管理和服务质量也大有好处。

当然，社会主义市场的竞争同资本主义市场的竞争存在着原则的区别，最根本的一条就是社会主义公有制条件下的竞争是建立在根本利益一致基础上的竞争，而资本主义私有制条件下的竞争是建立在根本利益相对抗的基础上的你死我活的竞争。社会主义的竞争不但不排斥合作，而且以合作为基础，同合作相结合，因此它必须受社会主义法律的约束，在国家计划的指导下进行。只有这样，社会主义的竞争才能在促使后进赶先进、先进更先进的同时，避免无政府的混乱、贫富的两极分化和劳动者的失业等资本主义竞争所造成的种种恶果。

社会主义制度下的竞争，同我们历来讲的社会主义竞赛，既有共同点，也有区别。社会主义的竞赛和竞争，都是促使后进赶先进、先进更先进的手段。但是，社会主义竞赛不一定同参加竞赛者的物质利益相联系，也不发生淘汰落后的问题。而社会主义的竞争则必然同竞争者的物质利益紧密相连，并且有淘汰落后的问题。那些在竞争中证明不能适应市场需要，不是由于客观原因长期不能维持简单再生产的亏损企业，就必须为维护全社会的整体利益而加以淘汰，或关或停或并或转，并且追究有关的失职人员的经济责任。这种被淘汰企业的职工通过国家劳动部门另行安排工作，不会像资本主义社会企业倒闭时那样发生失业。但在调整转移过程中，他们的收入当然不能同经营正常的企业职工相比，他们的物质利益不能不受到企业关停并转的影响，这也是促使企业全体职工关心企业命运的一种有力的经济手段。当然，要使全体职工对企业的经营后果担当经济责任，就必须给他们以管理企业的真正充分的而不是形式上的民主权利。

总之，社会主义计划经济下市场因素可以发挥积极作用的领域是相当广泛的。在商品的产供销上，在资金的管理上和劳动力的安排上，都可以充分利用市场机制来为社会主义建设服务。在这当中，一定限度内的价格浮动和一定程度上的竞争，是必要的。运用得当，就能使市场有利于计划目标的实现，使各种社会资源得到合理的有效的利用，使各种社会需要得到应有的满足。

关于在利用市场机制的条件下加强经济发展的计划性的问题

在我国社会主义经济建设的过程中，由于受到极左思潮的干扰，忽视市场、否认利用市场机制来为社会主义计划经济服务的倾向，曾经是长时期内的主要错误倾向；不反对这种倾向，就不能发挥市场的积极作用，就不能把社会主义经济中的计划同市场很好地结合起来。但是，为了正确地解决计划和市场的关系问题，我们还必须防止和反对另一种倾向，即片面夸大市场的作用，忽视乃至否定计划的作用的倾向。应该指出，在讨论这个问题的时候，国内外都曾出现这类倾向。例如，有人笼统地把计划经济称作官僚主义的经济，认为人们只能在市场和官僚主义之间进行选择；有的人把计划管理同用单纯的行政手段管理等同起来等等，都是把计划经济看成某种有贬义的东西。

这样看来，把社会主义经济计划中计划和市场视为互不相容的东西，否认两者相互结合的可能性，可以来自两个不同的方向，立足于两个不同的极端：一个是立足于计划来排斥市场，认为只有一切都听从于上面下来的计划才算是社会主义经济；另一个是立足于市场来排斥计划，认为只有市场的需要才能反映社会的需要，计划则是障碍市场需要的满足官僚主义的东西。这后一种看法显然也是错误的。我们认为，必须强调社会主义经济的计划性，尤其是在我们重新认识社会主义经济中市场的意义的时候，更加不能忽视国家计划或社会计划的指导作用。在利用市场机制条件下的计划指导，这是同官僚主义的管理风马牛不相及的。只有单纯地按行政命令、"长官意志"办事的所谓"计划管理"，才是官僚主义。而我们这里讲的计划管理既然是通过市场的作用来实现、来校正的计划管理，这种计划管理当然是不能与官僚主义混为一谈的。

为什么在利用市场的同时要加强国家计划的指导作用呢？因为，社会主义公有制条件下的市场同资本主义私有制条件下的市场是根本不同的。资本主义的市场是在生产无政府状态下盲目地起作用的。马克思指出："资产阶级社会的症结正是在于，对生产自始就不存在有意识的社会调节。合理的东西和自然必需的东西都只是作为盲目起作用的平均数而实现。"① 社会主义经济中尽管还存在着市场，但社会主义经济的本质特征不是无政府状态，而是对再生产过程的有意识的社会调节即有计划的调节。正如恩格斯所指出的："当人们按照今天的生产力终于被认识了的本性来对待这种生产力的时候，社会的生产无政府状态就让位于按照全社会和每个成员的需要对生产进行的社会的有计划的调节。"② 这种社会的有计划的调节，从社会主义发展的实践来看，对于社会主义制度下存在的市场因素也是适用的。所以，社会主义经济中的市场，是不能离开国家计划的指导和调节而自发地运行的。尽管我们需要大力发展社会主义的商品生产，加强利用市场因素来为社会主义建设服务，但我们毕竟不是自由放任主义者，我们不能让亚当·斯密所说的"看不见的手"来左右我们的经济发展，因为那只手的作用是以资产阶级利己主义为出发点的；而社会主义经济中的物质利益关系却是以个人利益、局部利益同整体利益相结合，个人利益、局部利益服从整体利益为特征的，这只有经过国家计划或社会计划的调节才能得到正确的处理。因此，社会主义经济的发展单凭市场的调节而没有计划的指导是不行的。

例如，如前所述，作为市场主体的一个个消费者根据自己的消费偏好所作的选择，一个个生产者单位根据自己的利益所作的抉择，不一定都符合社会的总体利益。由于这些市场主体自由决策的结果，社会的人、财、物资源的分配利用，不一定都是经济合理的，不一定符合社会发展的要求。在加速实现社会主义工业化和现代化的过程中，往往要求社会产业结构和生产力布局在短

---

① 《马克思恩格斯选集》第4卷，第369页。
② 《马克思恩格斯选集》第3卷，第319页。

期内有一个较大的改变，而如果任由一个个市场主体自由决策和行事，往往不能适应这种迅速改变产业结构和生产力布局的要求。诸如此类社会主义经济发展中带有全局性的问题，单凭市场机制是解决不了的，而必须依靠国家或社会计划来进行调节，实现这种转变。可以设想，如果没有国家计划的协调，任由市场去调节，要实现生产力布局的合理化，特别是发展边远落后地区的经济，那将是非常缓慢和非常困难的。

又如，在社会主义经济中，还存在着不同的生产单位因客观条件（如自然条件、市场销售条件、装备程度等）的不同所带来的收入上的差别，这种级差收入如果任凭市场去调节和分配，国家计划不加干预，就会不合理地扩大不同单位之间物质利益上的差别，违背社会主义的分配原则。如果从更宽的角度来看，社会主义应该既反对收入差距上的过分悬殊，又反对平均主义，而且为了反对平均主义的倾向，在一定时期还要实行差别发展，使一部分人先富裕起来，然后带动大家共同富裕，造成一种大家都往前赶的局面，而不是都往后拖的局面。像这种对于利益差距有时要扩大有时要缩小（从整个社会主义历史时期的长期趋势来看是要逐步缩小的）的控制和调节，完全交给市场而不要计划，显然是做不到的。

还有一些从局部来看是有利的但从整体来看是不利的，或从局部来看是不利的但从整体来看是有利的经济行为，也必须由社会进行有计划的调节。像保护环境、解决公害的问题，就个别生产单位来说，会增加开支、减少收入，放任市场去管，就难以妥善解决。又如产品的标准化，对于促进生产的专业化、提高劳动生产率、合理地利用资源，无疑是有利的，但在容许市场竞争的情况下，某些生产单位为了取得技术上的有利地位，就有可能产生一种逃避标准化的倾向。没有社会统一控制的、工团主义式的合作社企业之间的竞争，虽然处于生产资料公有制的条件下，也不能避免无政府的混乱以及由此产生的其他恶果。因此，在利用竞争的积极作用的同时，为了防止竞争可能带来的消极作用，也不能不要社会统一计划的调节。

总之，为了确保经济发展的社会主义方向，为了确保国民经济各部门、各地区的协调发展，为了维护整个社会的公共利益和正确处理各方面的物质利益关系，都必须在利用市场机制的同时，加强国家计划的调节。有人对计划和市场的关系作了这样一个形象的比喻：计划的决策好像是站在山顶上看问题，市场的决策好像是站在山谷里看问题。前者看不清细节，但能综观全貌；后者看不到全貌，但对自己、对近处却看得很仔细。从一定意义上看，这一比喻是有道理的；社会的经济计划领导机关所作的决策往往侧重于考虑整体的全局的利益，而市场上一个个商品生产者和消费者的抉择则侧重于考虑个人和局部的利益。社会主义社会处理国家、集体和个人三者利益关系的原则是统筹兼顾、适当安排，而不能只顾一头。因此，在三者利益的协调中，既需要市场机制的调节，又需要统一计划的指导，不能只取一方；在计划与市场的结合中，计划的指导作用是绝对不能忽视的。

那么，应该怎样加强国民经济的计划管理，发挥统一计划的指导作用呢？这个问题的回答，同人们对于什么是计划经济的理解，有着密切的关系。前面说过，过去长期流行着一种观点，即认为只有国家从上而下下达指令性计划指标，才算是社会主义计划经济，有时还认为指令性计划包括的范围越广、指标越多，就表明了计划性越强。在对计划经济的这种理解下，一讲加强统一计划和集中领导时，往往就想到要把企业的管理权力收到上面来，把财权、物权、人权收到上面来。这样，国民经济领导机关就把该由地方和企业去管的事情越俎代庖地揽上来，把基层和企业的手脚捆得死死的，这显然不利于社会主义经济的发展。党的十一届三中全会决议中批评的管理权力过于集中，就是指的这种情况。对于计划经济的这种传统的理解，是与排斥利用市场机制的观念相表里的。那么，在承认市场与计划相结合的必要性并积极利用市场机制来为社会主义建设服务的情况下，究竟应该如何加强计划指导呢？

我们认为，在利用市场机制的条件下，加强国家统一计划的指导，首先要把计划工作的重点放在研究和拟定长远规划特别是五年计划上来，解决国民经济发展的战略性问题，主要是确定国民经济发展的主要目标和重大比例关系，如国民收入中的积累和消费的比例，基本建设规模、投资分配方向和重点建设项目，重要工农业产品的发展水平和人民生活水平提高的程度。五年计划要列出分年指标，年度计划在此基础上略作调整，重点放在研究制定实现计划的政策措施上。国家计划应当加强对国民经济发展的科学预测与提供信息，加强对企业和地方经济活动的计划指导。各个企业根据国家计划的要求，参照市场情况，在充分挖掘内部潜力的基础上自主地制定自己的计划。在这里，我们不要看轻了国家计划的指导意义，因为一个个企业对国民经济发展的全貌和方向是不清楚的，他们所据以拟定自己的计划的市场情况的变化，却是同国民经济发展的全局和方向息息相关的。企业要尽可能准确地对市场情况作出判断，也离不开国家计划提供的情报。国家计划拟订得愈是科学，愈是符合实际，就愈能对企业的经济决策和行动给以可靠的引导，而企业就愈是要考虑使自己的决策和行动符合国家计划的要求，从而国家计划的威信也就愈高。反之，那些主观主义的、凭"长官意志"拍脑袋拍出来的计划，明眼人都看出来是不可能完成的，这种计划即使具有百分之百的"指令性"和"严肃性"，却是没有任何真正的威信的。

在这方面，我们过去的经验教训难道还不够辛辣吗？所以，研究和拟定能够给企业的经济活动以可靠指导的、尽可能符合科学要求的国民经济计划，对于经济计划领导机构来讲，任务和责任不是减轻了而是真正的加重了。

为了提高国家计划的真正权威，使国家计划同基层企业计划很好地结合起来，国家计划还要在企业自主计划的基础上经过层层协调来制定。计划协调工作要自下而上、上下结合，逐级平衡。凡是企业之间、公司之间经过横的市场联系、通过经济协议能够解决的产销平衡问题、资金合作和劳动协作问题，就不必拿到上一级去解决。只有那些下面解决不了的问题，才逐级由国家去平衡解决。这样，既可使基层企业摆脱从上面来的无谓的行政干扰，又可以使国家经济领导机构摆脱繁琐的行政事务，致力于研究和制定方针政策，致力于协调一些关系国民经济全局的重大的发展任务。

为了保证社会生产的协调发展，使国家计划规定的目标能够实现，一个十分重要的问题是发挥各项经济政策措施对经济活动的指导作用。这些政策措施主要有：价格政策、税收政策、关税政策、信贷政策、投资政策、收入分配政策、外贸外汇政策等等。国家通过这些经济政策，鼓励那些社会需要发展的生产建设事业，限制那些社会不需要发展的事业，使企业的经济活动有利于国家计划的完成，达到计划预定的目标。例如，为了克服我国目前原材料、燃料工业落后于加工工业的状况，加速原材料、燃料工业部门的发展，国家必须在各种经济政策上对这些部门开放绿灯，诸如给予优惠贷款、调整价格和减免税金等等，使其有利可图。相反，为了限制普通机床工业的发展，国家则可以采取限制贷款数额、实行高息、课以高税、降低产品价格等办法。这样，通过经济政策的调节，促使企业从自身经济利益考虑，也必须沿着国家计划所规定的方向来安排自己的各项经济活动。由此可见，通过经济政策来指导经济的发展，运用经济手段来实现国家计划的目标，这是同利用市场机制分不开的，从一定的意义上也可说，经济政策乃是使国家计划与市场机制沟通起来的一个结合点。

有些同志往往担心，社会主义社会中实行利用市场机制的经济体制，对于市场上千千万万的商品生产者和消费者分散作出的抉择和行动，究竟能否加以约束控制，使其不离开社会主义轨道和不破坏国民经济的协调发展。从我们刚才所讲的计划指导、计划协调、政策指导，以及我们在前面论述利用市场机制的时候所讲的一些限制，这种担心是可以解除的了。在实行以上体制的同时，国家还要通过健全法治，特别是严格经济立法，广泛建立各种形式的群众监督和社会监督的制度，来协调市场关系和指导整个国民经济的发展。关于这方面的问题，本文不打算详论了。这里只提一下作为计划管理的一个十分重要的工具的银行簿记监督的问题。关于簿记监督和银行对于社会主义计划管理的极其重要的意义，马克思和列宁曾经作过多次指示。马克思说："在资本主义生产方式消灭以后，但社会生产依然存在的情况下，价值决定仍会在下述意义上起支配作用：劳动时间的调节和社会劳动在各类不同生产之间的分配，最后，与此有关的簿记，将比以前任何时候都更重要。"[1] 列宁说："统一而规模巨大无比的国家银行，连同它在各乡、各工厂中的办事处——这已经十分之九是社会主义的机关了。这是全国性的簿记机关，全国性的产品的生产和分配的统计机关，这可以说是社会主义社会的一种骨干。"[2]

---

[1] 《马克思恩格斯全集》第 25 卷，第 963 页。
[2] 《列宁全集》第 26 卷，第 87—88 页。

在存在着商品经济的条件下，如何使一个个相对独立的商品生产者的分散活动及时为社会所掌握和控制，并采取措施使之不离开社会主义的方向和国家计划的轨道，就更加需要既严密又灵敏的银行簿记体系的监督。我们要遵照马克思的指示，按照我国的具体情况，在今后的经济管理体制的全面改革中，建立相应的簿记监督体系，以促进我国社会主义建设中的市场因素与计划因素得到更好的结合。

* * *

社会主义经济中的计划与市场的关系问题，虽然不能概括社会主义经济管理体制的全部问题，但确实是一个带有全局性的问题，牵涉到社会主义经济管理的各个方面，也涉及政治经济学社会主义部分中的许多根本理论问题。目前经济学界接触的问题，首先是弄清一些有关的概念和阐明计划与市场结合的必要性。说明这些问题无疑是很重要的。但是，我们的研究和讨论还远远赶不上实践的需要，党的工作着重点的转移和我们面临的经济改革的重大任务，迫切要求我们从理论与实践的结合上进一步深入探索如何按照社会主义的方向正确地解决计划与市场的关系问题。由于这个问题牵涉面甚广，十分复杂，它的解决不可能是一蹴而就的，而需要一定的条件，要通过一定的步骤。当前，我们首先要搞好整个经济的调整和整顿，逐步安排好一些主要的比例关系。我们要在前进中调整，在调整中前进，在调整和整顿的过程中探索改革的具体途径，为今后的全面改革作好准备。计划与市场关系的正确处理，也只有通过这一调整、整顿和改革的过程才能逐步实现。

再论计划调节与市场调节问题[*]

一 市场调节不是权宜之计

三中全会以来，许多地方和部门认真贯彻中央关于按经济规律办事的指示精神，对现行经济体制进行了一些初步的改革。其中一项重要改革，是对部分产品的生产和流通开展了市场调节。这项改革同其他改革如扩大企业自主权等结合在一起，对于搞活我们的经济，开始显示其重要作用。

本来，市场活动并不是一个新的现象。由于国家计划不可能包罗万象，一些产品的生产和流通，实际上多年来总有一部分不是由国家计划直接安排，而是在计划外由企业通过各种方式的市场购销活动来进行的。但是由于思想上理论上的禁锢，这一部分"市场调节"在社会主义经济中一直没有取得合法的地位，整个经济活动仍然受着传统的单一的计划调节框框的束缚，经济生活中的官僚主义逐渐滋长，使我们的经济体制逐渐僵化，各方面都

---

[*] 本文原载《经济研究》1980年第10期，原题《略论计划调节与市场调节的几个问题》。

搞得很死。去年春天经济理论界开始在这方面突破了一些禁区；同时，实际工作中提出了计划调节与市场调节相结合，以计划调节为主，注意充分发挥市场调节的作用的方针。在这以后，市场调节活动有了新的开展。一年多的时间中，我们开始在计划分配（生产资料）和统购包销（生活资料）制度上打开一些缺口，开始自觉利用市场机制对于流通和生产的调节作用。

开展市场调节活动所带来的积极后果，除了弥补国民经济调整中某些产品计划任务的不足外，最重要的是开始改变长期以来无法解决的产需脱节问题。过去实行的指令生产、计划分配、统购包销制度，削弱了甚至割断了生产企业与市场用户之间的横向联系，一方面生产出来的东西大量积压，一方面社会需要的东西供应不足，造成国民经济的巨大浪费。开展市场调节以后，生产和需要脱节的现象开始有所改善。同时，由于出现了竞争，对企业形成一种外在的压力，加上企业从扩大自主权中得到的内在动力，有力地促进了企业经营管理的改善，在提高产品质量，增加品种花色，降低成本消耗，改善服务态度等方面，都出现了一些可喜的进步，一扫过去那种靠行政号召推一下动一下，甚至推而不动的沉滞局面。这些新情况还刚刚开始。随着市场调节的继续发展，它的效果将会更加显示出来。

市场调节以合法的身份走上我国经济生活的舞台，毕竟是冲破多年来老框框的一个新事物。迎接它的，并不完全是一片欢呼，中间也夹杂着怀疑和犹豫。有的人习惯企业靠上级命令办事的老路，一旦不给计划任务而让企业自己在市场上找门路，总感到别扭："在工厂干了三十年，没听说工厂要自己找活干。"有的人认为，搞点市场调节是国民经济调整时期为了弥补计划任务不足而不得不采取的"权宜之计"，指望在苦熬它三几年之后，随着经济调整的结束，计划任务饱满了，市场调节也将取消。还有的人因为看到在实行市场调节和竞争的过程中，行业之间、企业之间的利润留成出现了过分悬殊、苦乐不均的现象，一些地区和部门为了保护本地区本部门的利益而采取了某些封锁性的措施，某些不合理的重复生产重复建设有所发展，一些企业为了保持自己的竞争地位而搞技术封锁，以及竞争中的某些不正之风等等，就认为市场调节特别是竞争是"造成浪费，造成无政府状态"[1]的东西，不如早日回头，取消市场调节。

应该承认，实行市场调节的过程中，上述一些现象确实是有的。但它们并不是市场调节本身必然带来的。有不少是实行市场调节以前原来就有的。存在这些问题的主要原因，是由于老的以部门和地区的行政管理为主的经济体制，特别是不合理的价格体系没有根本改变，与新的改革发生矛盾，同时由于改革的指导工作没有及时跟上去的结果。这些问题是前进中的问题。只要我们一步一步地把各项改革推向前进，在总结经验的基础上加强指导，问题是不难解决的。

因此，对市场调节的种种疑虑是不必要的。初步改革的实践证明，尽管有这样那样的问题，计划指导下的市场调节比单一的指令性的计划调节具有明显的优越性。拿机电产品的生产与流通来说，实行市场调节的那一部分，由于产需衔接较好，基本上不发生什么产品滞销、库存大量积压的现象（相反地市场调节有助于消除原来指令性计划调节造成的库存积压现象），供货合同完成得也比较好；而仍然纳入国家机电产品生产和分配计划的许多产品，据今年上半年的统计，则库存积压继续增加，供货合同完成的情况也不及企业自销合同的完成情况。如果我们放弃市场调节，回到单一的计划调节的老路上去，那么产需脱节及与之相

---

[1] 见《经济科学》1980年第1期，第78页。

伴随的效率低下、人财物资源的大量浪费的现象就将长期得不到解决，我国现代化的进程将遇到极大的障碍。所以，开展市场调节，实行计划调节与市场调节相结合的方针，决不仅仅是调整时期的权宜之计，而应该是我们今后体制改革的一个十分重要的组成部分，是应该长期坚持的方针。归根结底，这是由于现阶段的社会主义经济不仅是计划经济，而且同时具有商品经济的特征所决定的。

二　要有一个买方的市场

如何使市场调节不只是在调整时期发挥其作用，而且能够成为我们今后较长时期的新经济体制的不可分割的部分呢？从初步改革的经验看，实行市场调节，是需要一定的思想条件和物质条件的。如果思想上不突破一系列禁区，诸如生产资料不是商品、价值规律不起调节作用、计划与市场是互相排斥的等等传统观念，市场调节是不可能顺利开展的。为了克服习惯势力，扫清各种疑虑，进一步开展计划指导下的市场调节，我们要继续深入探讨有关社会主义经济中计划与市场的理论问题，在此基础上结合改革成功的实践，广泛进行有说服力的宣传教育。这是一方面。另一方面，一年多改革的经验还告诉我们，如果我们不讲综合平衡，计划不留余地，经济生活继续处于紧张状态，那么市场调节也是很难展开的。现在我们来看看这方面的情况。

这段时期一些行业的市场调节是在什么样的经济背景下开展起来的呢？简单地说，是在国民经济的调整过程中，计划任务不足的背景之下开展起来的。仍以机电行业为例，由于贯彻调整的方针，1979年机电行业面临的情况是，国家计划大幅度削减，用户纷纷退货，许多企业任务严重不足，他们不能不面向市场，向市场要任务，这样很快改变了产品销不出、任务"吃不饱"的局面。许多产品与市场需要对了路，生产很快就上去了。如四川宁江机床厂，年产仪表机床的能力是500台，去年，国家计划任务只有260台。该厂解放思想，大胆主动地开展市场活动，结果年产量达到600多台。不仅机电行业如此，其他一些通过市场购销活动来开展其业务的行业都有类似的情况。例如纺织工业，1979年初发生许多地区纺织企业产品积压、商业收购减少、资金短缺，不少企业停工减产、生产下降。后来开展了各种方式的"市场调节"，企业停产减产的现象才缓和下来。又如冶金工业，像钢材这样一直是统购包销的一类物资，现在也有一部分进入了市场，就是由于有些钢材计划分配不出去，物资部门又不收购，逼着企业自找出路，这一逼，打破了物资部门的一统天下，出现了某些钢材供销两旺的局面。

上述一些例子的共同点，就是这些行业的市场调节，都是国民经济的调整"逼出来的"。所谓国民经济的调整主要是解决比例严重失调的问题。为了做到这点，就必须把过去那种不切实际的速度调下来，把以基建投资为枢纽的社会需求压下来。这样，一些行业和企业由于压缩社会需求而形成的长线产品和多余的生产能力，就不能不在计划任务以外从市场上自寻出路，否则不但利润留成要受到影响，而且连工资都开不出，不能适应扩大企业自主权试点的新局面。这恰好为开展市场调节创造了一个有利的条件。这种情况给我们以启示，就是要把市场调节坚持下去。我们不仅在调整时期，而且在今后长时期的计划平衡工作中，都要注意不要搞不切实际的高指标，给国民经济造成各种缺口，把各种关系绷得十分紧张，而要量力而行，留有余地，留有后备，使国民经济能够在一个比较宽松的状态中稳步地前进。

不久以前，有一位研究东欧各国经济改革的外国经济学家来我国访问。他曾提出：分权化的经济体制改革同紧张的经济是不相容的。就是说，在经济紧张的情况下，分权化的体制改革是不能实现的。因为，经济越是紧张，就会暴露出国民经济的薄弱环节，一出现薄弱环节，国家为解决这种问题往往不得不采用行政干预的手段。这样做，使分权的经济改革向相反的方向发展，形成了恶性循环。我认为，这个分析是有一定的道理的。由单一的计划调节体制转变为计划与市场相结合的调节体制，是一种带有分权化趋势的改革。在单一的计划调节体制下，各项经济活动基本上都由国家决策；在引入了市场调节的因素后，经济活动的决策权就必须适当地下放给众多的企业和劳动者个人。但是在国民经济失去平衡、各种产品处于求大于供的紧张情况下，这是难以做到的。因为这时国家要把有限的资金和物资用于重点（即薄弱环节）部门或项目上，并按轻重缓急的次序进行统一的限额分配，这样国家就不可能放松指令生产、统购统销、计划调拨等制度，也不可能放松对生活资料价格和生产资料价格的计划控制，让企业和个人自行作出市场抉择，这就大大限制了市场机制的运行，从而堵塞了市场调节的作用。同时，在求大于供的紧张经济中，市场关系只能是由供给者或卖方主宰的关系，消费者或买方都是没有发言权的，他们只能听命于供应者或卖者的威势。在这种情况下，供应者对消费者的需求可以漠然视之，对产品质量、花色品种、服务态度等毫不关心，因为反正是"皇帝的女儿不愁嫁"，有货不愁无人买。实行正常的市场调节所必要的卖者之间的竞争，在这种情况下是不能出现的。这种正常的卖者竞争，只有当供过于求，市场不再由卖方主宰，而买方得以行使其应有的消费者权利的时候，才能形成。

这样看来，使社会生产大于社会的直接需要，使商品供给大于有支付能力的需求，从而建立一个消费者或买方的市场，是正常开展市场调节的一个前提条件。当然，我们需要的"买方市场"，是一种有限制的买者市场，因为，正如任何事情都有一个限度一样，这里讲的生产大于直接需要，供给大于需求，也不能超过一定限度。这个限度就是能够保证必要的卖者竞争局面的出现和合理的社会后备的形成。超过了这个界限的过剩生产，也会造成浪费。因此，这里讲的生产略大于直接需要，与资本主义经济中由于购买力不足而造成的生产过剩危机，是根本不同的。生产略大于直接需要，供给略大于需求的原则，不仅对于个别产品的生产和流通的市场调节是必要的，对于整个国民经济范围更为必要。要造成社会商品的总供给略大于总需求的局面，才能在国民经济范围上出现有限制的买方市场，为实行市场调节和计划调节相结合提供一个良好的条件。这只有通过控制积累和消费所形成的购买力，使之不要大于而要略小于国民收入的生产额，才能做到。这正是国家的宏观经济决策和国民经济计划综合平衡所要解决的首要问题。如果我们不是这样，而仍像过去那样，老是把基本建设投资规模搞得过大，战线搞得过长，由此通过一系列连锁反应，使社会总需求膨胀得大大超过社会商品的总供给，在国民收入的生产和使用之间留下一个很大的缺口，那么，我们所需要的那种有限制的买方市场的局面就不可能出现，市场调节也就不可能正常地开展。所以经常注意在国民经济发展速度上留有余地，在国民经济计划中留有后备，对于开展市场调节，搞活经济，是极其重要的。由此也可以看到，社会主义经济中的正常的市场调节，不但不能离开国家宏观计划的框框而单独存在，并且要以国民经济计划中的正确的宏观决策和综合平衡为前提。

三　板块？渗透？胶体？

去年，经济学界讨论价值规律问题时，一个重大收获，就是比较彻底地抛弃了过去那种把计划与市场看成互相排斥互不相容的观点，比较一致地认为这两者在社会主义经济中是可以结合起来的。但是，它们是怎样性质的结合？是板块式的结合，还是互相渗透式（"你中有我，我中有你"）的结合？人们的认识并不完全一致。经过讨论，似乎多数同志接受了后一种观点，即两种调节应当是互相渗透式的结合的观点。我也是力持这种观点的。这个问题看起来像是个繁琐的概念之争，其实不然，它同人们对于我国经济体制改革的过程的理解和改革模式的主张，有着密切的关系。我觉得有必要继续进行探讨。

我现在仍然认为，作为我国经济体制改革的模式来说，计划调节与市场调节的关系不应当是"板块式"的结合而应当是互相渗透的关系。但说到这里还不够，还要对这个命题作进一步的分析。因为，所谓互相渗透的关系，也有两种情况，第一种是，国民经济的总体分为两个部分（两块），一部分是计划调节，一部分是市场调节，同时每种调节部分都渗透有另一种调节的因素。第二种情况是，整个国民经济不再分为两块，计划调节和市场调节却胶合成为一体，在统一的胶合体内互相渗透。我们应该怎样看待这两种情况的互相渗透？究竟何者才是我们体制改革所应采取的模式呢？

从近两年来体制改革的实践来看，开展市场调节的过程，往往是从打破单一的计划调节的控制，在指令性计划调节的旁边出现一块"市场调节"开始的。计划调节与市场调节这样一种"板块式"的结合，现在还是一个不能否认的客观的必要，比之过去排斥市场机制的单一的计划调节来说，它还是一个前进。例如，一年多来，生产资料开始突破了不是商品的框框，逐渐进入市场，这就是一个重要的进展。人们把企业按照市场需要自己安排生产或销售的那一部分经营活动，叫做"市场调节"，而把仍然由国家指令性计标来安排生产，收购或分配的那一部分，叫做"计划调节"，并且用百分比来表示这两种调节的结合状态。比如说江苏省去年工业总产值中，市场调节部分占40%，计划调节部分占60%。这里的"市场调节"，就是指的通过各种方式自产自销的部分，"计划调节"则是指国家指令性计划安排的任务。这便是计划调节与市场调节"板块式"结合的一个鲜明的例子。

上述意义的计划调节与市场调节的"板块式"结合，是在国民经济总体中的外部结合。单有这种外部结合当然是不够的，还要有它们的内部结合，就是互相渗透式的结合。对于目前已经实行市场调节部分出现的某些盲目性等消极现象，国家应当加强非指令性的计划指导，自觉地利用各种经济手段进行调节，就是说要把计划调节的因素渗透到市场调节那一块去，使市场调节能够符合国家宏观计划的要求。另一方面，对于目前仍然由国家指令性计划安排的那一块中存在的产销脱节等弊病，也要通过加强利用价格、税收、信贷等价值杠杆的办法进行调节，逐步把市场调节的因素渗透到计划调节那一块去，并且逐步改指令性计划为指导性计划，以扩大计划调节内部结合市场调节的成分。所以，国民经济整体内以板块形式结合的两种调节，每一块内部都有一个两种调节互相渗透的问题。随着指令性计划的范围不断缩小，指导性的计划和利用价值杠杆进行调节的范围不断扩大，最终将形成在统一的国家计划或社会计划指导下充分利用市场机制，把计划调节和市场调节紧密结合在一起的统一胶合体。

由此也可以看出，计划调节与市场调节的"板块式"的结合与渗透，是体制改革过程中的一种过渡性的现象，这两者是不能够长期地以板块结合的方式并存下去的。就是说，这种方式的结合并不是我们的体制改革所要建立的模式。如果我们承认社会主义经济是商品经济，并且认为不论生产资料和消费资料都必须作为商品来进行生产和流通，那就必然要得出一个结论，就是我们不能够老是只让一部分产品当作商品来生产和流通，接受市场机制的调节，而另一部分产品则不当作商品来生产和流通，只能接受指令性计划的调节。就是说，这两个板块将永远并存下去。这在逻辑上是说不通的。合乎逻辑的结论只能是，所有产品的生产和流通都要按照社会主义商品经济的原则并遵照社会主义计划经济的要求，最终都要统一在两种调节紧密结合在一起的胶合体里面，接受国家计划指导下的市场调节。我认为这才是我们经济体制改革最终要建立的模式。

把指令性的计划改变为指导性的计划，在整个国民经济范围上实行国家计划指导下的市场调节，这是从方向上、原则上说的。体制改革后将要形成的经济调节体系，当然要比上面所说的复杂。对于一些关系国计民生而在短时期内又难以解决其供不应求状况的重要产品，遽然取消指令性计划是不适宜的。即使在全面改革完成以后，对某些用经济手段难以在短期内消除其短缺的重要产品的生产和流通，为了保证重点需要，仍需指令性计划的直接调节。特别是在一些紧急情况下，指令性计划的直接调节比通过市场机制要来得快，便于国家掌握，这种强制性的手段是不能完全放弃的。另一方面，在国家计划之外要允许一部分产品的自由生产和自由流通，即自由市场的调节。但是，作为原则的例外，指令性计划将限于少数必要的场合，自由市场也将只存在于上述统一胶体的缝隙之中。经济生活中最大量、最主要的部分将是上面所说的计划指导下的市场调节。

这样，在全面改革完成以后，我们在调节体系方面将面临三种情况：一是计划指导下的市场调节，这是大量的、主要的。二是指令性的计划调节，这是过渡性的；随着每次需要这种行政指令手段的政治经济形势的消失，这种指令性的计划调节仍然应该过渡到非指令性计划指导下的市场调节的轨道上去。三是自由市场的调节，这是少量的。区别这三种调节情况的标志，有些同志认为在于是否自觉地利用价值规律及与价值范畴有关的经济杠杆上。他们以为只有在计划指导下的市场调节体制，才具有自觉地运用价值规律进行调节的特征，而指令性的计划调节和自由市场的调节都没有这个特征。这种看法是不确切的。因为今后即使在采用指令性计划的少数场合，我们也不能忽视价值规律，不去运用价格、税收、信贷等调节手段来配合。另一方面，所谓自由市场并不能完全摆脱国家经济政策和计划调节的影响，在社会主义经济中，有完全意义的自由市场是不存在的。我认为，这三种调节情况的区别，主要是在调节的组织手段上。第一种调节即计划指导下的市场调节，除了自觉利用价值规律和运用与价值范畴有关的经济杠杆外，同时还要通过各级经济管理机构和社会协调机构、各种形式的经济联合体和基层经济单位，按照国家宏观计划的要求，自下而上、上下结合地进行层层协调、逐级平衡这样一种计划协调、协商、协议的过程。而第二种调节即少数场合采用的指令性计划的直接调节，则是以行政命令下达任务，辅之以经济手段，但却不必一定有这种协商、协议和协调的过程。至于第三种即自由市场的调节，就更没有这种有组织的计划协调了。

四 要不要以计划调节为主？

在计划调节与市场调节的结合中，要不要以计划调节为主？

有些同志不赞成这样提，因为据说这样一提，就会又陷入"板块说"，似乎这两种调节不是内在结合，而是可以分家的。

所谓"板块说"，是指这样一种主张，即认为指令性的计划调节与非指令性计划指导下的市场调节将长期地并存下去，并且以此作为体制改革的最终模式。这种观点的内在矛盾，上文已有所涉及。但是，我们说两种调节的"板块式"结合不能作为体制改革的最终模式，并不意味着在改革的过程中客观上不能有两种调节并存的现象，当然并存的每种调节会被另一种调节的因素所渗入。既然改革的过程中客观上就有不容否认的"板块式"结合的现象，那我们大可不必因为害怕陷入"板块说"而拒绝讨论两种调节何者为主的问题。再说，即使不是"板块式"的结合而是其他形式的对立统一的结合，统一体内的双方何者为主的问题，也是经常存在的。

我认为，目前在开展市场调节的过程中提两种调节相结合并以计划调节为主，这不过反映了当前体制改革的实际状况和客观需要。前面说过，随着体制改革的逐步推行，由国家自上而下地下达指令性计划将会逐渐减少。但是，在现阶段，相当一部分重要产品的生产和流通，还要由国家下达计划指标来直接控制。所谓市场调节的部分（即由企业根据市场需要自己安排生产和销售的部分）在社会生产中所占份额还是不大的。今年全国工业总产值中通过市场调节来实现的部分，据上半年的一个初步估计不过占15％，就是说，五分之四以上的工业产值还是由国家计划直接安排的。所以，说"以计划调节为主"，不过反映了当前的实际情况。即使今后指令性计划范围逐渐缩小，比如说缩小到生产总值的50％以下，但是在一个时期由这种指令性计划直接调节的将是关系国计民生的最主要产品的最主要部分，国家对这部分产品的生产和流通的直接计划控制，在相当大的程度上影响着整个国民经济的发展，因此这种计划调节在国民经济的总体中仍将起着主导的作用。

但是如果我们说的不是改革过程中的情况，而是改革完成后新经济体制要采取的模式，即在计划调节与市场调节紧密结合为统一胶体的新体制内部，那么还要不要以计划调节为主呢？去年，我们曾在一篇文章[①]中对这个问题作了点分析。大意是说，无论是计划调节还是市场调节，都要反映社会主义经济中客观规律的要求，来调节生产和需要的平衡，以使社会劳动（活劳动和物化劳动）按照社会需要的比例，得到合理的有效的利用。从这一点看，社会主义经济中市场调节与计划调节两者作用的方向是一致的。但是这两种调节在客观上也存在着矛盾。这是因为，社会主义社会中实行计划经济和存在市场机制的客观依据是不一样的。社会主义计划经济的客观依据是生产资料公有制基础上人们之间的根本利益的一致性；而市场机制的客观依据则是社会主义阶段还存在着人们之间经济利益的差别。在一般的情况下，国家计划的决策，侧重于从宏观的角度，从社会整体的长远的利益的角度来考虑问题；而市场上一个个商品生产者和消费者的抉择，则往往限于微观的范围，侧重于考虑局部的眼前的利益。这些商品生产者和消费者根据自己的利益和偏好所决定的市场行动，他们的决策和行动所引起的人财物资源的分配和使用，不一定都符合社会的整体利益，不一定都是经济合理的。市场调节和计划调节的统一和矛盾，实际上反映着社会主义经济中企业、个人的局部利益与国家、社会的整体利益的统一和矛盾。在二者利益发生矛盾的时候，局部的眼前的利益要服从整体的长远

---

① 见刘国光、赵人伟：《计划和市场关系的几个问题》，《红旗》1979年第9期。

的利益，相应地，市场调节就必须服从计划调节。正是在这个意义上，我们在实行计划调节与市场调节相结合的体制中，要以计划调节为主，同时充分发挥市场机制的作用。

对于"以计划调节为主"的提法持完全否定意见的同志，一则是没有看到两种调节从"板块式"的结合到"统一胶体式"的结合的过渡是一个客观必然的过程；二则是只看到两种调节的一致性而看落了它们之间的矛盾。我们知道，市场调节的确是价值规律的调节，市场上一个个商品生产者和消费者按照价值规律的要求来选择自己的行动时，他们主要考虑的是自己的切身利益，而不管他们的抉择会对全局的长远的利益带来怎样的影响。我们这里大概谁也不会明白地主张把这种全局的长远的利益交给"看不见的手"去管。国家或者社会对经济生活进行有计划的调节的时候，也不能仅仅"模拟"那只"看不见的手"的动作，即仅仅限于自觉地运用价值规律，它还应当考虑社会主义基本经济规律和其他客观规律的要求，把经济的发展纳入社会主义的轨道和方向。要知道，价值规律尽管是一个极其重要的规律，我们要极端重视，但它毕竟不是社会主义经济发展的唯一调节者，光靠它，是不能保证社会主义的轨道和方向的。

五　宏观经济决策和微观经济活动的衔接

上节指出，计划调节一般是从宏观经济的角度，从整个国民经济发展的利益来考虑问题，而企业和劳动者按照市场行情和供需关系的变动来选择自己的活动目标和行动方式时，一般是从自身的局部利益来考虑。怎样把体现在中、长期计划中的国家宏观决策的意图贯彻到企业与个人的微观经济活动中去，并使前者受到后者的检验和校正？这个问题同时也就是计划调节与市场调节如何结合的一个核心问题。

目前在讨论这个问题时，有些同志列举了一大串沟通宏观经济决策与微观经济活动的途径，从控制基建投资规模、重大项目、主要物资到利用价格、税收、信贷等经济杠杆，到建立信息、预测系统，到经济立法司法，到社会监督制度等等。这些当然都是非常重要的事情。但是它们当中何者是沟通宏观微观的最主要的渠道，则不是很清楚的。另一些同志把两种调节的结合概括为自觉地运用价值规律来调节，就是说把自觉运用与价值范畴有关的经济杠杆（价格、税收、信贷、工资等）看成是沟通宏观经济决策与微观经济活动的最主要的渠道。这个看法是值得重视的，因为自觉运用价值规律进行调节，既体现了计划调节（自觉的因素），又体现了市场调节的因素（价值规律的调节）。但是，我总觉得这种看法还有不足之处，就是忽视了社会主义经济调节中的一个重要方面，即调节的组织手段方面。如前所述，在这方面，把计划与市场相结合的调节体制同指令性计划的调节和自由市场的调节区别开来的一个非常重要的标志，就是前者要通过有组织的计划协调的过程来进行调节，而后两者则不一定有这个过程。看来，有组织的计划协调和自觉地运用价值杠杆，是把国家在中、长期计划中的宏观决策同企业、个人通过市场进行的微观经济活动衔接起来的两个主要的途径。通过这两条渠道，国家宏观决策的意图贯彻到企业与个人的微观经济活动中去，并受到后者的检验和校正。

如前所述，计划协调工作主要是由下而上，上下结合，逐级平衡。凡是企业之间、各种形式的经济联合体内部或它们相互之间，经过横向的市场联系，通过协议能够解决的产需平衡问题，资金联合问题和劳动协作问题，在不妨碍国家宏观决策的实现的限度内，由它们自己协议签订合同去解决，而不必拿到上面去解决。只有那些下面实在解决不了的问题，才逐级通过经济管理机构和社会协调机构去平衡解决。当然，中、长期计划中某些关系国民经济发展全局的少数重大发展任务和项目，也要从上而下，通过行政手段协商协议协调的方式落实下去。这样，既可以使基层企业摆脱从上面来的无谓的行政干扰，又可以使国家经济领导机构摆脱繁琐的行政事务，致力于研究和制定方针政策，研究解决经济发展中的战略问题。

在计划协调的同时，自觉地利用各种价值杠杆，也是使国家计划的宏观目标同企业、个人的经济活动沟通衔接的极其重要的渠道。国家要对价格、工资、税收、利率等进行灵活而有效的控制，通过这些"参数"来影响企业和个人的经济活动，使之符合国家宏观决策的要求。特别是在从下而上逐级平衡和从上而下逐级落实的计划协调过程中，如果国家宏观计划的目标同基层单位、个人的经济选择发生比较大的矛盾，更需要通过这些"参数"的变化和利益关系的调整来进行协调，或者校正国家宏观计划的目标使之符合实际。单有计划协调而无价值杠杆的自觉运用，各方面的利益关系得不到调整，计划协调也将成为空话。另一方面，单有对经济参数的某些控制，而无有组织的计划协调，那就同资本主义国家对经济的干预没有多少区别，同自由市场的调节也没有多大区别（因为自由市场也受到国家经济政策的影响但却无有组织的计划协调）。所以，有组织的计划协调和价值杠杆的自觉运用，这两条对于衔接国家的宏观经济决策与企业、个人的微观经济活动来说，对于计划调节与市场调节的结合来说，都是至关重要的。当然，这不是说其他手段是不重要的。经济立法司法、信息预测系统、社会监督机构等等制度措施，也要尽可能同步解决，配合成套，经济体制改革才能收到成效。

做好计划协调和运用好价值杠杆，本身有许多问题要研究解决。但总的前提是要有一个经过科学的综合平衡、留有余地的中、长期计划。在计划协调和运用经济杠杆进行调节的过程中，国家不应也不可能不分巨细，什么都抓。它的注意力应该集中体现于中、长期计划中的宏观经济问题上，如国民经济的发展方向、增长速度、国民收入在积累与消费之间的分配、投资规模和主要分配方向、主要产业结构、收入结构等等。如果中、长期计划本身科学论证不足，宏观决策内部互相矛盾，国民经济总体失去平衡，光从局部来想办法是无法矫正和补足的，无论怎样的计划协调、价值杠杆或其他市场手段，都将无济于事。反之，如果由宏观计划决定的国民经济总体是平衡的，局部怎样发挥其积极性也不会乱到那里去。如果我们再运用好计划协调和经济杠杆等手段，就有可能做到活而不乱、管而不死。这里一个关键问题就是前面指出过的要安排好积累、消费的规模和比例，严格控制投资购买力和消费购买力的增长，使之不要超过，而要略低于国民收入的增长，保持财政、信贷、物资和外汇四大平衡，使国民经济能够经常出现一个前面所说的消费者市场或有限制的买者市场。这一条好比如来佛的手掌，控制好了这一条，任凭企业和个人变成怎样活蹦乱跳的孙悟空，都不可怕，都跳不出如来佛的手掌的。

当然，如何掌握好积累和消费的规模和比例，控制好投资购买力和消费购买力的增长，这是一个十分复杂的问题。有些经济学者曾经指出，高度集权的经济体制易于造成过高的积累，过多的投资，及其相伴随的种种恶果。但是我们看到，经过体制改革、实行了企业分权管理的某些国家，也没有能够完全解决这个问题。这是需要我们在总结国内外正反两个方面的经验的基础上，在理论与实践的结合上，认真地进行研究，找出解决的途径。

(1980年8月)

再论买方市场[*]

近两年来,经济学界关于"买方市场"的看法时有争论。我曾在1980年写过一篇关于计划调节和市场调节的文章,[①] 提出要建立一个社会主义的有限制的买方市场。后来有同志反对这个提法,尽管如此,"买方市场"这个概念却越来越多地被运用到我们的经济生活中来了,并以此来分析实际问题。特别是去年以来,市场情况之好是二十多年所没有的,因而"买方市场"的说法就更为流行。由于有反对意见,究竟应该如何看待"买方市场"的问题,我想就以下几个方面,再谈点自己的看法。

一 问题的提出

"买方市场"并不是单纯从西方移植过来的"舶来品",应该说,它是从我们实际生活中提出来的,是在我国经济调整、经

---

[*] 本文原载《财贸经济》1983年第9期,《人民日报》1983年9月23日转载节要。

[①] 《经济研究》1980年第10期:《略论计划调节与市场调节的几个问题》。

济改革中碰到的一个问题。经济调整就是要把失调的国民经济比例调整过来，包括农轻重、积累与消费等一些基本比例的失调。那么，比例失调根子何在？就在于为生产而生产，生产的目的不够明确。社会主义生产的目的本来是为了不断满足人们对物质文化生活日益增长的需要，而过去我们却由于对消费者利益重视得不够，使生产所花的代价与人民生活的改善不能相比。为生产而生产，忽视消费者利益表现在很多方面：人民收入增加缓慢，有的时候还有降低；市场供应越来越紧张，凭票、凭证的商品越来越多，排队现象十分普遍；品种花色很少，几十年一贯制；服务质量很差等等，这一切使走后门的不正之风愈加严重……这些都是前些年我们经济生活中经常遇到的问题，因而展开了生产目的的讨论，有的同志在报刊上提出了"消费者权利"的问题。[①] 消费者在市场上没有权利，生产者和供应者是主宰，消费者只能听从生产者、供应者的意志。"买方市场"的提出是生产目的讨论和消费者权利讨论的继续。怎么把我们的市场变成真正为消费者服务，听消费者意见，由消费者作主的市场？我们调整国民经济中的积累与消费、流通与生产以及农轻重等比例失调的最终目的，仍然是为消费者服务。这就是从调整中产生出来的要建立一个买方市场的想法。

改革就是改变过去过分集中、过分采取行政办法来管理经济的种种弊病。社会主义经济适当的集中是必要的，行政手段也是必要的，但过分集中、单纯行政手段只能把经济管死。进行经济体制改革，就是要在坚持必要集中的前提下，实行适当的分散；在保留必要的行政手段的情况下，更多地利用经济手段；在坚持计划经济的前提下，发挥市场调节的辅助作用。使得集中与分散

---

① 黄范章：《"消费者权力"刍议》，《经济管理》1979年第2期。

相结合，行政手段与经济手段相结合，计划与市场相结合，更多地利用市场机制的作用、经济杠杆的作用来管理经济。这就需要一个比较松动的市场、供求比较协调的市场。市场如果老是紧张，物资商品总是处于供不应求的状况，那就只能更多地采取强制性的计划控制，更多地采取集中的行政手段。那么，集中与分散相结合、计划与市场相结合、行政手段与经济手段相结合都谈不上了。那样一来，改革还怎么办得到呢?!因此，从改革的要求来讲也必须有一个松动的市场。要有相当数量的物资、商品储备和后备，不是直接马上要用的，而是能够根据市场情况进行调节的，这也就是我们所说的"供给略大于直接需求的有限制的买方市场"。

"买方市场"这一概念里的"买方"，不单指作为个人消费者的买方，而且包括作为"生产的消费者"的买方。生产的消费者也就是生产者，他在市场上既作为产品销售者的卖方而出现，也作为原材料等等的购买者即买方而出现。在存在着买方市场的条件下，不仅个人消费者，而且生产者也有选择的余地。个人消费者选择商品是为了更好地满足其生活需要，生产者选择什么东西来投入生产，什么原材料，什么设备等等，是为了使他生产的产品能够价廉物美。生产者在原材料等等的投入上进行选择，是他行使企业自主权的很重要的一条。假如，生产者在投入上不能自主选择，给他什么就是什么，他也就没有多少自主权可言了。而生产者在投入上能否有选择之权，同市场的松动与否有着密切的关系。假如物资很紧张，市场供不应求，他就无从选择，只好你配给什么就用什么（或者根本不能用）。当前的讨论中，许多同志着重从个人消费者利益的角度考虑买方市场问题，我认为，生产的消费者也同样存在着需要一个买方市场的问题。当然，个人消费者也是生产者，商品供应丰富和生活的改善，无疑会对他的生产积极性发生良好影响。

所以，社会主义经济中需要建立一个买方市场的问题，一是经济调整的过程中提出来的，二是经济改革的过程中提出来的。这个市场包括个人消费者和生产的消费者，是买方能够说话，能够选择的市场，而不是消费者无权说话，不能选择，给你什么，你就只能买什么的卖方市场。

二　概念

"买方市场"、"卖方市场"的概念本身，最先是西方经济学使用的。后来一些东方国家的文献中也用了。这个概念是属于商品经济的一个概念，不是资本主义的经济概念。有商品经济就有商品的供给与需求的关系。市场上供给与需求关系在一种形势下（供大于求）就出现了买方市场，在另一种形势下（求大于供）就出现卖方市场。凡是有商品生产和商品交换的地方都会存在这两方面的情况。

但是，人们有一个疑虑，好像买方市场只是属于资本主义社会特有的，因为资本主义的生产是在追逐利润的动机下盲目扩大生产，而另一方面由于广大劳动人民受剥削，购买力相对跟不上，因此造成供大于求。相反地，供不应求应当是社会主义经济的特征，购买力的增长，超过生产的增长，表现了社会主义的优越性。[①] 这似乎成为过去政治经济学中的金科玉律了。早在20

---

① 斯大林在讲到苏联经济制度比资本主义经济制度优越的地方时，就说："在我们苏联这里，群众的消费（购买力）的增长总是超过生产的增长，推动生产向前发展，而相反地在他们资本家那里，群众的消费（购买力）的增长从来赶不上生产的增长，并且总是落在生产后面，往往使生产陷入危机。"《斯大林全集》第12卷，第282页。

世纪20年代苏联就有一位经济学家提出，"在商品资本主义经济中存在着普遍的松动，而在无产阶级自然经济中则存在着普遍的短缺"，[①]似乎供不应求的问题是社会主义经济无法解决的。而西方不少经济学家也就以此为口实攻击社会主义，断言我们就是解决不了这个问题。但是，我认为这个问题是可以在社会主义计划经济下解决的。社会主义的计划经济，既包括生产供应方面的计划，又包括购买力需求方面的计划，这两个方面，国家都可以控制，控制到一个适当的程度就可以掌握总的平衡。不但可以掌握供需的平衡，还可以根据经济发展战略的需要，掌握供需的不平衡，制造一个供过于求的局面或求大于供的局面，社会主义计划经济都能有主动权来掌握，而不像资本主义私有制决定了不可能搞这种平衡。

我有时思考这样一个问题，能不能说资本主义市场的特征就是买方市场？并且能够始终一贯地造成买方市场？我看不能这么讲，恐怕随着它经济周期的变化，不同的时候有不同的情况。再一个从整个世界的资源、行情发展看，也有周期性变化。比如石油，有一段时期是个卖方市场，价格从两美元一直涨到三十几块美元，而后来因为产油国一下子上去了，耗油国拼命节油，又引起了买方市场，价格一下子跌到二十几块美元。据预测，到90年代，石油供需关系将再趋紧，油价也将看涨。当然其间有人为的因素，也有市场的规律性。再从经济周期的变化看，当资本主义经济处于萧条、危机、复苏的时候，东西多、卖不掉，买方市场是很显眼的；但当它从复苏后期进入繁荣阶段，许多东西也很紧张，形成卖方市场。此外，资本主义的各种形式的垄断，既能

[①] 参见匈牙利 JANOS KORNAI 著：ECONOMICS OF SHORTAGO Vol. A. 第29页。

造成买方市场，也能造成卖方市场。当然总的讲起来，资本主义逃脱不了生产过剩的周期性危机的冲击。而且这种由于生产过剩造成的买方市场确实引起极大浪费。但是否因为这个原因，我们社会主义就不能运用买方市场的概念呢？还有一点，资本主义之所以出现上述情况是剩余价值规律决定的，并不是为了消费者的利益，后者并不是他的生产目的，这个道理是显而易见的。而社会主义的生产目的是为了不断满足人们对物质文化的需要，正因为如此，就必须尊重消费者的权利，就需要一个买方市场，使得消费者能够说话，有主权，能够决定生产的方向。在这个含义上的一个买方市场是很必要的。因此，我们在开始运用这个概念的时候，就给它一个限制，使它不同于西方讲的买方市场那么回事。

所谓社会主义经济需要的"买方市场"讲的是：供略大于求，商品生产比直接的需求稍大一点，大出多少呢？第一要大出一个必要的预防不测事故的后备，预防比例不协调的后备。这里的不测事故包括自然事故、生产上技术性的事故等等。第二要大出一个经常性的调剂余缺的周转性的储备，包括生产环节上的、流通环节上的周转性储备。第三要大出一个能够造成必要的卖方竞争的余额。卖方竞争是形成买方市场的不可分割的一个要素，通过竞争要把那些质次、价高、过时的东西淘汰掉。在生产不断发展中，总有一部分物不美、价不廉、过时陈旧的产品要通过市场的筛选不断地被淘汰、被处理，这些东西就是多余的。有些生产者不改进生产，他们只好在竞争中承受损失。社会主义经济中买方市场的供给略大于直接需求的"限制"，就是限制在这个范围，不是像资本主义的生产过剩。而供需买卖双方都是社会主义的生产关系的承担者，或者是集体，或者是国家的代表，或者是劳动者——一方面是生产者，一方面是消费者，而且双方都在国家的计划（直接计划或间接计划）控制之下，即使是自由市场里面的活动，也是国家计划的综合平衡里面，通过经济杠杆等等来控制的。当然，现在实际上控制得不够好，这是另外一个问题，是我们工作上的不完善或者失误造成的，从理论上说我们是能够控制的。因为买卖双方都是社会主义生产关系的承担者，双方都是处在国家的直接、间接计划和国民经济的综合平衡的罗网控制之下。那么，一方略大于一方、又是有限度的，也应该是计划能够控制的，而且这个限度又首先是可以从宏观上来掌握的。

这里要明确一点：使生产和供给略大于直接的需求，这本身就是总的平衡关系里面的一个构成要素。我们总的国民经济的综合平衡应当就包括生产和供给略大于直接的购买力需求的因素，这一点很重要，因为有些同志总是把买方市场同按比例发展的综合平衡对立起来。这不是一个对立的关系。这本身是在综合平衡中要考虑的因素，综合平衡就得考虑计划要留有余地，留有后备，使我们计划很主动，整个经济的发展也就主动稳妥，这就联系到马克思讲的"生产过剩"，"这种过剩本身并不是什么祸害，而是利益；但在资本主义生产下，它却是祸害。"[1] 也就是说，生产大于直接需求的这一部分，在资本主义社会里变成危机的祸害，而在社会主义社会里则是有计划的控制和调节的一个很重要的因素，对社会主义社会是非常必要的。

所以，我们一开始运用这个概念，就给"买方市场"限定了一个范围，规定了它的界限：其性质与资本主义不一样，意义也不相同，用它来分析我们的经济生活，达到我们经济政策的目的，又有什么不可以呢？这可以用"利润"概念作个类比。孙

---

[1] 《马克思恩格斯全集》第24卷，第526页。

冶方同志当年将社会主义利润与资本主义利润划清了几条界限[①]以后，很多人还是认为不能用，批判了他好多年。划清界限后的利润就是要争取的，没有利润社会主义社会怎么能够扩大再生产！没有买方市场，没有消费者的权利，怎么能够实现我们的生产目的呢！没有那样一种比较宽松的市场，没有那样一种留有余地的、稳定的经济发展，市场总是绷得那么紧张，总是感觉到东西短缺，经济生活怎么能搞得好呢！

我最初是把"买方市场"作为一个宏观的概念提出来的，就是说在整个国民经济范围总的需求与总的供给的关系上要有一个买方市场的局面。其前提就是要使积累加消费所形成的社会总购买力同可供使用的国民收入相适应，前者的规模不能超过后者而应略小于后者。在宏观平衡的前提下，某一个商品的市场，某个地方的市场有没有出现买方市场或者卖方市场，这是个从属性的问题，当然也是很重要的问题。在总的平衡之下，这一层的问题，具体商品的市场平衡问题比较好解决，而且具体的商品市场往往不论是用计划控制也好，或者是市场调节也好，具体的品种总是这里多那里少，不可能达到商品结构与需求结构的完全一致，总是处在不断的调整之中。有的同志提出所谓"结构性的买方市场"的概念[②]，我认为"结构性的买方市场"只有在总的市场的松动下才能出现，没有一个总的市场的松动，结构性的买方市场不大可能出现，因为如果总的经济情况是紧张的，就会造成一种抢购的心理和行为，不管你供应什么东西我都买，不用的也买回来，看见队伍就站排，也不管前面卖的是什么东西。这样，就没什么结构性的买方市场了。结构性买方市场是有的，但

[①] 孙冶方：《社会主义经济的若干理论问题》，第260页。
[②] 郭文轩：《"买方市场"疑议》，《经济学周报》1983年4月4日。

是它的前提是总的经济情况要有所松动。至于供需结构上的不平衡，永远都会存在，总要不断调整。我们力争市场供需总量上的协调，结构上也要协调，这是我们的目标。

反对使用"买方市场"这个概念，归根到底就是把这个概念同资本主义的引起周期性危机的、引起生产力浪费和破坏的那种生产过剩的买方市场联系起来了。那种"买方市场"我们当然要反对。但我提出的不是那样的买方市场。在资本主义的买方市场上，资本家为了追求利润，把消费者奉为他的什么"衣食父母"，鼓吹什么"顾客就是上帝"，这都是虚伪的说词。这种买方市场发展到一定程度就表现为生产过剩的危机，使得整个社会受害。尽管资产阶级的经济理论家和经济政策的制定者费尽了心机，总是回避不了这种周期性经济危机。资本主义国家也无法控制它那个市场。资本主义买方市场供需的失调，并不是整个经济平衡的因素，而是本身就是不平衡、比例失调的表现，这同我们所讲的社会主义的买方市场是国民经济综合平衡按比例发展里面的一个因素，是截然不同的。把社会主义经济中的买方市场同资本主义买方市场划清了界限，为什么还不能用这个概念？有了几条界限，我看是完全可以用的。

三　社会主义经济要不要一个买方市场

划清了界限以后，不但我们可以用这个概念，同时我们还要理直气壮地建立一个买方市场。建立买方市场的好处、意义过去说了不少，这里用不着多说了，概括地强调几条：

1. 实现消费者的权利。消费者的权利只有在买方市场的局面下才能实现。如果国民经济的计划平衡不是留有余地，留有后备，而是处处留有缺口，各种商品物资短缺，市场供求绷得紧紧的，那么消费者的权利就实现不了，社会主义生产的目的，要真正实现也很难。只有实现了社会主义的买方市场，消费者才有说话的权利，他是受到尊重的，他是被服务的对象，而不是被冷遇、被训斥、给你什么是什么甚至爱给不给的那种对象，这与社会主义的商业格格不入，为了结束这种状况，就必须建立社会主义的买方市场。

2. 促进卖方的竞争，给生产者以压力。只有在买方市场的条件下，才能给生产者以压力，促成卖方的竞争。产生竞争，这是好事，在卖方市场或者在一种紧张的平衡之下，反正是一种买方求卖方、消费者求生产者的关系，那么，经营上的缺点、技术上的劣势、管理上的毛病，都会被表面的繁荣所掩盖，而成为理所当然的了。只有出现了买方市场，才能把这些矛盾揭露出来，促使它必须改进，包括改进生产技术、改进经营管理、改进服务态度，你如果不改进，你在竞争中就混不下去。

3. 有利于改革。买方市场的出现，将为我国经济体制的改革提供一个良好的条件，有利于改革。这我已在前面讲了，就不再重复了。假如我们的市场条件还是很紧张，东西还是不够，急急忙忙去改，比如，今年上半年我们看到有些商店搞了承包，由于东西还是那么多，还存在供不应求的紧俏商品，于是出现了短斤少两、变相加价、倒手买卖等等问题。这样，市场条件不具备，反而把改革的名声搞坏了。所以必须有一个松动的市场来为改革提供适宜的环境。

4. 促进精神文明。买方市场的出现，对精神文明，对社会风气的好转有好处，东西多了才能真正刹住走后门、乱敲竹杠之风，有了竞争才能促进服务态度的改善等等，这些道理也是不言而喻的。

反对社会主义社会里需要一个买方市场的理由，如前面所讲的，归根到底是把买方市场说成是与资本主义生产过剩危机一码事。有些同志提社会主义社会要有计划按比例，社会主义需要的不是买方市场，而是供需比例协调的市场，但同时也强调供给略略大于需求。我以为这与我所讲的社会主义买方市场没有本质差别。这里需要分清的是：我们所讲的供给略大于直接需求本身是国民经济综合平衡要考虑的一个因素，而资本主义市场的供大于求则是一种比例失调的表现。这就是界限的关键所在。提出不要买方市场而要供需比例协调的同志，实际上已把供略大于直接需求即我讲的买方市场的含义，包含进去了。例如贾履让等同志讲的"供需平衡"就包含了这个"余额"，[①] 这就是马克思讲的必要的生产过剩。应该指出，超过直接需求的那个"余额"同那几种扣除（如扩大再生产的扣除，增加消费的扣除，集体消费的扣除等等）还不一样，我们讲的直接需求包括了扩大再生产的需求，包括公共集体的需求以及个人的需求，而供给大于直接需求就是大于这些直接需求，大于多少呢？就是前面所说的必要的周转的储备，应付不测事故的后备，以及通过竞争被淘汰的一部分。这一部分余额是永远会有的，是经济生活前进所要求的，要前进就会有淘汰，我们就希望出现一个局面，就是那些质次价高、过时陈旧的东西不再有人去抢着买，而是卖不掉，经过市场的筛选被逐步淘汰掉，这样才能不断前进。如果这些同志所说的"余额"与我讲的"供给略大于直接需求"是一个意思的话，那仅只是说法的不同而已，并不是有人只强调买方市场而不强调供求平衡。这并不是对立的观点。而提出要建立一个买方市场的主张正是认为没有一个供给略大于直接需求的安排，没有买方市场

[①] 贾履让、林文益：《关于"买方市场"的质疑》，《经济研究与管理》1981年第5期。

这么一个因素，整个综合平衡就稳定不了，整个国民经济的留有余地、留有后备的稳定的发展也实现不了。另一方面这又与解决我们社会现象中的一些弊病有直接关系。为了反对过去那种紧张的供求平衡，甚至保留有缺口的平衡，而突出提"买方市场"的概念，这没有坏处，只有好处。所以我认为，提出要建立一个社会主义的买方市场，概念清楚，观点鲜明，对于我们当前经济的调整和改革，对于实现四化任务，都是有益的。

那种认为一提倡买方市场就会引起积压、浪费，这还是把它与资本主义买方市场的概念相提并论了。另外还有一个道理也需要讲明的，有一种观点认为，在社会主义社会中，买卖双方应平等对待，兼顾双方利益；不能光讲买方利益，只提买方市场。[①]但是，第一，社会主义社会没有单纯的买方或单纯的卖方，卖方也是买方。作为买方来说，买方市场对大家都有好处，从劳动者个人来说，劳动力是不出卖的，劳动者只是买方，广大人民群众从买方市场得到好处是无疑的。从企业来说，它既是买方又是卖方，企业要购买生产资料。比如机械行业的企业，过去产品在市场紧张时很容易销出去，作为卖方讲起来，真是人家有求于他。但他如想要钢材、要动力，也很困难，无权选择它所急需的材料，只能靠统配，而统配的物资可能并不一定是他所需要的，因此投入的东西，可能成本高，规格不合用，需要多加工、多改造，从卖方市场得到的好处，比起他在买方市场获得的坏处，不见得是有利的。反过来出现了买方市场以后，销售是有些困难了，因而，采购员满天飞变成推销员满天飞了。但他进一些钢材，买些原材料就容易了。第二，生产的目的，流通的目的还是

[①] 贾履让、林文益：《要造就一个供大于求的买方市场吗》，《光明日报》1981年7月18日。

为消费者服务的，消费者包括个人的消费和生产的消费。这里有个谁服从谁的问题。总不能消费者服从生产者吧！只能生产者服从消费者，应该是这么个道理。我认为，这里面没什么平等可言。从为谁服务的关系来说，没有什么平等可言，生产者就是应该为消费者服务，而不是相反。当然，从整个社会关系来说，生产者与消费者、卖方与买方是平等互助的关系，他们之间应当互相尊重，互相协作，但这与买方市场的问题无涉。第三，国家收购的农产品，有些地方出现了销售难，特别是实行联产承包责任制，产量大增，而有些原来商品经济不大发达的地方，国家收购点很少，发生了压级压价等现象，这里的买卖，买方居于优势，卖方要听买方的，似乎这就是买方市场的毛病了。我看这不能同买方市场混为一谈，这主要是国营商业收购的垄断以及流通渠道的不畅造成的。

有的同志说买方市场不是一个供大于需的问题，而是一个竞争和垄断的问题，这有一定道理。如果东西多了，还是一家独营，没有竞争，卖方市场仍然还是难于转变为买方市场的。另一方面，如果供给上没有一定的松动的话，竞争也搞不起来。所以两个方面的原因都不能忽视，而供给的松动是前提。没有更多的东西，而渠道多了，商贩多了，只能造成混乱，并不能造成买方市场。所以要造成一个我们所需要的买方市场，必须要两个条件，一是要有比较充裕的供给，即略大于直接需求的供给，二是要增加流通渠道和网点，实行卖方之间的必要的竞争。两条缺一，都不可能形成健康的买方市场。

四 关于目前市场形势的估计

大家比较一致的认识是，党的十一届三中全会以前很长一段时间，我国市场一直比较紧张，基本上是卖方的市场。三中全会以后，由于调整和改革的结果，使得我国的整个市场状况有了很大变化，特别是去年的市场情况，是二十多年来没有的好。今年上半年，城乡市场继续繁荣兴旺。对目前的市场形势，大致有三种看法：一种是说买方市场的局面已经形成了；一种是说在卖方市场向买方市场的转化过程之中，但很不稳固；一种是认为尚未形成。我认为第二种意见比较接近实际。总的来看，是还不够稳定、不够稳固的转化，从总体上讲还不能说是已经形成了买方市场，只是在总的经济生活有所松动的情况下，某些商品、某些局部市场，出现了买方市场的趋向。从整体上看买方市场的局面仅仅是在形成的过程之中，而且很不稳固，随时有转回去之可能。实行调整方针以后，特别是由于压缩投资、基建下马……在1980—1981年，生产资料的供需矛盾有所缓和，当时机电产品、冶金产品以及部分建筑材料等等销售发生一些困难，各种展销会搞得很多，出现了部分买方市场的情况。但到了1982年又有变化，主要由于固定资产投资规模又上去了，生产资料市场重新开始紧张，原来就是"瓶颈"的能源和交通更趋紧张，而一度形成买方市场苗头的机电产品和三材等原材料又开始紧张，物资部门收回了部分企业自销的产品。而消费品情况，1979—1981年人民收入和购买力增加很快，商品供应一下子赶不上来。到了1981年底开始出现比较显著的缓和，除了农业生产关系的改革对农业生产起到越来越显著的效果外，这主要是由于贯彻进一步调整的方针，进一步压缩基建投资规模，采取了加强轻工业发展的六个优先等等措施的结果。消费者的收入增加了，消费品的供应也赶上来了。社会商品零售额的增长率同货币流通量增长率的对比，一年比一年接近。

	社会商品零售额比上年增长	货币流通量比上年增长
1979 年	+15.5%	+26.3%
1980 年	+18.9%	+29.3%
1981 年	+9.8%	+14.5%
1982 年	+9.4%	+10.8%

去年有一个情况，就是工、农、商、饮食业等部门为市场供应的零售商品货源的增长速度超过了购买力增长速度：为社会提供货源增长11.6%，而当年形成的购买力则增长9.8%，扭转了前几年购买力增长大于货源增长的情况。前些年凭证供应的商品有70多种，现在只剩几种，可以由消费者自己选购所需商品了。出现了生产者，供应者之间的竞争，使他们感到有压力，所谓"形势大好，生意难做"，"形势大好，厂长难当"，一时间讲求市场经营之术和利用广告推销之风突然兴起，这是前所未有的。另一方面，是消费者的心理变化，消费者有了选择的权利，他们对消费品的"口胃"越来越高，由"持币抢购"转变为"持币待购"再转变为"储币选购"。据说，人们对中、高档耐用消费品有"七不买"：不是名牌的不买；质量不高的不买；难修理的不买；式样不新颖的不买；不急需的不买；货不对路的不买；不降价不买。这几年居民储蓄大大增加，去年年末达到675亿元，其中相当大部分是定期储蓄，在城市占80%以上，农村占60%以上。据一些地区典型调查，后备性、积累性的存款约占居民储蓄存款总额的2/3—3/4。消费者心理的稳定，同物价涨势的趋缓与逐步稳定，也有重要关系。消费品零售物价上涨的幅度，1980年是6%，1981年为2.4%，去年降到1.9%。所有这些情况，都反映了市场供应的好转和卖方市场向买方市场转化的趋向。

我们说卖方市场逐渐向买方市场转化，但迄今并没有形成一个稳固的买方市场。从上述情况可以看出：第一，从去年下半年以来，生产资料买方市场势头已经缩回去了，并且出现了一股涨价的歪风。第二，还有相当一部分重要的消费商品的供应仍是不足的，比如粮食、火柴、肥皂等在某些地区仍呈紧张状态，农村需要的建房材料一直供不应求。至于部分积压产品，却是由于品种质量、价格不合理等原因造成的。另外农村的购买力潜力也没有完全挖掘出来，这里存在着流通渠道不畅等一系列的老问题。第三，特别值得注意的是，由于去年固定资产投资规模的再度急剧膨胀，造成重工业回升过猛，在能源材料的供应不足和交通运输日趋紧张的情况下，已经开始露出重工业重新挤轻工业的苗头，今年上半年这种趋势仍在继续。再就是，由于消费基金的增长有些失控，今年上半年社会商品购买力的增长速度又超过了零售商品货源的增长速度。所以我们对形势的估计不能盲目乐观。现在已经出现了生产资料买方市场势头的消失，消费资料买方市场也很不稳固，如果我们固定资产的投资再来一次大规模的失控，再加上工资奖金福利上的失控如不扭转，那么，好不容易出现的买方市场的势头便会荡然无存，重新回到卖方市场的老路上去。这个情况值得我们严重注意。

这里顺便再讲讲前面提到的一种观点。这种观点认为这两年出现的所谓"买方市场"，并不是真正的"买方市场"，而是"结构性的买方市场"。因为有的品种不对路，消费者需要的，你没有，名牌货你没有，而杂牌的却积压了不少；因为你质量差，价格高。不是没有销路，而是价格高，比如化纤品积压，按平均消费量来讲，我国人均消费化纤布很低，怎么还会积压呢？还是因为价格太高。今年化纤布一降价，积压的又很快销出去了。还有流通领域本身的组织问题，造成这里积压那里脱销。因此，如果说出现了什么买方市场，那也只是"结构性的买方市场"，而不是真正的买方市场，真正的供略大于求的买方市场。我在前面已经讲了这种看法是有一定道理的，问题在于这样一种结构性的买方市场，是在总的经济生活和市场供需出现了缓和、松动趋势的情况下，才能产生的，是在总的市场出现了卖方市场向买方市场转化的趋向，或叫苗头，或叫势头，才可能出现结构性买方市场。假如没有一个总的市场供求关系的松动，那么，结构性买方市场也不会出现。这里要说明一下，卖方市场中的库存积压同样存在，而且更加厉害，货源不足造成抢购，然后货到地头死。因为不需要的也要买，买到后作为筹码，存在它的库里，想方设法再去换取需要的物资，这种浪费是惊人的，我们库存年年增加，并不是由于买方市场造成的。有些同志认为买方市场才会造成积压浪费，其实是不全面的。正如奥塔·希克指出的，捷克斯洛伐克的库存积压比国民收入的增长还要快。其实凡是卖方市场占统治地位的国家往往都有这种情况。我们说结构性买方市场必须在总的卖方市场向买方市场转变时才有可能出现，但结构性的调整却是永远要有的。无论是消费与积累之间，或者是消费内部和积累内部，其结构都在不断地调整。由于生产技术的不断更新和需求的不断变化，总会有一部分产品积压，一部分不足，这种调整即使到共产主义社会也是会有的，用什么好办法也不可能使供给正好与需求相等。你不可能使每一种产品的生产和供应，在任何时候、任何地方都能跟上瞬息万变的需求，计划办不到，电子计算机也无法追踪这种细腻的变化，市场机制也只能在事后进行调整。这些情况，在分析结构性买方市场问题时都是需要注意的。

总之，这几年我们争得了一个从卖方市场向买方市场转化的好势头，这是我们贯彻执行调整改革方针的成果。而这个势头的不稳定、不稳固则是由于调整得还很不够，还不彻底；通过调整所踏出来的新路子，还不是所有的人都认清了，都坚定地走上去了。这正是我们目前迫切要解决的问题。

五　前景和努力方向

根据以上对当前市场形势的分析，前景可能有两个。一个是目前尚不稳固的买方市场的势头，得到进一步的巩固和发展，逐步形成全面的稳固的买方市场。一个是刚刚出现的买方市场势头很快又会消失，重新转回到全面紧张的卖方市场。

我们当然要竭力避免第二个前景，力争第一个前景。但是，如果搞得不好，第二个前景不是不可能成为现实的。如前所述，去年下半年以来，由于固定资产投资规模重新急剧扩大，带动了重工业生产迅猛回升，造成生产资料供应再度吃紧，虽然还没有全面影响消费资料市场，但是，如果投资规模扩大和重工业猛烈回升的势头继续下去，控制不住，就会在能源材料交通运输等方面进一步挤轻纺工业，再加上如果消费基金也控制不住，工资奖金的增长继续大大超过劳动生产率的增长，那么跟着生产资料买方市场的消失，消费资料的买方市场也将全面消失，重新回到卖方市场的老路上去。应该说，这条老路过去我们是非常熟悉的，尤其在所谓"投资饥饿症"[①]尚未得到彻底根治之前，我们很容易走上这条老路。这是严峻地摆在我们面前的一个前景。

当然，这个前景并非注定要发生。我在前面已经讲过，社会主义经济制度、特别是它的计划经济制度，应当是能够把普遍短缺的卖方市场转化为普遍丰裕的买方市场的，因此第一个前景是

---

① 《社会主义国家"投资饥饿症"病根》，《经济参考》1983年7月12日。

有实现的可能的。这里一个重要问题是要根治"投资饥饿症"，这要经过对吃大锅饭的经济体制进行全面、系统、彻底的改革来解决，这个问题要专门地谈，这里不多讲了。另一个重要问题是要制定正确的经济发展战略，搞好经济计划的综合平衡，当前特别要处理好调整与发展的关系，在"六五"期间要坚持继续把经济调整作为中心，在调整中进行发展，决不能离开调整，到处为翻番而片面强调发展。在整个经济计划的综合平衡中，突出注意以下几点：

一是计划的发展速度一定要留有余地；计划的综合平衡一定要留有后备；在积累与消费的安排上，一定要严格控制投资规模和消费基金的增长额度，使积累加消费形成的社会总需求，一定不要超过而要略小于可供使用的国民收入额。为发展所必要的重点建设，一定要在严格控制投资总规模的前提下进行。最近中央工作会议关于控制固定资产投资规模和集中资金搞好重点建设的决定，一定要认真贯彻。

二是对产业结构、产品结构继续进行调整，在继续保持农业发展的好势头的同时，重工业的发展，以不影响轻工业的六个优先保证为限度，农、轻、重各自内部的产品结构、技术结构、企业结构等等，也要进一步调整，以适应市场需求结构不断变化的要求。

三是在计划工作上，要把计划的指导和市场调节的辅助作用很好地结合起来，使得生产的安排能够尽可能符合市场的需要。要充分运用经济杠杆的作用，包括利用价格杠杆、税收杠杆、信贷杠杆来进行生产的指导。还有发布经济信息也是一种很重要的指导。不久前有一种提法叫"鼓励消费"，这是由于前些时候某些消费品出现了滞销和库存积压，同时居民储蓄又增加了，好像要刺激一下消费才行。但是，刺激消费、鼓励消费的提法还是不够贴切，因为现在市场情况虽比过去大大改善，但商品物资还不够宽裕，有些商品物资供应还是偏紧，全面稳固的买方市场尚未形成。在这种情况下提刺激消费的口号，对于巩固和发展尚不稳固的买方市场，不一定有好处。不如叫对消费者进行指导好。而要指导生产，指导消费，就要运用经济杠杆，提供各种信息。

此外，从商业工作来说，要加快流通体制和经营方式的改革，把少数"官商"的垄断变为以国营商业为主体的多种流通渠道，多种经营方式，多量商业网点之间的竞争，真正树立为消费者服务的社会主义商业作风。现在真正竞争的局面还没有造成，商店内部还是大锅饭，比如报纸上最近揭露北京一家菜场涨价，被罚款以后，照样涨价，这一方面是因为货源就那么多，又没有竞争，另一方面也由于内部还是吃大锅饭，反正罚的还是公家，不是个人。这种情况不改，买方市场的发展与稳固也是困难的。

最后我还想讲讲，我过去提出买方市场不单是一个商业问题，我现在还要强调这是国民经济综合平衡的一个战略问题，一个宏观决策的问题，一个走出一条新的发展路子的问题，即速度比较稳妥，要有经济效益，人民能够得到实惠的发展路子。只要计划的速度没有水分而留有余地，计划的平衡不留缺口而有后备，投资的规模不超出国力而是量力而行，这样我们的经济就能比较松动一些，就能比较稳定地增长。计划速度看起来是低一点，但有松动的余地就容易完成和超额完成。这样大家都很高兴，而对经济发展也是有利的。看起来慢，实际上是快。"六五"计划的速度是保四争五，有些同志很着急，嫌慢，于是不管自己的部门和地方是否有此需要和条件，都按翻两番的要求来安排速度和投资，这样就把速度指标定高了，投资规模搞大了，马上材料、设备就紧，重工业就要上，重工业一上，轻工业就跟着紧了，轻工业一紧市场就要紧，整个经济生活就又紧张了。这种恶性循环不能让它再发生了，而要切实代之以新路子的良性循环。所以这个问题不是一个单纯的商业问题，当然商业直接关系到市场，商业要组织货源为消费者服务，任务也是很重的，要建立和搞好买方市场，没有商业部门的努力当然是不行的。然而最终买方市场的问题还是要提到整个国民经济综合平衡的战略高度来认识，来解决。

再谈计划与市场的关系问题[*]

经济体制改革总的题目是要建立社会主义的有计划的商品经济的新体制。从运行机制上说，就是要建立和健全计划经济与市场调节相结合的体制。这是整个经济改革的一个中心问题。我们经济体制改革中有两大方面的问题：一个是所有制的改革问题，包括所有制结构的调整，以公有制为主体的所有制多元化问题，以及公有制本身的改革，涉及到政府、企业、个人之间的关系。这些问题属于经济行为主体方面的改革，包括政府、企业也包括个人，最主要的行为主体当然是企业了，所有制改革的核心是企业改革。另一个是经济运行机制的改革，包括整个经济怎样运转；生产、分配、交换、消费之间的关系；各个部门，各个地区的关系；市场调节和计划调节的关系；宏观经济和微观经济的关系等等，这些都属于运行机制的问题。其中计划与市场的关系问题，是经济运行机制改革的一个核心的问题，它牵涉到企业改

---

[*] 本文中的部分内容，曾在1990年5月16日《求是》杂志社召开的"关于计划经济与市场调节相结合问题"的讨论会上，以及其他几次座谈讲演会上讲过。部分内容曾在《求是》1990年第12期发表过。在此发表的是根据几次座谈会记录整理出的文稿。

革，牵涉到市场和物价的改革，也牵涉到宏观管理，包括财政金融体制、收入分配政策等方面的改革，所以这是个很大的问题，这里只能简单地讲一点思路。

计划与市场的关系问题，不是一个新问题，党的十一届三中全会以来，我们已经讨论十一年了。如果向上继续追溯，1956年社会主义改造基本完成的时候，陈云同志最早提出了计划与市场的关系问题。再往前，20年代苏联实行新经济政策的时候，就曾讨论计划与市场的关系问题。改革开始以来，党中央、国务院的许多重要会议和文献，还有重要讲话，更不用说理论界了，对于计划与市场的关系有过各种不同提法，比如：计划调节与市场调节相结合，计划经济与市场经济相结合，计划机制与市场机制相结合，计划经济与市场调节相结合等等。我们最近强调的是最后一种提法。看来随着社会主义经济建设的发展和经济体制改革的深入，这个问题还将要长期地讨论下去。我在1983年发表的一篇文章中说过：计划与市场的关系问题，是一个世界性的问题，也是一个长期争论下去的问题。对于计划与市场关系的一些比较具体的问题，包括一些具体的做法、提法，我们不必急忙作出结论来约束后人，也不必约束当代人。实际上，这个问题我们只能通过实践进行不断的探索，作出适合于当时情况的回答，不要搞一个固定的公式。当然，为了便于讨论，我们可以有一些提法，比如我们现在讲的计划经济与市场调节相结合。目前没有一个政治家或理论家敢说他已经把计划与市场问题解决好了，因为人类关于这方面的经验积累还未完全成熟，还在探索当中。在传统的社会主义经济学里面，曾否定两者是可以结合的，认为两者是对立的、互相排斥的。西方一些经济学家也有多种意见。不久前在北京召开了一次国际学术研讨会，一位匈牙利经济学家讲，计划与市场不能结合，不可能结合，因为他的国家就没有结合起来。一个法国经济学家却说，可以结合。他也是根据他的国家经验，法国在搞一些指导性计划。所以，看法不一样。我们认为，在社会主义公有制基础上，可以把计划与市场关系结合好，当然要经过努力，经过探索。今年在七届人大三次会议的《政府工作报告》中，关于计划与市场关系的5条阐述，就是根据近几年的试点经验，特别是根据当前治理整顿的实际情况提出来的，是适合于当前治理整顿和深化改革的答案。特别是这5条中的第3条讲到：计划与市场有三种结合方式：指令性计划、指导性计划和市场调节的具体运用和配合比例关系，要根据不同时期的实际情况，对计划与市场的关系进行必要的调整。我们当前在治理整顿中，已经和正在对计划与市场的比例作一些调整，近两年调整的方向大体是：针对过去改革过程中放权让利过多、中央调控能力削弱的情况，在计划与市场的关系上，多搞一点计划．多搞一点集中，多用一点行政手段，包括冻结物价，扩大指令性计划和物资调拨分配的范围，适当扩大一些物资和资金的集中权限，这些都是必要的。一般来说，在经济发展遇到困难或紧急时候，都可能需要进行这样的调整。不仅中央计划经济的国家是如此，就是西方实行市场经济的国家也是如此。比如在战争时期的统制经济，在自然灾害、经济危机时加强政府干预和统制。美国20世纪70年代初期，在发生经济危机、严重通货膨胀时，尼克松政府就曾采取冻结物价和工资的政策。前年美国有一位夏威夷大学教授到北京讲课，说他就是尼克松政府当时管制物价的幕僚。任何国家在非常时期都必须强化计划或行政干预。但在经济正常发展时期，特别是我们在经济改革进程当中，看来还是要按照党中央在1985年关于"七五"计划建议中和党的十三大报告中提出的宏观调控体系改革的方向，从以直接调控为主，转向以间接调控为主；宏观经济的管理，要从以直接的行政管理为主，转向以间接的经济管理为主。这个重要的论点最近没有多提，但我认为也没有否定，现在还有重新强调的必要。当然，这是就国民经济整体而论的大趋势，并不是指某一个具体的产业、具体的产品和某一个具体的生产环节。具体环节要作具体分析。

所谓从直接管理、直接调控为主过渡到间接管理、间接调控为主是什么意思呢？我个人体会，就是政府对经济的调控要更多地利用市场机制，通过市场来调控。我们过去传统的经济体制是排斥市场机制的，是一种产品经济，或是自然经济的体制。我们的经济体制改革就是要把传统体制改过来，引进市场机制，同时改进计划机制，这样的改革就是市场取向的改革，也就是更多地采用市场调节的办法。所以从某种意义上说，我们的改革可以说是市场取向的改革。这样的提法有些同志是不赞成的，我一直还是这样看。相对于过去的排斥市场机制的传统体制而言，我们的改革就是市场取向的改革。当然，这种市场取向的改革不是取向到资本主义市场经济中去，而是坚持以公有制为主体、有计划指导和宏观控制的市场取向的改革。这种改革在中国取得了巨大的成就，这是不能否认的。而且，市场取向越多的地方，改革所取得的成就也越大，这也是不能否认的。在沿海地区、开放地区，如广东等地，都可以看到这种成功的实践。世界银行最近搞的中国经济备忘录，说中国人采取了一个务实的改革政策，中国这11年所取得的成就，是任何一个社会主义国家所不能比拟的。这话说对了。为什么中国去年能经受住风波，与此有关系。今年2月，我们中国社科院经济学家代表团访问了苏联。应沙塔林（后被任命为苏联总统顾问委员会成员）邀请，开了一个研讨会，作了一些考察、比较。我的印象，我国的变化和成就很大很大。苏联的改革宣传很猛，实际经济上很糟，货架上确实是没有多少东西，和中国市场是一个鲜明的对照。当然我们也是经过

10年多的改革才有今天。中国市场有这么丰富的家电、食品、衣着,而苏联是非常的缺乏。最近有人从苏联回来,说那里的经济形势比我们去的上半年更糟,国民经济总产值下降,原因就在于他们这些年没有认真地搞市场取向的改革。我在莫斯科遇到了一个过去的同学,他现在是苏联科学院院士。我问他:"你们搞改革也不少年了,怎么这个样子?"他回答很机智:"我们经济改革不是失败了,而是还没有开始。"他们政治改革这几年花样很多,结局如何,还要观察。

我们讲我国市场取向的改革取得了很大成就,但千万不可由此而片面夸大市场的作用。在改革的取向问题上,我们要坚持市场取向,但不能迷信市场;我们要坚持计划经济,但不能迷信计划。要破除两种迷信,首先不要迷信市场。市场是看不见的手在调节,不要认为市场和价值规律可以把一切市场办好,我们尊重价值规律,同时也不能把一切市场都让给价值规律自发调节。市场机制有许多缺陷,不是什么问题都能解决的。在我看来,市场起码有这样几件事解决不好,甚至解决不了。一是产业结构大的调整。我们要求在比较短的历史时期内,比如说十年或十五年使我们的产业结构实现高度现代化,如果让市场自发去调节的话,那就很缓慢,要经过许多大的反复和波折,要付出惨重的代价。当然,市场机制可以解决一些小的产品结构调整的问题。二是防止出现不公平竞争和垄断行为。这也是市场机制本身解决不了的;反之,市场机制本身就是大鱼吃小鱼的机制,完全自发的自由竞争必然导致垄断。三是对于生态平衡、环境保护这类问题。如果任凭看不见的手去指挥,那要带来灾难性的后果,使我们对不起子孙后代。四是公平高效率的关系。市场机制也是处理不好的,在收入分配方面,如果单靠市场机制去调节,必然引向贫富悬殊和两极分化,与社会主义原则背道而驰。当然我们反对平均主义，主张让一部分人先富起来，带动大家共同富裕，不能收入差距过分悬殊，两极分化。这就不能完全放给市场取向，而要有计划的调节和政府的干预。所以市场取向的改革不是纯粹的，完全以市场经济为方向，这种市场机制甚至在当代资本主义国家也不能完整地存在，它们也有政府的干预，有的也有某种意义的计划指导。我们社会主义的有计划的商品经济，就更不能迷信市场，所以在强调市场取向改革的同时，要重视计划的指导和宏观的调控，也就是说，要重视"笼子"的作用。

把计划与市场的关系，比喻为笼子与鸟的关系，不过是一种形象化的说法，正如同后面我将要讲到"计划"的概念可以有多种不同的含义一样，对于"笼子"也可以有灵活的理解。"笼子"有各式各样的，可以大，可以小；看是什么产品，什么部门，什么情况，"笼子"可以放大，可以缩小。它可以是用钢铁做的，钢性的；也可以是用塑料、橡胶材料做的，弹性的。指令性计划就是钢性的，指导性计划就是弹性的。有些外国人，看到我在一篇文章中提到"鸟笼"的比喻引起人们探讨的兴趣就指责我主张"鸟笼经济"。我对他们说，无论哪个国家管理经济都必须有"笼子"。各国的财政预算就是一个很硬的"笼子"。不久前我在美国，正好碰上美国国会否决了政府的预算，弄得行政当局几乎没有钱花，很着急，经过折中解决了。这个"笼子"还是很厉害的。他们的财政政策、货币政策，都是某种意义上的"笼子"。联邦储备银行通过公开市场、调整再贴现率等手段，把全国经济活动的"笼子"一会儿放大，一会儿缩小。在某些方面，美国的计划"笼子"比我们的还硬，比如对城市经济的"增长管理"就是一种。针对市场缺陷而实行的计划调节或者政府干预，这种意义上的"笼子"是现代国家之所必需，值不得成为自以为聪明的人取笑的话题。当然，"鸟笼"毕竟是一种形象化比喻的说法，接受不接受这种比喻的说法，无疑只能属于个人的偏好和选择。

上面讲了坚持市场导向改革，但不能迷信市场。现在再讲另一方面，坚持计划经济，但不能迷信计划。不要认为计划是全智全能、完美无缺的。迷信计划同样会犯错误，如果计划不考虑国情国力，不考虑价值规律，不考虑市场供求变化趋势，同样会出现大问题，这方面我们过去的经验教训很多，大起大落、比例失调、宏观失控，都与我们计划工作的缺陷有关。这些年县以上固定资产投资项目，审批权都在政府手里，都是由各级计划机关来审批的。那么多的彩电生产线、电冰箱生产线、啤酒生产线、乳胶手套生产线、易拉罐生产线，许多生产线的重复引进，盲目上马，不都是各级计划部门、各级政府审批同意的吗？同样造成失误失控。要看到，计划工作也是人做的，计划工作也有信息上的局限性和利益上的局限性。计划工作要靠信息，信息的搜集传递，这方面我国还是较落后的，即使将来电子计算机普遍运用了，也不能说信息就非常完善了。那么多产品，那么多消费者，情况又在不断变化，信息始终存在局限性。而且，利益关系也有局限性，因为不是这个部门就是那个部门，不是这个地区就是那个地区，不是站在这个角度，就是站在那个角度，都受到一定利益关系的约束。所以政府的领导和计划工作人员并不是万能的、精确的。他们掌握的信息不可能完整准确，也可能只看到部分眼前的利益，看不清市场长期的供求变化趋势，考虑不到价值规律的全部的要求，这样作出的计划和决策往往导致很大的失误。总而言之，计划与市场必须结合起来，片面强调任何一个方面都是不行的。而且在计划与市场的结合中，既要注意充分发挥计划与市场两者各自的优点和长处，又要注意克服它们各自的缺陷与短处。这就需要我们对计划与市场的关系，做进一步的认真的研究。

现在我们研究和讨论计划和市场的关系，已经不是十一二年前的水平了。改革刚刚开始时讨论这个问题，要从计划与市场的A、B、C谈起。现在经过11年的探索，我们不必那么讲了，而且计划和市场本身的概念也有了很大的变化，比过去更加丰富了。拿计划的概念来说，过去认为：第一，计划只能是指令性计划，斯大林曾说过：计划不是预测，计划是命令，必须完成。第二，计划是无所不包的，是管制一切的，宏观要管，微观也要管。人、财、物、供、产、销都要管。第三，计划就是指标管理，主要是通过实物指标来管理，如产品。生产指标，物资调拨指标，分配你多少物资，要你生产多少产品，通过这些实物指标来实现。那么现在我们的计划概念已大大地变化和丰富了。第一，计划不单单是指令性的，还有指导性计划、政策性计划，比如产业政策也是一种计划指导；第二，计划不是无所不包的，国家计划主要应该管大的问题，管宏观的问题，至于微观的、企业的问题，主要应让市场、让企业自己去管；第三，计划不都是指标管理，而且计划指标主要不是实物指标，而应是价值指标，如总量的控制，大的结构控制，农、轻、重，一、二、三产业，总需求、总供给，投资、消费，这些都是价值概念。另外我们实现总量控制和结构调整，也主要靠价值杠杆，靠价格、汇率、税收这些东西。从实物指标转为价值概念，大大改变了计划概念的内容。

同样，我们现在所理解的市场，也和过去的理解大不一样。第一，过去认为，市场同公有制经济是不相容的，只能存在于私有制经济中。现在认为，公有制经济也要有市场的运作，市场与公有制是可以结合的。第二，过去认为，市场和计划是对立的、排斥的；你要加强计划，就要减少市场，你要发展市场，计划就要缩小。现在认为，计划和市场是可以结合的。第三，过去认为，商品市场如果有的话，是在计划经济下缝隙中作为补充的部分，是很小的一部分消费品市场，而很大一部分定量供应或凭票证才能购置的消费品，不是真正意义的商品，也不进入真正意义的市场。现在除了极少例外则是整个消费品都在市场化。生产资料过去不认为是商品，现在生产资料的流通也愈来愈多的市场化。第四，过去做梦也想不到的社会主义经济里面还有什么生产要素的市场，根本没有这个概念。现在则是要素市场逐步发展，包括资金市场、劳动市场、房地产市场、信息市场、技术市场等等，逐渐形成社会主义市场体系的概念，这在11年前是根本不可想象的事。当然，这类市场从理论认识到实际政策还很不完善，还在形成发展中。市场概念所包含的内容，大大丰富了。

总之，经过11年的改革探索，我们对计划与市场的认识已大大深化了。所以我们不能够再像过去一样，老是拘泥于某些字句的提法。比如，到底是计划调节与市场调节相结合的提法好；还是计划经济与市场经济相结合的提法好；还是计划经济与市场调节相结合的提法好；还有计划机制与市场机制相结合的提法等等。有的同志不大赞成计划经济与市场调节相结合的提法，认为计划经济是指制度，市场调节是手段，是调节的方式，不是一个层次的东西，这怎么能够结合呢？我觉得现在讨论这些问题没有什么意思，不要去纠缠某些具体字句、提法，而要总结经验从实质上来研究，来探讨，计划与市场相互之间到底怎么结合？结合的方式、途径是怎样的？要把问题引到这个方面来。

关于计划与市场的结合方式，过去也有过多种提法。有的提法着眼于理论模式，有的提法着眼于管理操作。今年七届人大三次会议的工作报告中提出，计划与市场的结合方式有三种，指令性计划、指导性计划、市场调节。这三种形式并不是新的提法，

1984年党的十二届三中全会关于经济体制改革的决定曾提出过。但这次有新的角度，有重要的变化。过去认为，指令性计划就是计划调节，就是计划这块的，与市场没有什么关系；而市场调节则是市场这一块的，跟计划没什么关系；至于指导性计划可以说是计划与市场的结合。那么现在把这三种形式都认为是计划与市场结合的方式，只是结合的程度不同。其一，指令性计划是计划与市场的结合方式，因为指令性计划也要考虑市场供求和价值规律的要求；其二，指导性计划更不用说了，需要考虑市场问题，要通过经济杠杆和市场手段来实现；其三，市场调节那部分也离不开国家宏观计划的调控，宏观政策管理制约着自由市场那一块，这涉及货币发行、税收政策。简而言之，过去认为三种方式不都是计划与市场的不同结合方式，一种是计划的，一种是市场的，中间一个才是计划与市场结合的。现在认为，这三种形式都是计划与市场相结合的形式。从这一点来说，现在的提法比过去有新意，有所发展。上述三种形式是从管理操作角度提出的。过去理论界对计划与市场结合也有多种说法，如板块式结合、渗透式结合、有机结合。这是从理论模式角度提出的。所谓板块结合，就是计划与市场两块界限分明地拼合。传统体制中计划不考虑市场因素，比如计划价格，很主观地就定了；自由市场是计划外面作为补充的一块。所谓渗透结合，就是计划一块要考虑市场供求因素，市场一块要受计划控制的约束，两块界限就不大分明，有点模糊，但还是两块，你中有我，我中有你。所谓有机结合就不是两块了，计划与市场融为一体，也就是党的十三大提出的公式：国家调控市场，市场引导企业。这样就把计划与市场融在一起了，是一种内在结合，过去也叫有机结合。现在看来，即使是板块式结合，也是要长期存在的。曾有这样的观点，改革的发展就是从大一统的计划统制发展到计划与市场的板块式结合，再从板块式结合发展到渗透式结合，然后再发展到有机的结合。现在看来，板块式结合也是要长期存在的，因为即使我们将来过渡到宏观管理以间接调控为主，国家还是要保留一部分直接管理，因为有一些非常重要的、关系国计民生的企业、产品、部门、部位，特别是一些自然垄断性的产品，供给需求弹性很小的产品，国家还要有一定的直接管理。就是资本主义市场经济的国家，对于一些与生态环境有关的问题，对一些公用性的事业，也是进行直接管理的。但直接管理这一块，总的趋势是尽可能减少，除非遇到危急状况如战争、自然灾害等，在紧急状况下，更应当强调直接的计划管理或政府干预。当然，实行直接的计划管理这部分，也要尽可能考虑市场的供求关系，考虑价值规律的要求。因此板块结合同渗透结合是根本分不开的，界限分明的纯板块结合过去曾有过，但今后不会再有。但是，直接调控这一块不可能完全按照市场供求和价值规律的要求解决问题，如真正能完全按照市场供求和价值规律的要求来解决问题，那就不需要什么直接的调控了，都可以转为间接的调控了。强制性的行政干预，直接的计划控制之所以必须要存在，就是因为市场调节不是万能的，有些长远的全局的问题不可能完全按照市场供求和价值规律的要求去办事，必须要国家的直接干预。而国家直接调控管理的这一部分，既然是国家直接管企业生产和建设，就不适用"国家调控市场，市场引导企业"这个公式。当然国家要"考虑"市场，但不是"通过"。从这个意义上说，这个公式没有普遍性，没有覆盖全社会和整个经济活动的意义。但是在间接调控的范围内，不管提也好，不提也好，都是通过市场来管，通过调节市场来引导企业，这个公式是绕不过去的。

建立和健全计划经济与市场调节相结合的体制，涉及了企业的改革，财政体制、金融体制的改革，市场物价体系的改革，这些改革还同社会保障制度、保险制度、劳动就业制度的改革密切相连。《企业法》、《破产法》通过了，却很难施行。我们天天喊调整结构，但却很难调整，其中一个原因就是缺乏健全的社会保障制度，保险制度，调整多了就要引起社会动荡的问题，当然所有这些领域的改革中关键问题还是两个，一是企业、所有制改革，二是市场物价改革。过去不是有争论吗？究竟是市场物价改革主要，还是企业、所有制改革主要？我认为这两方面的改革都很重要。所有制、企业方面的改革，是经济行为主体方面的改革；另一个是运行机制的改革，核心的问题是计划与市场问题，要培育市场，发育市场，促使物价合理化。没有物价的合理化，经济主体行为的合理化也不可能。所以要双管齐下，不能纠缠谁是主要的，谁不是主要的，应该是互相配合的。当然在时间上、时机上，有时侧重这一面，有时侧重那一面。我是一贯两边讲的，在国外我也跟人家讲中国两派的意见。他们说，你讲来讲去，两边都有道理，你究竟是哪一派？我说：我哪一派也不是，我主张双管齐下。在具体的掌握上像弹钢琴一样，轻重缓急随时调节。

关于发展社会主义商品经济问题[*]

本文分为三个部分：一、在社会主义条件下搞商品经济是马克思主义的新问题；二、发展社会主义商品经济与经济体制改革的关系；三、进一步发展社会主义商品经济的几个理论问题。

一 在社会主义条件下搞商品经济是马克思主义的新问题

（一）社会主义经济是商品经济，这个认识来之不易

党的十二届三中全会通过的《中共中央关于经济体制改革的决定》明确指出，社会主义经济是在公有制基础上的有计划的商品经济。这是在我们党的决定和文件中，第一次对社会主义经济的性质和特征作出的全面性概括和规定。这个深刻的概括是来之不易的，不但对今后我国社会主义建设具有根本性的指导意义，而且是对马克思主义政治经济学的重大贡献。

马克思主义创始人生活在19世纪的资本主义社会，他们看

---

[*] 本文系作者1986年7月8日在形势报告会上的讲话。

到了当时发达的商品经济，分析了资本主义商品经济中的矛盾，认为随着私人资本主义转化为社会主义，商品生产将不复存在。马克思在《哥达纲领批判》中说："在一个集体的、以共同占有生产资料为基础的社会里，生产者并不交换自己的产品；耗费在产品生产上的劳动，在这里也不表现为这些产品的价值。"[①] 恩格斯在《反杜林论》中也说："一旦社会占有了生产资料，商品生产就将被消除。社会生产内部的无政府状态将为有计划的自觉的组织所代替。"[②]

列宁对于商品经济在社会主义社会的命运的认识，有一个发展过程。他曾经在《国家与革命》这本著作中，设想未来的社会主义社会是一个辛迪加，也就是一个大企业。十月革命胜利后，列宁和俄共开始按照这种构想来组织社会主义经济，他们想创造条件消灭货币，用产品交换代替商品交换。随着内战的发生，实行了战时共产主义。布哈林在回顾这一过程时说："我们当时并不是把战时共产主义看作是一种军事制度，即国内战争这一特定阶段中需要实行的制度，而是把它看作是胜利了的无产阶级普遍应采取的政策。"[③] 但是列宁很快发现，这样做是行不通的。他说："我们在这方面犯了很多错误，做得过分了：我们在贸易国有化和工业国有化方面，在禁止地方周转方面做得过分了。"[④] 以后转而实行了新经济政策，鼓励商品生产，扩大商品流通，发挥税收价格等经济杠杆的作用，在国营企业中实行经济核算制，"从国家资本主义转到国家调节商业和货币流通"[⑤]，从

---

① 《马克思恩格斯选集》第3卷，第10页。
② 同上书，第323页。
③ 布哈林：《论今日的取消派》。
④ 《列宁全集》第32卷，第208页。
⑤ 《列宁全集》第33卷，第73页。

而使新生的社会主义经济很快摆脱了困境。但由于列宁的去世，没有来得及总结新经济政策的经验，对于发展商品货币关系究竟是权宜之计还是提示了长远的发展方向的问题，没有作出明确的回答。

斯大林执政后，把新经济政策看作是暂时的退却，随着工业化和全盘集体化的高潮，重新强调高度集中统一和采用行政手段管理经济，计划管理范围很宽，管得很死。斯大林在完成农业集体化以后曾经指出，有两种公有制即全民所有制和集体所有制并存，就存在工人和农民两个阶级，就需要有交换。但是对于两种公有制之间的交换是不是商品交换，斯大林长期以来没有明确的说明和论证，理论界也一直在争论。1943年，斯大林开始承认社会主义制度下存在价值规律，但却认为这个规律是"经过改造"的。只是到1952年，斯大林才在《苏联社会主义经济问题》一书中，肯定社会主义经济中还存在商品生产和价值规律，但是，他认为商品生产的存在是由于全民所有和集体所有两种形式的并存，认为全民所有的国营经济内部不存在商品交换，认为生产资料不是商品，并且强调价值规律对生产不起调节作用，生产资料"脱出了价值规律发生作用的范围"。对于两种所有制之间存在的商品交换，斯大林主张用产品交换来取代，以此作为经济发展的目标。这样看来，斯大林还是把整个国营经济当作是一个大工厂、一个辛迪加，苏联的高度集中的计划经济模式，正是建立在这样的认识基础之上的。

所以说，马克思主义的经典作家关于社会主义社会将不存在商品生产和商品交换的构想在实践中继续不断地受到检验。20世纪50年代以后，高度集中的传统计划经济模式的弊病日益显露出来，社会主义各国陆续开始走上改革的道路，对于社会主义经济性质的理论认识也逐步深化。可以这样说，发展商品货币关系是当今世界上各个社会主义国家进行经济改革中面临的共同课题。南斯拉夫如此，匈牙利如此，苏联也同样如此。尽管各个国家的经济体制改革按照各自选择的方向发展，他们对社会主义经济中商品货币关系的理论概括，也有差别，但他们的共同特点正是在不同程度上承认与发展社会主义的商品经济。

我们中国对于社会主义条件下搞商品经济的问题，也经历了曲折的历程。建国之初多种经济成分并存，搞商品经济是很自然的事情。斯大林的《苏联社会主义经济问题》这本书出来后，我们学习这一理论并且按照苏联的模式建设我们的经济。1956年提出"双百"方针后，对于商品经济的讨论活跃过一阵子。但接着是反右派和大跃进、公社化，"共产风"刮了起来，商品经济消亡论流行。那时候毛泽东同志指出，我国商品生产还很落后，还要大发展，商品不限于个人消费品，有些生产资料也属于商品，在完全社会主义的全民所有制中，有些地方仍要通过商品来交换；他还指出价值规律"是一个伟大的学校，只有利用它，才有可能教会我们的几千万干部和几万万人民，才有可能建设我们的社会主义和共产主义。否则一切都不可能"。可惜这些正确的思想并未很好地贯彻在实践中。毛泽东同志晚年，出现了理论上的倒退，认为社会主义社会商品制度和货币交换跟旧社会没有多少差别，只能在无产阶级专政下加以限制。在"文化大革命"中，"四人帮"别有用心地把商品生产和资本主义等同起来，借口"堵资本主义的路"，到处"割私有制的尾巴"，实际上是竭力限制商品货币关系和价值规律的作用，商品经济的发展自然更加困难了。

这种状况，直到党的十一届三中全会以后才开始根本扭转。我国的经济体制改革是从农村开始的，传统的排斥商品货币关系的经济体制首先是在农业上被突破的。但是在开头一段时间里理论界一般只是提发展商品生产和商品交换,却讳言发展商品经济。理论界对于商品经济是不是社会主义经济的属性问题,对于计划与市场的关系问题,前几年认识上有较大的反复。有的同志曾经认为,在我国,尽管还存在着商品生产和商品交换,但是决不能把我们的经济概括为商品经济。如果作这样的概括,那就会模糊有计划发展的社会主义经济和无政府状态的资本主义经济之间的界线,模糊社会主义经济和资本主义经济的本质区别。这种看法实际上仍然把商品经济等同于资本主义经济。与此同时,人们认为只有指令性计划才是计划经济的基本标志,而把扩大引用市场机制的指导性计划的主张,看成是削弱计划经济、削弱社会主义公有制的观点。这些说法,都还是没有跳出把商品经济同计划经济对立起来的老框框。这个重大理论问题的答案,直到党的十二届三中全会,才作出明确的科学的结论。《中共中央关于经济体制改革的决定》确认社会主义经济是有计划的商品经济,从而在理论上突破了传统经济思想的束缚。这一认识发展是很不容易得来的,说明我们在社会主义条件下搞商品经济,的确是马克思主义的新问题,不能够从马克思主义经典著作中找到现成答案,而必须通过实践进行不断的探索才能得到解决。

(二) 商品经济是社会经济发展不可逾越的阶段

《中共中央关于经济体制改革的决定》指出:"商品经济的充分发展是社会经济发展的不可逾越的阶段,是实现我国经济现代化的必要条件。"为什么对于社会主义经济来说,商品经济也是社会经济发展不可逾越的阶段呢?

社会主义经济必然具有商品经济的属性。这是因为,一方面,这里存在着广泛的社会分工,这是商品经济存在和发展的一般前提条件。另一方面,在社会主义社会,不仅还存在公有制的不同形式，存在以公有制为主体的多种所有制形式，它们之间需要通过商品交换来建立彼此的经济联系；而且在全民所有制经济内部，由于个别劳动和社会劳动的差别还存在，由于劳动还主要是人们的谋生手段，社会还要承认不同劳动者的能力是"天然特权"，因此，人与人之间、企业与企业之间，仍然存在根本利益一致前提下的经济利益差别，这种经济利益的差别和矛盾，不可能把整个社会经济的运行当作一个辛迪加、一个大工厂来对待，而必须按等价交换的商品经济原则来调节，从而必然存在商品货币关系。

理论界有人认为，用利益差别来论证社会主义商品关系存在的客观必然性，不符合马克思主义经典著作对商品关系的解释。的确，马克思主义经典著作反复讲过，商品首先是私人生产品，私有制一旦消灭，商品关系将不复存在这些话。但是，商品关系并非起源于私有制，这一点马克思早就讲过，只不过以往我们对这些论述没有引起足够的注意，甚至被人们遗忘了。例如，马克思在《资本论》第一卷开头就说过，商品关系体现的是在经济上"彼此当作外人看待的关系"[①]。在古代，"商品交换是在共同体的尽头，在它们与别的共同体或其成员接触的地方开始的。"[②]显然，当时并未出现私有制，商品关系最早是在两个原始共同体之间交换产品时发生的，他们各自用自己的产品去交换对方的产品。可见，只要存在经济上的你我界限，彼此当作外人看待，就存在商品关系的根源。这种分析，是符合马克思的原意的。因此，用利益差别来说明社会主义商品关系存在的必然性，是符合马克思主义经典作家论述的精神的。

---

① 《马克思恩格斯全集》第23卷，第105页。
② 同上书，第106页。

发展商品经济，对于像我们这样一个原来经济不发达的社会主义国家，十分重要。发展商品经济将在如下几个方面对我国社会主义经济的发展起重大的促进作用。

第一，增强价值观念，讲求经济效益。在商品关系中，价值是评价各项经济活动效果的社会的共同尺度。不同企业生产的同种（同度同量）产品，不管你的个别劳动消耗是多是少，社会都用同一的社会必要劳动进行评价。商品经济的基本规律——价值规律，是优胜劣汰的天然评判者。这就使它成为一种无声的力量，督促着每一个企业努力节约活劳动和物化劳动，促进技术进步和社会劳动生产率的提高。

第二，增强人们的市场观念和顾客观念。商品是为市场、为顾客而生产的，发展商品生产，就要求每个企业都按照市场的需要生产，如果产品不适销对路，商品就卖不出去，它的价值就不能实现。所以这种机制，能够促进产需衔接，有助于在社会生产和社会消费之间建立紧密的联系。

第三，社会主义商品经济的发展，还将冲破自然经济的种种束缚，打破条条块块的分割和封锁，促进社会分工的专业化、协作化的发展，促进劳动和生产的社会化。所有这些，将有力地推动我国社会生产力的发展，加速现代化的进程。

（三）发展商品经济不是发展资本主义

我国进行经济体制改革，发展商品经济，引起了国内外各种各样的议论和猜测。在国内，有些好心的同志担心会走上资本主义道路；在国外，有些朋友也存在一些疑虑和误解；有些人士则希望中国沿着资本主义方向进行改革。香港一位教授发表文章说，中国经济体制改革的结果将是渐渐地靠近资本主义；美国国务院一份题为《改革后的大陆中国经济展望》的参考文件认为，改革对中国现代化确有好处，要使改革真起作用，就必须冲破现有种种限制，"更坚定地沿资本主义方向前进"。

其所以会有此类议论，对大多数人就其认识论的根源来说，是因为人类历史上有过的商品经济，都是建立在私有制经济基础上的商品经济，以致使人们误以为发展商品经济就要发展私有经济。与此相对应的，则是在相当长的时间里，我们曾强调社会主义是一大二公，越"大"越"公"越好，不断搞所有制的"升级"，不断割资本主义私有制"尾巴"。结果使所有制形式越来越单一化，而商品经济也越来越受到限制。这两种认识看来似乎差异很大，而实际上都是没有看到发展商品经济可以建立在公有制基础上。他们都是把发展商品经济和发展私人资本主义经济当作是一回事，并把壮大公有经济和限制商品经济当作内在的必然联系。其实，马克思早就说过："商品生产和商品流通是极不相同的生产方式都具有的现象，尽管它们在范围和作用方面各不相同。"[①] 商品关系不等于资本主义，它产生在原始社会末期，远远先于资本主义而存在，在资本主义之后的社会主义仍将长期存在。所以，发展商品经济，并不等于发展资本主义。

在我国，现时存在着多种所有制，因而存在着多种性质的商品经济，但居主导地位的是社会主义商品经济。社会主义的商品经济不同于资本主义的商品经济，它有哪些特点呢？首先，这种商品经济是建立在公有制基础上的，这是社会主义商品经济的最根本的特点。事实也正是这样，这几年通过所有制结构的改革，个体经济以及集体经济的个体经营形式有了很大的发展，从这当中逐渐分离出来的很少数资金较大、雇工较多，带有资本主义性质的私人企业只是极少数。另外，随着对外开放，还发展了一些

---

① 《马克思恩格斯全集》第23卷，第133页。

外资企业，也是受我们国家管理和控制的。虽然非公有制经济有了一定程度的发展，但是从总体来看，全民所有制和集体所有制之外的非公有制经济在整个国民经济中所占的比例（据1984年统计，在工业总产值中，不到2%；在社会商品零售总额中，不到15%）还并不是很大，而且其中绝大部分是自食其力，靠自己劳动为生的。因此，非公有制经济是在公有制占绝对优势的条件下活动的，所有制结构的多样化必须坚持公有制为主体的社会主义方向。那种认为经济改革和发展商品经济的方向就是使原来的公有经济私有化，使集体经济个体化的看法，是没有根据的。

社会主义商品经济的第二个特点是，它是有计划有控制的，而不像资本主义商品经济那样基本上是无政府状态的。商品经济就其本性来说有其盲目性，容易发生波动，从而带来社会劳动的浪费。资本主义国家虽然对经济进行干预，然而由于私有制的存在，难以从根本上克服市场经济的盲目和无政府状态。以公有制为基础的社会主义国家，可以制订发展国民经济计划，作为协调和控制整个宏观经济的依据。

当然，我们必须实事求是地认识到，在存在着商品经济的条件下，我们的国民经济计划就总体来说只能是粗线条的和有弹性的，而不可能是无所不包的和僵死的，因为那只能是官僚主义的空想。在计划的指导、调节和行政的管理下，我们就可以避免和大大减轻商品经济的盲目性和自发波动，使各项经济活动符合社会的整体利益和总的发展战略目标。

社会主义商品经济的第三个特点在于实行等量劳动和等价交换相结合的原则，走共同富裕的道路。发展商品关系，不但意味着承认经济差别，而且会扩大经济差别，这是支配商品生产的价值规律发生作用的必然结果。发展社会主义商品经济，必然使一部分人先富起来。我们不能通过限制商品经济的发展来限制经济差别的扩大,而要在坚持建立统一市场、平等竞争的原则、发挥价值规律优胜劣汰作用的同时,采取适当的影响收入分配的政策,特别是工资政策、税收政策等,来对不同企业、部门、地区劳动者的收入水平,进行适当的调节,既承认差别,又要使收入差别控制在适当的范围内,达到共同富裕的目的。这样才能充分调动全国劳动人民的积极性,使社会主义商品经济能够健康地发展。

总之,社会主义商品经济的发展,并不会像有些人担心、有些人指望的那样,恢复私有制,走向资本主义,而将有力地推动社会主义现代化的进程。

为了更好地实现社会主义现代化的任务,我们要学习一切有利于发展社会主义商品经济的知识、包括西方发达国家管理经济的经验。有人说,向西方学习,就是学资本主义。我认为,不能笼统这样说。我们要学的是适用于社会化大生产和发达的商品经济的知识和经验,而社会化大生产和商品经济并非资本主义所专有,他们的管理知识和经验当然亦可以为发展社会主义社会化大生产和商品经济所借鉴。对于许多有利于发展社会主义商品经济的值得我们借鉴的经验,我们不能故步自封,拒绝接受;不应怕其中有资本主义的糟粕而因噎废食。有选择地、批判地学习发达资本主义国家管理经济的一些经验和方法,不等于学习资本主义,而是为了促进我国商品经济的发展,使之沿着社会主义的轨道前进。

二　发展商品经济与改革经济体制的关系

(一)　发展商品经济必须进行经济体制改革

新中国成立三十多年来,商品经济得不到应有的发展,这是因为传统的经济体制严重地阻碍和限制了商品经济的发展。这种传统经济体制是一种高度集中的排斥市场机制的计划经济体制。它具有以下特点：（1）经济成分和所有制形式日益单一化；（2）经济决策权力高度集中于国家机构手中，企业的经营活动主要听命于上级领导机构；（3）经济活动的调节主要依靠直接的行政手段，由行政机构对企业下达指令性投入产出指标来进行；（4）在收入分配上实行企业吃国家的"大锅饭"和职工吃企业的"大锅饭"的平均主义制度；（5）在组织结构上政企职责不分，纵向隶属关系为主，部门、地方、企业都追求自成体系，形成了分割化和封闭化的组织结构。

这样的经济体制从三个方面阻碍了商品经济的发展。（1）企业等基本生产单位没有独立的经济利益，不负盈亏，不是相对独立的商品生产者。（2）市场机制受到很大的限制。由于否认生产资料是商品，商品市场也残缺不全，更不存在资金、劳动等生产要素的市场，不尊重价值规律的作用，价格严重扭曲，基本上不存在市场对经济的协调。（3）国家对生产经营进行直接管理，不仅国营企业的生产和交换要按指令性计划进行，城乡集体经济的绝大部分生产经营也都纳入统购包销的系列，条块分割切断了商品经济固有的横向经济联系。

对于传统经济体制模式的指导思想是什么，理论界有不同看法。有的同志认为是产品经济论，有的同志则认为是自然经济论。所谓产品经济论就是指马克思和恩格斯曾经预言的社会主义革命胜利后，商品货币关系将会消亡，社会将实行直接的资源分配、劳动分配和产品分配的思想，按照这种指导思想建立起来的旧经济体制就属于产品经济的计划经济模式。所谓自然经济论简单地说就是不要商品交换的、自给自足的、封闭自守的思想，按照这种思想建立起来的旧经济体制就属于自然经济性质的计划经济模式,如孙冶方同志所指出的,把社会主义经济"看作是像原始共产主义社会一样的实物经济",只不过"一个统一集中的计划机关代替了原始部落经济中的首脑,领导着全社会的经济活动"。① 这两种思想就其排斥商品货币关系、排斥流通来说,是一致的;但产品经济论的原意,是要在未来产品极大丰富的条件下才有可能实现,对现在来说带有空想的成分,而自然经济论则是过去长时期经济落后闭塞的产物,带有浓厚的封建色彩。对于我国传统经济体制来说,产品经济论和自然经济论两方面的思想影响都有,但自然经济思想的影响更为严重。从我国的实际情况看,自然经济延续了几千年,鸦片战争的炮声虽然冲击了自然经济,但是商品经济发展缓慢,自给半自给经济根深蒂固,自然经济观念仍在顽强地束缚着人们的经济行为。我国的经济体制中条块分割、自成体系,追求"小而全"、"大而全",以及因循保守,闭关锁国,缺乏时间观念和价值观念,讳言盈利,害怕竞争,所有这些都正是自给自足的自然经济思想的影响和表现;许多单位都办成了把生老病死、吃喝拉撒、文教政法全管起来的小社会,颇有庄园式的自然经济的味道。我国革命战争时期在被分割的革命根据地里实行过的战时共产主义的供给制,曾经在艰苦的斗争环境里起到了重要作用,而今天财政经济管理中吃"大锅饭"、捧"铁饭碗"等,正带有某些供给制因素,它也是自然经济条件下的反映。当然,马克思和恩格斯关于未来社会直接管理产品生产与产品分配,和列宁关于把整个社会经济当作一个大工厂、一个辛迪加来管理的观念的传入和被误解接受,也给我们过去以自然经济思想为主导的传统经济体制,披上产品经济论的外衣。总之,传统经济体制有产品经济论的影响,这主要是从书

---

① 孙冶方:《社会主义经济的若干理论问题》,第60页。

本和概念上来的；又有自然经济论的影响，这是在实际生活中的表现。它不承认商品经济，具有"无流通论"的特征，用产品分配代替商品流通，传统体制的许多弊病都是从这个特征中产生的。

我国在党的十一届三中全会前的近30年的长时间里，经济体制曾有过这样或者那样的演变，但是，借产品经济论面貌出现的自然经济思想始终笼罩着经济运行的各个方面，它排斥分工、市场、竞争，使得商品经济发展不起来，使本来应当生机勃勃的社会主义经济日益僵化，不能充分发挥其应有的优越性。所以，不冲破自然经济论的思想束缚，不进行经济体制改革，商品经济是发展不起来的。

（二）进行经济体制改革必须遵循发展商品经济的要求

我们进行经济体制改革有一个向哪一方向使劲、改向何处的问题，也就是人们常说的经济体制改革的目标模式问题。关于这个问题，人们历来有不同的见解，比如对于我国的经济体制改革，应当是局部性的修补改良，或者应当是根本性的模式改造？应当保留指令性计划为主还是要以指导性计划为主等问题，过去都曾有过不同看法。党的十二届三中全会关于经济体制改革的决定出来后，大家的意见统一到社会主义经济是有计划的商品经济，应当按照有计划的商品经济的方向进行改革这一点上。但是，对于究竟什么是有计划的商品经济，人们的理解还是有不少的差异，有的强调"商品经济"一面，有的强调"有计划"的一面。比如北京大学一位教授，最近在一篇文章中讲，"改革的基本思路是社会主义经济首先是商品经济，然后才是有计划发展的商品经济"，重点放在商品经济上。而人民大学一位教授在最近一篇文章中则强调"计划经济或计划调节，应始终在社会主义经济中占主导地位"，"社会主义经济只要实行公有制和计划经济，以计划调节为主导，则无论怎样发挥市场机制的作用，都不会向资本主义靠拢"，把重点放在计划经济这一面。强调的重点不同，改革的目标模式也会有差异。有的在目标模式的设想中强调市场的间接协调，有的则强调政府的间接协调。在国际上对于社会主义国家经济体制改革的构想，也存在着类似的认识分歧。比如匈牙利的改革，目前已形成间接的行政协调为主的模式，有的经济学者满足于这种模式，认为只要进一步完善就行；但也有的经济学者如科尔奈，则认为必须将现有的间接行政协调的模式进一步改革为有宏观控制的市场协调模式。这类认识上的分歧是很自然的、正常的，只有通过百家争鸣才能推动认识的提高。要看到在计划经济与商品经济、计划与市场的关系上，绝对地通过计划的行政协调或者完全放任的市场机制，在实际上都不可能做到，因而讨论的实质是在寻觅两个极端之间的比较适宜的结合点，这要根据具体情况作具体分析。在我国，总的说是要为发展社会主义商品经济开辟道路，逐步建立起有计划指导和有宏观控制的市场协调机制。

我们的改革在于为社会主义商品经济发展扫除体制上的障碍，要围绕增强企业作为商品生产者和经营者的活力这一中心环节，创造有利于社会主义商品经济健康发展的外部条件和内在机制。循着这样一条思路，体制改革目标模式的基本要点有以下几个方面：（1）所有制单一化的旧格局不利于发展商品经济，应当向以公有制经济为主体的多种所有制并存，多种经营方式共同发展的新格局使劲，特别是要改变国营大中型企业无权的状况，使企业真正成为相对独立的，自主经营、自负盈亏的社会主义商品生产者和经营者；（2）高度集中的决策结构和父爱式家长式的国家与企业关系，是束缚商品经济发展的桎梏，应当向形成国家、企业和家庭个人各按自己职责范围多层次决策和负责的体系方面转变，国家主要管理宏观经济决策，而微观经济活动应尽可能下放给企业和家庭个人决策；（3）过去实行的指令性计划排斥了市场机制的作用，应缩小其范围，相应扩大指导性计划和市场调节的范围，从直接指挥企业活动转向利用价格、税收、信贷等经济杠杆来调节企业活动，在计划指导下利用市场机制和价值规律的作用来协调经济运行；（4）吃"大锅饭"的平均主义分配是和发展商品经济的要求相背离的，改革需要形成新的国家对企业、企业对职工的分配关系，使收入分配同经济效益、劳动贡献联系起来，真正贯彻多劳多得的原则，使优胜劣汰的竞争开展起来，形成能促进效率提高和技术进步的利益动力体系；（5）行政性分权造成的条块分割、相互封锁，是商品经济发展的严重障碍，简政放权、政企分开，做起来虽然有许多困难，但这个改革目标不能够放弃，这就要根据形成全国统一市场和发展横向经济联系的要求，进行企业的改组与联合，形成纵横交错的网络式的经济组织体系。总起来说，通过以上几个方面的改革，要逐步形成一个把计划与市场、微观搞活与宏观管理、集中与分散有机地恰当地结合起来的新经济机制，并保证不断地再生产出公有制为主体和共同富裕的社会主义生产关系。这样的经济体制将从企业、市场和国家对经济的管理这三个环节促进社会主义商品经济的健康发展。随着企业日益成为真正相对独立的商品生产者和经营者、随着统一市场体系的逐步形成和市场机制的日益完善、随着国家对经济的管理从直接干预企业的生产经营活动逐渐转向在控制宏观总量的条件下利用经济杠杆调节微观经济活动，总之，随着新的充满生机与活力的经济体制的形成和完善，中国社会主义商品经济的发展和社会主义现代化建设将会取得极大的前进。

(三) 新旧两种体制并存的双轨制问题

从旧体制转换到新体制，有两种不同的转换方式，一种是一揽子式的转换，另一种是渐进式的转换。哪一种转换方式为好？这也是国内外经济理论界长期争论的一个问题。当然，一揽子转换方式，有一个全面配套、避免"交通规则错乱"的好处。但是就我国的情况来说，我们没有采取一揽子改革方式，使整个经济体制实行一次性的突变，而是采取了渐进的改革方式，这是考虑了中国地广人众、经济文化相对落后、发展极不平衡等国情特点，还考虑到在经济体制改革过程中要避免利益关系的过猛变动。由于采取了渐进的改革方式，不免有一个由旧体制向新体制转换的过渡过程。在这个过渡时期，新体制方生，旧体制未死，新旧两种体制同时并存，商品经济和非商品经济同时并存，利用市场机制和排斥市场机制同时并存，从而使经济运行出现了错综复杂使人眼花缭乱的现象。

双重体制并存表现在过渡时期经济体制的一切方面，企业机制、市场机制、国家管理机制，无一领域能摆脱双重体制并存的局面。企业有了一部分经营自主权，但它仍被条条块块的各种行政绳索捆住，因而不得不用一只眼睛盯住市场，一只眼睛盯住上级。国家在减少对经济的直接控制的同时，间接的宏观控制手段未能有效启用，因而不得不时而用行政手段时而又搞市场协调。这样就出现了企业行为双重性和国家宏观调控行为的双重性。

在双重经济体制并存现象中，十分引人注目的是生产资料计划内调拨价和计划外议价的双重价格或双轨制价格的现象，这种现象实际上也反映了许多方面的双重体制问题。在计划体制上就存在着计划内产品和计划外产品的双重管理体制，甚至在同一企业里生产同一种产品也有着计划内和计划外的区别；在物资分配方面有统一调拨分配的部分和市场上自行销售部分，形成非市场渠道和市场渠道的双重物资流通体制；在建设投资上，有国家拨款无偿供给的部分，又有部门、地方、企业自筹资金的部分，还有银行贷款的部分，并且从市场筹集资金的形式也正开始发展，这样便形成了纵向和横向的双重投资体制。所以双轨制的内容是很广泛的。生产资料的这种双轨价格体制是双重经济体制最集中的表现。

同种生产资料实行计划内外两种价格，是我国实行渐进式的改革条件下的特殊产物。当然，在物资紧缺、计划价格偏低而又得不到调整的情况下，必然会出现计划外价格。但是，生产资料计划外价格的合法化，从而双轨制价格被肯定下来，则是最近几年的事情。双轨制价格改革的基本思路是：逐步放开国营企业的一部分计划内产品，让其进入市场；用加大计划外比重的办法降低原来比较高的市场价格水平，同时用逐步调整的办法使计划内价格升高，让两种价格接近起来，最后趋于统一。生产资料价格双轨制的实行，利弊都很明显，因此引起了经济学界的激烈争论。主张双轨制价格目前是必要的同志，强调它的以下长处：（1）可以刺激超计划和计划外的生产；（2）可以使计划照顾不到的领域比较易于取得生产资料；（3）计划外高价可以促进节约，抑制低效益的需求；（4）可以通过调整产品的分配调拨部分与市场自由流通部分的比例，控制价格水平，使生产资料的计划分配带有经济调节的色彩等等。反对实行双轨制价格的同志则强调它的以下弊病：（1）易于冲击国家计划，影响国家重点建设项目和重点发展部门的物资保证；（2）易于造成商品流通的紊乱，增加市场管理的难度；（3）破坏了货币作为一般等价物的职能；（4）一物多价使企业核算复杂化，造成企业管理的混乱；（5）计划内外的差价，刺激小企业的发展，保护了落后技术，恶化企业的规模结构和技术结构。此外，计划内外价差过大，还为投机倒把造成可乘之机，于社会风气不利等等。

所以，对于双轨制，既要看到它的积极一面，也要看到它的摩擦的矛盾。前段时间，由于投资饥渴和消费膨胀并发，宏观失控，计划外的需求过于庞大，拉开了牌市价的差距，造成扭曲的低价和扭曲的高价并存，把矛盾激化了，对于双轨制的责难多了起来。今年总需求有所控制，不少紧缺物资的牌市价差距缩小，矛盾又缓和下来。目前改革开始不久，企业活力刚在加强，自我调节和自我控制的机制还没有成熟，侧重于追求局部的和短期的目标，往往会出现这样或者那样的弊端，而这又往往和当时的具体条件有着联系。为此必须认真分析产生弊端的根源，看到事物的积极方面。由于我们不可能一下子从旧体制转换到新体制，实行双轨制有它的客观必然性，这就不能因为存在着摩擦和矛盾，而退回到单一的旧体制去。鉴于双轨制带来的问题很多，有些学者认为必须尽早取消双轨制价格，实行统一价格。1985年9月在长江巴山轮上举行的宏观经济管理的国际讨论会上，许多中外经济学者认为，生产资料双轨制价格可能是中国价格改革的一个创造，但应尽快缩短其存在的时间，使双轨制过渡到单轨制。总之，由于新体制和旧体制之间存在着摩擦和由此带来的种种弊病，两者长期并存是不可能的，这就要求我们积极创造条件，推动旧体制向新体制转换，从而推动从非商品经济向商品经济转换。

三　进一步发展商品经济的几个理论问题

为了进一步推动旧体制向新体制转换，从非商品经济向商品经济转换，有一系列理论问题需要探索。下面简单地讲几个主要问题。

(一) 关于所有制关系改革问题

前面已经讲过，发展社会主义商品经济的一个重要途径是把不利于商品经济发展的所有制单一化的旧格局转向以公有制为主体、多种所有制形式并存的新格局。中国的经济体制改革应当包含两个相互关联方面的改革，一是经济运行机制的改革；一是所有制关系的改革。几年来经济改革的实践已表明，经济运行机制的变革，包括决策结构的调整、市场机制的加强和调控体系的变革等，无不涉及财产关系或所有制关系的变动。所以，理论界一些同志提出，所有制改革是改革的一个关键，是有一定道理的。同样可以说，所有制关系的改革也是进一步发展社会主义商品经济的关键问题之一。

"以公有制为主体，多种所有制形式并存"，不仅仅是一个提法问题，它体现我们改革传统的所有制关系的目标和方向，包含着三个重要含义：第一，在社会主义条件下改革所有制，并不是像有些人想像的那样要改掉公有制，从公有退回到私有，而是要从实际出发，构造适应生产力发展水平、符合商品经济发展需要的新型公有制体系，以便完善和发展公有制。第二，在所有制改革目标模式中，所有制形式不是一种，而是多种，不是彼此隔离，而是互相交织，特别是近几年来，跨越所有制界限的经济联合体和企业群体纷纷出现，开始出现不同所有制的互相渗透和互相融合，这是一个值得注意的新情况。第三，在新型的所有制模式中，允许非公有制形式有一定的发展，但无论怎样，总是以公有制为主体，以国有制为主导。总之，所有制关系的改革既要使所有制结构具有多样化的特性，又要坚持社会主义方向。

那么，如何理解"以公有制为主体"和"以国有制为主导"

呢？理论界有两种观点：一种观点认为，这要看公有制特别是国有制经济在整个经济中是否占最大比重；另一种观点则认为，国有制的主导地位，并不等于它在整个经济中占最大比重，关键要看它是否掌握着国民经济的命脉部门，和能否在发展社会生产力的基础上增强它对其他所有制形式的有机联系和影响，发挥自己的优势。看来，判断公有制是否是主体和国有制是否占主导地位，既要考虑到数量方面，即它们在整个经济中所占比重，更要考虑到它们能否以其质量和效益的优势，在经济联合体中以及在整个国民经济中发挥其牵头和主导作用。

近几年来，由于对集体经济、个体经济等从各方面实行了扶植发展的优惠政策，而对国有企业特别是大中型企业放活的步伐相对较慢，形成了不平等竞争，出现了落后技术挤先进技术，小企业挤大企业，在收入分配中出现了国营不如集体，集体低于个体等不正常现象。这种情况并不是实行多种所有制形式并存必然的结果，而是改革措施不配套造成的。国营企业竞争不过其他经济成分，出路在于改革国营企业的经营管理制度；各种经济成分之间的不平等竞争，需要通过价格改革并通盘考虑调整税收、信贷和其他各项经济政策来解决。至于所有制结构中的数量界限问题，鉴于公有制经济特别是国有成分目前在比重上占压倒地位，非公有制经济所占比重甚微，我们可以不必忙于定出不同所有制之间的合理比例，而应在政策措施上把非国有经济置于与国有企业同等地位，在平等的竞争中考验各自的效益和生命力。这对于目前在数量上占绝对优势的国有经济并不是一个威胁，相反却是促使其加速改革和提高效益的强大动力和压力，从而可以一直保持国有经济在整个经济中的优势地位。

对非公有制成分的发展，理论界争论较大的是雇工经营问题。目前雇工经营在全国农村经济中所占比重还小，雇工户占农户的 1% 左右，雇工人数占农村总劳动力的 2%—3%，超过 7 个雇工的户数占雇工户总数的 25%，其中出现了少数资产超过 5 万、10 万元以上，雇工人数超过 20、50、100 人的。绝大多数同志认为，雇工经营是发展商品经济的必然产物，目前它有利于我国社会生产力的发展，应允许存在，并加强管理。但对雇工经营性质的认识有很大分歧，基本上可以概括为两种意见。一种意见是根据马克思的剩余价值理论，认为雇工经营属于带有资本主义剥削的私人企业，应同家庭劳动基础上雇请少数几个帮工的个体经济区别开来；主张公开地明确地承认私人企业的合法地位，承认它同个体经济一样是社会主义经济的必要补充，以便于进行分类管理。持这种意见的同志认为，在目前的中国有一点资本主义企业并不可怕，可怕的是人为地割资本主义"尾巴"，或者把资本主义的东西当作社会主义的东西来推崇。另一种意见则认为，不能套用马克思一百多年前的理论来说明我国目前的雇工经营，在社会主义经济包围之下，现在农村雇工企业的资金只要处于经营之中运动之中，它就事实上属于社会所有，社会将来还可以立法规定雇主把经营所得的绝大部分转入投资，这样就赋予雇主以积累职能，转化为积累的收入不能算作剥削收入。因此，他们认为农村雇工经营是没有剥削的非资本主义经济。雇工不应称为雇工，应改称招工，雇主也不应称为雇主，而应称为经营者。杜润生同志不久前有一个说法看来比较合适，就是说雇工经营有可塑性，带有资本主义，又不等于资本主义。当然这是就中国当前的情况来说的。现在社会上议论较多、反感较大的是利用职权和钻我们管理制度上的漏洞而迅速暴富起来的极少数雇工大户。有的同志担心，允许存在雇工大户会引起两极分化。当然，只要发展商品经济，雇工大户的产生也是难免的。而其存在和某种程度的发展可以影响周围的个体经济户的行为，促使他们把收入更多地转入投资而不是用于消费从而有利于社会生产力的发展。同时，我们的商品经济是以公有制为主体的有计划的商品经济，国家掌握着重要的经济命脉和宏观管理手段，有能力对雇工经营进行调节和管理，担心两极分化是不必要的。对雇工大户，也要作具体的调查分析，找出一个收入调节参数，通过税收和加强工商管理手段，进行干预，做到收益分配的合理化和企业行为的合理化。同时，要在总结实践经验的基础上，探索把私营经济引导到合作经营或者国家参股的股份经济的途径，逐步纳入有计划的商品经济的轨道。这些问题，都有待经济理论界和实际工作者通力合作，共同研究加以解决。

在整个所有制关系的改革中，国家所有制应当是今后改革的一个重点。这是因为，国有经济在整个经济中要发挥主导作用，而国有企业放活的改革目前远不如非国有经济成分。国有制经济改革的难点不在于为数众多的适合于分散经营的小型企业。一些社会主义国家经济改革的实践表明，对一部分条件适合的国有制小型企业"包、租、卖"，即承包、租赁和出售给劳动者集体和个人经营，不仅对于整个经济的运行，而且对于这些企业本身的经营来讲，都是既可行、又有益的。

国家所有制经济改革的真正难点，在于企业个数虽然不多，但占资产和产值比重很大的大中型企业。它们直接反映和影响整个经济运行的活力和效率，从20世纪50年代后期到改革前，它们愈益走向僵化，其基本特征是：政企不分、效率低、有增长而无发展、"大锅饭"严重。为了搞活大中型国有企业，使其成为相对独立的商品生产者和经营者，理论界和实际工作同志进行了认真探索。概括起来，大体有如下几种设想和做法：

第一类是，从强化物质利益刺激着手进行改革。前几年，我们先从奖金、工资、管理决策权力和企业领导体制方面着手作了一些改革，这对于打破职工吃企业的"大锅饭"、提高劳动积极性起了积极作用，但没有真正解决企业吃国家的"大锅饭"问题，企业运用国家下放的权力，利用种种名目给企业职工发钱发实物，想方设法增大职工在短期内的收益，结果出现了奖金膨胀。这就表明，单从利益刺激着手改革大中型国有企业，是行不通的。

这几年在实践中还试行了"企业留利递增包干"和"利改税"等办法来改变国家同企业的关系。这种办法基本是要使国家在生产、交换和分配上不对企业进行直接干预，可以解决企业短期内的活力问题。但是，由于价格体系不合理以及企业生产条件不均衡，这些办法只对那些条件好、价格上占优势的企业有利，而对那些条件不好、价格上占劣势的企业不利。同时由于单纯的对产出和收益的驱动，加上没有投资风险感，企业总想扩大投入，不能解决企业投资饥饿和投资膨胀的问题；而且企业只负盈不负亏，只注意短期行为，不注意长期行为，仍然是吃国家的"大锅饭"。

第二类设想是，主张从根本上放弃国家占有，使原来的国有企业的生产资料由某些社会集团来掌握和控制，实行社会占有或实际上的集团所有或企业集体所有，以实现劳动者和生产资料在生产单位的直接结合，充分发挥劳动者的主人翁积极性。但有的同志根据南斯拉夫的情况，认为社会占有或集团占有问题很多，难以在我国推行。

第三类设想是实行所有权同经营权的分离，这又有几种不同的做法：

（1）主张建立资产经营责任制，即在不改变资产的国家所有权的前提下，通过重新评估企业占有资产的价值，重新规定考核企业经营成果的指标，确定国家与企业分利的统一比例，同时，让企业拥有充分的资产使用权，自主决定企业资产更新、配置及使用方向。实行这种主张的最大难度是资产评估问题，因为面对成千上万个企业很难用一个合理的尺度来评估复杂多样的资产价值，不合理的评估不仅解决不好国家与企业的关系，而且会引起企业间利益分配的不均等。不过，资产的评估是在国家和企业之间建立财产制约关系难以回避的问题，对此还需要进一步的实践、探索。

（2）实行股份化。这也是当前理论界热烈争论的一个问题。近几年来，各种类型的集资合股联营等股份经济雏形的出现，和少数企业中让职工购置少量股票的试验，给人们以启示，是否可把股份制作为所有制结构中的一种重要形式。但有些同志不赞成实行股份化，把股份制经济同资本主义国家股票交易所中的买空卖空投机倒把活动等同起来，认为股份制是资本主义的东西。

我倾向于赞成股份所有制的设想。股份制和资本主义没有必然联系。马克思在《资本论》中曾把资本主义经济中的股份制当作建立社会主义公有制的一个前提来论述。我们完全可以探索出社会主义股份所有制道路。股份制不仅适用于合作经济和跨越所有制界限的合资、联营经济，而且也可以作为国有制企业改革的一个重要途径。一般说来，在我国实行股份经济，有以下几点好处：（1）所有制关系可以具体化，改变过去全民所有制企业那种谁都是所有者但谁都对企业资产不负责任的状态；（2）在企业的所有者、经营者和生产者之间建立起互相制约的关系，促使企业经营行为的合理化；（3）可以筹集社会上的闲置资金，促进资金横向流动和资金价格的形成，从而有助于抑制投资膨胀，并有利于社会资源配置的优化；（4）企业职工购买本企业的一部分股票，能够使职工关心改进企业的生产经营活动。

严格地说，股份制仅仅是所有制关系的外部形式。同样是股份经济，其主要股份是掌握在国家手中，还是集团手中或者个人手中，它的所有制内涵截然不同。如果国有企业股份化的方向是以个人股份为主体，股票的大头归个人所有，那么这会从根本上使公有制占主导的目标落空。而且，国营企业几千亿资产由个人收入认股吸收，目前事实上是做不到的。将来即使能做到，也可能因股票集中在少数人手中而产生食利者阶层，这也是不符合我国的社会性质的。因此，股票主要由个人掌握是不合适的。

另一种设想是国有企业股份化的方向以企业股份为主体，股票的大头由企业集团所有。企业购股很有潜力，特别是随着企业留利的增大，这种潜力越来越大。但是，如果把现有国有企业资产转化为企业集团化的资产，其中也包括企业间的相互投资，就会发生一个问题，即对新参加企业职工的劳动报酬和财产权利是否等同于原有职工的问题，如果等同，那就事实上与全民所有没有区别；如果歧视，就会造成企业内部集团的分裂。这种做法不仅阻碍劳动力的合理流动，而且也排斥资金的横向流动。所以，以企业集团为主体的股份制，也是不理想的。

这样看来，国有企业股份化的方向，仍应以国家股份为主体，由国家掌握股票的大头，在法律上保持对大部分生产资料的所有权，国家股东通过其在董事会中的代表，参与企业的主要决策，保证国家作为资产所有者的利益，而不干预企业的具体经营，具体经营交给企业经理人员负责，让他们以有偿的形式占用企业的生产资料。问题在于：国家并不是一个抽象的单位，应该由哪种机构来代表国家持股，行使资金所有者的职能？是行政性的专业部门？还是综合性的职能部门？还是企业性的金融机构？还是专门成立一个国家财产部来管？这个问题，要本着一方面防止对企业经营的行政干预，一方面又能切实保证国家资产所有者的利益的原则来解决，这有待继续从理论上进行探讨，并在实践中进行试验。

(二) 关于建立和完善社会主义市场体系的问题

进一步发展社会主义商品市场，逐步完善市场体系，是"七五"期间三大改革任务之一，也是发展商品经济不可缺少的基础条件。市场是商品经济的范畴。列宁说："哪里有社会分工和商品生产，哪里就有市场。"[①] 市场随着商品生产和交换的发展逐步扩大，同时又促进商品货币关系的发展。

对于社会主义商品关系和市场体系的理论认识的发展，大致可以分为三个阶段：最初，人们只承认社会产品中的消费品部分是商品。价值规律的"调节"作用，只发生在消费品的交换中，对生产只起影响作用，只具有核算的职能。因此，理论上就认为市场主要存在于消费品的交换中。当然，从20世纪50年代中期起，我国理论界就有人写文章论证生产资料也是商品，但是这种意见长期以来不占上风。第二阶段从社会主义经济的内在属性论证社会主义经济中存在商品生产和商品交换，确认成为商品的不仅是消费资料，而且包括生产资料，价值规律不仅调节消费资料的生产和交换，而且调节生产资料的生产和交换，从而提出要完善和发展商品市场。在这个阶段，有些同志仍然坚持生产资料不是商品的观点，但随着经济改革的深化，生产资料价格双轨制的出现，实践中生产资料的商品属性愈加明显，"生产资料是商品"成为绝大多数理论工作者的共同认识。第三阶段，在明确了社会主义经济是有计划的商品经济后，提出社会主义统一市场体系的思想，确认市场规律不仅作用于货物（生产资料和消费资料）的生产和交换，而且作用于资金、劳动力、技术和信息服务等的交换中。就是说，社会主义的市场，不仅包括商品市

---

① 《列宁全集》第1卷，第83页。

场,而且应当包括资金、劳动、技术、信息等生产要素的市场,形成统一的市场体系。这一认识,基本上是在十二届三中全会之后形成的,目前还在继续研究和探索之中。

为什么发展社会主义商品经济必须建立和完善社会主义市场体系?首先,从经济运行的统一性来看,如果产品的生产和流通按照商品经济的原则来组织,而资金、劳动、技术和信息等生产要素的配置完全按计划安排,按纵向分配,那么企业作为商品生产者和经营者在选择生产要素投入方面的自主权将受到很大限制,而在调节体系方面就会出现彼此独立的两块:一块是受市场调节的商品市场,一块是由计划调节的生产要素的分配。这种板块结构,割裂了商品生产和生产要素流动之间的内在联系。其次,在发达的商品经济中,生产要素的直接分配很难实现资源的有效配置,这是国内外社会主义实践所证明了的。虽然在社会主义条件下,某些生产要素还不是完全意义上的商品,但可以利用商品形式,借助市场机制按照价格的变化,确定生产要素的流向,这样才可能实现资源配置的优化。总之,市场体系的形成有利于经济的协调运行,有利于资源的有效配置,有利于利益结构的灵活调整,从而有利于社会主义经济的稳定增长。

关于商品市场特别是生产资料是不是商品,进入不进入市场的问题,过去介绍的比较多,下面就着重讲讲对资金、劳动、土地等生产要素市场的一些理论认识问题:

关于建立资金市场(或金融市场)。这是争论较少的问题。因为,随着经济体制改革的进展,企业财权扩大,由企业掌握的资金有了很大增加;城乡劳动者收入增多,有了较多的余钱;而国家财政集中的资金相对减少,单靠财政纵向拨款满足不了现代化建设的巨额资金需要。人们提出开放资金市场,以便更好地筹集和利用社会资金,而跨地区、跨部门的横向经济联合的发展,很自然地会带来资金的横向流动,这股势头是不可阻挡的。不过在开放资金市场的具体做法上,人们仍然存在着不同的认识。

1. 是否允许多种融资渠道同时并存,何者为主?目前,金融市场上存在着多种融资渠道:(1)国家银行系统(包括农村信用社和各种投资公司、保险公司在内);(2)以企业集资为主的各种社会融资;(3)企业之间的商业信用;(4)私人金融组织,如私人钱庄、温州地区的"摇会"等。近年来,随着经济体制改革和商品经济的发展,非国家银行系统的各种金融组织发展很快,尤其去年紧缩信贷之后,民间资金市场很活跃。鉴于这种情况,有的同志认为,发展金融市场主要依靠扩大银行的经营业务范围,由银行担当起组织横向资金流动的任务。对于各种民间融资渠道,要加以适当的限制,防止民间金融的盲目发展,出现民间金融组织与国家银行系统争存款的现象,以保持国家银行作为宏观调节机构的有效性。由于银行是高盈利的货币经营单位,不应允许成立私人金融组织。有的同志则认为,应该允许资金市场中多种经济成分并存,中央银行对国有、集体和其他民间金融组织一视同仁,在加强监督的同时,鼓励各种金融组织竞争发展。通过不同融资渠道之间的竞争,促使国有银行系统的改革,以发展国有银行的主导作用,逐步实现专业银行的企业化经营。

现在看来,多种融资渠道并存符合社会主义条件下多种经济成分并存的要求,不能简单地用行政办法加以限制,而要在银行法的基础上,加快金融体制改革,强化中央银行的职能,灵活有效地利用存款准备金制度和利率等手段,例如逐步实行浮动利率,这样既能增强银行的活力,又能引导社会集资、商业信用和民间信用的正常发展,以更好地符合商品经济发展的要求。

2. 资金融通手段的选择。资金融通手段主要包括银行存放款业务、商业票据、债券和股票的发行和交易。资金市场也可以根据融资手段的不同而区分为短期资金市场（或货币市场）和长期资金市场（或资本市场）。目前，银行信用是主要的融资手段，债券和股票的发行还处于初始阶段，股票交易还没有出现。国内外学者根据金融市场发展的历史规律，建议先搞短期资金市场，后发展长期资金市场；而在长期资金市场方面，先发展债券和股票的发行，再开放债券和股票的流通。我国金融业的发展还处于不发达阶段，债券股票的流通市场风险较大，问题比较复杂，这些意见有一定的参考价值。我们应该根据中国的具体实践，发展各种融资手段，作出恰当的选择，推动资金市场的发展。

关于劳动市场。这是争论较多的问题。我国传统经济体制中最僵死的部分是劳动人事制度。长期以来，劳动就业统调统配，劳动者缺乏选择职业的自主权，企业缺乏聘任和解雇职工的权力，劳动力基本上处于不流动状态，劳动效率难以提高。和苏联及大多数东欧国家相比，我们"铁饭碗"、"大锅饭"的现象更严重。如何改革劳动管理体制，在劳动就业制度中，引进市场机制，促进劳动力的合理流动，成为一个比较重要的理论与实践问题。但是，在这个问题上存在着不同的观点。一种观点认为，在社会主义条件下，不存在也不应该存在劳动市场，不能把劳动者与企业之间的自由选择和劳动力的合理流动称之为市场。另一种观点则认为，开放劳动市场是改革统包统配的劳动制度的必然趋势，是完善社会主义市场体系的一个重要组成部分，是社会主义有计划商品经济发展的客观要求。上述两种意见争论的焦点是社会主义条件下的劳动力是否具有商品性质的问题。

有些同志认为，一般地说社会主义条件下劳动力是商品，是不妥当的。因为，从总体上分析，社会主义社会的全体成员既是劳动者又是公有生产资料的共同所有者，这里不存在资本主义社会那样财产占有和劳动相分离的情况，劳动者一般不会把自己的劳动力让给不劳而获的单纯占有者。即使劳动力有个人所有或部分个人所有的性质，劳动力仍然不是商品，也不存在劳动力的买卖，根本原因在于社会主义工资不是劳动力的价格，它不随劳动力供需变化而变动，工资体现的是按劳分配关系。所以，社会主义不存在劳动力市场，这不单纯是用词问题，而是反映我们不存在劳动力价格，劳动力并不是商品的经济关系。但是，社会主义一般消除了劳动者和占有者之间的劳动力买卖现象，并不意味着劳动力不能流动了。苏联和东欧一些国家的劳动力流动比较自由，约束很少，但在他们那里，劳动力在理论上也不叫做商品，当然这并不排斥劳动力分配采取市场方法。这也就是说，劳动力虽然不是商品，但其分配流通可以采取商品化的形式和方法。

另有一些同志则主张干脆承认社会主义经济中的劳动力也是商品，认为这并不会改变劳动力的社会主义性质，它并不等同于资本主义制度下的雇佣劳动。劳动力是商品主要包括两重含义：第一，劳动力只有通过与工资交换才能和生产资料相结合。在社会主义条件下，劳动力进入生产过程也是通过生产资料所有者或使用者同劳动者之间的交换来实现的。第二，在劳动还是个人谋生手段的社会主义社会，劳动力的个人所有制是劳动力成为商品的根本原因。劳动者有权支配自己的劳动力，付出劳动力时有权要求获得报酬。资本主义雇佣劳动的性质，不在于劳动力是商品，而在于生产资料的资本家私有制，在于劳动所创造的新价值中一部分归资本家所有。而在社会主义条件下，劳动力虽然是商品，但它创造的新价值，除弥补劳动力价值外，剩下的归全社会所有，归根结底归劳动者自己所有。因此，社会主义劳动的性质并不因劳动力成为商品而有所改变。

关于劳动市场的争论，表明我们要继续深入探讨劳动力是否具有商品属性的问题，这个问题现在理论界讨论得很热烈，但这并不妨碍我们在"七五"期间为促进劳动力合理流动而应进行的劳动人事制度的改革，如推广合同工和聘任制等，并逐步建立社会保障制度。这也是建立劳动市场的基础工作。

关于技术市场。近年来，理论界通过对生产劳动与非生产劳动问题的讨论，对科学技术在社会生产中的重要作用有了进一步的认识，肯定了技术成果是商品，技术产品的交换应采取商品交换的形式。中央在关于科学技术体制改革的决定中提出，要促进技术成果的商品化，开拓技术市场，以适应社会主义商品经济发展的需要。由于技术产品具有无形产品的特殊性，在交换时就要解决技术产品的价格决定问题。这个问题在理论上还没有很好地解决。看来，要使科技产品具有合理的价格，只有让技术产品进入市场，通过市场评估来确定。关于怎样建立技术市场，和如何评估技术产品的价格等问题理论界也有不同的看法，这里就不多谈了。

城市房地产商品化也是完善市场体系的一个重要内容。土地是重要的生产要素，住宅是最基本的生活消费品。而长期以来，城市土地无偿使用，住宅成为福利设施，带来很大的浪费以及许多的问题。

现在，住宅商品化问题在理论上已经没有多大争论，要研究的主要是住宅商品化的实施途径。但对于土地商品化经营问题，目前还有不少争论。

城市土地无偿使用，不仅降低了城市土地资源的使用效率，而且使国家失去了一笔重要的财政收入。城市土地的经济地租中不应当归企业所有而应当归国家所有的部分，成为某些工商企业的收入，造成不同地段企业之间非经营性收入的过大差距。有些单位和居民，通过闲置土地的转让，取得大量的不合理的收入。好地劣用，大地小用，非法占用，非法出租转让国有土地的现象，以及土地"部门所有制"等问题，普遍存在。理论界认为，无偿使用国有土地等于国家放弃了土地所有权，同时也不利于城市土地的有效利用。不少同志认为解决城市土地问题的出路是国有土地的有偿使用和商品化经营。这个思路的主要内容有：（1）为了实现国家对土地的所有权，国家对城市土地征收土地使用费，根据不同的地段，设立不同的收费级差，使一部分地租转为国家的财政收入。（2）土地的使用权可以转让，转让收入除一部分按所得税归国家所有之外，其余可以归使用权的出让者所有。这样就能促进使用权的转让，提高土地使用的效益。但是，对于土地商品化和土地商品化经营的提法，是有不同意见的。争论的焦点在于：土地是不是商品，土地是不是劳动产品，有没有价值。一种意见肯定土地是商品，是投入了人类劳动的劳动产品，因而有价值，持这种意见的同志都理所当然地赞成土地商品化经营的提法。另一种意见则认为，要把作为自然存在的土地本身与人类对土地的开发改造即土地投资区别开来，土地本身并不是劳动产品，没有价值，因而也不是商品。持这种意见的同志，又有两种不同的观点，一种认为土地自身尽管不是商品，但可以利用商品经济规律，按照商品原则，采用商品的形式进行经营。另一种观点认为，不是商品的东西说不上商品化，但是这种观点也承认土地应当是经营的对象，国家可以出租土地或对土地进行开发经营，不过这不能称之为土地商品化经营，因为对出租的土地收取的地租，并不是土地价值的补偿（土地本身没有价值），不是等价交换，而是单独凭土地所有权取得的收入。至于经营开发土地，虽然征收的地租或土地使用税费中包含着开发费用的补偿，但这不是土地本身价值的补偿，而是回收投入土地的资本和获得相应的合理利润,所以这不是土地本身的商品化,而是投入土地的资本的商品化。在这些争论中有一些复杂的理论概念上的问题,这里不去多讲了。但是看来不管持哪种意见和观点,在城市土地是否有偿使用和应否按商品经济价值规律经营这些问题上,各方面基本上都是一致肯定的。

(三) 关于二元经济结构向一元经济结构的转化

所谓"二元经济结构",是当代发展经济学对发展中国家经济发展中的特点的理论分析。它指出发展中国家迅速发展了城市现代工业,然而广大农村中仍旧是自然经济,现代工业和落后农业并存,农业人口大量涌向城市,形成严重的就业问题,出现了城乡对立、工农对立等一系列尖锐的矛盾。在我国,也同样有落后农业和现代工业并存的二元经济结构现象;实现从二元经济结构向一元经济结构即现代化经济结构的转化,是我国商品经济发展的最关重要的问题,也是我国现代化的核心问题,因而对于从我国特点出发如何加速这一转化更需要认真研究。

在社会主义国家里,城乡经济的发展程序,从二元经济结构到一元经济结构的转化,通常实行的是苏联模式。即先从农业中提取城市和工业发展的资金,然后在城市和工业发展的基础上,力图通过对农业的财政补贴、技术援助和吸收农村劳动力的途径,提高农业的集约程度,实现农业现代化,尽管这一模式曾给苏联农民带来过比较艰难的遭遇,结构转换还是取得了显著的进展。苏联农业劳动力占全部劳动力的比重从1960年的42%,降到1980年的14%。同期城市人口从占总人口的49%,提高到63%。

但是在我国,这条路并没有走通。由于农业人口数量十分庞大,也由于我国从1958年以来经济发展经历了曲折,造成工业投资效益低下，致使城市工业的发展，甚至还无法完全满足城市人口自然增长所出现的新就业需求，农村人口向城市转移的难度极大，因此不得不采取比苏联更严格的城乡隔绝政策，用严格的户口管理、不同的收入分配以及统购统销定量供应等办法，把城市和农村隔离开来，避免了农村人口大量涌向城市的矛盾，长期保持了落后农业与现代工业平行发展的格局。在1952—1978年长达26年的时间里，我国农村人口占总人口之比从87.5%降为82.1%，年均下降仅0.25%；农业劳动力占总人口之比只由31.7%降为31.5%，农业劳动力占社会劳动力之比也只是由88%降为76.1%。我国研究发展理论的同志近年来对这种状况作了认真的研究，指出我国出现的这种二元经济结构凝固化的现象，在发展中国家里是罕见的；指出不重视发展农村商品经济，牢守自给自足的自然经济阵地，是农村面貌长期没有改变的重要原因。

党的十一届三中全会以后，我国广大农村不仅在所有制方面冲破了传统的禁区，而且也冲破了农民只能种田不能经商做工搞副业的禁区，推动了农村从自然经济向商品经济的转化。1985年农村多种经营发展，工农业产品的商品率达到63.9%（1978年农副产品商品率只占1/3左右），农村面貌有了较大的改观，农村现代化有了良好的开端。我国理论界的同志总结了这方面的经验，探索了从二元经济结构到一元经济结构的转化中的问题，主要有以下4个问题。

（1）农村经济结构变革和提高社会劳动生产率的关系。由于我国农村人口数量庞大，潜在的过剩劳动力众多，农业劳动者需要转化为非农业劳动者的人数有上亿人，而我国又缺乏足够的资金，因此不得不走投资少用人多的路子，这样就出现了企业小型化、低技术化和劳动生产率降低的趋向，引起了一些同志的担心，认为这将同我国经济发展模式从单纯追逐数量增长转向重视经济效益、从外延型扩大再生产转向内涵型扩大再生产的目标发生矛盾；但也有些同志认为这样做从某些部门、某些行业看可能出现劳动生产率的下降，但是，把转移前农业劳动生产率计算在内，整个社会劳动生产率，仍然是上升的。至于哪一部门采用什么样的技术水平，很难凭想像作出判断，而是通过国内市场和国际市场的竞争来作出抉择。

（2）要不要继续保持城乡隔离发展的政策？对此，人们认为现代化过程中农业人口流入城市，使得大城市出现臃肿的病态，特别是我国农村人口数量大，过多地涌向城市，非城市所能承担，今后主要应采取就地消化就地向非农业劳动转移的途径解决，不赞成让农民进城。但也有一些同志认为，在强调就地消化的同时，也应当看到在现代化过程中人口的城市化是不可阻挡的趋势，我国现在加于户口迁移的重重壁垒的城乡、城城隔离政策，是不得已的政策，在条件允许时应当适当放宽那些对农民进城的限制，允许农民进城经商搞建筑和兴办第三产业，更多地采用经济上的政策手段来调节城乡间人口和劳动力的移动。

（3）对于发展乡村企业、乡镇企业的认识。过去在相当长时间里，人们对原来的社队企业，后来的乡村和乡镇企业，只看作是辅助性的补充农业的经济：一方面把它作为增加农村集体经济收入的补充，另一方面作为国营企业生产经营的助手，把它限制在拾遗补阙、三就四为的范围。担心它发展壮大了会与国营大企业争原料、争市场，过一段时间就限制一下，经过几起几落，直到最近农村经济结构和整个国民经济结构改造的问题提出来以后，人们才逐渐认识乡镇企业在吸纳农村多余劳动力从农业向非农业的转移，实现二元结构向一元结构过渡的重大历史作用，是使农村从自然经济转向商品经济，改变农村面貌的希望所在，从而在理论上加深了发展乡镇企业重要性的认识。

乡镇企业的发展同商品经济的发展是密切不可分割的，它们的活动空间一般是计划之外的市场；长期受自然经济束缚的农民缺乏从事商品生产的经验，因此在乡镇企业的发展过程中，难免存在着某些盲目性和混乱现象。克服这些毛病在于使乡镇企业纳入国民经济大系统，给乡镇企业的发展以计划指导和信息咨询服务，运用经济手段进行调节，以克服乡镇企业发展中的盲目性，增强计划性，这正是发展有计划商品经济的重要方面。

（4）理论界还对乡镇企业的发展和二元结构向一元结构转化将给我国经济带来的巨大和深远的影响进行了分析。这一过程，将从农村中释放出极大的能量，使农民收入较快提高，从解决温饱问题逐渐走向温饱有余。这样，八亿农民的广阔市场上将会出现消费需求的巨大变化，形成对消费品生产和消费品产业投资的动力和压力，对宏观经济平衡带来新的问题，同时，将随着收入和消费水平提高而出现的消费需求结构的变化，将推动产业结构的不断改组。对此应该及早加以重视，作出符合实际的估计并提出相应的对策，以便在整个国民经济商品化和现代化的大变动中，保持住供需总量和结构大体平衡。

（四）造成一个供给略大于需求的买方市场，为改革和发展商品经济提供良好环境

长期以来，我国物资商品供应的增长落后于有购买能力的需求的增长，往往形成求大于供、市场被卖方支配即所谓卖方市场的局面。长期的市场短缺和卖方市场的造成，是过去实行片面追求数量增长即追求产值速度的传统经济发展战略的结果，也是实行排斥商品货币关系、吃"大锅饭"的传统经济体制的结果；反过来，持续的供应短缺和卖方市场又成为强化传统经济模式的原因。因为供应紧张的短缺经济往往要求高度集中的行政管理和统一调拨与配给式的分配，这恰恰是与发展商品经济背道而驰的。这样，按照商品经济的要求来进行经济体制改革就会遇到许多阻力。正因为如此，不少中外经济学家都认为，为了给经济体制改革和发展商品经济提供一个良好的经济环境，必须努力创造一个总供给略大于总需求的宽松局面，造成一个有限的买方市场。

1978年以来，在两个三中全会决议以及中央一系列方针政策指引下，我国经济生活正经历着多方面的深刻变化，我国的经济发展战略和经济体制正在由旧模式向新模式转换中。"六五"初期，由于农村改革和农业生产的高涨，由于认真贯彻经济调整方针带来的对社会总需求的约束，整个经济初步出现了比较宽松的局面，甚至出现了某些买方市场的势头，为经济体制改革创造了有利的条件。但是，由于模式转换过程中双重体制并存，传统体制中追求产值速度的惯性时时冒头，投资饥渴、数量扩张的欲求仍然存在，而过去长期对消费的禁锢约束又被冲破，加上宏观管理的改革未能配套跟上微观放活的改革，因此，前几年曾经出现的买方市场势头时起时伏，一直不很稳固。特别是1984年第四季度到1985年，随着投资加消费的总需求猛增和经济发展的超速，国民经济重新出现了过热的紧张局面，使改革所需的良好环境有所逆转。这样，我们不得不把很大的精力用在稳定经济、治理环境上，致使改革的步子在近一两年受到一定的影响。经过去年和今年的努力，现在过热的经济已开始逐步走向稳定，但总需求超过总供给的国民收入超额分配的状况仍未扭转过来。因此，"七五"计划提出的第一项基本任务就是要进一步为经济体制改革创造良好的环境，努力保持社会总需求和总供给的基本平衡，使改革更加顺利地展开，这是十分必要、完全正确的。

对于"七五"计划提出的努力使总需求与总供给保持基本平衡，按照经济理论界不少同志的理解，就是要以解决国民收入超额分配的问题为契机，实现留有余地、留有后备、留有机动的平衡。东欧一些经济学家也主张在进行经济改革的时候，要保持一定的资金、物资、外汇等等后备，以应改革过程中利益调整和其他不时之需。这种留有后备、留有机动的平衡，也就是马克思在《资本论》第二卷论固定资产再生产时所说的，社会主义社会的生产要超过每年的直接需要。这种超过直接需要的社会生产和供给略大于需求的平衡，表现在市场上就是有限的买方市场。当然，这样的基本平衡是不容易做到的，但我们必须以此作为明确的方针和努力的方向。只有在这样的基本平衡和市场状况下，才能出现卖方的竞争，迫使生产经营者改进技术、改善经营、改善服务态度，企业才有改革的动力和压力。在相反的情况即卖方市场的情况下，市场紧张，"皇帝的女儿不愁嫁"，企业根本不必犯愁去改进技术、改善经营、改善服务态度。而且在物资、资金、外汇等供应都绷得很紧的情况下，改革过程中利益关系调整对于资金、物资、外汇等需要和其他不时不测之需，就难以解决，改革的进程也会遇到障碍。

但是对于造成一个供给略大于需求的有限买方市场的主张，是有相反的意见的。20世纪30年代以来，苏联就有一个理论，后来传到中国，就是社会主义国家的需求增长总是超过生产增长，这是社会主义优越性的表现。这就是说，短缺经济、供应紧张、配给排队等等，都是社会主义优越性的表现。这种理论过去有其实践的背景，现在看来是可笑的，但直到今天，还有人认为社会主义解决不了短缺问题，买方市场是一个幻想。但是如果社会主义制度解决不了短缺问题，那我们还要社会主义干什么？现在讨论问题不要上纲，但我总觉得这里面还是有一个对社会主制度的信心问题。当然，绝大多数坚持社会主义理想的同志，认为短缺问题不是社会主义制度本身带来的，而是僵化的经济体制和传统的发展战略造成的，是可以通过改革经济体制和转变发展战略来解决这个问题的。

另外一种意见认为，为了保持一定的经济发展速度以实现现代化的任务，需要采用一种温和的通货膨胀政策来刺激经济的增长，而货币供应量的超前增长和物价的缓缓上涨，对于发展商品经济和改革经济体制来说，是不可避免的。这几年不断有人鼓吹中国要有一点财政赤字，有一点通货膨胀，以刺激经济的发展。这实际上是把凯恩斯主义拿到中国来应用。这种意见没有看到我国同许多西方发达国家和一些发展中国家不同的情况。对于西方有效需求经常不足的经济来说，赤字财政和通货膨胀可以起到增加有效需求的作用，可以作为反萧条的有效措施，阻滞危机的出现或刺激经济回升。非社会主义的发展中国家在经济处于停滞状态时期，也需通货膨胀的刺激，才能从沉睡中苏醒。但是社会主义经济经常处于亢奋状态，对于我国这样供不应求的短缺经济大国来说，从长期来看，制约增长的主要是资源不足而不是需求不足，有效需求你不刺激它，它也会自动膨胀，根本不需要刺激。货币的过多供应只能加剧经济的紧张程度，并使长期存在的卖方市场难以向买方市场转化，这样就不利于形成一个使市场机制能够充分发挥作用的经济环境。当然，在发展商品经济的过程中需要货币供应量一定程度的超前增长，改革过程中由于调整不合理的价格结构而导致物价水平一定程度的上升，也是不可避免的；但应严格控制，稳步进行，以免震动过大。至于不是由于调整价格结构而发生的物价上涨，应尽力在调整中加以控制，避免纯属票子过多造成的物价上涨，努力为改革创造良好环境。

还有一种反对建立买方市场提法的意见是：总供给略大于总

需求的宽松环境，只能是改革的结果，而不应当是其前提。认为"供给略大于需求在目前是不可能的"，当前我们只能"适应需求略大于供给的形势，进行社会主义建设"。

当然，比较稳定的买方市场现在世界上只有在比较发达的商品经济中才能看到。而在社会主义经济中，它的最终形成和确立，要在对传统体制进行彻底改革，彻底消除了造成追求数量膨胀和投资饥渴顽症的体制原因以后才有可能，它确实属于改革的结果，而我们又不能够坐等宽松的环境出现后再进行改革。但是也应当看到，通过发展战略的逐步转换、经济计划的适当松动和经济体制改革的推进，某种买方市场的势头不是不可能出现，事实上在"六五"初期就出现过这种势头。当前通过继续加强宏观控制和改善宏观控制，也将使我国的经济进一步宽松，这将有利于明后年大步改革设想的实现。正因为我国经济发展战略和经济体制正处在从旧模式向新模式转换的过程中，旧模式的影响时时遏制着买方市场势头的伸展，逆转改革所需的适宜环境，我们就更要保持清醒头脑，自觉地运用新旧体制所提供的一切手段，认真控制投资需求和消费需求的增长，努力创造出有限的买方市场的势头，以便顺利开展经济改革和经济建设，推动旧模式的消亡和新模式的成长，然后在新体制下形成自我控制调节的机制来实现需求的约束，使买方市场的势头逐步得到巩固与发展，从而有利于新的经济体制和新的发展战略的最终形成和稳固的确立。如果我们采取另一种方针，即因为实现买方市场在目前有一定的困难，就认定"供给略大于需求在目前是不可能的"，从而满足于"学会如何适应需求略大于供给的形势"（其实几十年来我们早就适应求大于供的形势），那么，我们就会自觉或不自觉地放弃造成买方市场势头的努力，很容易放松对总需求的管理控制，我们就很难从长期困扰我们的国民收入超分配和卖方市场的困境中摆脱出来，从而不能为改革创造一个良好的经济环境，致使改革拖延或受挫，这是我们应该竭力避免的。

回顾1979年，尽管党中央已经提出我国的经济体制需要改革，但是，由于当时国民经济存在严重的比例失调，所以把经济调整放在首位，而把改革放在次要地位，提出改革要服从于调整，有利于调整。以后，国民经济展现了良性循环的前景，良好的经济环境初步形成，党中央才于1984年10月作出了关于经济体制改革的决定。随着"六五"计划的胜利完成，全面改革的社会经济条件业已成熟，改革上升为主要任务。"七五"计划已提出把改革放在首位，因此，就要更加重视保持进行改革和发展商品经济的良好环境。在改革与建设发生矛盾的时候，生产建设的安排要服从改革，切莫因追求经济增长速度而放松对需求的控制，特别对于今年因前期经济增长基数过高而出现增长速度的暂时下降现象，要沉得住气，继续采取正确的政策措施，为体制改革、为结构调整创造良好的环境，促进社会主义商品经济繁荣昌盛地发展。

（在准备这篇讲稿时，得到张卓元、戴园晨、边勇壮、陈东琪同志的协助，谨此致谢。——著者）

关于社会主义商品经济理论问题[*]

对有计划商品经济的不同理解

社会主义商品经济理论是改革以来我国经济理论界最重要的突破性成果，它就是讲社会主义经济是有计划的商品经济，这个理论也是经济改革最重要的理论基础之一。考虑到马克思、恩格斯等经典作家过去曾经设想未来社会主义社会不再有商品经济了，以及几十年社会主义实践当中，在一个相当长的时期里是排斥商品经济的这样一个历史背景，中共十二届三中全会关于经济体制改革的决定，明确地提出社会主义经济是公有制基础上有计划的商品经济论断，可以说是有划时代意义的。同时，这样一个结论也是得来不易的，是经过长期的理论与实践的探索得来的。这对于统一大家对社会主义性质的认识，统一大家对于经济体制改革方向的认识，是非常重要的。

中共十二届三中全会以后，对于究竟什么是有计划的商品经济，人们的理解，包括经济理论界的理解，并不都是一样的。对

---

[*] 本文系作者于 1991 年 10 月 15 日在中共中央党校作的学术报告的节选。

于"有计划的商品经济"这样一个命题，有的同志强调"商品经济"这一面，有的同志则强调"有计划的"这一面。比如前些年北京大学一位教授在一篇文章当中这样写道："改革的基本思路，社会主义首先是商品经济，然后才是有计划发展的经济。"很明显，他把强调的重点放在商品经济方面，而不是有计划方面，当然他也不否定有计划的这一面。另外中国人民大学一位教授当时也发表了一篇文章，他是这样讲的："计划经济或者计划调节，应该始终在社会主义经济中占主导地位。"他是把重点放在计划经济方面，而不是商品经济方面。强调的重点不同，对社会主义经济的本质特征的理解也会有差异。除了公有制和按劳分配这两个大家公认的社会主义基本特征之外，是不是还有第三个基本特征？如果有，这第三个基本特征是什么？是计划经济，还是商品经济？这就有不同的认识。这个问题的讨论近二三年来还在继续。在1989年春夏之交政治风波以前，有一段时期理论界的风向偏向于强调社会主义经济的商品经济这一面。在这以后，理论界的风向又曾偏向到强调计划经济这一面。比如有一篇文章里说，社会主义经济本质上是计划经济，只不过在现阶段还带有某些商品属性罢了。又有文章说，社会主义经济就其本质来说是一种计划经济。这个说法是近二三年来比较典型的一种说法。但是另外一种意见仍然存在，就是仍然坚持商品经济是社会主义经济的实质。比如有一篇文章说，社会主义商品经济同公有制、按劳分配一样，都是社会主义实质所在。双方的论据都没超过前几年，这是一个老问题。

中共十三届七中全会以后，理论界越来越多的同志认识到计划经济与商品经济或者计划与市场，并不是划分资本主义同社会主义的标准，社会主义需要有市场的运转，资本主义也要有政府的计划或干预。所以不少的经济学者倾向于不再把计划经济或者商品经济同社会主义经济的本质或者资本主义经济的本质问题联系在一起。他们认为，把社会主义同资本主义区别开来的基本特征不在这里，还是要按照经典作家讲的两条，一条是所有制，一条是分配制度。社会主义的所有制就是公有制为主体，分配制度是按劳分配为主体。至于计划、市场，这是经济运行机制、资源配置方式的问题，不是本质性的问题。

大家知道，中共十二届三中全会《关于经济体制改革的决定》（以下简称《决定》），对于发展商品经济的定义和作用讲得很清楚。《决定》指出：商品经济的发展是社会主义发展不可逾越的阶段，是实现我国现代化的一个重要的条件。薛暮桥同志在《中国社会主义经济问题研究》这本书的修订版日文译本的跋中发挥了这个思想。他说：没有商品经济的发展就没有社会化的大生产，而没有社会化的大生产，就没有社会主义的生命。

近几年在讨论商品经济的作用当中，针对薛暮桥这段议论，出现了"批判商品经济神话"的提法。1989年有一篇文章以《打破商品经济的神话》为题，文章说："商品经济的作用一度被夸大为人类历史发展的决定力量，从而演化出商品经济的神化。"这篇文章作者的主观意图也许是要正确地评价商品经济的作用，但是他提出的一些观点给人们贬低商品经济的印象。这位作者在今年发表的另外一篇文章里说：商品等价关系跟社会主义本质利益对立。因为社会主义的本质利益关系是马克思讲的等量劳动交换关系，而不是等价交换关系。他还认为，现在的工资不是真正的工资，是"劳动券"。而大家知道，"劳动券"概念是马克思在《哥达纲领批判》中对未来非商品经济社会提出的一种非商品经济的或产品经济的概念。这种非商品经济的观点现在已经不是普遍为大家所接受的，但理论界仍然存在这种观点，所以这是值得我们研究的。

公有制与商品经济的关系

这几年讨论比较多的一个问题，就是公有制同商品经济是不是相容。这个问题好像也是个老问题，从一般层次意义上来看，似乎已经解决了，因为中共十二届三中全会的《决定》已经确认社会主义经济是以公有制为基础的有计划的商品经济。照这样的提法，公有制同商品经济当然是可以相容的。本来是已经解决的问题，这样一个论点也是普遍被接受的一个论点。但是在前几年也有人从不同的角度一再提出公有制同商品经济互相矛盾，并且得出不同的结论。大致有三种代表性的看法。

一种是用传统的看法来看这个问题。认为商品经济是私有制的产物，社会主义既然以公有制为基础，就不应该也不可能实行商品经济。这种观点把社会主义经济同商品经济对立起来，口头上仍有流传。

第二种观点从相反的论点来看这个问题。持这种观点的人同样认为公有制同商品经济不能相容，也是认为商品经济只能在私有制基础上。但是他们得出来的结论相反，他们认为要发展商品经济就得把公有制改变为私有制，实际上就是利用公有制同商品经济矛盾的命题，来宣扬私有化的主张。如果说前一种观点是以坚持公有制来反对商品经济，那么后一种观点就是在赞成商品经济的名义下来反对公有制。这两种从相反的角度提出商品经济同公有制存在矛盾、互不相容的观点，当然我们理论界的绝大多数同志都是不能接受的。但是也有一些经济学者认为，不能因此完全否定、完全抹杀公有制同商品经济之间存在着某些矛盾。有的经济学者这样说：改革以来，理论研究的一个进展，就是认识到现在的公有制同发展商品经济之间有矛盾，不仅统包统配的公有制不适合商品经济发展的需要,就是政企不分的有些集体所有制也要改革。改革就是要按照商品经济的要求来构造市场,来构造企业的模式。

应该指出的是,这种观点所讲的与商品经济相矛盾的公有制,指的不是公有制一般,而是现存的公有制的实现形式,也就是公有制的传统的实现形式。这里确实有一些弊病,有一些与发展商品经济要求相矛盾的东西,比如政企不分、两权不分、行政单位的附属物等。这些当然同商品经济不相容,是现存的公有制里的一些弊病,所以需要改革。改革的不是公有制本身,不是否认公有制,而是改革现在的公有制的实现形式,使公有制适应商品经济的发展。这种观点认为,公有制现存的实现形式同发展商品经济有一定的矛盾,所以需要改革。这种观点同主张私有化的观点当然有区别,它还是坚持公有制,完善公有制的。

与此有关的还有一个问题。有些同志认为,如果用按照发展商品经济的要求来改造公有制这样提法,就产生了一个问题,究竟是所有制决定商品经济,还是商品经济决定所有制?这些同志的看法是,按照发展商品经济的要求来改革所有制是违背马克思主义原理的,马克思主义原理认为所有制更是基础的东西。对于这个提法也有的同志写了文章,作了回答。文章里说:从根本上来说,是所有制决定商品经济,但是商品经济会反过来影响所有制。我们的改革,既然是社会主义制度的自我完善,为什么不可以按照发展商品经济的要求来改革和完善社会主义的所有制关系呢?我个人认为后一种看法还是更有道理一些。

在更广阔的范围上,经济体制改革同发展商品经济的关系问题,我在1986年一次形势报告会上也谈过。当时讲了两条,一条是我们要发展商品经济,就必须对妨碍这种发展的经济体制进行改革;另一条是,我们现在进行经济体制改革,怎么改革?就是要遵循发展商品经济的要求来改革，也就是按照社会主义有计划商品经济的要求来进行经济体制的改革，包括对于所有制结构、企业机制的改革，对于经济运行机制、市场体系以及宏观管理体制的改革。所有制的改革当然要按照发展有计划商品经济的要求来进行。

能不能提社会主义市场经济

近来，在社会主义商品经济理论讨论当中有一个问题，就是可不可以把"社会主义的商品经济"叫做"社会主义的市场经济"，或把"有计划的商品经济"叫做"有计划的市场经济"，人们对这个问题争论的比较多。过去有一些经济学家认为，商品经济同市场密切不可分，既然承认社会主义是有计划的商品经济，就无异于承认社会主义经济是有计划的市场经济。这些同志他们各人的说法并不完全相同，但是在承认可以用社会主义市场经济这个概念上他们是相似的。

另外一些同志，主要是一些认为市场经济、计划经济是制度性的概念，市场经济是资本主义、计划经济是社会主义的同志，他们认为"市场经济"并不等于"商品经济"，有"市场"或者有"市场调节"，并不等于就是市场经济，因为据说他们查了字典。有一本《日本经济事典》引用的说法和联合国统计上分类，都把中央计划经济的国家等同于社会主义国家，而把市场经济国家等同于资本主义国家。所以反对用社会主义市场经济概念的同志认为，市场经济是私有制为基础的，社会主义市场经济的提法不科学。有的同志说，只有在资本主义生产方式的条件下，商品经济才是市场经济。混淆市场调节和市场经济的不同性质，必然产生否定计划经济的错误认识。

薛暮桥同志为代表的不少经济学家还有异议。在1991年1月11日《特区时报》记者采访的时候，暮桥同志说："市场调节跟市场经济是不是不能混淆的两种本质，我看尚待讨论。我认为本质相同，都不能够等同于资本主义，只要保持生产资料公有制为主体，就不能说它是资本主义的市场经济。所以还是以公有制来划分，不是以市场、计划来划分。"暮桥同志在答问当中还说："这个问题现在还不清楚，有些还可能视为禁区，科学研究不应当有禁区，应当允许自由讨论，认真讨论这个问题，而不是回避这个问题。"

这场争论使我回想起已故经济学老前辈孙冶方同志在20世纪50年代也提出一个问题，能不能提社会主义的利润。当时提出这个问题也引起了一场轩然大波。利润的概念究竟是制度性的概念，还是非制度性的概念？利润是不是资本主义专有的概念？还是跟社会化生产、商品生产共有的概念？争论的曲折和结局我们许多同志都是经历过来的。

我还回想起改革的初期，甚至我们在中共十一届六中全会总结建国以来历史经验的时候，当时主导的意见是，对于社会主义社会来说，只能讲存在着商品生产和商品交换，不能把社会主义经济概括为商品经济，如果把社会主义叫商品经济的话，那就会模糊有计划发展的商品经济和无政府状态的资本主义经济之间的差别，模糊社会主义经济和资本主义经济的本质区别。这种观点实际上还是把商品经济等同于资本主义经济。对于这场争论，1984年中共十二届三中全会的决定做出了结论，判明了是非。

回顾社会主义经济理论史上类似的争论，再考虑到近来，特别是中共十三届七中全会以来，人们越来越多地把计划和市场的问题认作是资源配置方式、经济运行方式的问题来看待，而不把它看作区别资本主义和社会主义的制度性问题来看待。考虑到所有这些情况，我个人认为对社会主义市场经济或有计划的市场经济这个概念到底能不能在社会主义的经济学理论当中有一席之地，我想这个问题是不难作出预见或者结论的。社会主义市场经济这个概念难以一下子被普遍地接受；正如社会主义商品经济的概念，在当初的社会主义政治经济学当中也并不是一下子站住脚跟的。随着改革的前进，我们不断地刷新理论认识，不断地丰富社会主义经济学的内容。我们逐渐地认识到，社会主义经济是公有制基础上的有计划的商品经济，不能没有市场，不能没有市场调节，需要把市场同计划结合起来，于是出现了种种不同的关于计划和市场关系的研究和提法以及争论，包括对社会主义市场经济概念到底能不能用的讨论。这些讨论都关系到我们对于社会主义经济内涵的正确认识，也关系到我们对于改革方向的正确把握，看来还要继续深入进行下去。

怎样理解"市场取向的改革"

关于计划和市场的引导，过去有种种提法，我们现在正式的提法是计划经济与市场调节相结合，理论界对此提法议论不少。但在公开发表的文章当中，还是肯定计划经济和市场调节相结合的这种提法，并且努力给予论证的。特别是在强调计划经济是社会主义经济本质特征的同志，他们着重论证这一提法的科学性。比如有的文章这么说：这个提法同以往的"计划经济为主，市场调节为辅"的提法衔接起来了，这表明我们的改革不是削弱和放弃计划经济，而是要在坚持计划经济制度的前提下，实行一定的市场调节。

这种在计划和市场关系问题上反对计划跟市场两者平起平坐，强调计划经济为主，市场调节为辅的"主辅论"，在1984

年以后，在中共十二届三中全会的决定出来以后有一段时间没有多提了，但最近两三年这种论点重新活跃。对于计划与市场平起平坐从另外一个角度来反对，这样的意见也是有的。前几年有一位知名的北京大学的学者提出"二次调节论"，认为首先应该是市场调节，市场调节搞不好的地方然后才是政府计划调节。政府的计划调节是用来补充市场调节的不足之处的。他也反对计划和市场平起平坐，但主张首先是市场，然后才是计划。这种观点同主张计划为主、市场为辅的观点正好相反，实际上是主张市场为主、计划为辅。这种观点当时引起不少同志的非议、争论。近年来也有主张市场作为资源配置的主要方式的经济学者。有一位知名学者在文章里这么写："我国经济体制改革的实质就是资源配置机制的转换，就是以市场机制为基础的资源配置方式取代以行政命令为基础的资源配置方式。"持这种主张的学者并不否定国家对资源的行政管理和计划指导的必要性，而是不把国家对资源的行政管理和计划指导放在资源配置的主要位置上，是把市场的调节放在主要位置上。比如在一个杂志上发表的笔谈中有人这样写道："从经济运行状态上说的计划性即自觉地保持平衡，完全可以通过在市场配置的基础上，加强国家的宏观管理和行政指导的办法来实现。"这里并未反对国家宏观管理和行政指导，但其基础是市场配置。这里一方面把市场配置作为资源配置的基础形式，同时也指出加强国家宏观管理和行政指导的必要性。

主张把市场调节作为资源配置主要方式的同志，往往把自己的主张叫做"市场取向"的改革。采用"市场取向"概念的还有不少经济学者，不同的学者对"市场取向"概念赋予的含义不尽相同。而把计划与市场看作制度性概念的经济学家则反对"市场取向"的提法。有的同志甚至把市场取向与非市场取向纳入社资两条道路斗争的范畴中去。究竟应当怎样看待"市场取向"概念呢？有的经济学家，把我国的经济体制改革的取向归纳为三种思路：计划取向论、市场取向论、计划与市场结合论。这种归纳给人以简洁明快的印象，但不尽确切，不完全符合经济理论界的实际分野。现在，经济理论界都承认计划与市场可以结合，而且应该结合。照上述的划分，前两种思路似乎不赞成计划与市场的结合，好像只有第三种思路才赞成结合，这是不符合实际的。其次，理论界提出"市场取向"的改革是见诸文字和发言的，但未见有哪一位同志明确提出"计划取向"的。文字上见到的和讨论中听到的强调计划的一面是有的，但"计划取向"提法却是没有的。提出上面三种划分法的同志可能对改革取向的含义有自己特殊的理解，似乎改革取向就是指对改革的目标模式中的计划与市场结合的重点选择问题，计划为主是计划取向，市场为主是市场取向，两者平起平坐就是计划与市场结合论。我认为，改革取向并不是指改革模式目标中计划与市场的重点选择问题，而是指改革的动向或趋向，即改革中新老模式转换方向：作为改革起点的模式与改革目标的模式在转换过程中的转换方向。从总体上讲，改革使我国经济体制模式所发生的变化，从本质上说，从根本上说，是从过去自然经济、产品经济为基础的、排斥市场的、过度集中的计划经济的体制，向着引进市场机制并按商品经济市场规律的要求来改造我们的计划机制的方向转化。一方面我们要引进商品经济，扩大市场调节范围；另一方面，我们在对传统的计划机制进行的改造中要更多考虑商品经济、市场规律的要求，以此实现向计划与市场相结合的有计划商品经济或市场经济的新体制过渡。这种由原来排斥市场经济、否定商品经济，到引进市场机制并按照商品经济和市场规律的要求来改造计划经济，简单说就是从排斥、限制市场机制作用到发挥和强化市场机制作用的改革，从一定的意义上讲，不是不可以看作是"市场取向"的改革。改革的成果首先表现在我国计划经济在市场取向上的进步。

我们知道,在改革以前,由于所有制结构的单一化,越大越公、越纯越统就越好。那时经济运行机制主要是实行指令性计划管理和直接的行政控制。这种体制在建国初相当一个时期是必要的,而且起了其积极作用的。但这种体制在本性上是排斥市场和市场机制的作用的。改革以后,我国所有制出现了以公有制为主体的多元所有制结构,公有制内部企业自主权有了扩大,这为企业能按市场规律进行活动提供了一定的条件。同时,我们的市场体系、市场机制也逐步地发育成长,宏观经济管理开始注重间接管理。所谓"间接管理"说到底无非是通过市场、利用市场机制、利用价值杠杆进行管理。经济体制改革的这些变化,处处表现为改革的进程就是市场取向不断扩大和深化的过程。当然,市场取向不是以私有制为基础的,而是以公有制为基础的;不是取向到无政府主义的盲目市场经济中去,而是取向到有宏观控制、计划管理的市场体系中去。所以,前述三分法的同志,把市场取向作为与计划相对立的概念,给"市场取向"赋予了反计划的含义,这至少是出于一种不甚精确的理解。至于为什么社会主义经济改革中的市场取向必须是有计划指导和宏观控制的?如何从理论上说明这个问题?我在后面还要讲到。

在过去十一二年,我国的改革取得了巨大进展和成就,究竟是加强行政指令计划的结果还是扩大市场作用、参照市场价值规律要求来改造传统计划经济的结果呢?答案可能偏向于后者,并且可能是不错的答案。中国的改革与原苏联过去的改革相比,为什么中国取得了成功,而原苏联则蜕化变质?除了原苏联搞"公开化"搞乱了思想、搞多元化动摇了党的领导之外,很重要的一条是在经济上。中国这些年来进行市场取向的改革,尽管遇到了这样或那样的困难，但在改革中取得了真正的进步，而原苏联却没有做到。改革以来，中国的经济生活相当地活跃，市场商品十分丰富，人们得到了实惠。原苏联改革则没有这些，其经济甚为困难，市场商品比过去所谓短缺经济更为匮乏，尽管前几年在经济上提了不少口号，提出加速战略等等，但从来没有认真地搞市场取向的改革。再从我们国内情况看，哪一个地区、部门、企业的市场取向越大，其经济就越活跃。治理整顿后，从1990年3月，经济回升。回升比较快、比较早的经济成分、经济部门、经济地区主要是同市场联系比较紧密的部分。而与市场比较疏远、渗入市场比较少的、利用市场比较差的部分的经济回升和发展就比较慢。这些都是明摆着的事实，不能回避的。因此看来，今后10年，我们的改革还要朝着前十一二年走过的改革道路，即有宏观控制、有计划指导的市场取向改革的方向前进，在已取得相当程度的基础上，把市场取向的改革推向前进，扩大市场作用，按商品经济市场规律的要求进一步改造我们的计划工作，逐步建立起计划与市场有机结合的有计划的商品经济或市场经济新体制。这样看来，改革取向的理论分类可分为两类：一种是主张以上含义的市场取向，一种是反对一切市场取向提法的。在实践中，赞成市场取向改革的人不少。在理论界，反对市场取向提法的人也不少。反对的理由：第一，认为市场取向就是搞市场经济，就是搞资本主义；第二，认为前几年宏观失控和目前经济生活中出现的问题都是直接、间接同强调市场的作用有关系。前一理由是意识形态方面的争论。若我们按小平同志最近讲话精神，不把计划与市场问题同划分资本主义与社会主义问题联系起来，这个问题可以不去讨论。对于第二个理由即经济生活中出现的宏观失控等不正常的现象，有的同志认为这不是市场搞得太多的结果，而是我们现在的市场很不完善（这直接间接同传统计划体制改造不够有关），是对旧的计划体制进行市场取向的改革还不彻底、还不配套所致。所以，出路还是继续培育市场机制和改造计划机制，建立计划与市场相结合的社会主义新经济体制。

破除迷信，存利去弊

建设计划与市场相结合的经济体制，目的是要把计划与市场两者的长处、优点都发挥出来。计划的长处就是能在全社会的范围内集中必要的财力、人力、物力干几件大事情，还可调节收入，保持社会公正；市场的长处就是能够通过竞争、优胜劣汰来促进技术进步和管理的进步，实现生产和需求的衔接。但是，在实践中，计划与市场往往结合得不好，不是把两者长处结合起来，而是往往把两者短处结合起来了，形成了一统就死、一放就乱的状况。计划与市场结合难度很大。我们主观上要把计划与市场很好结合起来，但实际生活中出现了既无计划（或有计划贯彻执行不下去），又无市场，优胜劣汰的竞争机制根本运转不起来。有鉴于此，经济学界特别是国外有人认为，计划与市场根本结合不起来。我们认为是可以结合的，但要正确把握计划与市场各自的优缺长短。在讨论建立关于计划经济和市场调节的运行机制问题时，我曾提出两点意见，一是要坚持"计划调控"，但不要迷信计划；二是要推进"市场取向"的改革，但不能迷信市场。总之，要破除两种迷信。首先讲讲不要迷信市场。

所谓市场调节，就是亚当·斯密讲的"看不见的手"，即价值规律的自发调节。我们应当重视价值规律，但不要认为价值规律自己能把一切事情管好，并把一切事情交给价值规律去管。我想，至少有这么几件事情是不能交给或者不能完全交给价值规律去管的。第一件事是经济总量的平衡——总需求、总供给的调控。如果这件事完全让价值规律自发去调节，其结果只能是来回的周期震荡和频繁的经济危机。第二件事是大的结构调整问题，包括农业、工业、重工业、轻工业，第一、二、三产业，消费与积累，加工工业与基础工业等大的结构调整方面。我们希望在短时期内如10年、20年、30年，以比较小的代价来实现我国产业结构的合理化、现代化、高度化。通过市场自发配置人力、物力、资源不是不能实现结构调整，但这将是一个非常缓慢的过程，要经过多次大的反复、危机，要付出很大的代价才能实现。我们是经不起这么长时间拖延的，也花不起沉重的代价。第三件事是公平竞争问题。认为市场能够保证合理竞争，是一个神话，即使是自由资本主义时期也不可能保证公平竞争，因为市场的规律是大鱼吃小鱼，必然走向垄断，即不公平竞争。所以，现在一些资本主义国家也在制定反垄断法、保护公平竞争法等。第四件事是有关生态平衡、环境保护以及"外部不经济"问题。所谓"外部不经济"，就是从企业内看是有利的，但在企业外看却破坏了生态平衡、资源等，造成水、空气污染等外部不经济。这种短期行为危害社会利益甚至人类的生存。对这些问题，市场机制是无能力解决的。第五件事，公正与效率关系问题。市场不可能真正实现公平，市场只能实现等价交换，只能是等价交换意义上机会均等的平等精神，这有利于促进效率，促进进步。但市场作用必然带来社会两极分化、贫富悬殊。在我们引进市场机制过程中，这些问题已有一些苗头，有一些不合理现象，引起社会不安，影响一些积极性。政府应采取一定措施，防止这种现象的恶性发展。以上所列举的五个方面，是不能完全交给市场由那只"看不见的手"自发起作用的，必须有看得见的手即国家、政府的干预来解决这些事情。完全的、纯粹的市场经济不是我们改革的方向。所谓完全的、纯粹的市场经济在西方资本主义国家也在发生着变化，通过政府的政策或计划的干预使市场经济不那么完全，不像19世纪那么典型。有些年轻人提出完全市场化的主张，这种主张撇开意识形态方面不妥不说，至少是一种幼稚的想法。我们实行有计划商品经济更不能迷信市场，要重视国家计划、宏观调控的作用，也就是要看到"笼子"的作用。当然，计划管理的"笼子"可大可小，要看部门与产品，根据具体情况而定。"笼子"也可用不同材料如钢、塑料、橡胶等制成，如指令性计划是刚性的，指导性计划是弹性的。总之，实行市场取向改革的时候，不能迷信市场，不能忽视必要的"笼子"即政府管理和计划指导的作用。所谓市场取向的改革本身就包含着计划经济体制的改革，计划要适应商品经济发展，加强有效的计划管理。

另一方面，我们要坚持"计划调控"，但也不能迷信计划，迷信计划同样会犯错误。社会主义经济只是在公有制的基础上提供了自觉地按比例发展的可能性，但不能保证经济按比例发展的必然性，若不考虑客观规律特别是市场供求、价值规律等，同样会出现失控、失误。在这方面，我们有很多经验教训。在过去传统计划经济中，我们不止一次地出现过重大的比例失调，大起大落，如20世纪50年代后期的"大跃进"，60年代末的几个突破，70年代后期的"洋跃进"，80年代后期经济过热等。这几年，县以上项目的审批权都在各级政府手里，是各级计划机构审批的。我们现在有160多条彩电生产线，90多条电冰箱生产线，许许多多乳胶手套、啤酒生产线等等。重复上马。有些企业的利用率不到50%—60%。这些生产线的重复引进、盲目上马都是各级政府计划机构审批的，同样发生失误。计划工作是人做的，难免有局限性，有许多不可克服的矛盾。如主观与客观的矛盾，这是计划工作中的一个主要矛盾。第一，由于主观的局限性，对客观形势、客观规律的认识有一个过程。在这方面，我们曾犯过脱离国情、急于求成的错误。第二，由于客观信息本身的局限性，计划工作依靠信息，信息的搜集与传递任何时候都不可能完善、不可能很及时。即使将来计算机经过几次更新换代，性能更高、更普遍化了，也不可能把所有的经济信息及时搜集、加工、处理。有些信息等我们加工处理之后，形势已经过去了。第三，在利益关系上，观察问题的立场和角度上有局限性。计划机构、宏观管理机构不是属于这个地区就是属于那个地区，不是属于这个部门就是属于那个部门，不是站在这个角度就是站在那个角度，各自代表一定利益关系，受到一定利益关系的约束。政府领导和计划工作人员都不可能超越这种局限性。综合部门也有不同的角度，他们各自代表一定的利益关系并受其约束。政府领导和计划工作人员都不可能是万无一失的。上述各种局限性使他们的行为不能完全符合却有可能偏离客观规律，甚至有可能大大偏离，造成计划工作和宏观管理上的重大失误。这是我们几十年来不止一次已经历过的事情。

因此，坚持计划调控，就要不断提高我们自己的认识水平，不断改进我们的计划工作，使计划工作符合客观规律和客观形势的要求，特别是要考虑市场供求形势及价值规律的要求。

总之，我们要坚持计划调控，但又不能迷信计划；要实行市场取向的改革，但又不能迷信市场。要通过计划与市场的结合，不仅发挥两者的长处和优点，还要克服两者的短处和缺点。这是一个非常复杂的任务，需要做很多方面的探索和研究，需要计划部门、财政部门、银行部门、市场部门、商业部门、物资部门以及中央、地方上上下下等各个方面的共同努力，逐步解决好这一问题。

对"国家调控市场,市场引导企业"公式的再认识

经过 12 年改革实践和理论探索,我们对于计划和市场概念的认识已经大大深化了,目前人们更为关心的是从实质上研究探讨计划与市场到底怎样结合,结合的方式、途径是什么样的?要把研讨引到这方面来。

关于计划与市场结合的方式,过去也有多种分析和提法,有的提法着眼于理论的模式,有的提法着眼于管理操作。这些分析和提法在近些年的讨论中都有进展。我这里举几个例子。

过去对于计划与市场结合的不同层次的剖面分析进行了综合。比如,对于国民经济的管理,一方面分为指令性计划、指导性计划和市场调节三个部分;另一方面又把国民经济划分为宏观经济和微观经济两个层次。这两重分析在逻辑概念上还是有交叉重复的。现在有的专家对这两重分析进行了综合,提出所谓"双层次分工结合论"。一方面在宏观和微观两个层次上的计划与市场的分工和结合,另一方面专就微观经济内部分析计划与市场的分工和结合。前一方面仍然沿用过去那种分析,宏观层次的经济决策主要由政府来进行计划调节,微观层次的经济决策主要由市场调节。这里比较有新意的一点,就是把过去对整个国民经济的管理形式剖析为指令性、指导性和市场调节三块限制在微观层次里。当然,在微观层次里确实有一部分还需要指令,大部分需要指导性,现在还要扩大市场调节这部分。所以说,三分法适用于微观经济。为什么保留指令性计划这一块?为什么不得不实行这种板块式结合?在理论上进行解释,就是我们的经济是非均衡的市场,特别是一些资源性的产品是短缺的,这种短缺不是用市场调节一下子就能解决的,因此还要保留这部分。还有一点就

是我们在管理上还有两重因素,即一方面用价格进行管理,另一方面用数量来管理,对于某些非均衡市场现象,光价格不行,还需要直接的数量管理,这就是指令管理。

我认为,对于计划与市场的分工和结合所作的这些横剖面的综合分析,有助于加深我们对这一问题的认识。

再从纵剖面看,就是从时间的演化、计划与市场的关系在改革过程中的演变看。过去曾有过这样一种看法,认为我们在计划与市场相结合的种种模式(板块式结合、渗透式结合、有机内在结合),与其说是互相排斥的选择目标,不如说它们是互相衔接的发展阶段。我们改革的整个过程:第一阶段,改革以前是大一统的计划统制模式;到第二阶段,是改革初始阶段,开始出现一块作为补充的市场,这个市场发展为计划与市场板块的结合;到第三阶段,随着改革的深入,出现了计划与市场两块互相渗透和部分重叠。到第四阶段,发展到计划与市场在整个国民经济范围内胶体式地有机结合。这种有机的内在的结合已不是两块,而是一块了。所谓计划与市场都覆盖全社会的说法就是这样出来的,在党的十三大报告中,还表述为"国家调控市场,市场引导企业"这样的公式。上面谈到的几种理论模式,我们与其说选择其中的一种,不如说它们是互相衔接的发展阶段。这样一种关于改革进程的描述,尽管在总体上说是不错的,但是不能过于机械地看待这个进程,就是说不能那样界限分明地划分出发展阶段。比如我们不能认为最后我们建成新的体制时,只有一种覆盖全社会胶体式结合的模式,完全就是国家调控市场、市场引导企业,而板块式、渗透式结合就不复存在了。现在看来,板块式、渗透式两种结合最终都不会完全消失,在一定范围里还会长期存在。诸如某些自然垄断性的东西,供求弹性很小的东西,公益性很强的东西,国家对它们还要实行直接管理。

实行直接的计划管理，当然也要尊重价值规律的要求。从这个意义上说，板块式结合同渗透式结合是分不开的。界限分明的纯板块的结合在过去传统的计划经济里存在过，但经过改革，不会再有了。还要指出，实行直接管理这一块也不可能像一般我们现在所设想的完全按照价值规律要求解决问题，如果真正能够按照价值规律、市场规律解决问题，也就不需要直接计划了，可以直接转变为间接调控了。强制性的行政干预、直接的指令性计划之所以必须存在，就是因为我前面讲的市场调节不是万能的，市场机制有种种缺陷。有些具有长远和全局意义的事情，不可能完全按照市场价值规律的要求去办，否则就会危害社会的利益，这些事情必须要有国家的直接干预。国家在直接管理经济的部分，要考虑市场因素，但不是通过市场去管理，它可以直接下命令，让行政机关去管理。从这个意义上说，"国家调控市场，市场引导企业"的公式没有覆盖全社会的意义。但是，在将要成为宏观管理主要方式的间接调控的范围内，总是要通过市场进行管理，通过调控市场来引导企业。就这个意义讲，"国家调控市场，市场引导企业"的公式是绕不开的，它在计划经济与市场调节相结合的新经济运行机制中的重要地位是不能忽视的。

关于社会主义市场经济理论的几个问题[*]

在学习邓小平同志南方谈话的高潮中,社会主义市场经济是大家热烈讨论和十分关心的一个问题,其实这不是一个新问题。早在1979年11月26日,邓小平同志接见美国《不列颠百科全书》副总编辑时就说过:"说市场经济只限于资本主义社会,资本主义的市场经济,这肯定是不正确的。社会主义为什么不可以搞市场经济?市场经济在封建社会时期就有了萌芽。社会主义也可以搞市场经济。"1985年接见美国企业家代表团时,邓小平同志又重申了这个意思。今年初南方谈话,他对计划与市场问题又作了全面的精辟的阐述,启发我们进一步思考社会主义市场经济问题。邓小平同志关于计划与市场问题的一系列阐述,是建设有中国特色社会主义理论的重要组成部分,我们必须认真学习,反复领会,并在我国社会主义经济的改革和发展的过程中加

---

[*] 本文系作者1992年9月19日为中共中央组织部、中共中央宣传部、中国科学技术协会、中共中央直属机关工委和中共中央国家机关工委共同主办的《90年代改革开放与经济发展》系列讲座作的开篇讲稿。刊载于《经济研究》1992年第10期。

以贯彻。

下面我想讲两个问题：一是介绍一下若干年来对社会主义市场经济有关理论问题讨论的情况，也就是介绍对计划与市场问题（包括对计划经济、商品经济、市场经济等概念）认识的曲折演变过程；二是谈谈我本人学习小平同志南方谈话过程中对社会主义市场经济理论若干焦点问题的理解。

一 对计划与市场认识的曲折演变过程

我国的经济体制改革已经进行了 13 年。我们的改革要采取什么样的目标模式，多年来经济理论界一直在讨论。这个问题的核心，是正确认识和处理计划与市场的关系，并涉及对计划经济、商品经济、市场经济的理解。我们对这些问题的认识有一个逐步深化的过程，经过了长期曲折的探索。

关于商品经济、市场经济这些概念，据查阅，马克思、恩格斯都没有讲过，他们只讲过商品生产、商品交换、货币经济；也没讲过计划经济，只讲过在未来社会中"劳动时间的社会的有计划的分配，调节着各种劳动职能同各种需要的适当的比例"。首次使用"商品经济"、"市场经济"和"计划经济"概念的是列宁。列宁在革命胜利初期，多次提出消灭商品经济，资本主义不可避免地要被社会主义取代，这种新社会实行计划经济。但列宁也讲过，无所不包的计划等于空想，这种计划列宁是反对的。在实行新经济政策时期，不但允许发展自由贸易，而且国营企业在相当程度上实行商业原则（即市场原则），给企业在市场上从事自由贸易的自由。到了 20 世纪 20 年代末 30 年代初，斯大林停止了新经济政策，实行了排斥商品经济的计划经济，长期地把商品经济同计划经济对立起来。虽然斯大林也讲过商品生产、价值规律，但他把它们的作用限制在狭小的领域，其主导思想还是认为计划经济同商品经济不相容，同市场经济更是对立的。

过去，社会主义国家在实行计划经济时期，不是没有市场，但市场只处于补充状态，存在于缝隙当中。我国在改革前也是这样，比如大计划、小自由，容许集市贸易，三类物资上市等等。但总的看是限制市场，不承认商品经济和市场经济。中共十一届三中全会以后开始松动，承认计划和市场可以结合。中共十一届六中全会关于对新中国成立以来历史经验总结的决议中，确认社会主义社会存在着商品生产和商品交换，因而要考虑价值规律，但没有提"商品经济"，那时还是认为，商品经济作为整体来说只能存在于以私有制为基础的资本主义社会。中共十二大时，提出了"计划经济为主，市场调节为辅"，前进到了这一步，"商品经济"的概念依然难以提出来。但在这以前，理论界对社会主义商品经济已有讨论，甚至有人提出"社会主义市场经济"的概念。至于邓小平同志1979年11月26日接见美国《不列颠百科全书》副总编辑时的谈话，当时大家并不知道。所以在那一段时期，商品经济、市场经济的概念一直是一个禁区。直到1984年中共十二届三中全会，才在我们党的正式文件《关于经济体制改革的决定》中，第一次提出"社会主义经济是在公有制基础上的有计划的商品经济。"这是社会主义经济理论的一个重大突破。邓小平同志在通过该《决定》的会议上说，中共十二届三中全会的决定是马克思主义新的政治经济学，评价极高。的确，这一突破来之不易，考虑到马克思、恩格斯等经典作家过去曾设想未来社会主义社会不再有商品经济，以及几十年社会主义的实践当中长期排斥市场调节这样一个历史背景，中共十二届三中全会关于社会主义有计划商品经济的新论断，可以说是有划时代意义的，它对推进以后我国以市场为取向的改革并获得相当进展，无疑起了巨大的作用。

但是，在中共十二届三中全会的新论断提出来以后，人们对于究竟什么是有计划的商品经济，包括经济理论界的理解还很不一致。对于"有计划的商品经济"这一命题，有的同志强调"有计划"这一方面，有的同志强调"商品经济"这一面。当然大家对两个方面都承认，但强调的重点不同。强调重点不同，对社会主义经济本质的理解就会有差异，把握改革的方向就会有出入。历来讲社会主义的经济特征，综合起来主要是两大特征："公有制"和"按劳分配"。此外，有没有第三个特征？如果有，那么这第三个特征到底是"计划经济"还是"商品经济"，理论界的争论一直在进行，两种意见都有。一种是强调计划经济为主的，认为计划经济是社会主义经济的一项本质特征；另一种是强调商品经济为主的，则认为商品经济是社会主义的一个本质特征。当然，还有第三种意见，有不少同志想把两碗水端平，计划与市场相结合，半斤八两，平起平坐，结合的范围、方式和程度可因产品、部门、所有制和地区不同而异。不同场合可以这个多一点那个少一点，或者相反。"十三大"提出"有计划商品经济的体制是计划与市场内在统一的体制"，虽然没有讲哪个为主，哪个为辅，但同时提出"国家调控市场，市场引导企业"的间接调控的公式，实际上重点放在市场方面。这是1989年政治风波以前的情况。在计划经济与商品经济、计划与市场的关系上，理论界的风尚是逐渐向商品经济，向市场方面倾斜。但是在这以后，特别是提出"计划经济与市场调节相结合"的方针后，由于当时治理整顿和稳定局势的需要，有必要多一点集中，多一点计划，这时理论讨论的风尚又向计划经济方面倾斜。当时有一篇文章说，社会主义经济就其本质来说，是计划经济，只不过在现阶段还要有某些商品属性罢了。这种说法是近两三年比较典型的一种认识。但同时另外一种意见仍然存在，即仍然坚持商品经济是社会主义经济的关键所在。例如有一篇文章说，社会主义商品经济同公有制、按劳分配一样，都是社会主义实质所在。对于近几年正式文件中的计划经济与市场调节相结合的提法，理论界也有一些内部议论。有的同志说，计划经济指的是经济制度或体制，市场调节则是一种机制或手段，两者不是属于一个层次的问题，不好说结合一起。但公开发表的文章中，大家都使用这一提法，有些经济学家论证这一提法的科学性时说：这个提法同以前的"计划经济为主，市场调节为辅"的提法衔接起来了，这表明我们的改革不是削弱和放弃计划经济，而是要在坚持计划经济制度的前提下，实行一定的市场调节。但是不赞成这一提法的同志，认为这一解释实际上退回到中共十三大以前去了。但这是私下的议论。总之，理论界关于计划与市场关系的争论一直不停。这里简单介绍一下关于社会主义市场经济问题的讨论情况。

这个问题的讨论时间延续得很长，从改革开始以来一直在讨论。最近在邓小平同志讲话以后，总书记在党校的讲话以后，这方面的文章多起来了，但都是正面的东西，看不见不同的意见，而过去长期是不同意见在争论。改革之初，1979年4月在无锡开了一个会——社会主义经济中的价值规律讨论会。在这个会上就有人提出社会主义市场经济的概念。有赞成的，也有不赞成的。那个时候也曾经出现过市场经济与计划经济相结合的提法。到了中共十二届三中全会中央指出来我国经济是有计划的商品经济以后，在学习中共十二届三中全会关于经济体制改革的决定时，广东有一位老经济学家说，理论上要彻底一些，其实社会主义商品经济也可以叫做社会主义的市场经济。还有同志说，商品经济与市场经济这两个概念没有必要区分，要区分的是社会主义的市场经济和资本主义的市场经济。但与此同时，反对的意见也出来了。当时有一位教授这样讲,市场经济这个概念在西方的文献当中有确定的含义,日本经济学者的著作当中明确指出市场经济制度三原则:第一是私有制财产神圣不可侵犯;第二是契约自由的原则;第三是自我负责的原则。可见按照西方经济文献的解释,典型的市场经济就是资本主义经济。他进而认为:"社会主义有计划的商品经济不是市场经济。"这种争论延续了相当长时期,到了1988年,国务院批准广东作为综合改革试验区,广东省的经济学界为了在理论上作超前探索,举行了社会主义初级阶段的市场经济问题讨论会,明确提出了社会主义初级阶段的市场经济问题。会上取得了一个共识,认为世界上有以私有制为基础的资本主义市场经济,也应该有一个以公有制为基础的社会主义市场经济;曾经有过没有计划调控的自由市场经济,也应该有宏观调控的计划市场经济。我们应该研究和实践社会主义的市场经济。1988年下半年还召开过两次重要的全国性学术讨论会,一次是10月底开的全国经济体制改革理论研讨会,一次是12月开的纪念党的十一届三中全会十周年理论讨论会。这两个会上都有人提出要把商品经济的概念进一步发展到市场经济的概念。并且提出我们迫切需要确立社会主义市场经济的理论。这些是1989年初政治风波以前的事情了。这同前面讲的那时理论界在计划与市场问题上的大致趋向是一致的。当时在理论界两种意见都有,但是越来越多的同志倾向于强调商品经济是社会主义有计划的商品经济的两面中的更重要的一面,而且使用市场经济概念的同志也渐渐多了起来。

1989年春夏之后,在经济学领域正确开展对于以主张私有化为核心的资产阶级自由化思潮的批判的同时,有一些内部资料上也出现了对于社会主义市场经济观点的批判。一些西方国家把市场经济同私有制,同资本主义联系在一起,所以社会主义国家的许多政治家、科学家不随便把发展社会主义的商品经济说成是搞市场经济。可以讲发展商品经济，但不能搞市场经济。有人说，社会主义市场经济的提法不过是以资本主义的市场经济作为社会主义经济改革的模式而已。总而言之，这种意见把市场经济、计划经济与社会制度联系起来了，断言市场经济是资本主义的，社会主义搞市场经济就是搞资本主义。当然还有的同志不赞成这种观点，他们认为不能把市场经济的问题同社会制度联系起来，市场经济不过是现代商品经济或现代货币经济的"同义语"。有的经济学家讲，我国经济体制改革的实质是以市场经济为基础的资源配置方式来取代以行政命令为基础的资源配置方式。从这个意义上说，社会主义的商品经济也可以叫做社会主义的市场经济。两种不同的观点还是继续存在的。

我们再看看经济学界老前辈薛暮桥同志是如何看待这个问题的。薛暮桥同志在1991年1月11日对深圳《特区时报》的记者讲，要深入研究计划经济与市场经济的关系，过去认为前者是社会主义，后者是资本主义，这种理解是极不利于深化改革的。市场经济与市场调节是不是不能混淆的两种本质，我看尚待讨论。我认为本质相同，都不能等同于资本主义。只要保持生产资料公有制为主体，就不能说它是资本主义的市场经济。所以还是要以公有制来划分，不是以市场经济来划分。薛暮桥同志当时还说："这个问题现在还不成熟，有些还可能看作是理论的禁区，科学研究不应当有禁区，应当允许自由讨论，认真讨论这个问题而不是回避这个问题。"不同意见的讨论甚至交锋，对于深化我们的认识是必要的，有好处的，也是正常的。对于社会主义市场经济的两种意见，一直讨论到今年年初，邓小平同志到南方巡视，发表了精辟见解。邓小平同志说，市场经济不等于资本主义，社会主义也有市场；计划经济不等于社会主义，资本主义也有计划。

邓小平同志讲话后，那种把计划同市场，把计划经济同市场经济看成是制度性的观点开始消失了。但是在观念上要彻底解决这个问题还需要一个过程。这不只是在市场经济这个观念上，就是过去在商品经济这个观念上也是不容易转过来的。在改革初期，承认了社会主义要发展商品生产，要发展商品交换，但是就是不能够接受商品经济这个概念，认为商品经济是私有制的，从总体上说商品经济只能是资本主义的。从中共十一届三中全会一直到中共十二届三中全会花了几年功夫才把这个观念转变了过来。一个理论概念的转变是很不容易的。当年孙冶方提出社会主义利润的概念也碰到类似的困难。

我们在20世纪80年代提出了有计划的商品经济理论，对我国经济改革和发展的实践起了推进的作用。90年代由于我们改革的深入，特别是市场取向改革的深入，我们需要新的理论，这就是社会主义市场经济的理论，这个理论的出现必将推动我们改革和发展的进一步深化。

二 若干焦点问题

下面，我想就有关社会主义市场经济理论问题的讨论中人们关心的若干焦点问题，谈点个人的理解。

（1）社会主义商品经济的提法为什么要改成社会主义市场经济？有的同志在讨论中提问，我们已经有了社会主义商品经济的概念，为什么现在又要换成"市场经济"？"市场经济"与"商品经济"究竟有什么不同？有些经济学者写文章说：社会主义商品经济，就是社会主义市场经济。既然"就是"，那不过两字之别，用括号注明一下就行了，何必这么郑重其事地改过来呢？

我认为，这不单纯是两个字的改变，它有深刻的含义。首先要把商品经济和市场经济这两个概念的含义弄清楚。这两个概念既有联系，又有区别。简单地说，商品经济是相对于自然经济、产品经济而言的，讲的是人类社会经济活动中行为交换是否具有商品性，或者具有等价补偿的关系。通俗一点讲，就是我给你一个东西，你就得给我一个价值相等的东西，无论是价值相等的商品也好，价值相等的货币也好。而自然经济就没有这种等价补偿、商品交换的关系。产品经济是现代的概念，就是曾经设想过社会主义或者共产主义社会是个大工厂，没有货币，不要交换，不同的生产单位，不同的企业就像不同的车间。东西生产出来以后，产品由社会来分配、调拨各生产单位或社会成员凭本子按指标或定额去领取，没有等价补偿的关系。所以商品经济是相对于自然经济和产品经济而言的。

与市场经济相对应的是计划经济，这是作为资源配置方式来说的。这里我讲一讲资源配置。资源配置这个概念在我国过去是很少用的。现在用得越来越多了，因为这是经济生活中最中心的问题。这里讲的资源，不是指未开发的自然资源，而是人们可以掌握支配利用的人力、物力、财力和土地等经济资源。社会经济资源任何时候都是有限的，而社会对资源的需求却是众多的、无限的。所谓资源配置就是社会如何把有限的资源配置到社会需要的众多领域、部门、产品和劳务的生产上去，而且配置得最为有效或较为有效，产生最佳的效益，以最大限度地满足社会的需求。在现代的社会化生产中，资源配置一般有两种方式：一种是市场方式，另一种是计划方式。计划方式是按照行政指令，指标的分解、调拨由政府来配置。市场配置是按照市场的供求变动引起价格的变动，哪种产品价格高，生产该产品有利可图，资源就往哪边流。等到产品多了，供给大于需求，这种产品的价格就会掉下去，这时资源就会流到别的地方去，这就叫市场调节。如果说你这个资源配置方式是以计划为主，那么叫计划经济；如果以市场作为资源配置的主要方式，那么就叫市场经济。以资源配置方式来说，市场经济和计划经济是相对应的概念。

从以上的区分中，我们可以认识到，从逻辑的角度看，商品经济属于比较抽象、本质的内容层次，而市场经济则是更为具体、形象的形式层次。可以说市场经济是商品经济的一种高度发展了的现象形态。从历史发展的角度来考察也是这样。商品经济由来已久，在原始社会末期就有了萌芽，它存在于多种社会形态之中，演变到现代高度发达的程度。但不是在商品经济发展的任何阶段上都有市场经济。有商品交换当然要有市场，但那不等于市场经济。在古代及中世纪地中海沿岸有相当发达的商业城市，中国古代秦汉时期就有长安、洛阳、临淄等著名的商业都会，还有联结欧亚的丝绸之路，它们都离不开市场，但不能说已经形成了市场经济。国外古代城堡周围的地方小市场，我国一些边远落后地区至今仍有赶集、赶场，诚然，那些定期启合的墟、集、场也是市场，但都不能叫做市场经济，不过是方圆几十里住民调剂余缺的场所罢了。形成市场经济要有一定的条件，那就是商品和生产要素要能够在全社会范围内自由流动，配置到效益最优的地方和用项组合上去，这就要求废除国内的封建割据和形形色色阻拦资源自由流动的人为的障碍。商品经济发展到一定高度就需要一个统一的国内市场，并要逐步伸向世界市场。近代民族国家的形成和几乎同时发生的地理大发现，就是这种统一市场逐渐形成的历史背景，也是市场经济形成的历史背景，所以说，市场经济是商品经济高度发展的产物，这是从资源配置这一经济学基本观点提出来的。资源配置在经济生活中有极其重要的意义，我们是通过改革才逐渐认识到这一点的，1984年提出有计划商品经济概念时对这点了解得还有限。我们现在提出用市场经济概念代替有计划商品经济概念，就是强调要进一步发展商品经济，在资源配置的问题上，就必须明确用市场配置为主的方式来取代行政计划配置为主的方式，这也正是我国当前经济改革的实质所在，而这一实质是"有计划的商品经济"概念所不能涵盖和表达的。

再从认识发展过程来看，中共十一届三中全会提出有计划商品经济新概念，无疑是社会主义经济理论的一次重大突破，它具有推进历史的重大意义，但也不可避免地有一定的历史局限性。即如上所分析，它未能彻底解决计划与市场究竟何者为资源配置的基础性方式或主要手段的问题，以致人们在计划与市场关系的认识上不断发生摆动和分歧。人们仍然不能摆脱把计划经济与市场经济看作是区别两种社会制度范畴标志的思想束缚，这又阻碍了人们去深刻认识市场机制在优化资源配置和促进社会生产力发展中的不可替代的作用。1992年初小平同志南方谈话指出，计划经济不等于社会主义，资本主义也有计划，市场经济不等于资本主义，社会主义也有市场，计划和市场都是经济手段，计划多一点还是市场多一点不是社会主义与资本主义的本质区别。这一科学论断从根本上破除了把计划经济和市场经济看作是社会基本制度范畴的传统观念，诊治了我们在市场和市场经济问题上常犯的恐资病，启发了人们从资源配置这一基本经济学观点出发，去全新地思考把社会主义市场经济体制作为经济改革目标模式的问题。这无疑是社会主义经济理论继20世纪80年代初提出社会主义商品经济概念后，在90年代初发生的又一次重大突破。这一突破对今后我国改革开放和经济建设的实践将产生重大影响。

（2）既然计划和市场都是经济手段，为什么我们现在又把社会主义计划经济的概念变成或者发展成社会主义市场经济的概念？上面讲了为什么要从"社会主义商品经济"过渡到"社会主义市场经济",是为了说明我国经济改革的实质是在资源配置方式上用市场配置为主取代计划配置为主。但是这里有一个问题需要解释清楚:既然计划和市场都是经济调节手段,计划多一点还是市场多一点,都与社会制度无关,那么为什么我们不能在保持计划经济的体制下实行计划与市场的结合,而一定要改为在市场经济的体制下实现两者的结合呢?这就是说,为什么资源配置的方式一定要从计划配置为主转为市场配置为主呢?这个问题涉及到对作为资源配置两种方式各自的内涵和各自长短优劣的比较。经过多年的实践与观察,应该说这个问题越来越清楚。

的确,资源配置的计划方式和市场方式各有其长短优劣。计划配置一般是政府按照事先制定的计划,主要依靠行政指令的手段来实现。它的长处在于能够集中力量(即资源)办成几件大事,有可能从社会整体利益来协调经济的发展。但计划配置的缺陷主要在于:由于计划制定和决策人员在信息掌握和认识能力上的局限性,以及在所处地位和所代表利益上也难免有局限性,因此计划配置的方式就难免发生偏颇、僵滞的毛病,往往会限制经济活力,不利于资源的优化配置。市场配置一般是按照价值规律的要求,通过适应供求关系的变化,发挥竞争机制的功能来实现。它的长处在于能够通过灵敏的价格信号和经常的竞争压力,来促进优胜劣汰,协调供求关系,把有限的资源配置到最优环节组合上去。但市场配置也有其缺陷:市场调节具有自发性、盲目性和事后性等特点,它对于保证经济总量平衡,防止经济剧烈波动,对于合理调整重大经济结构,对于防止贫富悬殊、两极分化,以及对于生态环境和自然资源的保护等等,或者是勉为其难的,或者是无能为力的。

这样看来,既然计划与市场各有其长短优劣,我们就必须扬长避短,取长补短,把两者结合起来运用。但是讲到这里,仍然没有解答为什么要用市场经济体制来取代计划经济体制的问题。我认为，这个问题已经不是一个信念问题，也不是一个感情好恶的问题，而是一个实证性问题。就是说，要解答这个问题，就必须不再纠缠于市场经济和计划经济是姓社还是姓资的抽象理论上，而要切实考察这两种经济运行机制在世界经济竞技场上进行的历史较量，说明它们各自在什么条件下是资源配置的更为有效的方式，以及从整体上说何者更为有效。

纵观近代世界史，市场经济形成后促进了资本主义经济的大发展，但同时资本主义社会的内在矛盾也激化起来。市场经济发展到19世纪初叶，作为资本主义社会基本矛盾表征之一的周期性经济危机开始出现，此后愈演愈烈，造成工厂倒闭、工人失业等社会灾难。19世纪中叶后，社会主义的思想由空想变为科学，针对市场经济的这种弊端，提出了有计划分配劳动时间和计划经济的设想。这一设想到了20世纪初叶俄国十月革命后得以实现。第二次世界大战后，包括中国在内的一些国家也实行了计划经济。所有实行计划经济的国家，既有成功的经验，也有失败的教训。例如前苏联从一个经济落后的国家一度发展成世界第二号工业强国，取得了反法西斯卫国战争的胜利，战后经济恢复也快，这些都得力于计划经济。但是，20世纪60年代以后，随着经济规模扩大，经济结构复杂化，技术进步步伐加快，人民生活要求提高，前苏联计划经济本身管得过死、不能调动积极性的内在弊病逐渐暴露了出来，这导致了经济效率的下降和增长速度的缓慢。尽管在尖端科学、国防产业的某些领域还有某种程度上的领先，但从总体效率上说，在解决市场商品匮乏、满足人民生活需要等方面，前苏联传统的计划经济越来越显得一筹莫展。

反观西方资本主义国家，鉴于社会矛盾的日益激化，他们从19世纪中叶起开始寻找医治市场经济弊病的方法。随着股份制和支配垄断整个产业部门的托拉斯的出现，在一定范围内克服了生产的无计划性。1891年，恩格斯曾针对资本主义社会股份制和托拉斯的出现，指出："由股份公司经营的资本主义生产，已不再是私人生产，而是许多相结合在一起的人谋利的生产。如果我们从股份制可进而来看那支配和垄断着整个产业部门的托拉斯，那么，那里不仅私人生产停止了，而且无计划性也没有了。"二次大战时期，各国政府被迫实行类似计划经济的"统制经济"，对战时人力、物资、外汇等实行严格的管制，借此得以集中资源满足战争的需要。这些局部性、临时性的措施，当然不能阻止资本主义社会矛盾的发展。从1929年到30年代，西方世界爆发了大危机、大萧条，造成了资本主义和平时期的空前社会灾难，资本主义社会矛盾暴露无遗。于是出现了以罗斯福"新政"为代表的政府对经济的干预，和以凯恩斯的《通论》为代表的宏观经济管理理论。这一理论在"二战"后为西方各国普遍接受，政府通过财政政策、货币政策等手段对经济实行宏观调控，一些国家如法国、日本还搞了一些指导性计划，一些国家如瑞典、德国还搞了社会福利政策。尽管这些国家以私有制为主体的市场经济基础未变，因而不能完全摆脱资本主义社会基本矛盾的困扰，但上述政府宏观调控和社会福利政策的实施，缓和了周期性经济危机和社会阶级对抗，加上战后几次强劲的科技革新浪潮，使得现代资本主义的发展不仅能够"垂而不死"，而且还很有活力，已经不能再用19世纪的模式来理解它了。

从以上简短的历史回顾可以看到，市场经济和计划经济在不同的历史条件下都有成功亦有失败，各有千秋。但从总体效率的较量来看，现代市场经济与传统计划经济相比已被证明是更为有效的经济运行机制，传统的计划经济已被证明敌不过现代的市场经济，正是这个客观事实最终成为导致东欧剧变、苏联解体的重要因素之一。中国实行计划经济在第一个五年计划等阶段也是成功的，但后来也出现了物资匮乏、效率上不去的问题。中共十一届三中全会后，我们针对这些问题，及时采取了市场取向改革的步骤，而且事实证明，凡是市场取向改革越深入、市场调节比重越大的地方、部门和企业，经济活力就越大，发展速度就越快。改革10多年来，国家整体上经济实力增强了，市场商品丰富了，人民生活水平提高了。工农基本群众衷心拥护党，支持稳定，这是前几年中国在严峻考验中能够屹然站立，避免蹈苏联东欧覆辙的一个重要因素。这也从一个方面表明，中国选择以市场为取向的改革道路是明智的。

从历史的回顾中，我们还得出一个结论：计划经济是不能一笔抹杀的，它有它一定的适用范围，在一定的历史条件下，它是更有效的。那么，计划经济适用的历史条件是什么呢？第一是经济发展水平较低、建设规模较小的时候（如"一五"时期156个项目的建设）；第二是经济结构、产业结构比较简单的时候（如非公有经济成分消灭了，主要发展重工业）；第三是发展目标比较单纯、集中的时候（如战时经济、战备经济，解决温饱问题）；第四是发生了除战争以外的非常重大事故的时候（如特大的灾害，特大的经济危机）；第五是闭关锁国、自给自足的时候。在这些条件下，计划经济比较好搞，也很管用。但是，一旦经济发展水平提高了，建设规模扩大了，经济结构和产业、产品结构复杂化了，发展目标正常化多元化了（把满足人民丰富多彩的生活需求和提高以科技、经济为中心的综合国力作为目标），对外开放使经济逐渐走向国际化了，在这样的情况下，以行政计划配置资源为主的计划经济就越来越不适应，必须及时转向市场配置资源为主的市场经济。这正是我国经济目前面临的形势和任务。20世纪80年代，我国经济已经跨上了一个大台阶，

90年代，我们要抓紧有利时机，在优化产业结构、提高质量效益的基础上加快发展；还要进一步扩大开放，走向国际市场，参与国际竞争。这就要求我们更加重视和发挥市场在资源配置中的导向作用，建立社会主义市场经济新体制。在这个基础上，把作为调节手段的计划和市场更好地结合起来。在配置资源的过程中，凡是市场能解决好的，就让市场去解决；市场管不了，或者管不好的就由政府用政策和计划来管。现代市场经济不仅不排斥政府干预和计划指导，而且必须借助和依靠它们来弥补市场自身的缺陷，这是我们在从计划经济转向市场经济时须臾不可忘记的。

（3）既然市场经济不是制度性的概念，那么为什么要在市场经济前加上"社会主义"的定语？社会主义市场经济区别于资本主义市场经济的特点是什么呢？海外人士也有这样提出问题的，中国搞市场经济就行了，何必要社会主义。这样讲，要么是有其用心，要么就是不了解中国以市场为取向的经济改革，其目的其内容都是社会主义制度的自我完善，而不是照抄照搬西方市场经济。海内人士提出这个问题，是认为从运行机制上说，市场经济在两种社会制度下没有什么差别，如果说有所不同，那也不是市场经济本身的问题，而是两种社会制度基本特征不同带来的。所以，有的同志主张不叫"社会主义市场经济"，而叫"社会主义制度下"或"社会主义条件下的市场经济"。我认为，这个意见不是没有道理，但为减少文字，我们也可以约定俗成，用"社会主义市场经济"概念来表述"社会主义条件下"或"社会主义制度下的市场经济"。再者一些共性的范畴，体现在具体的事物中，往往呈现出特殊性来，在共性范畴前面加上特殊性的定语，也是通常的做法。例如我们通常使用的"社会主义现代化"、"社会主义企业"等概念就是如此。对于社会主义条件下的市场经济，不妨使用"社会主义市场经济"的称谓，因为社会主义市场经济与资本主义市场经济确实既有共性，也有特殊性。即使同是资本主义的市场经济，德国的市场经济不等同于法国的市场经济，日本的市场经济也不等同于美国的市场经济。何况社会主义国家的市场经济，当然有不同于资本主义市场经济的差异和特征。社会主义市场经济与资本主义市场经济的共性我们在前文的论述中已多次涉及了，如价值规律、供求关系、价格信号、竞争机制在资源配置中的作用等等。其差异主要是由于市场经济不能脱离它存在于其中的社会制度的制约。社会主义市场经济不同于资本主义市场经济的特点，是受社会主义制度的本质特征决定的，特别是它同社会主义基本经济制度是紧密联系在一起的。

我国社会主义制度的基本特征，从政治制度上说，最重要的是共产党和人民政权的领导。这个政权从总体上说不是为某些集团或个人谋求私利，而是以为全体人民利益服务为宗旨的。在基本经济制度上，所有制结构是以公有制（包括国有制和集体所有制）为主体，个体、私营、外资经济为补充，不同所有制可用不同形式组合经营，各种经济成分和经营形式的企业都进入市场，平等竞争，共同发展。国有经济的主导作用要通过市场竞争来实现。与所有制结构相适应，社会主义的分配制度以按劳分配为主体，按其他生产要素分配为补充，兼顾效率与公平，运用市场机制合理拉开差距，刺激效率，同时运用多种调节手段，缓解分配不公，逐步实现共同富裕。社会主义制度的这些基本特征，不能不通过注入较多的自觉性和公益性，对市场经济的运转产生重要的影响。由于有共产党的领导，有公有制为基础，有共同富裕的目标，我们在社会主义市场经济的运行中，更有可能自觉地从社会整体利益与局部利益相结合出发，在处理计划与市场的关系、微观放活与宏观协调的关系以及刺激效率和实现社会公正的关系等方面,应当也能够比资本主义市场经济更有成效,做得更好。对此我们充满信心,因为通过全面改革的努力,这些是能够实现的。

建立社会主义市场经济的体制是一项非常复杂的系统工程,包括许多相互联系的重要方面的改革。一是企业机制的改革,特别是转换国有大中型企业的经营机制,要通过理顺产权关系,实行政企分开,把企业推向市场,使之成为真正自主经营、自负盈亏、自我发展、自我约束的法人实体和市场竞争主体。二是市场机制的培育和完善,不仅要发展商品市场,还要培育生产要素市场,加快建立以市场形成价格为主的价格机制,同时建立一套规范而科学的市场规则和管理制度。三是建立符合市场经济要求又遵守社会主义原则的社会收入分配机制和社会保障制度。四是宏观调控体系和机制应建立在市场作用的基础上,相应减少政府对企业的干预,由过去直接抓企业的钱、物、人的微观管理为主,转到把重点放在做好规划、协调、监督、服务,以及通过财税金融产业等政策搞好宏观管理上来,这方面政府职能的转变十分关键,没有这个转变,以上各方面的改革都难以深化。这些方面的每一项改革也都是一个复杂的系统工程,这里就不一一细说了。总之,建立社会主义市场经济的体制不可能一蹴而就,而是一个需要做长期艰苦细致工作的过程。它要求我们全党、全民及社会各方面共同努力,在过去十多年市场取向改革已有成就的基础上,继续大胆探索、勇于试验,及时总结经验,把我国新的经济体制的转换顺利推向前进。这样可以大大促进建设有中国特色的社会主义的进程,使我国经济发展的第二个、第三个战略目标提前实现。

略论两种模式转换*

1978年底以来，在小平同志提出的"解放思想，实事求是"的思想路线指引下，在两个三中全会决议和中央一系列方针政策的指导下，我国经济生活经历了并在继续经历着多方面的深刻变化。这些变化概括起来可以归结为两种模式的转换，即发展模式的转换和体制模式的转换。

经济发展模式的转换

先从发展模式的转换讲起。经济发展模式包含发展目标、发展方式、发展重点、发展途径等方面的内容。十一届三中全会以前，我国经济发展的主要目标，往往是以尽快的速度求得经济的增长，与此相应，采取了不平衡的发展方式，其重点放在以重工业为中心的工业化上，并采取了外延为主的发展途径。这种模式尽管在过去有着它的历史背景和缘由，但其实现往往伴随着：一方面积累挤压消费，一方面投资膨胀又带动消费膨胀，从而反复

---

* 本文发表于《世界经济导报》1985年8月26日。

出现社会总需求超过总供给的局面。这种情况，使得经济效益长期上不去，人民生活的改善同付出的代价远不相称。因此，30年中我国社会主义经济发展虽然取得不少成绩，但是经过几起几落，很不理想。

近几年来开始出现的我国经济发展模式的转换，首先表现在发展目标上，从片面追求高速增长开始转向以提高经济效益为前提，以提高人民生活为目的的适度增长。与此相应，采取了相对平衡的发展方式，其重点置于国民经济薄弱环节和基础环节，如农业、能源、交通、科技、教育等方面，并且向以内涵为主的发展途径过渡。新的发展模式的要旨，就是要使速度、比例、效益有一个较优的结合。实现这一发展模式，要求积累的适度，并与消费相协调，以保持一个总供给略大于总需求的宽松局面，从而保证国民经济持续、稳定、协调、高效增长。

经济体制模式的转换

再看体制模式的转换。经济体制模式，一般包含所有制结构、决策权力结构、动力和利益结构、经济调节体系和经济组织结构等方面的内容。我国过去的旧体制模式，基本上是实物分配型的集中计划经济模式。在所有制结构上，向"一大二公"的单一经济形式偏颇；在决策权力结构上，权力过度集中于国家行政机构手中；在动力和利益结构上，单纯依靠政治思想的动员，实行两个大锅饭制度；在经济调节体系上，主要是行政指令的直接调节；在经济组织结构上，政企不分、条块分割、纵向隶属关系为主。这种旧的体制模式的形成，当然也有其历史背景和缘由。但其运行，一方面遏制了企业与劳动者的积极性，影响微观效益；一方面反复引起以预算约束软弱为基因的、以投资膨胀为枢纽的总需求扩张和国民收入超分配的紧张局面,带来宏观失控。这种僵化的体制模式,是30年中我国经济发展不够理想的又一个重要原因。

几年来从农村改革开始,逐渐推及于城市改革的经济体制模式的转换,其实质是从实物分配型的集中计划经济体制向商品交换型的计划经济体制的转换。它包含:从片面追求"一大二公"转向公有制为主体的多种经济形式经营方式并存的所有制结构;从单一的国家决策转向国家、企业和个人的多层次决策结构;从单纯依靠政治思想动员转向重视物质利益关系的动力和利益结构;从行政指令手段为主转向经济参数手段为主的调节体系;从条块分割、纵向隶属关系为主转向政企开分、横向经济联系为主的组织结构。新的体制模式的要旨,是围绕增强企业的动力与压力,把微观经济搞活,宏观经济控住。这一模式的彻底实现,既能充分调动企业和劳动者的积极性,又能根治投资饥渴、数量扩张等旧模式的痼疾,有利于总需求和总供给的调控,为发挥企业活力提供一个良好的宏观环境。

两种模式转换密切相关,互相影响、互相制约

经济体制模式从属于经济发展模式,但两者又是互为条件、互相制约的。以高速增长为主要目标,以外延发展为主要途径的发展模式,必然要求高度集中的、行政指令直接调节为主的体制模式。以满足多样化消费需求为目的、以提高经济效益为前提的适度增长和以内涵途径为主的发展模式,则要求较多的分散决策和以经济手段间接调节为主的体制模式。反过来说,传统体制模式内在的数量扩张、投资饥渴等痼疾,又是支持传统发展模式中追求高速增长和外延发展的动因。只有在新的体制模式中随着软

预算约束的硬化和上述痼疾的治愈，新的发展模式才有可能最终确立。

因此，目前我国经济大变动中同时进行的两种模式转换，必然是密切相关，互相影响、互相制约的。不可能指望两种模式转换是短时间里可以很快完成的行动，它们是一个非常曲折复杂的、需要相当时间才能完成的过程。传统模式和传统观念的惯性、能上难下的利益刚性以及转换过程中的预期不确定性，都会影响人们的经济行为，从而影响模式转换的进程。

经济体制改革需要一个较宽松的经济环境，即总供给略大于总需求的、有限的买方市场

现在，越来越多的人们认识到，经济体制改革的顺利进行，需要一个比较宽松的经济环境，即总供给略大于总需求的有限的买方市场的条件。这正是新的发展模式所能创造的局面。前几年，开始模式转换的初期，随着实行经济调整方针的见效，确曾出现某些买方市场的良好势头。但是，由于旧模式中追求产值速度的惯性时时冒头，投资饥渴、数量扩张的欲求仍然存在，过去长期约束消费的禁锢又一一冲破，再加上松绑放权的同时宏观调控机制未能及时配套启动，因此，前几年曾经出现的买方市场势头时起时伏，一直不很稳固。

特别是1984年第四季度以来，随着总需求的猛增和经济发展的超速，国民经济重新出现过热的紧张局面。明白了它的由来，就不必大惊小怪。但是，不能不看到，发展模式转换过程中出现的这种反复，不能不影响到体制模式转换的进程。如果我们不必同时应付经济过热和通货膨胀的威胁，今年我们在价格、工资以及其他方面改革的步子，是可以比实际迈出的步子更大些的。

目前经济工作的重点应首先放在稳定经济上,同时进行一些国民经济能够承受的、为稳定经济必需的改革

经济体制改革是我国当前压倒一切的任务。不少同志指出,解决目前经济紧张问题所采取的措施,应当有利于改革而不应为进一步的改革设置障碍。从长远看来,要彻底解决反复出现的经济过热的问题,也必须把改革进行到底。从两种模式互为条件、相互制约的关系来看,上述观点无疑是正确的。但是,如果由此认为,应当趁着目前需要稳定经济的时机,加快改革的步伐,全面推进改革,那就需要斟酌了。在目前经济紧张的问题尚未有效解决的情况下,如果放大改革的步子,在改革上全面出击,那就会更加增加国民经济已经很沉重的负荷,不利于理顺和稳定经济,有损于改革的名誉,为进一步的改革增添障碍。所以我认为,目前经济工作的重点,应当首先放在稳定经济上,同时进行一些国民经济能够承受的、为稳定经济所必需的改革,以巩固和发展已经获得的成就,应该动用双重体制并存中一切真正有效而不是臆想有效的手段,有区别地而不是一刀切地把投资需求和消费需求抑制住,把过热的经济稳定下来,为进一步的改革创造一个良好的经济环境。总的来看,这样做,改革的步伐会比不这样做更快一些,经济的发展会更健康一些。新的具有中国特色的社会主义的经济发展模式和经济体制模式的最终确立,必将更大地推进我国社会主义现代化事业。

试论我国经济的双重模式转换[*]

发展模式和体制模式的双重转换

中共中央关于制定"七五"计划的《建议》,把经济建设和经济改革很好地结合起来。文件中规定的发展战略和改革方针,对推进目前我国经济的双重模式转换,将起着十分重要的作用。

十一届三中全会以来,特别是"六五"期间,我国的经济生活经历了并在继续发生着多方面的深刻变化。这些变化可以概括为双重模式转换,即经济发展模式的转换和经济体制模式的转换。经济发展模式的转换,就是从过去以高速增长为主要目标、外延发展为主导方式和以重工业为中心的不平衡发展战略,逐步转向在提高经济效益前提下,以满足人民需要为目的的适度增长,以内涵发展为主导方式和合理配置资源的相对平衡发展战略。在经济发展模式的转换过程中,总的看来,"六五"期间我国经济持续稳定增长,主要比例关系趋向协调,经

---

[*] 本文发表于《人民日报》1985年11月4日。

济失衡状况有所缓和，人民的需要得到比以往任何时期更好的满足，提高质量效益和强调内涵发展的课题也已经提上议事日程，并已初见成效。

在经济体制模式转换方面，我国过去的经济体制基本上是行政指令型的集中计划经济模式。过度集中的决策权力结构，直接控制为主的调节体系，平均主义的利益结构，以及政企不分、条块分割、纵向隶属关系为主的组织结构，构成了旧体制模式的特征内容。几年来从农村开始，逐渐推及于城市的经济体制改革，其实质是从行政指令型的计划经济模式转向计划与市场结合型的有计划的商品经济模式。以增强企业活力为核心的多层次决策结构，以经济手段间接控制为主的调节体系，把物质利益原则与社会公正原则结合起来的利益结构，以及政企分开、横向经济联系为主的组织结构，则构成了新体制模式的特征内容。"六五"期间，体制模式的转换，在农村取得了明显的效果，以城市为重点的全面改革逐步展开，行政指令型的计划经济模式正在向有计划的商品经济模式逐步转化，在集中与分散、计划与市场的关系上，探索着搞活经济的道路，经济生活出现了前所未有的活力。

双重模式转换过程中的矛盾

在充分估计我国经济建设和经济改革几年来取得的巨大进展的同时，也要看到，我国经济的双重模式转换还起步不久，传统模式的作用和影响远未消除，而新模式的运行机制也远未完善。因此，无论在经济建设中和在经济改革中，都还存在许多有待解决的问题。由于旧的发展模式中追求产值速度的惯性时时冒头，旧的体制模式中投资饥渴、数量扩张的痼疾依然存在，而过去约束消费需求的禁锢又一一冲破，再加上宏观控制未能跟上微观放活，减少行政指令控制范围的同时缺乏必要的市场协调机制，因而在经济发展过程中也出现了某些不稳定的因素。去年第四季度以来，随着总需求的猛增和经济增长的超速，国民经济重新出现了旧模式中常见的发展过热的紧张势态。此外，虽然几年来主要比例趋向协调，但产业结构和产品结构的某些失衡远未消失，跟不上消费结构从温饱型向选择型的过渡。质量效益和内涵发展问题虽已提上议事日程，但重量轻质和铺新摊子之风并未稍衰。这些结构性的因素又加重了稳定经济的难度。发展模式转换过程中出现的这种反复，不能不影响到体制模式转换的进程。如果我们不必同时应付经济过热和通货膨胀的威胁，这一两年我们在价格、工资以及其他方面的改革上迈出的步子，是有可能比实际迈出的步子更大一些的。

这样看来，目前我国经济生活中存在的问题，是在双重模式转换的摩擦中产生的。一般地说，经济体制模式与经济发展模式是互为条件、互相制约的。强调数量增长和以外延方式为主的发展模式，必然要求高度集中的、主要依靠行政指令进行直接控制的体制模式；而以满足多样化需求为目的、强调质量效益和以内涵方式为主的发展模式，则要求较多的分散决策和主要依靠经济参数进行间接控制的体制模式。从另一方面说，传统体制模式内在的数量驱动、投资饥渴等痼疾，又是支持传统发展模式中追求高速增长和外延发展的动因。只有在新的体制模式下随着上述痼疾的治愈，新的发展模式才能最终确立。

因此，目前我国经济大变动中同时进行的双重模式转换，是一个非常曲折的过程。这不仅因为两种模式转换之间的摩擦，还由于两种模式转换各自存在的内在矛盾。就发展模式说，我国当前经济正在从落后的农业经济和先进的非农业经济并存向现代化的经济转变，一方面城市经济和大工业经济已经明显出现了内涵发展的巨大潜力，另一方面，以充裕的农村劳动力资源为背景，我国乡镇经济外延型增长的前景十分广阔，因而构成了经济发展模式鲜明的二元结构。同时，大量农村人口从农业经济向非农业经济的转移，将给我国的经济增长和经济结构、消费增长和消费结构带来巨大的变化和新的压力，从而增加了发展模式转换本身的摩擦。再从体制模式上看，由于我国生产力水平比较低，地广人众，发展极不平衡，管理人才和经验缺乏等原因，我国经济体制改革不能采取"一揽子"方式，只能采取"渐进式"和"小配套"方式，这就不可避免地在一段时期内出现新老双重体制并存的局面。逐步推进方式和双重体制的逐步消长可以避免改革中的大震动，但是两种不同体制的混杂，也会使经济的运行遇到一系列棘手的问题。这种二元结构和双重体制的关联，更增加了双重模式转换过程的复杂性。

把双重模式的转换进一步推向前进

双重模式转换的全部机制及其运转的规律性，需要我国经济学界进行多方面的探讨。本文下面要提出讨论的是：面对当前经济生活中存在的问题，"七五"期间应当如何处理经济建设与经济改革的关系，把双重模式的转换进一步推向前进。

"七五"时期的三条主要任务，最重要的一条就是为经济体制改革创造良好的经济环境和社会环境，使改革顺利进行。现在，越来越多的人们认识到，经济体制改革需要一个比较宽松的经济环境。这里首要的一个问题就是增长速度的安排不能过高。过高的速度带来经济生活的紧张，对社会风气也有不利影响。在这种经济环境和社会环境下，经济体制改革是难以正常进行的，而且过高的速度超过国力承担能力，是不可能支持下去的。因此，按照《建议》的规定，"七五"期间要把目前过高的速度转入正常的速度。为此，必须继续解决固定资产投资规模过大和消费基金增长过猛的问题，以控制社会总需求。在控制固定资产投资总规模的前提下，调整投资结构和产业结构，把建设重点切实转到现有企业的技术改造和改建扩建上来，把提高经济效益和产品质量放到十分突出的地位上，坚决走内涵为主的扩大再生产的路子。只有在经济建设上坚持上述方向，推进发展模式的转换，才能为经济改革创造良好的环境，从而推进体制模式的转换。

前面说过，发展模式和体制模式是互为条件、互相制约的。一方面，经济建设的安排要有利于体制改革的进行；另一方面，新的建设方针的贯彻和实现，也离不开体制改革的配合。并且，改革的意义不仅在于当前，更重要的是为下一个十年和下一个世纪的前五十年奠定经济持续稳定发展的良好基础。因此，按照《建议》的要求，"七五"期间应当坚持把改革放在首位，力争在今后五年或者更长一些的时间内，基本上奠定有中国特色的新型社会主义经济体制的基础，把体制模式的转换往前大大推进一步。

为此，"七五"计划《建议》在经济体制和调节手段方面，提出了一整套改革的方针和任务。"七五"期间的改革任务，归结起来，就是在进一步完善微观经济活动和机制的同时，从宏观上加强对经济活动的间接控制。因此，正确处理宏观管理改革和微观机制改革的关系，可以说是进一步推进体制模式转换的一个核心问题。对于这个问题，人们有不同的认识，从模式转换的角度来看，至少有以下三点是需要辨明的。

正确认识和处理宏观改革和微观改革的关系

第一点是,有的同志认为,微观上放开搞活是改革的前进,宏观上加强控制则是改革的后退。这是对宏观控制的误解。首先,我们的改革是要建立"有计划的"商品经济模式,而不是"无计划的"商品经济模式。如果说微观上放开搞活是新模式中发展商品经济所要求的,那么宏观上加强控制则是新模式中实现"有计划的"所要求的。其次,微观搞活只能是企业或者局部搞活,而宏观控制才能保证总体或全局搞活。如果只有微观搞活而无宏观控制,整个大局就会混乱,微观搞活也是一句空话。所以,微观上放开搞活固然是改革,是前进;在实行商品经济的条件下搞好宏观控制,同样也是改革,是前进。

第二点是,有的同志认为,既然宏观管理也要改革,那么,当前稳定经济的措施,就不能采用作为旧模式特征的直接行政手段,只能采用作为新模式特征的间接经济手段。这是对新体制模式的一种误解。当然,新模式是以间接控制手段为特征的,我们在改革中应当尽可能扩大经济杠杆的作用范围。但是新的体制模式并不排除在某些场合运用直接的行政控制手段的必要性,尤其是在当前模式转换过程中,市场机制还很不完善,企业对经济参数(例如利率等)变动的反应还很不灵敏,在这种情况下,对经济活动的宏观控制就不能不在某些范围借助于直接的行政手段(例如规定信贷额度等)。在目前模式转换过程中新旧体制并存的条件下,只有在一定范围内运用并强化某些直接控制手段,才能够达到稳定经济的近期目的,这将为改革的顺利进行创造良好的环境,对于尔后减少直接控制,增强间接控制,从而推进向新模式的转化,是有积极意义的。

第三点是，有的同志认为，微观经济改革和宏观经济改革，应当是分阶段地交叉进行的，过去阶段的改革主要是微观上放开搞活，今后要用一段时间着力于宏观上加强控制，再以后进一步搞活微观经济。其实，宏观经济与微观经济是不能截然分开的。宏观的总量及其变动是由微观的个量及其变动构成的，宏观管理的意图要通过微观经济活动来实现。过去我们对宏观经济与微观经济水乳交融的密切关系认识不足，前一个阶段的改革确实偏在微观搞活方面，没有把宏观控制配套跟上，因而带来某些失控现象，这主要是由于经验不足，而决不能说是理当如此的。今后加强宏观控制，应当着力于发挥经济杠杆的作用；但是如果没有微观经济的灵敏反应，经济杠杆的作用就难以充分发挥出来。如果市场机制（包括商品市场、资金市场、技术市场、劳务市场等）很不完善，经济参数（包括价格、利率、汇率等）严重扭曲，企业的财务预算约束十分软弱（旧体制中的既不负盈又不负亏，或者双重体制下的只负盈不负亏），如果这些状况没有根本改变，微观经济的灵敏反应也是难以指望的。所以，今后宏观管理的改革，必须与微观机制的改革同时进行。不仅减少直接控制微观经济的范围、程度和步骤应当同国家加强间接控制的能力互相适应，而且国家加强间接控制的范围、程度和步骤也要同企业增强灵敏反应的能力互相适应，否则宏观管理的改革是难以奏效的。为了解决好宏观管理与微观机制的配套改革，不仅要在国家管理经济逐步由直接控制为主向间接控制为主的转化上下功夫，而且同时要在企业经营逐步由不负盈亏或者只负盈不负亏向真正自负盈亏的转化上下功夫，还要在市场体系方面逐步由局部的分割的市场向全面的统一的社会主义市场的转化上下功夫。

正是为了促进这些转化，基本上奠定有中国特色的新型社会主义经济体制的基础，"七五"计划《建议》突出了企业改革、市场改革和国家控制手段的改革这三个互相联系的方面，要求在"七五"期间抓紧抓好。围绕这三个方面，配套地搞好计划体制、价格体系、财政体制、金融体制和劳动工资制度等方面的改革，以形成一整套把计划和市场、微观搞活和宏观控制有机地结合起来的机制和手段。这个问题解决好了，就可以实现经济发展速度、比例和效益的统一，实现整个国民经济的良性循环。新的具有中国特色的社会主义经济体制模式和发展模式的最终确立，必将大大推进我国社会主义现代化建设事业。

转变增长方式　加快体制改革[*]

随着中共十四届五中全会的召开和《中共中央关于制定国民经济和社会发展"九五"计划和 2010 年远景目标的建议》（以下简称《建议》）的公布，"推进经济增长方式转变"成了经济界和理论界的热门话题之一。为此，记者找到著名经济学家、社会科学院特邀顾问刘国光，讨论对于"经济增长方式转变"的战略性任务究竟该怎么理解。

今年 72 岁的刘国光，是我国经济学界最早提出经济增长方式转换主张的学者之一。他早年毕业于西南联合大学，曾经获得过莫斯科经济学院的副博士学位。从 1982 年到 1993 年，刘国光曾在中国社会科学院副院长的位置上工作了 11 年，而这并没有影响他在学术领域继续探索。1985 年 11 月，刘国光在《人民日报》发表专文《试论我国经济的双重模式转换》，提出中国应从"过去以高速增长为主要目标，外延发展为主导方式"的发展战略，逐步转向"以内涵发展为主导方式"的发展战略，

---

[*] 本文系作者接受《中华工商时报》记者胡舒立、吴鹏专访时的谈话，发表于该报 1995 年 10 月 11 日。

在海内外引起不小反响。我们的采访就是从这里谈起，直接进入主题的。

记者：这次五中全会通过的《建议》，提出"增长方式转变"的任务。记得你比较早就提出过类似的主张，对这个问题有相当研究，可不可以谈谈你的看法呢？

刘国光：所谓增长方式的转变就是由过去的外延、粗放为主的增长方式向内涵、集约为主的增长方式转变。这确实并不是从现在才开始讲的。十一届三中全会以后，中国经济就进入了一个新的发展阶段。在80年代中期，经济界、理论界，包括我个人在内，就提出过双重模式转换，一重是经济体制的转换，即由过去传统的高度集中的计划经济模式转向市场取向的经济模式。另一重是发展战略转换，其含义要比现在所讲的经济增长方式的转换含义宽一些，包括生产目的的转换、产业结构的转换、消费和积累关系的转换、发展策略的转换、管理制度的转换和发展方式的转换等。其中发展方式的转换实际上就是现在所提的增长方式的转换。

经过十几年的改革开放，上述所提出的一整套转换从效果上来看有很大进展，形势不错，但在增长方式的转换上遇到的困难也比较突出。外延、粗放型的经济增长方式以追求数量、规模、速度、产值为目的，其手段是投入，包括资金、物资和劳动力的投入，而对于经济发展的质量、效率和效益重视不够。而内涵、集约型的经济增长方式则要求通过技术更新改造、管理的提高、生产的集约、人的素质的提高，来求得质量和效益的提高。这点我们即使到现在还是重视不够的。有专家测算过，改革开放以来，我们的经济增长72%是靠投入取得的，只有28%是靠技术进步取得的。这与发达国家相比有很大差距，目前发达国家经济增长50%—70%是靠技术进步取得的，比较好的发展中国家的经济增长平均30%也是靠技术进步取得的。

记者：说起来，经济发展要重效益、重质量，这个要求已经提了十几年了，现在说增长方式转变，仅是换了个新提法。中央《建议》把这个转变提得这么高，等同于经济体制的转变，是不是表明现在推进增长方式转变有特殊的迫切性？

刘：可以这么说。我们过去长期的经验证明，外延、粗放的发展必然要反复引起经济过热和通货膨胀，反复引起经济波动。我们改革开放以来，经济的反复已经四次了，每一次反复都要带来损失，使经济的持续健康发展受到影响，而且经济规模越大损失越大。我们现在经济又上了新的台阶，经济规模更大了，将来还要大，所以总这样波动不行。小波动不可避免，但应当避免大的波动。反复通胀是外延式发展、追求数量造成的。此外，我们现在面临发展的新阶段，人们的收入水平从低收入向中等收入迈进，消费档次提高了，消费结构发生变化，一般轻工业不能满足，需要大量的基础设施建设和大量的重化学工业，需要消耗大量的能源。如果按过去的消耗，我们的资源根本承受不了。按国民生产总值与消耗的能源来比较，我们大约要比日本多四倍。中国人口那么多，市场那么大，在人均资源这么低的情况下，根本就难以为继，所以必须要强调集约，强调技术进步，强调能源和原材料节约，不然经济很难上新台阶。

记者：不过中国现在经济发展速度这么快，总量不断扩大，在国外还是非常引人关注的……

刘：可是，世界经济发展到今天，国家间的国力竞争并不仅仅表现在总量上的，更多的是在质量上，在人均劳动生产率上，在这些方面我们与世界发达国家的差距就太大了。即使在总量进入世界前位后，我们的人均水平仍然差距很大，到21世纪末能不能赶上发达国家也是问题。与此同时，发达国家的某些人士因为看到我们的总量发展很快，担忧所谓"中国威胁"，造成一种形势扼制我们发展。所以我们应当强调差距，应把主要的注意力放在提高质量、效益和人均水平上来，把我们自己和世人的注意力引到这方面来。这还有益于我们与国外更好地做生意，实现经济互补。对于中国妥善处理国际关系也是有利的。

记者：其实应当说，改革开放十几年来，我们国家对发展方式的转换一直是比较重视的。回过头来看，为什么进展不大？其中的难点何在？

刘：这里面原因很复杂，有体制上的，也有国情上的。我看主要是这样四个原因：首先是各级政府和官员的政绩考核，事实上是与各地的经济发展速度、规模有关系。第二是政企不分的旧体制还没有完全退出历史舞台，企业投资预算软约束。第三是企业素质较低，没有力量，也没有兴趣进行技术改造和创新。第四是城乡劳动力较多，需要解决庞大的就业问题。单纯地提高劳动生产率，提高劳动效率，在中国还是不行的。这么多劳动力就业如何解决？

记者：你说到体制原因，那么在体制转变和增长方式转变之间，显然应当让体制转变先走一步了？两者的关系怎么摆比较适当？

刘：我觉得经济增长方式的转换与体制转换是密不可分的，必须互相促进、同步前进。在这里，经济增长方式的转变确实要以体制转变为前提，没有体制转变的准备，经济增长方式转变就转不过去。体制上障碍不解除，技术进步也不可能。在中国，主要是整个经济中最重的一部分——国有部分还是老体制，没有转过来，拖了整个经济的后腿。所以增长方式转换的任务也是主要在国有体制内部。当然增长方式转换本身还要在发展规划方面体现，在产业结构、科教规划、投资规划、地区布局上都要体现出来。总之，这是两个密不可分的、具有全局意义的转变。

记者：你认为在中国非投入型增长的潜力中，近期哪一块比较大一些呢？是制度带来的增长还是技术带来的增长？

刘：我看制度更重要。当然技术也很重要，不过二者的关系，和我讲的两个转换的关系是一样的。体制上的障碍不解除，技术进步是很困难的。企业搞技术开发的积极性和压力都要从制度中来。所以，我认为二者都很重要，但当前更为迫切的是深化改革，特别是国有部分的改革，加快体制转换的步伐。

记者：去年12月，我采访过美国很著名的经济学家保罗·克鲁格曼，他就认为中国的经济在总量上当然越来越庞大，但在下世纪前30年仍不可能成为世界上最强大的经济之一。理由就是我们的经济质量不行。他还觉得即使是亚洲"四小龙"，其增长方式也还是投入驱动型的，所以"四小龙"的增长后劲也很成问题，其经济发展近几十年内不会超过西方发达国家。可这又引出了一个问题：即使"四小龙"在增长方式上也还不是美国那种效率型的，中国在今后相当长的时间里，以投入为主的增长方式恐怕仍然不可避免地是一种主要增长方式吧？

刘：改进技术、改进管理、提高效益当然是一个长过程，经济发展最初要更多地靠投入，也是符合经济规律的。中国人口多，有加大劳动力的投入的条件；另外中国的储蓄率很高，外资环境也比较好，应当说也有资金投入的条件。这些条件，加上世界产业重组，加上政策上的因素，促使我们在一定时期以投入为主，是一个客观上不可避免的过程。而效率的提高、内涵的发展也要有个过程。

记者：那么在中国现阶段的实际条件下，根据我们的国情，内涵、集约型经济增长应当占什么样的比重才是比较合理的呢？

刘：这也是很难说的，还要看我们的人口控制情况，劳动力资源的增长情况。因为中国和西方不一样，西方现在劳动力短缺，我们是劳动力过剩，所以不能把内涵和集约的因素一下子提得太高。这里还有个比较优势问题。我们从劳动密集到资本密集、技术密集，到底是什么样的搭配合适，通过什么样的步骤来改变这种搭配，是个目前并没有答案，需要在实践中认真摸索、认真研究的问题。这是中国国情决定的。当然我想我们至少不应当低于发展中国家平均水平。另外还有一个时间问题，到2050年，集约的比重就要高一些了，但到2000年，恐怕高不了多少。具体的比例要由搞计量经济学的专家来计量和回答。

记者：从这样的分析来看，就是在中国国内，各地情况不一样，推进增长方式的转变也应当防止"一刀切"了。对吗？

刘：可以这么说，增长方式的转变不能搞"一刀切"，不能所有的部门、地方、产业、场合，在任何时候都一拥而上，大家都去搞技术更新改造。新建扩建也还要，既然有那么多劳动力，就要上新项目，提供就业机会。另外该建的基础设施摊子还要铺开。此外还有地区布局的问题，还有新兴产业的发展问题。这些都需要一定的投资。

记者：还有一个问题，前苏联在60年代后期也曾经提出过增长方式的转变，现在中国采用这种提法，两者有什么区别？你可不可以介绍一下相关背景？

刘：苏联是在60年代末、70年代初提出这个问题的。但它提出来以后，主要还是要从技术上来考虑，企图以加强机器制造业发展的方法来解决。它到了80年代还是这样，直到戈尔巴乔夫上台，第一件事就是加速发展，但还是指加速机器制造业的发展。他们仍然是从生产力的角度，而不是从生产关系的角度提这个问题。苏联的根本问题是在这里。所以苏联的机制转换一直没有动。我们在 1982 年去苏联考察过一次经济,苏联人也一直在谈内涵、外延这样的问题,但是机制上没有新通道。所以苏联没有找到出路,没有搞市场取向的改革。直到苏共快垮台时,才提出这个问题。我们体制改革提的早得多,现在也是从体制改革的角度,以体制改革为前提,再次把增长方式转换的任务提出来的。所以我认为我们的问题提出是和苏联不一样的。

对经济体制改革中几个重要问题的看法[*]

关于经济体制改革，有几个根本性问题，讲点个人的看法。

关于经济体制模式的选择

在我国的经济管理体制改革中，有三个相互联系的关系问题需要解决：一是集权与分权的关系；二是计划与市场的关系；三是行政办法与经济办法的关系。我觉得，这三个关系是体制改革中的关键性问题。

大家知道，我国的经济管理体制，基本上是50年代初期从苏联学来的高度中央集权的管理体制。这套体制在我国建国初期的条件下，对于集中全国力量进行重点建设，起了一定的作用。但是，由于不重视地方的自主权，更不重视企业的自主权，国家计划管得过细过死，主要用行政办法而不是用经济办法来管理等

---

* 本文系作者1979年7月31日在一次座谈会上的发言稿，曾载于《经济管理》1979年第11期。

等，这套体制不利于调动各个方面建设社会主义的积极性，不能适应经济进一步发展的需要。这不仅是我国经济管理体制中存在的问题，也是所有采用过苏联过去那种高度集权型管理体制的国家都碰到的问题。在这些国家原来的经济体制中，都存在过分权不够，发挥市场作用不够，利用经济方法不够的问题。改革经济体制，就是要在集权和分权关系上，扩大必要的分权的范围；在计划和市场的关系上，更多地发挥市场的作用；在行政方法和经济方法的关系上，更多地利用经济方法来管理经济。虽然这些国家体制改革的程度、方式、步骤、速度都不相同，有的国家在改革上进进退退，但上述总的趋势几乎是相同的。

现在要研究的是，分权分到什么程度，而不致影响到必要的集权；市场机制的作用发挥到什么程度，而不致影响到必要的计划调节；经济方法如何利用，方能同行政方法较好地结合。这就涉及到我们在体制改革中选择什么样的模式的问题。我觉得，模式的选择是大改的前提，是确定大改的方向的问题。大改的方案、步骤以及当前的小改，都是应当服从这个方向的。

现在，有各式各样的社会主义经济体制的模式。我们原有的经济体制，或者苏联在50年代以前实行的体制，也是一种模式。过去我们的思想闭塞，以为社会主义经济体制只能有这么一种模式，背离了它就是修正主义、资本主义，或者别的什么异端。近两年来，我们的眼界开阔了一点，看到了除了列宁、斯大林领导下的苏联的经济模式外，还有南斯拉夫的模式、匈牙利的模式、罗马尼亚的模式等等。这些模式在集权与分权、计划与市场、行政方法与经济方法的关系的处理上，各有千秋。大体说来，有两大类模式：一类仍偏于集权，偏于集中的计划和行政的管理方法；另一类则偏于分权，偏于分散的市场体制和用经济办法管理经济。历史上还有苏联军事共产主义时期更纯粹的集中式的经济模式。总之，无非这么几种模式，细节上可能有出入，但可供选择的模式，跳不出这个范围。在选择模式的时候，我认为也要解放思想，按照实践是检验真理的惟一标准来决定我们的取舍。不管什么模式，只要坚持社会主义公有制，坚持消灭剥削，也就是说，不允许劳动人民创造的剩余产品被少数人占有，只要有利于经济的发展和人民生活的提高，都是可以采取的，没有带什么政治帽子的问题，只有适不适合一个国家各个时期的具体历史条件和经济发展条件的问题，也就是适不适合一国国情的问题。我们的国家现在处在什么样的历史条件？什么样的经济发展条件？从而应当选择什么样的经济模式？我认为，这是在提出具体的改革方案以前首先要研究解决的问题。这个问题不弄清楚，方向不明，就匆忙提出具体的改革方案，可能会走弯路，这是我们要力求避免的。

集权与分权关系问题的症结在哪里

我国现行的经济计划管理制度，不是一下子形成的，也不是一成不变的，而是经历了几次较大的变化，主要是两"收"两"放"。简单说来，1954年以前，实行在中央统一领导下以各大行政区为主进行管理的体制。1954年起，撤销各大行政区，将各项经济管理权力上收到中央，形成一套中央集权的管理体制。这是一"收"。1958年对经济体制进行了一次改革，改革的中心是扩大地方权力，绝大部分中央直属企业下放地方管理。这是一"放"。1960—1963年，中央重新强调集中统一，收回下放给地方的权力。这又是一"收"。从1964年起，又陆续下放给地方一些权限，1970年又把绝大部分中央直属企业下放给省、市、自治区管理。这又是一"放"。粉碎"四人帮"以后，一部分企业和物资的管理权又开始上收。经过几次改革，虽然取得了一些成绩，积累了一些经验，但并没有解决根本问题。经济管理体制中的许多弊病依然严重地妨碍着社会主义优越性的发挥。为什么呢？

过去研究体制改革时，在集权分权的问题上，我们往往只注意到中央与地方权力的划分，而中央的管理权，又是通过各部即"条条"来实行的。中央与地方的关系，就表现为条条与块块的关系。我们过去讨论来讨论去，改来改去，无非是条条管多少，块块管多少；是条条多管一点，还是块块多管一点。但是，不论条条管，还是块块管，都是按行政系统、行政层次，用行政办法来管，而不是按照客观经济的内在联系，用经济办法来管。让条条管，就容易割断各个行业之间的联系；让块块管，就容易割断地区之间的联系。这样在条条块块权限划分上兜圈子，不能从根本上解决体制问题。因为不管是条条管还是块块管，都是国家机关来管，就是不让企业自己管，更不让企业里直接参加劳动的职工群众管，这样怎么能调动企业和群众的积极性呢？过去在体制改革中集权分权的关系老是得不到妥善解决，原因就在于局限于上层建筑内部的权力划分，局限于国家政权机构内部权力的划分，而忽视了直接经济过程本身管理权责的划分，忽视了国家与企业、劳动者个人之间的权责关系问题。

当然，我国是一个大国，一个省等于欧洲一个国家甚至几个国家，中央与地方权限的划分必须处理妥当，才有利于发挥各省、市发展本地区经济的积极性。同时，正是由于我们国家大、人口多，无论中央和地方，都难以把全部经济活动管起来。并且，当前讨论的问题是经济过程本身的管理体制问题，而经济过程本身，也就是社会财富的生产、交换、分配和消费过程本身，又主要不是通过国家机构的活动，而是通过千百万企业和亿万劳动者的经济活动进行的。因此，对这个经济过程进行管理当中的集权与分权的问题，就不能局限在而且主要不是在于国家政权机构内部权力的划分，而是在于各种经济活动的决策权如何在国家和企业、劳动者个人之间划分的问题，首先要解决国家与企业的权责关系问题。目前我国经济管理体制的最大弊病和集权分权关系问题的症结，正是在于没有把国家与企业的关系处理好，国家把本来应该由企业管的事情包揽起来，既管不好，又管不了，陷于繁琐的行政事务之中，不能把主要精力放在应该由国家管的统一计划、综合平衡以及重大经济战略问题的研究和决策上；而作为社会生产基本单位的企业，在产供销、人财物等应由企业自主管理的问题上，又无权根据实际情况作出处理，严重地束缚了生产力的发展。这是我国国民经济长时期发展缓慢的一个重要原因。所以，这次经济体制的改革，在处理好中央与地方的关系的同时，应当着重研究和解决国家（包括中央与地方）与企业的关系问题。

关于划分集权型经济与分权型经济的一个理论问题

在集权与分权的关系问题中，还有一个如何划分集权型体制和分权型体制的问题。在这方面，一位波兰经济学者[①]提出的一个理论是值得注意的。他把一切经济活动的决策分为三种：第一种是宏观经济活动的决策，即有关整个国民经济的发展方向、增长速度、产业结构的变化、国民收入在积累与消费之间的分配、投资总额、重要投资项目、价格形成准则、主要产品价格等等；

---

① 参看 W. Brus, *The Economics and Politics of Socialism*, London, Routledge & Kegan Paul, 1973 年版，第 6—8 页。

第二种是企业经常性经济活动的决策，如生产什么、生产多少、选择什么原材料和从哪里取得原材料、产品销售出路、大修理和小型投资、工资支付形式和职工构成等；第三种是个人经济活动的决策，主要是指职业和就业场地的选择，消费品和服务购买的选择。这位经济学者认为，在社会主义条件下，不论在中央集权型的经济体制下，还是在分权型的体制下，第一种经济活动的决策权只能由中央作出；第三种经济活动的决策权，除了军事共产主义时期等个别特殊情况外，只应由个人作出；只有第二种经济活动即企业经常性的经济活动的决策权，可以采用两种不同的掌握方式，一种是由国家机关掌握，一种是交企业自己掌握。他认为这是把一国经济体制划分为集权型体制或分权型体制的关键。企业经常性经济活动的决策权由国家来掌握的，就叫集权型的体制；企业经常性经济活动决策权（产供销、人财物等）由企业自己掌握的，叫做分权型的体制。所以集权型分权型体制的关键，在于企业中间这层经济活动的决策权由谁来掌握，而不是在两头。

把企业经常性经济活动决策权的归属作为划分集权型体制和分权型体制的关键，这同我们最近在讨论体制问题时把调整国家与企业的关系、扩大企业自主权作为体制改革的中心环节，精神上是一致的。当然，以扩大企业自主权为核心的分权型体制，并不意味着取消国家各级管理机关对企业的领导，问题在于领导的方式，用什么方式来领导。在集权型体制下，中央或者它所属的中间机关主要是用行政命令方式，对生产单位进行直接的干预，把中央计划加以具体化作为指令下达。而在分权型体制下，国家机关对企业经济活动的领导主要是靠间接的经济方法，由国家规定生产单位活动的基准、规范、范围，并运用这些规定来引导生产单位向着国家计划所指定的目标前进。

参考上述关于划分集权型体制和分权型体制的分析，我们现在体制改革中除了要解决国家与企业的关系、扩大企业的自主权问题外，我觉得我们这里还有一个个人经济活动的决策权的归属问题也要解决。我国消费品的配给制、票证制实行了将近30年，至今没有取消的可能。另外，我们的劳动力分配制度至今管得很死，企业和个人都没有什么选择余地；企业需要的不给，不需要的硬塞给你；个人想干的不让干，不愿干的硬分配你去干，这样怎么能够真正贯彻按劳分配原则，调动大家的积极性，做到人尽其才呢？所以，这次体制改革，除了解决企业经济活动的自主权问题外，我认为还要逐步创造条件来解决劳动人民个人经济活动的自主权问题。

企业自主权的界限问题

现在，扩大企业的自主权，是上下一致的呼声。在社会主义制度下，企业自主权的界限究竟在哪里？大家的理解，各国的实践都不一样。对这个问题，孙冶方同志提出了一个主张[①]，就是把资金价值量的简单再生产作为划分企业和国家经济管理权的理论界限：资金价值量简单再生产范围内的事，让企业管；资金价值量扩大再生产范围内的事，由国家管。过去，在苏联和我国集权型管理体制下，企业的确不仅没有扩大再生产的权力，而且连维持简单再生产的权力也没有，因为基本折旧基金全部或者大部上缴嘛！虽然大修理基金留在企业，有时也留一定的利润留成，但限制很死，企业自己办不了多少事。按照孙

---

① 参看孙冶方：《社会主义经济的若干理论问题》，人民出版社1979年版，第239—245页。

冶方同志的主张，基本折旧基金全部下放给企业，企业在保持国家交给它的资金价值量范围内，可以自主地搞技术革新，进行实物量的扩大再生产，在此范围内的产供销，完全由企业自主地相互签订合同来解决，国家不加干预，国家计划由下而上，在企业产供销合同和企业计划的基础上制定。但是，资金价值量的扩大再生产之权，也就是新的投资权则由国家来管。这种主张，在理论上有它的简明性，实行起来好像也比较便当，特别是孙冶方同志提出的企业所管范围内的产供销，国家不要插手，让企业自己相互订合同来解决，计划由下而上制定等等主张，我觉得是有道理的。但是，能不能用资金价值量简单再生产作为划分企业和国家权限的杠子呢？孙冶方同志独立地提出这个主张时，他自己也没有来得及注意到，简单再生产这个杠子，实际上南斯拉夫在50年代就实行过了。南斯拉夫那时在企业自主权上，也限于把基本折旧下放给企业，让企业自己管简单再生产范围内的产供销，而扩大再生产的投资权则仍保留在国家手中。但是60年代南斯拉夫进一步改革体制，进一步扩大企业权限，把大部分扩大再生产的投资权也下放给企业和银行来管，国家只管最关键的重点项目，到后来连重点项目的建设也交给下面的经济组织去协商，由它们集资来解决，国家一般不再投资。我们再看匈牙利的经济改革，它不像南斯拉夫走得那么远，最重要的新投资项目虽然资金由银行来投放，决策权仍掌握在国家手中。但企业从利润中提取生产发展基金，加上银行贷款，在扩大再生产的投资上拥有相当大的自主权。罗马尼亚也有经济发展基金的设置，企业（工业中心等）有权决定一定限额以下的扩大再生产的投资。看来，把企业自主权局限于资金量的简单再生产，限于基本折旧基金的下放，不给点扩大再生产的权力，是不利于企业在技术革新改造和适应市场需要变化方面采取自主行动的。所以要给企业一定程度的扩大再生产的权限，不能完全用资金价值量简单再生产来限制企业的自主权。那么，企业自主权的界限究竟放在哪里呢？不少同志提出自负盈亏、财务自理，但什么是自负盈亏、财务自理，大家的理解还很不一致。不管怎样这毕竟只是从财政资金的角度来谈的，还不是一个全面的杠子。我考虑，是否可以从宏观经济活动与微观经济活动的区别得到启发，借用它来作为划分国家经济权限与企业经济权限的界限。涉及到整个国民经济发展的方向、速度、结构变化等重大问题，由国家来管；只与企业以及同企业周围局部有关的经济活动由企业自己来管。当然，这种宏观、微观经济活动的划分，有的清楚，有的也不大清楚。清楚的如积累与消费的比例、总的投资规模、总的物价、工资水平等应由国家管，而企业的产供销的衔接等等，则由企业自己来管。不清楚的如重大投资和一般投资的杠杠划在哪里？实行价格控制的主要产品和一般产品的杠杠划在哪里，等等。这些具体问题要随着当时具体的经济情况来决定，不能说死。

关于发挥市场机制作用的问题

市场机制是实行分权的管理体制的一个重要手段，它对纠正集权型体制的一些弊病，是非常必要的。我以为集权型体制有两条要害的弊病，一是经济生活中横向联系很弱，它从属于纵向联系。本来企业与企业之间很容易直接解决的事情，在我们这里，不先由上面决定了再层层下达，或者不先层层请示审批，就办不成，因而拖延时日，影响效率，造成损失。集权型体制第二个要害的弊病是，以实物联系代替价值联系，商品货币关系只起从属的、被动的作用。在集权型体制下面实行的统购派购、统购包销、统一分配、计划调拨、计划供应等等办法，都是由上面规定实物限量的自然经济的联系办法。这当中虽然也利用货币来计算和支付，但这里货币、价格等价值范畴只起被动的计算和反映的作用，生产单位和个人不能按自己拥有的货币量和自己的意愿取得生产消费和个人消费所需的商品；分配到实物限额的生产单位和个人也可能因缺乏货币而不能实现其实物分配权利；企业也不能够按照价格高低挑选合理的投入（各种进料等）和产出（各种产品）的构成，因为什么都是基本上由上面定死了的。这样当然谈不到人财物资源的合理有效利用。要改变这种情况，就要：第一，发展生产单位之间的横向联系以逐步代替或减少行政领导的纵向联系；第二，发展生产单位之间真正的商品货币关系以逐步代替从上面下来的实物限额指标所建立的联系，发挥货币、价格等价值范畴的主动作用。所有这些，只有充分利用市场机制，才能办到。而要做到这一点，首先要克服理论上的一系列障碍，打破一系列传统迷信，例如，把社会主义计划经济看成是自然经济，把市场机制和市场调节看成是与资本主义等同的东西，否认全民所有制的内部经济联系的商品性，否认价值规律的调节作用，把限额限价的收购供应看成是计划经济本质和优越性的表现等等。不打破这些传统迷信，是不可能在利用市场机制、实行市场调节与计划调节相结合的道路上，迈开改革的步子的。

至于如何发挥市场机制和市场调节的作用，至少有三个条件：第一，企业要以相对独立的商品生产者的身份，自主地参加市场活动；第二，要有一定的价格浮动；第三，要有一定的竞争。没有这三个条件，就谈不上利用市场机制，谈不上发挥市场调节的作用。

有关计划调节的一个问题——自下而上和自上而下的结合问题

现在大家都在谈论市场调节，强调计划要以合同为基础。与此相联系，在讲到计划体制的改革时，大家比较强调制定计划要自下而上。针对过去集权型体制中光有自上而下的指令性计划的毛病，在计划体制改革中，强调自下而上是必要的。但我认为，光提自下而上，不提自上而下，不好，因为这样就取消了国家计划的指导作用，把国家计划变成为企业计划的单纯的汇总、加总的东西，所以我认为还是提自下而上，上下结合，不排除必要的自上而下为好。计划工作的上下结合，同整个经济体制中集中与分散的结合、计划与市场的结合，道理上是相通的。有人打比喻说，集中计划的决策，好比站在山顶上看风景，能看到全局，但看不到细处，所以集中计划的决策不能因地制宜；而分散的市场上一个个商品生产者、购买者的决策，好比在山谷里看景致，对近处，对自己看得细，但看不到全局，所以市场上一个个商品生产者、消费者的决策，往往不一定符合全局的利益。为了搞好全局利益与局部利益的结合，在经济调节体系上就要搞好计划与市场的结合，在计划体制上就要搞好自下而上和自上而下的结合。光有自下而上，各个商品生产者和消费者的局部利益是照顾到了，但可能破坏整体利益，反过来，局部利益也实现不了。光有自上而下，硬性地把上面的任务贯下去，即使上面的计划是从整体利益出发的，但由于不能因地制宜，损害了局部的利益，到头来全局目标和整体利益也实现不了。所以，不能光讲自上而下。自上而下的计划包括两个方面：一是宏观经济目标的设定，以作为下边拟订计划的指导；二是有关全局利益的重大生产建设任务的提出，通过协商方式来逐层落实。自下而上的计划，也不是机械加总，需要根据较大范围乃至全国的共同利益来进行协调，逐级平衡，最后才能订下来。自上而下的和自下而上的计划协调，都需要同时配合以各项经济政策的调整，才能促使企业按照国家计划的目标来调整自己的行动。所以，计划协调和政策调整应当是计划调节的两个基本手段。当然必要时还要辅以行政命令的手段，但这不应当是主要的手段，而只能是辅助的手段。

关于用经济办法管理经济

这里有两个问题：一是能不能用这个提法？二是如果能用这个提法，那么，它的含义是什么？

关于能不能用"经济办法"的提法，有的同志反对用这个提法，而主张用"按客观经济规律办事"的提法。我觉得这两个提法并不矛盾，前一提法是后一提法在管理方法上的具体化。就整个经济领导工作来说，按客观经济规律办事是个根本性的问题，但是具体到经济管理工作，这个提法就比较概括、笼统。例如，按照国民经济有计划按比例发展规律办事，这个客观规律的要求，就可以用不同方法来实现。可以用行政命令的办法，规定各部门的计划指标，作为指令，层层下达；也可以用经济办法，如用调整价格以及其他经济政策的办法来达到；还可以两种办法并用。所以，在讲到具体的管理方法时，光讲"按客观经济规律办事"就不够了，还要具体讲用什么办法来实现客观经济规律的要求。有的同志说，"经济办法"和"行政办法"这两个概念并提，事实上是贬低行政办法，而行政办法在任何社会的经济管理中都是不可缺少的。当然，把经济办法同行政办法对立起来是不对的，片面地强调经济办法而否定行政办法更是不对的。我们不能笼统地反对行政办法，也不能笼统地反对"长官意志"。我们反对的是片面的行政办法和违反客观经济规律的"长官意志"。同经济办法相结合的行政办法，符合客观经济规律和客观实际的"长官意志"，则是我们的经济管理工作所需要的。所以，"经济办法"和"行政办法"这一对概念，在它们相互结合的意义上，不是不可以使用的。我认为，我们在体制改革中需要建立的，正是经济办法和行政办法相结合而以经济办法为主的经济管理体制。这同按客观经济规律办事的提法并不矛盾，而是更为具体的提法。

所以，我一直不同意有的同志把"经济办法"这一概念否定掉的主张。事实上，早在1962年党的八届十中全会《关于进一步巩固人民公社集体经济、发展农业生产的决定》中，就已明确提出，我们应该主要地通过经济办法，而不是主要地通过行政办法，来取得农产品。目前，经济办法这个概念在我们经济生活中，在经济理论和政策文献中正在得到越来越广泛的使用。但它的确切含义是什么还要进一步弄清楚。有的同志认为，所谓经济办法就是照顾各方面经济利益关系的办法。但是，照顾各方面的经济利益，可以用行政命令的办法，给你一点好处，给他一点好处；也可以用非行政命令也就是经济办法，即利用价格、利润、工资、信贷、利息、税收等等价值范畴作为杠杆或者工具，来调节各方面的经济利益关系，调动企业集体和劳动者个人的生产积极性。我以为经济办法的实质、特征就在于利用与商品生产的价值规律和按劳分配原则有关的经济杠杆这一点上。在生产和流通领域忽视商品生产的价值规律，在分配领域不能很好地体现按劳分配原则，这是目前我们的经济管理体制的要害问题。这个要害问题在管理方法上表现为忽视对于各种价值范畴和经济杠杆的利用，也就是忽视用经济办法来管理经济。当然，对"经济办法"的这个理解是有争论的。有些同志把用经济办法管理经济理解为打破行政区划、行政部门、行政层次，按客观经济联系建立跨地区、跨行业的托拉斯之类的专业化联合化的经济组织以代替行政组织的办法来管理经济。这个理解也是有一定道理的。所以，所谓"用经济办法管理经济"，看来至少包含这两层意思：一层意思是按客观经济联系建立经济组织以代替行政组织来管理经济；另一层意思是广泛利用价值范畴作为经济杠杆来调整各方面的经济利益关系，以调动各方面的积极性。我以为用经济办法管理经济的这两个内容，正是当前体制改革中要解决的两大问题。

关于经济改革的条件

如前所说，苏联和东欧几个国家改革体制的总的趋势，是从中央集权计划的模式过渡到计划与市场相结合的分权型模式。但是，经济模式或者经济类型的改变，不是任意可以挑选的，而要受到一系列主客观因素的制约，要有一定的条件。综合各国体制改革的经验和各国经济学者的研究，经济模式或类型的选择，是采取以中央集权计划为主的模式，还是采取计划与市场相结合的分权型模式，要受以下一些因素的约束：

一是生产力发展水平和社会生产结构的复杂化程度。在生产力水平较低、社会生产结构较简单时，集权型的体制是适宜的；水平提高、结构复杂化以后，分权型体制则较合适。

二是经济发展的途径主要是外延的还是内涵的。所谓外延的，就是靠增加投资和增加劳动力而不是靠提高资金效率和劳动生产率来发展经济，并且发展的目标以数量为主，在这种情况下集权型的经济体制是适宜的。但在以内涵的办法为主即主要不是靠增人增资而是靠提高效率来发展经济,并且发展的目标是质量和数量并重或者以质量为主时,分权型的体制就比较适宜。

三是工业化道路如果是重、轻、农的道路,不大注意改善人民生活,这时集权型体制是合适的。但如果真正走农、轻、重的道路,把改善人民生活放在比较重要的地位,那就以采取分权型体制为宜。

四是外贸占国民经济的比重和外贸构成。外贸在国民经济中地位越高,出口构成中加工制品、高级制品比重越高、品类越多,集权型体制就越是需要过渡到分权型体制。

就我国的情况来说,我国现在生产力水平比50年代已大为提高,随着新部门的不断出现和分化、企业数量的大大增长,我国目前的经济结构也远比过去复杂。过去的发展主要靠增人增资增投料,而效率反有所下降;今后虽然不排除外延的发展,但主要应靠提高效率。过去长时期实际上实行了重、轻、农的方针,不大注意人民生活的改善。现在要转到真正的农、轻、重次序的轨道上来,把改善人民生活摆到应有的地位。还有对外经济联系的大发展等等。所有这些,都为我国经济管理体制的改革提供了需要和可能。

但以上都是从经济本身的条件来说的。体制改革,单有经济条件是不够的,还必须有相应的政治社会条件。即使经济上的需要程度相当强烈,如果政治社会条件不具备,实行上述的过渡也是困难的。例如60年代中、后期的捷克斯洛伐克,以著名经济学者奥塔·锡克[1]为代表提出来的计划与市场相结合的新体制,就当时捷克斯洛伐克经济发展的需要与可能来说,是具备了逐步

---

[1] 详见 Ota sik, *plan and Market under socialism*, 布拉格, 捷克斯洛伐克科学院出版社, 1967年版。

实行的条件的。然而因外国的政治干涉和军事镇压而未能成功。相反地，即使经济上的需要程度比较小，如果政治上的需要程度大，也可能向计划与市场相结合的体制过渡。南斯拉夫50年代初期的情况就是这样。当时南斯拉夫经济发展水平并不高，但是为了动员群众对付从1948年以来强加给它的外来压力，再加上南斯拉夫在过去解决战争时期就有自治的传统，所以能够比较早地实现经济体制向分权型过渡。1968年的匈牙利，既具备了经济上的条件，当时的政治社会条件也比较有利，所以能够比较顺利地实行新的体制。

我们国家现在不但经济上具备了改革的条件，粉碎"四人帮"后，政治上也逐渐具备了改革的条件。我们的党中央已经下了改革经济体制的决心。同时我们要看到，经济体制的改革必须与政治体制的改革相辅而行，否则不可能收到成效。这里，从下到上的政治民主化是很重要的一条。如果下面没有民主化，那么扩大企业、地方权限，就会发生相反的作用。如果上面没有民主化，那么改革措施将会因为触及上面某些官僚机构或某些当权人物的既得权益而被否决、被抵制，或者改头换面地把旧集权体制保存下来。这是某些国家经济改革的经验所证明了的。所以，我们的经济体制的改革，必须和政治体制、干部体制的改革相辅而行、相互配合，才能收到有效的成果。现在，我们党正是从这些方面同时着手进行改革的，所以我们的体制改革的前景是光明的。

坚持经济体制改革的基本方向[*]

为了实现党的十二大提出的到本世纪末我国经济发展的战略目标，80年代打基础的工作是很重要的。打基础的工作十分繁重，其中不可忽视的一项是经济管理体制的改革。80年代的头五年即"六五"时期，我们要在继续贯彻执行调整、改革、整顿、提高的方针中，把经济体制改革的工作坚持下去，当前主要是巩固和完善已经实行的初步改革，抓紧制订改革的总体方案和实施步骤，以期在80年代的后五年即"七五"时期逐步全面展开经济体制的改革。这项工作做好了，将有助于进一步调整各方面的关系，调动各方面的积极性，逐步把全部工作转到以提高经济效益为中心的轨道上来，为后十年的加快发展准备条件。

我国的经济体制改革是从1978年底党的十一届三中全会以后开始的。在党中央和国务院的领导下，我们在国民经济的各个部门、社会再生产的各个环节进行了试验性的改革。这些改革，已经从所有制结构、经济决策结构、经营管理形式、经济调节手

---

[*] 本文原载《人民日报》1982年9月6日。

段以及分配形式等方面，开始突破了我国过去那种权力过分集中、排斥市场机制、主要依靠行政手段管理经济的传统体制框框，正在逐步地向一种新的经济体制过渡。三年多来的改革是初步的、探索性的，但对我国的经济生活已经开始产生深刻的影响，在调动积极性搞活经济上取得了积极的成效，特别是农业方面的改革，成效尤其显著。我国经济在大调整中不仅没有下降，而且还能继续稳步前进，这同经济体制改革所起的作用是分不开的。同时，由于体制改革是一个新的牵涉面很广的复杂任务，我们又缺乏经验，改革过程中不可避免地出现了这样那样的毛病和问题。这些问题引起人们的关注和思考，是很自然的。这些问题的讨论和解决，应当是有利于坚持改革的基本方向，把改革继续推向前进。

那么，什么是我国经济体制改革的基本方向？对这个问题的完整表述，是在五届人大四次会议的政府工作报告中作出的："我国经济体制改革的基本方向应当是：在坚持实行社会主义计划经济的前提下，发挥市场调节的辅助作用，国家在制定计划时也要充分考虑和运用价值规律；对于带全局性的、关系到国计民生的经济活动，要加强国家的集中统一领导，对于不同企业的经济活动，要给以不同程度的决策权，同时扩大职工管理企业的民主权利；改变单纯依靠行政手段管理经济的做法，把经济手段和行政手段结合起来，注意运用经济杠杆、经济法规来管理经济。"上述改革的基本方向，涉及到经济体制中的三个相互关联的基本关系，即集权与分权、计划与市场、行政手段与经济手段的关系。今后一段时期我们在体制改革中应当如何处理这三个基本关系？这个问题必须在总结经验的基础上，从我国经济当前的实际情况出发来考虑。

集权与分权

我国原来的经济体制的一个重要特点是经济决策的权力过分集中于中央手中,地方、企业和劳动者个人都缺乏必要的经济活动的自主权。这种体制的好处是可以集中使用财力物力,使国民经济中特定的重点部门得到迅速的发展;但不利于发挥各方面的积极性,妨碍整个经济合理地平衡地发展。近几年来,我们在改革中采取了一些分权措施,例如在中央与地方的关系上实行了"划分收支、分灶吃饭",在国家与企业的关系上实行了利润留成和各种形式的经济责任制等等,纠正了过去的过分集中的偏向,这对于调动地方、企业和劳动者的积极性是完全必要的。但是,由于一些具体办法有缺陷,实际工作没有跟上,在某些方面出现了资金过于分散的现象。一方面,国家财政收入有所减少,急需进行的重点建设缺乏资金;另一方面,地方、企业的自有资金增加较多,这些资金被用于地方和企业自己认为急需的建设。这样,全国范围的建设需要就难以保证。为了集中必要的资金进行重点建设,党的十二大强调要牢固树立"全国一盘棋"思想,在继续实行现行的财政体制和扩大企业自主权的同时,要根据实际情况适当调整中央、地方财政收入的分配比例和企业利润留成的比例,并鼓励地方、部门、企业把资金用到国家急需的建设项目上去。

应该指出,这几年我们在中央与地方、国家与企业的关系上采取的一些分权措施,并不是方向上出了问题,而只是在步子上即分权措施的数量界限上,超过了我国经济目前所能承受的限度。在这个问题上,有两种观点是需要商榷的。一种观点是,只强调分权的方向对头,不承认财权下放的步子大了一些,认为现在中央仍然集中过多，地方、企业还是要多留一点，多办一些事情。这种愿望是可以理解的。但是如果全国重点建设所需资金不能保证，特别是当前国民经济薄弱环节能源和交通等基础设施上不去，全局就活不起来，这样，局部的发展就必然受到很大限制，即使一时一地有某些发展，也不能持久。目前有一部分企业正在滋长着一种只顾局部利益不顾整体利益的倾向，只要求分得更多的权力与利益，而不愿承担更大的责任，不是用增产节约、增收节支的办法，而是用挖国家的收入的办法来增加自己的留成。这是一个值得高度重视和认真解决的问题。另一种观点认为：现在国家财政困难是由这几年分权的改革措施带来的，要解决财政困难，就得把下放给地方和企业的权限收上来，把企业收上来，把什么都统上来。这种观点实际上否定了前几年的改革方向，也是不正确的。应该看到，正是由于改革，扩大了地方和企业的权限，调动了他们增收节支的积极性，增强了他们增盈减亏的内在动力，因而为减轻国家财政在经济调整过程中必不可免的困难贡献了力量。据调查，这几年调整过程中，企业由于安排就业而职工人数增加，由于原材料价格上涨而费用增加，由于生产任务不足而利润减少，由于这三项外部因素，三年中减收增支总数达 200 多亿元，但是企业上交国家的利润并没有相应减少这么多，而是保持在一定的水平上。并且，企业分成多得的钱，办了许多原来由国家财政出钱办的事情，分担了对于国家预算的压力。不难想像，如果不是分权的改革措施增强了企业增盈减亏的内在动力和分挑国家财政负担的能力，那么国家财政困难将会比现在更大。因此，在调整分配比例、集中资金的过程中，要照顾地方、企业的需要，使他们有一定的机动财力，以利于继续发挥他们增盈减亏的积极性，办一些应由地方和企业办的事情。从搞活经济的长远目标来看，企业扩权还在开始阶段，已经给予企业的自主权,如计划权、物资权、人权等等,都是不够的。我国经济学者孙冶方同志多年前提出,凡属企业简单再生产范围的如设备更新、小的技术改造等权力应交还企业。这个建议应当切实地逐步地付诸实施。至于扩大再生产的权力究竟给企业多大,需要按不同企业类型作出不同规定。劳动者个人在参加民主管理、选择职业和购买消费品方面应有多大的自主权,也要根据我国经济的当前情况和发展前景进行研究,加以具体化。至于关系国民经济全局的战略性问题,诸如经济发展方向、重大比例关系、国民收入的分配和使用、基建投资总规模和重大项目、人民生活提高幅度等等,则必须由中央决策,在此前提下,各地方、各企业可以在一定范围内自主地行使自己的权力。通过这些,逐步在"全国一盘棋"上建立中央、地方、经营单位和劳动者个人相结合的、多层次的经济决策体系。

计划与市场

社会主义国家在生产资料的社会主义公有制基础上必须而且能够实行计划经济制度,这在马克思主义者中间,一般不是一个有争论的问题,几十年社会主义建设的实践早已证明了这一条真理。问题在于,由于历史上的种种原因,过去传统的计划经济体制是建立在自然经济或者产品经济的观念基础之上的,因而实物化的管理、排斥市场机制和吃大锅饭等等忽视商品经济要求的做法,便与传统的计划经济体制结了不解之缘。三中全会以来,我国经济学界许多同志逐步破除了社会主义经济理论中的自然经济观和产品经济观,树立了存在着社会主义商品经济条件下的计划经济观。在此思想指导下,市场调节机制被逐步引入我国计划经济体制内部,以发挥其调节经济的辅助作用。它同扩大企业自主权等分权措施一起，促进了经济的活跃，收到了积极的效果。但是，由于一度对计划经济强调不够，同时由于我们在计划管理和市场调节这两个方面都缺乏一套成熟的科学方法，因而在经济活动中也出现了某些削弱和摆脱国家统一计划的倾向，这是不利于国民经济的正常发展的。为了纠正这种倾向，我们要在党中央提出的"计划经济为主、市场调节为辅"方针的指导下，努力提高整个经济管理工作的水平，通过经济计划的综合平衡和市场调节的辅助作用，来保证国民经济按比例协调地发展。

如何处理社会主义经济中的计划与市场的关系，这个问题看来随着社会主义经济和经济体制的发展，将会有长时期的讨论。在一些比较具体的问题上，我们不必忙于做出拘束后人的定论，而应通过实践进行不断的探索，找出适合于当时条件的答案。我国目前产业结构不合理，工业组织结构不合理，价格结构不合理，整个国民经济仍然处于调整的过程中。在这样的情况下，对于当前和今后一段时期的改革中计划与市场关系的处理，比较一致的意见是，根据不同情况，对国民经济采取三种不同的管理形式：对关系国民经济全局的重要产品的生产和分配实行指令性计划；对一般产品的生产和销售实行指导性计划；对品种繁多的日用百货、小商品和其他农副产品实行市场调节下的自由生产和销售。对于上述三种不同的管理形式，有许多问题要研究，这里简单地讲三个问题。

一个问题是，作为计划生产和计划流通的补充的自由生产和自由市场，是在计划经济之外还是包含在计划经济之内。社会主义计划经济是在生产资料公有制基础上，依据社会化大生产的要求，对整个社会经济实行有计划的管理，它既包括由指令性计划和指导性计划进行管理的部分，也包括对不纳入国家计划的自由生产、自由市场的管理。自由生产是在统一的国家计划允许的范围里的一种生产经营形式，自由市场是整个社会主义统一市场的组成部分。这一部分自由市场的调节是从属的、次要的，但仍然处在国家统一计划的间接控制和影响之下，并受到国家工商行政机构的管理和监督，所以把它完全排除在计划经济之外成为与计划经济相对立的范畴，恐怕未必妥当。

其次一个问题是，指导性计划的管理形式里，有没有市场调节的因素。毫无疑问，指导性计划与指令性计划同属于计划调节的范畴。与指令性计划不同的是，指导性计划不是用强制性约束性的计划指标，而是自觉地运用与价值规律有关的经济杠杆来引导企业实现国家计划的要求。这里实际上是运用了市场机制的调节作用的。它不同于自由市场的调节在于，后者是由价格和供求关系的自发变化进行调节，而在指导性计划的场合，则是国家自觉利用价格和其他市场参数的变动来调节。就国家自觉利用价值规律达到计划目标的意义来说，这是计划调节；但从企业看，它不是根据国家的指令，而是按照价格等等市场参数的变化来决定自己的活动，这里无疑包含着市场调节的因素，因此有人把指导性计划表述为运用市场调节来进行的计划调节，我看不是没有一定的道理。

再一个问题是，指令性计划管理的范围在今后的改革中是逐步扩大的趋势，还是逐步缩小的趋势。当前，为了纠正经济生活中某些分散的现象，强调适当的集中统一，对指令性计划包括的产品和企业的范围作某些扩大，无疑是必要的。并且，只要国民经济中存在着短期内难以解决的物资短缺或者突出的不平衡，只要存在着通过市场机制无论如何也不能解决好的公共利益问题（如防治污染保护环境等），指令性计划总是需要保留的，完全排除指令性计划是不对的。但是有一种观点认为，指令性指标是计划经济的主要标志，指令性指标越多，计划性就越强，并且，随着计划管理水平的提高，指令性计划的范围将越来越大。这种观点需要研究。我认为，对于指令性计划，既要看到它在特定条件下的必要性和比其他管理办法较为及时有效的优越性，更要看到它在一般情况下的局限性和缺陷。所有实行指令性计划的国家的经验都表明，这种计划管理形式比较难以解决产需脱节、资源浪费、质量品种差、微观效益低这些传统的集中计划体制的固有弊病。有的长期实行这种体制的国家的经验表明，微观经济效益降低造成的结果，逐渐超过了它在宏观效益上的优势，以致发生了整个经济发展速度的下降趋势难以逆转、经济结构的偏颇状况难以纠正等情况。因此从较长时期看，我们不能把扩大指令性计划的范围作为体制改革的方向。随着经济调整工作的进展，随着"买方市场"的逐步形成，随着价格的合理化，要逐步缩小指令性计划的范围，扩大指导性计划的范围。另一方面，随着计划管理水平的提高，特别是国家掌握市场信息和调节机制的能力的提高，对于自由生产和自由市场也要逐步加强指导性计划的控制。这样看来，在三种经济管理形式中，将来的文章主要做在第二种形式即指导性计划上面。因此，在保留和完善国民经济的三种管理形式的同时，我们必须着力研究指导性计划的机制问题。这是社会主义经济的计划与市场关系中难度最大的一个问题，也是我们坚持改革方向必须解决的一个问题。

行政管理与经济管理

同过分集中和忽视市场相联系，过去传统体制的一个特点是过多地用行政组织和行政手段来管理经济，而很少用经济组织和经济手段来管理经济。自从胡乔木同志的《按照经济规律办事，加快实现四个现代化》文章提出了扩大经济组织和经济手段的作用问题以来，这几年改革中各方面都比较注意强调要用经济办法管理经济。这是一个很大的进步。但也曾出现过一些贬低行政办法作用的倾向。如有的同志把行政办法看成是主观主义、命令主义、瞎指挥的同义语，不加限制地提出要用经济办法代替行政办法，事实上否定了行政办法的客观必要性。其实，只要有社会生产，行政的管理总是需要的。命令、指示、规章、制度等等，是任何社会经济管理所不可少的。当然，在社会主义经济管理中，行政办法要以客观经济规律为依据，正确反映和处理各方面的利益关系，才能达到预期的目的。因此有的经济学者认为，行政办法与经济办法是"表"与"里"的关系，或者像形式与内容那样不可分离的关系。但是除了这种关系以外，行政办法还有不与经济办法直接联系的一面，即运用国家政治权力或超经济力量，暂时牺牲某些方面的利益来实现行政当局的意志。在实行指令性计划的地方，往往会出现这种现象。在某些场合，为了全局的利益，这种意义的行政办法也是必要的。当然，在正常情况下，我们还是应当改变单纯依靠行政手段管理经济的做法，把经济手段与行政手段结合起来，注意运用经济杠杆和经济法规来管理经济，只有这样，我们才能坚持改革的方向。

对于这几年实行搞活经济的各项政策措施的过程中出现的某些消极现象，有些同志归咎于经济手段强调过多，行政手段用得过少，因此认为今后特别要加强行政手段。这种看法是否符合实际？实际情况是，无论在经济手段方面，还是在行政手段方面，我们掌握运用的水平都还不高。我们的行政管理的科学性固然很差，同时更没有能够正确地熟练地运用工资、奖金、税收、价格、信贷等经济手段，使之真正发挥其杠杆作用。因此今后决不单纯是加强行政手段的问题，而是既要提高行政管理的科学性，更要学会正确地熟练地运用各种经济手段，以改进整个经济管理工作。

当前改革中一个很复杂的问题是，如何从行政组织管理经济过渡到经济组织管理经济。过去我们的经济一直是按行政系统、行政区划进行管理，企业分别隶属于国务院各部和省、市、地、县各厅局管理，各成体系，互相分割，壁垒森严，阻碍了合理的经济联系，造成巨大的浪费。这个问题的彻底解决，有赖于突破部门、地区界限的限制，按照专业化协作和经济合理的原则把企业组织起来，进行改组和联合，实行政企分工。但是，政企分工不是一下子可以做到的，在改组和联合的问题上，究竟是从部门入手，还是从地区入手，是有不同意见的。看来，可以根据一些城市如上海、常州、沙市的经验，"从全国着眼，从中心城市入手"，做到以中心城市为依托，围绕重点名牌产品，按照经济的内在联系和合理流向组织协调，组建包括跨行业、跨地区的各种经济联合体。为了克服改组和联合中的盲目性，目前急需制定一个以不同行业不同产品在不同地区的发展方向、生产规模、生产布点为内容的全面规划，明确规定哪些行业和产品在什么范围组织协作和联合。在没有制定出全面规划之前，要小步前进，加强领导，在大的中心城市的某些重点行业抓紧试点，争取在改组和联合问题上有新的突破。至于这几年各地组建的公司，仍多属行政性组织，应采取积极步骤，过渡到企业性公司，发挥经济实体的作用。

以上对如何认识和处理当前和今后一段时期中集权与分权、计划与市场、行政管理与经济管理的关系问题，简括地讲了一点不成熟的意见。当然，我国的经济体制改革，除上述问题外，还有一些其他重大问题，例如如何建立以公有制为主体的、其他经济成分作补充的、多种经济形式并存的所有制结构，各种方式并存的经营结构等等。所有这些问题都需要进一步研究。这些问题的正确解决,将使我们能够按照党的十二大指出的方向,在当前和整个80年代做好经济体制改革的工作,为90年代的经济振兴准备体制上的条件。当然,经济体制改革不是一件一劳永逸的事情。到本世纪末的近20年内我们都要抓紧这件工作,要不断地探寻适合于生产力发展更高阶段的新的生产和分配的形式,使我国的经济体制不断完善,只有这样,我们才能顺利地实现2000年的战略目标,并向更高的现代化水平前进。

稳中求进的改革思路[*]

研讨中长期中国经济体制改革的规划，是一件十分重要的事情。中国之大，问题之复杂，是任何一个先行改革的社会主义国家所不可比拟的。中国人口为南斯拉夫的 50 倍，为匈牙利的 100 倍。我们的改革显然比他们难度要大，这就要求更应讲究策略性、技术性和计划性。单靠"试错法"、撞击反射，看来是远远不够的。尤其是，考虑到改革时期经济发展的部署，更为需要有一个目标、内容和阶段比较清楚，防范措施比较充分的改革纲要。这样，改革效果会更好些，也可以尽量避免改革工作中的重大失误。

改革初战阶段，我们不是没有搞过规划，但主要是年度性的。我们也搞过一些时间跨度比较大的改革规划，但不大便于操作，而且没有充分考虑到改革和发展、政策和体制的结合。现在，我们要研究为期若干年的中期改革规划，并且分几个阶段来设计，就要考虑采取什么策略和战略，使经济政策选择和经济体制转换两方面结合起来，还要考虑如何分步过渡、把阶段性改革

---

[*] 本文系作者 1987 年 12 月在体改委一次研讨会上的发言。

同最终目标模式衔接起来。

一 认清形势——首先要稳定经济

设计下步改革,首先必须立足现实,对形势作出正确的判断。搞超越现实、脱离形势的改革规划,我们的思维就有可能走入过于理想化的道路,规划的可行性就会不大。硬要照着去做,可能走上斜路。因此,形势分析很重要。

前九年改革,我们取得了很大成就。从总指数看,1986年和1978年相比,实现了工农业总产值、国民生产总值、国家财政收入和城乡居民收入这四个方面的翻番;从农村看,打破了集体"大锅饭"体制,建立了初级形式的农村商品经济体系;从城市国有企业看,"两权合一"格局,开始受到以承包为主要形式的"两权分离"机制的改造,活力有所增强;从市场发育看,产品市场已初具规模,要素市场已有局部试点;从宏观管理看,以指令性计划为依托的资金、物资行政性统配制,已逐渐改变,通过市场进行间接调控有所起步。1987年,在深化改革和双增双节方针指导下,经济发展形势比较好。与上年相比,预计农业总产值增长4%以上,包括乡镇企业在内的工业总产值增长15%左右,全国的生产、建设、流通和外贸的情况都比预料的好,经济体制改革也有不少进展。总之,改革和发展的总体形势是好的。这是客观方面的形势。此外,从上到下,从中央和国务院的最高决策人到普通的乡民和市民,改革热情高,信心足,思想认识一致。十三大以后更是这样。可见,主观方面的形势也不错。这种主客观形势为深化改革准备了较好的条件。

但是,正如大家知道的,目前我国国民经济中还存在着不稳定因素,这是我们在搞改革规划时必须充分注意的问题。一是,虽然1987年粮棉油和水产品略有增产，但肉、糖类减产，粮食尚未恢复到1984年水平，人口则增加了3000多万，而且目前生产后劲不足，农业不够稳定；二是，工业生产增长过速，产品结构矛盾突出，以"长线品"为龙头的总量膨胀制衡着结构转换；三是，经济效益不佳，可比产品成本上升，亏损企业和亏损额增加；四是，市场比较紧张，特别是食品价格上涨较多，猪肉等一些副食品恢复凭本供应，居民待购力很强，社会购买力与商品可供量之间的差距继续扩大；五是，财政赤字居高不下，通货膨胀压力有增无减。1985年以来，年物价上涨率平均在7%以上，超过了年平均利率，使实际利率成了负数。有关单位测算，1988年物价上涨率将更高于1987年。由于这些客观不稳定因素，特别是由于市场紧张、物价持续上涨造成的居民心理不稳定状态，更要引起我们的注意。

根据上述形势分析，我们认为，中央最近重新提出稳定经济的方针，是完全正确的。我以为，稳定经济不仅是1988年要实现的方针，而且"七五"后三年也要强调这个方针，以后还要不断注意经济稳定的问题。其实，稳定经济的方针，1984年经济"发高烧"后就提出来了。中央关于"七五"计划建议，对于"七五"计划期间提的主要任务，第一条就是要为经济体制改革创造一个良好的经济环境。现在这一条首要任务人们不大再提了，但我觉得"建议"提的这条首要任务是正确的，现在还适用。要为改革创造一个比较良好的环境，就必须坚持稳定经济的战略，首先争取把经济稳定下来，在稳定中求发展，求改革的深化。因为如果经济不稳定，不紧缩通货，不控制过旺的需求，结构问题、效益问题，就很难有效地解决，从而难以达到有效发展的目的。而没有稳定的经济环境和有效的经济发展作基础，深化改革这篇文章就不大容易做好。当然，经济的稳定和有效发展也有赖改革的深化,这一点我在后面还要讲到。

近年来,由于客观失衡的问题没有解决,推迟了有些原定的具有关键意义的改革,使企业改革不能很好地同价格改革,同市场竞争机制的形成紧密地配套进行。价格改革停滞不前,这本身也制约着企业改革的真正深化,不利于企业成为真正自负盈亏的商品生产者。看来,今后深化改革也不能老是在紧张的不稳定的气氛中进行。所以在目前经济形势下强调稳定经济,是十分必要的。

稳定经济,治理环境,首先是稳定物价、紧缩通货、控制通货膨胀。这里,我想就这个问题顺便谈谈近两三年理论界流行的一些观点。有同志认为,要为改革创造一个相对宽松的环境不现实,改革只能在供大于求的紧张阶段里进行,需求大于供给的紧张状态是社会主义初级阶段的"常态",我们应当学会在求大于供的环境中搞改革,搞建设。还有同志根本就不赞同1984年以来存在总需求膨胀,他们认为恰恰是"需求不足",应当用通货膨胀来刺激需求,促使经济的发展。另一些同志虽然承认短期需求膨胀,承认要通过紧缩来"软着陆",但当紧缩措施刚出台,就认为出现了经济萎缩,要求停止紧缩,重新开口子,结果我们的经济还没有来得及软着陆又飞起来。这些观点和看法从各自的立论来说,都有一定的道理,但是不管主张者的本意如何,客观上却起着这样一种效果,就是会使人们对社会主义经济中长期形成的失衡和紧张格局找到一个可以宽容的理由,从而放松对于解决这一老大难问题的决心和努力。这几年我们的经济有点像"空中飞人"那样在软着陆中老着不了陆,这跟上述理论认识和心理状态不能说完全没有关系。我们认为,这些观点有的是对形势的判断问题,有的则是搬用至多只对一些工业发达国家短期有效的政策主张,有的则属于对环境和改革关系的认识问题。当然，我们不能要求马上有一个长期稳定的供大于求的市场态势，而且谁也不会幼稚到认为只有等到出现这种态势之后才能进行改革，但改革的政策指导思想必须着眼于创造一个相对的供求大体平衡的良好环境。因为短缺经济本身就容易产生需求生长过旺，宏观政策稍有偏差，通货膨胀就会如脱缰野马，急速奔驰。而且通货膨胀政策如同鸦片，一吃上瘾，是很难摆脱的，许多国家尤其是发展中国家的经验教训证明了这一点。如果在价格改革大的措施还没有出台的时候，就出现了物价持续上涨的通货膨胀局面，居民就对物价上涨在心理和物质上承受不住，那么只要是由于总需求超过总供给引起的物价上涨的通货膨胀持续下去，我们的价格改革配套方案就永远也出不了台。这就会无限期拖延改革进程。反之，如果我们下大决心在一个不太长的时期里，坚持需求紧缩政策，把市场搞得比较宽松一点，把货币供应量控制住，把价格稳住，反倒可以在较早的时候使具有实质意义的价格改革措施出台，使之与企业改革的措施配套进行，这样才可以真正加快和加深改革。因此，稳是为了进。对这一点，我们必须有明确的认识。

怎样才能稳定？我认为要"双管齐下"来解决。一是在供给方面通过比如目前采取的承包制等办法提高企业效益，用政策调整产业和产品结构，鼓励增加有效供给；二是控制需求。当前凭票供应的市场管理办法是不得已之举，不是抑制需求的根本之道。控制需求，关键还是紧缩通货。一方面要加紧制定三大科学的政策体系（财政货币政策、产业政策、消费政策），提高对需求、供给、结构的管理能力；另一方面要迅速改变控制方式，用分类（投资需求或消费需求、集团消费或个人消费）、分层（政府、企业或个人）、分点（单项工程、单个区域或局部市场）的办法，提高控制水平，防止"一刀切"。比如，当前的主要任务是压缩政府需求和集团消费,抑制低效益的加工工业的盲目发展,要尽可能少波及需要增产的产品和需要发展的企业。

稳定经济,必须有严格的总量管理。我在这里提出以下几个指标仅供参考:第一,物价上涨前几年已达年均7%以上,其中主要是通货膨胀性的物价上涨,要有计划地逐年降低,比如说到1990年降到3%—4%左右。除了某些农产品价格的必要调整外,三年不采取大的价格改革措施,以便控制通货膨胀性的物价上涨。我以为逐步降低物价上涨率是应该的,而且是可以做到的。如果把1988年物价上涨率仅仅维持在不大超过上年的增长率,而且又不规定以后进一步降价目标,有可能使通货膨胀长期拖延下去,那可能带来危险的后果。第二,货币供应量增长率过去已达20%以上,今后三年要降到年均为12%左右,相当于经济增长率7%左右,加上经济货币化过程所要求的货币增长1%—2%,再加上物价上涨率3%—4%左右之和。至于后五年(1991—1995年),由于有些价格改革要出台,应当基本上消除通货膨胀性的物价上涨,以便为价格改革腾出物价结构性上涨的空间。第三,工业生产增长率,今后八年要控制在两位数以下,稳定在平均增长10%以内。我看,达到10%的增长率决不能说是衰退,更不能说是萎缩,而是正常增长。农业生产要保持4%—5%的发展速度,粮食生产要再上一个台阶。我以为,实现了这几个指标,就可以基本上实现经济的稳定,从而可以为改革创造一个比较良好的环境。

二 从实际出发,有选择地深化改革

我们讲当前要强调稳定,并不意味着改革要停下来,或者全部放慢。不久前中央领导同志讲的两句话讲得非常之好:经济要稳定，改革要深化。这就是说，在稳定经济的同时，改革不但不能停顿，而且要进一步深入下去。我体会，这是因为，造成经济不稳定的种种因素中，传统体制遗留的弊病和改革中双重体制的矛盾和摩擦，都是主要的因素。如不从加深经济体制改革上来解决，稳定经济的目的也是难以达到的。

但是，对深化改革的含义要理解恰当。今后改革的深化并不是在任何时候各项改革都要全面铺展，各项改革都要加快步伐，而是应当有所选择，有轻有重，有缓有急。在稳定经济为主的前三年，那些花钱多的改革，那些不利于控制需求的改革，那些只能刺激数量增长、不利于效益提高的改革，都不宜于进行。已经实行的应予重新考虑。而只应推进那些不花钱或少花钱的改革，不会加剧市场紧张和需求膨胀的改革，以及有利于提高效益和改善结构的改革。这应当成为前三年选择改革措施的准绳。

从总体上看，在前三年以稳定经济为主的阶段，改革的步伐要相对地小一点；后几年改革的步子可以迈得大一些。前三年中，在宏观经济平衡达到基本稳定以前，大步价格改革措施不宜出台；资金、股票市场的发展也不能过快；企业改革中一切有助于诱发或强化短期行为和消费膨胀的因素都要防止等等。但是，诸如农村土地管理和使用制度的改革，乡镇企业的改革，城市国营小型企业的租赁、拍卖为主要形式的改革等等，应当加快。特别是宏观调控机制的改革，包括政府职能的分解和转换、机构的精简、中央银行独立地位和职能的强化、专业银行企业化等改革，都可以加快步伐。如果按企业、市场、宏观调控三方面来划分，我们认为这三方面的改革在总体上要配套，但短期内可以有所侧重。当前为了稳定经济，特别要注意实现宏观调控机制的转换和完善，不排除采取必要的行政措施。在此前提下，要重点推进并深化国有大中型企业以两权分离为内容的企业改革，而为了稳住市场，控制物价上涨，这就要求暂时推迟价格改革为中心的大改革方案的出台，相应地，市场化的步子也要放慢。总之，深化改革应当有选择地进行，要从实际出发。这个"实际"，就是本阶段宏观经济的总态势，就是为着创造一个稳定的经济环境。

有些同志对价格双轨制带来的问题很担心，他们主张忍受短期阵痛，迅速变双轨制为市场单轨制，以减少双重体制摩擦，使社会经济运行迅速转到市场化的轨道，以避免重新回复到旧体制。这种想法可以理解。但是应当看到，没有改变"急于求成"的发展决策观念，没有建立一个严格的货币供应量控制体系，没有一个供求不太紧张的市场条件，就匆忙将大步价格改革措施推出台，全方位放开市场，强行将双轨制转为单轨制，恐怕风险太大。我们要汲取东欧某些国家在这方面的教训，不要重走他们走过的弯路。在我们这样一个大国，搞没有把握的激进式改革，后果是不堪设想的。所以以价格为中心的市场大配套改革，我们认为还是准备充分一点、步子稳一点比较好。花两三年稳定经济打好基础的时间，再用几年分步过渡的时间，过好价格改革这一关，表面上看慢了一点，实际上是快的。

有的同志认为整个经济改革成败的关键，不在以价格改革为中心的经济运行机制的改革，而在于以所有制改革为中心的企业机制的改革。其实，这个问题在十二届三中全会关于经济体制改革的决定中已经作了回答，就是：企业改革是经济改革的中心环节，价格改革是整个改革成败的关键。我以为，十二届三中全会《决定》中这两句话还是正确的。以所有制关系改革为中心的企业机制改革同以价格改革为中心的经济运行机制改革是整个经济改革不可分割的两个组成方面和两条主线，它们之间存在相辅相成的关系。而且后者的实质性进展是前者顺利推进的条件。当然在不同时期和不同情况下，这两者的侧重点可以有所不同。目前以价格改革为中心的经济运行机制这方面的改革之所以有所缓行（外国人主要从这一点看我们改革的进展），实践中突出了另一方面即企业机制的改革，我看，这并不是因为理论风向改变的结果，而是因为宏观失衡的客观条件逼迫不得不这样做。理论风向的变化不过反映了这一客观情势。但是不能不看到，以两权分开和理顺产权关系及强化经营权为主要内容的企业机制改革，如果没有以环境改善为前提条件、以价格改革为中心的经济运行机制改革的相应配套，前者是难以真正深化下去并获得最终的成功的。

在企业改革方面，不少同志主张大中型国有企业特别是大型国有企业应主要搞股份制。这作为长远目标模式不是没有道理的。但在三年稳定时期市场化步子放慢的情势下，不能有大的动作。这三年中，只能在经营权变革上做文章，实行以不牺牲国家所有者利益为前提的多样化承包经营责任制。在目前条件下，承包经营责任制是比较现实的选择，可以在稳定所有权和强化经营权的基础上出一些效益。但承包制是否可以作为大中型国有企业改革的目标模式还需要研究。从长远来看，它可能是一种积极的过渡形式。在深化和完善承包经营责任制时，要为以后逐步过渡到多种形式的股份制准备条件。当然，以后也不会是股份制囊括一切，它不过是"以公有制为主体、多种所有制形式并存"模式中重要的一种财产组织形式。

总之，在今后几年改革和发展中，前三年应当坚持"稳中求进、以稳为主"。把稳定、改革、发展这三者有机地结合起来。稳定为了改革，改革为了发展，发展又要考虑到稳定和改革两方面的需要。企求发展和改革同时都加快的想法恐怕是不现实的，也是难以做到的。

三 实现协调配套,把阶段性改革和目标模式衔接起来

有了前三年稳定经济作基础,创造了一个比较宽松的国民经济格局,并且在一些方面改革得到进一步的深化,今后八年中的后五年改革就可以迈出更大的步子。那时,稳定发展的思想还是不能放弃,在以模式转换为内容的整个改革时期,稳定经济的政策都应一以贯之。只是后五年不会像前三年那样严峻。因为前三年要根治前期需求膨胀和通货膨胀的"后遗症";而后五年只需防范本期通货过松和需求生长过旺。这样,后五年可以看成是改革的加快推进时期。因此,"前三"、"后五"都要坚持"稳中求进",区别在于:前三年要"以稳为主",而后五年可以比较全面地推进配套改革。在此阶段,以价格改革为中心的市场运行机制的改革,以国有大中型企业股份制为中心的所有制关系的改革,以及以结构改革为中心的农村第三步改革等,都可以有较大的动作。

后五年改革的内容更加丰富,这里举几个方面说一说。

1. 农村改革方面,应进一步推动农村土地的相对集中经营,诱导农民搞合作农场、合股农场和家庭农场,培养较高一级农村商品经济体系中的市场主体;同时大面积进行农村就业结构和产业结构的改造;改革农村流通体制,策应跟上对粮棉等主要农副产品第二次较大幅度的价格调整,但不能像1979年那样一次提价过猛,可考虑分两小步进行,以免短期内政策性价格上涨太快。

2. 企业改革方面,要把大中型国有企业改革推到一个新阶段,即从承包制为主逐步转向股份制为主。根据股份制原则和法规改造企业内部组织形态和内外关系。先是在非垄断性大中型企

业中推行,并且以中型企业为主,然后推及到垄断性大型企业。但八年内很可能难以完成某些大型企业的改革任务,要留到"九五"计划时期去完成。而且企业改革大体完成时,有少数垄断性企业可能仍然是政府企业,但这些政府企业也不一定由政府直接操纵其日常生产和投资活动,实行所有权与经营权的分离。

3. 在以价格为中心的市场运行机制的改革方面,本阶段应着重解决"双轨制"问题。如果经济形势能按我们前面的设想发展,那么,较大步子的价格改革便可在此时出台,分步解决价格"双轨制"。五年中头两年放开紧缺程度较小、竞争性较强的生产资料价格,在一些县和小城市放开非口粮性工业用粮和其他用粮的价格;然后再用三年的时间逐步放开其他重要生产资料的价格,使80%的生产资料价格实行市场调节;在大中城市放开非口粮性工业用粮和其他用粮的价格,口粮特别是大中城市口粮看来1995年前还不能完全放开,还需继续实行双轨制,到"九五"计划期间逐步扩大市场调节范围,争取在本世纪末实现把城市口粮补贴改为对10%—20%的低收入者给予福利补贴。不过,这要看今后粮食生产的发展和稳定情况。此外,本阶段资金、劳动等要素市场可以加快发育,不仅要发展短期资金市场,而且要发展长期资金市场,但股票、债券等长期市场的发育不大可能在"八五"计划期间全部完成,还需在此后继续深化。劳动力市场的发育形成看来也是这样。

4. 宏观控制方面,后五年要使宏观调控机制的改革发展到一个更高层次,进一步深化三权(行政、所有、经营)分离的改革,基本完成政府职能的转换,使政府职能进一步法律化制度化;在培育市场体系和价格逐步放开的基础上,基本上完成从指令性计划为主向指导性计划为主的转换,初步形成指导性计划和不完全市场相结合的调节体系;进一步深化财税体制和金融体制改革，在充分发挥中央银行对宏观总量独立而有效的控制的同时，推动政府对经济的管理基本完成直接控制为主向间接控制为主的转换。

看来，"八五"计划时期的改革将成为中国经济体制转轨的关键一步。这一步也要走得稳妥一些，不能盲目冒进，具体改革措施的出台需要相机抉择。如果说前三年工作的难点是根治通货膨胀，那么后五年的工作难点就是各项改革措施如何协调配套。当然前三年也有一个配套问题，但那是小配套，主要是与治理环境有关的改革措施的配套，而后五年则是大配套。首先是改革要和发展相互配合、互相促进，实现良性循环；其次是改革的两条主线即以所有制改革为中心，企业机制改革同以价格改革为中心的运行机制改革的互相配套，互相促进。不言而喻，大配套的要求是更高的。在这方面，规划时要多作一些考虑。

另一个问题，是阶段性改革措施如何同最终目标模式衔接起来。这就要求改革设计者对最终目标模式胸中有数。我们经过几年的努力，牢固确立了中国社会主义经济运行和调节必须走计划和市场有机结合的道路，而不能停留在板块结合的状态，改革的最终目标模式就是国家调节市场、市场引导企业的模式。这是具有中国特色的社会主义有计划商品经济模式。这个思想，经过十三大的阐明，现在大家是一致的了。但在作改革规划时，这个最终目标模式要具体化一些，作一些分解。这有利于在作近期改革设计时，头绪清楚，使近期目标和中长期目标相互衔接。我们感到，目标分解还是要以"七五计划建议"讲的三大基本方面为依据。这就是建立合理的企业经营机制；建立发育正常的市场体系；从直接控制为主过渡到间接控制为主。这是一个三位一体的框架。这个框架很符合我们的情况。我们的改革理论一要向前发展，同时也要有连贯性、稳定性，不要今天是这个说法，明天又是内容不同的另一种说法。我们常听说农民最怕的是政策变，外商也怕中国政策变。我们要给他们一个相对的稳定感，理论和实践都不能朝三暮四，左来右去。只要步子走得稳，加上有新的法制建设作保证，从而为经济体制改革创造一个良好的思想环境和社会环境，我们完全能够排除万难，绕过暗礁，达到改革的目标。

（本文准备过程中得到陈东琪同志的协助，特此致谢。——著者）

谈谈中国经济学界对近期中期经济改革的不同思路[*]

前些时候，中国经济学界对近期（1988—1990 年）和中期（1988—1995 年）的改革方案进行了广泛的讨论。基于对当前经济形势的不同估计，对今后改革的思路也不一样，大体有以下三种：

第一种思路在承认九年多来改革取得重大成就的同时，认为当前的经济形势比较严峻，表现在经济增长过热现象并未消除，社会总供需继续失衡，结构矛盾日益突出，经济效益仍未回转，物价上涨过快和价格严重扭曲并存，经济秩序紊乱，收入分配不公以及各种腐败现象滋生等等。在这种严峻的经济情势下，重大的改革措施特别是重要的价格改革根本无法出台，因此，这种思路主张首先采取直接的行政手段紧缩社会总需求，实行严格的宏观控制；在整顿治理经济环境的基础上，以重要生产资料价格为重点，先调后放，在较短时间内把绝大部分产品价格全部放开。

---

[*] 本文据 1988 年 4 月在英国牛津大学现代中国中心举办的"中苏改革比较研讨会"上发言的部分内容及同年 8 月在美国夏威夷大学经济系讲演的部分整理而成。

配合价格改革，实行财政、税收、金融的改革联动，为市场活动提供较为合理的参数，为企业创造大体平等的竞争环境，同时积极推进国有企业经营机制和其他方面的配套改革。

这种思路比较强调改革的配套性，如果能够实行，有利于早日消除双重体制对峙摩擦所产生的种种弊病，使新体制能够较快地发挥其整体效益。但是这种思路所设想的改革步子迈得大，风险和震动也很大。人们担心，由于紧缩过猛，会不会导致经济萎缩进而发展为滞涨，能不能形成一个有利于大步改革的经济环境，把握不大。

第二种思路不同意"当前经济形势严峻"的判断，认为经过九年多的改革，中国经济的生机活力大大增强，现在虽然经济环境仍然偏紧，但是向着好转的方向发展。认为去年工业生产增长速度（14.6%），虽然比较高但也是正常的健康的，今年上半年比去年同期增长17.2%也是正常的，经济生活中存在的不稳定因素主要是食品价格上涨幅度过大，可以采取发展副食品生产并对城市居民适当补贴等办法来解决。这种思路一般不主张实行严格的紧缩政策，而力主继续保持较快的增长速度，"把蛋糕做得更大一些"，以缓解利益分配上的矛盾。至于稳定经济，则只能靠深化改革来解决。近两三年改革的重点在于落实和完善以承包制为主的企业经营机制的改革，同时进行投资体制、物资体制、外汇体制、金融体制、财税体制、房地产制度等方面的改革，在提高企业效益、增加供给、改善宏观管理的基础上，后几年再进行以价格改革为中心的配套改革，进一步改善企业的外部环境，争取经过八年时间使新体制占主导地位，然后再逐步充实和完善。

这一思路实际上是前几年曾经出现的"发展与改革双加快"意见的继续，认为中国的经济改革只能在经济紧张的环境中进行，而相对宽松的环境只能是改革的结果，不能是改革的前提。还认定中国当前经济紧张的主要症结不在需求过旺而在供给不足，主张抓住几年来经济改革所取得的好势头和国际经济环境对中国有利的好时机，采取适度的通货膨胀政策来加速经济发展并加快经济改革。这种思路曾经是占优势的想法，在1984年以来的经济波动中不时反复提出，现在还强烈地影响着经济决策。但是，发展与改革双加速的思路不大能够解决当前已经显露的越来越严重的通货膨胀问题，按照这种思路走下去，后一阶段设想以价格为中心的配套改革所需要的经济环境不大可能出现。而双重体制摩擦所造成的混乱如果长期胶着下去，对于中国经济的改革和发展前景来说都是不好的。

第三种思路对当前经济形势的估计接近第一种思路的估计，但不赞成这思路"先治理环境、后推出配套改革"，以及在治理环境上用"猛药"的构想。它更不同意第二种思路"发展与改革双加快"的构想，而提出稳定经济与深化改革"双向协同、稳中求进"的主张，即以稳定经济的措施来保证改革的赓续推进，同时用有计划有步骤的改革措施来促进经济的持续稳定发展。近期两三年内着重治理环境，消除不稳定因素，重点是控制通货膨胀，把通货膨胀性的物价上涨率由目前的10%左右到1990年降到4%—3%以下，以便为价格改革带来的物价上涨腾出必要的空间。改革方面要选择那些有利于稳定经济的措施，包括改善宏观调控机制；完善事实上已在广泛推行的企业承包制并为承包制过渡到股份制做好准备；同时积极推进市场发育，建立市场规则，并在局部范围进行必要的价格调整和改革（如农产品价格）。经过前三年的"稳"为主的改革，经济生活中的不稳定因素应该基本上得到消除。这样，在后一阶段（1991—1995年）就可以转向以"进"为主，一些大的改革动作可以陆续出台，特别是推出以价格改革为中心的市场运行机制的改革，同时推进以明确产权关系为主要内容的企业股份化改革，逐步完成宏观管理由直接控制为主转向间接调控为主的过渡，基本上实现"国家调节市场、市场导向企业"的改革模式。

以上改革思路，是就其主要者而言。我个人和中国社会科学院一些经济学者倾向于第三种思路。今年五六月间国家体改委召开的中期改革规划研讨会上，提出改革思路和方案的已有九家之多[①]。经过去年到今年的讨论，特别是不久前中央提出加快物质改革、工资改革的问题后，各种不同的改革思路在一些主要问题上有趋同的趋势，比如原来认为价格改革可以暂时绕开、主张把重点放在企业改革上的同志，现在也不否认加快价格改革，但仍强调企业改革为主体，保持了原有的独立风格。各家提出的中期改革不同思路和方案都各有千秋，国务院负责同志说将不是只取一家之说，而将是博采众长。现在，中期改革规划仍在研究之中，大体要用五年左右的时间，主要解决物价问题、工资问题和企业问题，基本上建立新经济体制，当然这是会有风险的，要准备冒一些风险。看来这主要是指物价方面的风险。要使物价改革能够比较平稳地度过去，不但要协调好物价改革同工资改革、企业改革的关系，首先还要协调好物价改革与宏观控制的关系。因为如果宏观经济环境不加整治，大步改革措施是难以出台的。这些问题都要由决策当局作出抉择。

---

① 见国家经济体制改革委员会综合规划司编：《中国改革大思路》，沈阳出版社1988年版。

正视通货膨胀问题*

中央对去年经济形势的估计，是符合实际的，去年我国的经济形势是好的。当然，整个经济中仍然存在着不稳定的因素。其中突出的是物价上涨幅度过大的问题。要把去年开始出现的稳定增长的势头持续发展下去，关键在于消除经济生活中存在的不稳定因素，特别是要解决因通货膨胀造成的物价持续上涨的问题。

"稳定物价"的方针和口号不能放弃

有些同志鉴于我国近几年物价大幅度上涨已形成事实，而且今后物价改革仍免不了要提高物价水平，主张物价工作和物价宣传中不要再提"稳定物价"的方针和口号，以免造成我们自己被动。

物价工作和物价宣传要不要坚持"稳定物价"的方针和口号？我认为还是要坚持。因为物价的相对稳定是整个经济持续稳

---

* 本文系1988年3月17日在中国共产党十二届二中全会上的发言，曾刊载于《经济日报》1988年4月5日。

定发展的一个重要条件；在物价水平剧烈变动中，很难设想整个经济能够持续稳定地发展。稳定物价的方针是整个稳定经济方针的主要组成部分。稳定经济同深化改革一样，不是一个权宜之计，而是一个要长期执行的方针。所以，稳定物价也不能不是一个长期的方针，我们不能轻易放弃。

当然，对稳定物价不能机械地理解，稳定物价既不意味着各种产品的相对价格不能变动，也不意味着物价总水平不能变动。必须消除把稳定物价等同于冻结物价的误解，对那些阻碍生产的不合理价格，要自觉地有步骤地加以调整，使物价的起伏有利于产业结构和产品结构的合理化，同时坚决制止乱涨价的行为。在物价改革中，我们还是要坚持稳定物价的提法；同时在物价宣传上，要澄清人们把稳定物价与冻结价格等同起来的误解，使人们对物价改革中的变动能够适应，而不致发生心理上的恐慌。

理顺价格与稳定物价不是相悖而是相成

主张放弃稳定物价方针与口号的同志的一个理由，就是认为稳定物价与理顺价格是互相矛盾的。但是，在严格控制通货膨胀的前提下，理顺价格与稳定物价并不矛盾。不错，在我国由于农产品以及初级产品等价格的偏低，理顺价格并使价格结构合理化，必然要带动物价总水平的某些上升，不允许物价水平的某些上升就等于不许改革，那当然不行。这种由于价格改革、由于价格结构合理化所带来的物价的某些上升，应该允许，应该按照价值规律的要求，用调放结合的办法，有计划有步骤地实施；同时，要在宣传上和补偿上增加人们的承受能力。不合理价格结构的合理化，有助于价格总水平在一个稍高的新水平上达到相对的稳定，从而有利于整个经济的稳定发展；另一方面，价格结构的合理化也只有在价格总水平相对稳定而不是激烈变动情况下，才能取得成功。所以，理顺物价的改革与稳定物价的方针应该说是不相悖的，而是相成的。

但是，另外有一种物价总水平的上升，非由于价格改革，非由于调整价格结构使之合理化而发生，而纯由于通货膨胀（即货币供应量超过经济实质增长）而发生的持续性的物价上涨，则是同稳定经济相悖的。国际经验表明，通货膨胀性的物价上涨，从短期看，对经济的发展可能有某些刺激作用；但从长期看，一定会损伤整个经济的机体。这种通货膨胀性的物价上涨就像吸鸦片一样，一吸上瘾就不容易戒掉，所以在一开始发现苗头时，就应该努力设法控制，不使经济被它拖入歧途。

当前物价上涨在相当大程度上是通货膨胀性的

中央指出，当前物价上涨问题的焦点是食品价格，并从食品供需上分析了原因，提出了解决好食品价格问题和由此造成的社会问题的对策和配套措施。这些措施都是必要的，照着去做，物价问题会有所缓解，应认真加以贯彻。

当前物价上涨幅度过大问题，与各类产品特别是食品供求关系的变化有关，但不仅仅是个别产品的供求问题。我们现在面临的也不单纯是由于理顺某些产品的价格或调整价格结构带来的物价水平的上升，而首先是由于货币供应量过多从而币值下降所引起的持续性的物价上涨。比如去年，并没有采取大的有意识的调价行动，但零售物价总指数上升了7.2%，这种幅度较大的物价上涨已经持续了三年，1985年上涨8%，1986年上涨6%，1987年上涨了7.2%，今年（1988年）计划上涨率不超过10%。这种持续性的、降不下去的物价上涨率，在相当大的程度上是通货膨胀性的物价上涨，即由货币供应过量和币值下降所引起的物价上涨，它涉及整个商品世界，今天可能集中在这一部分产品上，明天又会窜到另一部分产品上，整个物价水平通过需求拉动继之以成本推进的机制，轮番上涨不已。光用个别产品的供求关系，光用结构性的原因来说明这种持续性的、涉及整个商品世界的物价上涨是说不清楚的。要知道，货币本身所代表的价值的变动也是受市场价值规律支配的，道理非常简单，东西多了就要贱，票子多了就要毛，物价总水平的上升不过是货币贬值的同义语，这是更大范围的价值规律。当我们强调要学习运用价值规律来搞稳定经济和深化改革时，我们不仅要研究支配个别产品价格变动的规律，更要注意支配货币所代表的价值和支配整个商品世界的价格总水平的规律。

货币供应过量是一个不能回避的事实。去年货币流通量增长率是19.4%，比前年的增长率23.3%是降低了；银行贷款总量增长率去年是18.8%，比前年的增长率28.5%也降低了。但是，毕竟还要看到，去年的货币流通增长率和贷款总量增长率仍然大大超过当年国民生产总值的实质增长率（9.4%）。即使考虑国民经济货币化信用化的因素，货币供应还是过量的。这不能不成为继续推动通货膨胀性物价上涨的动因。这是需要我们进一步努力解决的。

对通货膨胀的后果不能掉以轻心

当物价总水平以较大幅度持续上涨时，原来不合理的价格结构是很不容易理顺的，往往越理越乱，给生产者和消费者以错乱的信号，误导资源配置的方向。一个涉及整个经济的错误信号是利息率低于物价上涨率而形成负利率，它掩盖了低效率的经营，助长了短缺资源的浪费；并带来了财富的不合理再分配。靠诚实劳动生活的人们发现自己的实际收入水平下降，多年积攒的储蓄贬值，其心理上的烦恼和不安是可想而知的。

去年我国经济发展中有几件第一次出现的喜讯：如国民生产总值第一次突破万亿元大关；农村非农产业产值第一次超过农业产值等等。但也出现了几年来第一次发生的不好的情况。据新华社内参清样报道，黑龙江省去年城市人均实际生活水平下降4%，这是1979—1986年8年来实际生活水平平均每年以7.3%速度增长后出现的第一次下降。实际生活水平下降的城市居民占全省城市居民总数的40.9%。江苏省城镇居民实际生活水平1987年也出现了近9年来第一次下降，半数以上的居民家庭收入增长赶不上物价的上涨。黑龙江、江苏两省的情况不一定具有典型意义，因为从全国平均来看，据国家统计局公报，去年全国三个直辖市和各省会城市调查，纯因物价上涨而使实际收入下降的户占总调查户的21%，不似黑龙江、江苏两省之高。尽管对此我们不必大惊小怪，但是9年来全国第一次出现城市居民因物价上涨而致实际收入水平下降的现象，是考察经济形势时不能忽视的一个重要信号。如果不大力遏制通货膨胀，上述现象有可能继续发展到我们所不愿意看到的地步。

中央最近决定对几种食品定量部分采取补贴办法，体现了党对人民生活的关注，这是低收入者的福音，应当积极执行。但是，食品补贴毕竟只能补偿部分的物价上涨，如果通货膨胀率较高而补贴品种较少，则难以阻止实际收入水平下降，同时这种补贴带有与改革方向相悖的平均主义的性质，所以只能是权宜之计。若要阻止居民收入水平下降、又避免平均主义，则宜将工薪收入同全部生活费指数挂钩。但国际经验表明，全指数挂钩往往引起工资和价格的轮番上涨，看来是个险途。并且这样并不能解决居民储蓄保值问题。在通货膨胀情况下，劳动者辛苦积攒的储蓄所贬之值，通过银行若为公营企业利用以发展生产，犹有可说之词，诸如为国家建设积累资金而实行强迫储蓄之类；但若借给中外私人经营者用以发财，那就无异于英国著名经济学家罗伯逊（Robertson）所斥责的是一种盗窃行为了①。凡此种种，都会带来社会不安，并给反对改革者以口实，给改革抹黑。所以，为了给改革造成一个比较良好的经济环境和社会环境，我们也必须对通货膨胀进行治理。

破除通货膨胀对经济增长有益论

治理通货膨胀弊病，首先要解决观念上的问题。近几年理论界从西方经济学引入了不少对发展我国商品经济和社会化生产有用的理论概念和分析方法，但同时也夹杂引入了一些对我国不适用的东西。如凯恩斯针对西方有效需求不足提出来的某些政策主张，又如发展中国家可以通过通货膨胀来实行强迫储蓄、积累资金的主张，又如财政赤字无害论和通货膨胀有益论等等议论，颇为流行。除了这些明显的主张外，还有一些不那么明显，但是客观上也是为在我国推行通货膨胀政策打开方便之门的理论说法，这里就不一一列举了。我不大同意这类观点。通货膨胀——即使是温和的——究竟是有利于还是有害于经济发展？这不单纯是一个理论问题，而首先是一个实证问题。前面讲过，从短期看，在存在闲置资源、闲置生产能力地方，实行赤字财政和通货膨胀，确实可以起到某些刺激经济增长的作用。但是，在资源短缺、有

---

① 这里讲的只是指通货膨胀中财富不合理的再分配现象，丝毫不意味否定中外私资对我国现阶段经济发展的重要意义。

效需求量过多的地方，特别是从长期看，通货膨胀只能引起持续的物价上涨，有百害而无一利。

美国温德贝尔脱大学经济学家伍斯·江和珀同·马歇尔研究了56个国家和地区1950—1980年通货膨胀与经济增长之间的因果关系。其中包括19个工业化国家和地区、37个发展中国家和地区。研究结果表明，19个工业化国家和地区中，没有一例是支持通货膨胀对经济增长有促进作用的论断的，而且有9个国家（澳大利亚、奥地利、加拿大、联邦德国、意大利、西班牙、瑞士、瑞典、英国），两者间呈现负相关的关系，即通货膨胀率愈高、经济增长率就愈低。37个发展中国家与地区中，只有两例（埃及、乌拉圭）支持通货膨胀对经济增长有促进作用的论断，其他各例都不支持这一论断。相反的，有7例（肯尼亚、土耳其、希腊、以色列、也门、牙买加、秘鲁）两者间是负相关的关系。

"台湾中华经济研究院"蒋硕杰院士对22个发展中国家两个十年（1961—1970年，1971—1980年）通货膨胀率和实质GNP成长率的统计资料进行了研究，他发现：GNP的成长率和货币供给增加率在第一个十年，有甚微的正相关，但到第二个十年，两者却显出负相关。而且在第一个十年中的微弱的正相关，似乎完全是由于南朝鲜的特殊经验所造成的。如果我们将南朝鲜除去，只用第一期中其余21个国家再作一次回归分析的话，这个微弱的正相关就会化为乌有了。研究的"结果显示出，即使在第一个十年（1961—1970年），物价膨胀率的提高也不可能对实质产出的成长有任何显著的正的刺激效果。而到第二个十年（1971—1980年），提高通货膨胀率竟显示出对于实质所得的成长率将有妨碍性的副作用。因此，通货膨胀和快速经济增长之间，并无对换之可能。相反的，持续的通货膨胀似乎只会妨碍经济的成长。"①

这是从大量研究资料中得出的结论。从长期来看，通货膨胀对经济发展是利是害，不是很清楚了吗？

几点补充建议

根据近年我国的物价形势，中央曾决定"收紧财政和信贷，控制需求，稳定物价，保持经济的平衡与稳定发展"。最近为了解决食品价格问题和由此造成的社会问题，中央又采取了一系列配套措施。这些方针措施都是很正确的，应该坚决贯彻执行。为了解决通货膨胀性的物价总水平持续上涨的问题，我再提出几条补充建议。

（1）结合财税改革，将财政预算划分为经常收支预算和资本收支预算。经常性收支预算应量入为出，不允许有赤字。资本性收支预算事涉经济建设，可以有赤字，但不允许赤字由银行自动透支，而应从发行公债弥补。

（2）提高银行存放款利息率，使之高于物价上涨率，以抑制需求，促进效率，鼓励储蓄，加强积累。

（3）有选择地深化改革，那些花钱较多、可能刺激需求膨胀、加剧市场紧张的改革措施，出台时要谨慎；那些有利于提高经济效益、改善供给结构、回笼过剩货币的改革措施，宜尽早出台。例如，加快住房改革中旧房售给居民的措施，加快企业改革中推行向职工居民出售股票的措施等，以利于紧缩货币，变消费基金为积累基金。

---

① 参见蒋硕杰：《台湾经济发展的启示》，经济与生活出版事业股份有限公司1986年版，第238页。

（4）对物价上涨率的走向，要有比较长时间的考虑和控制计划。比如争取三年内将通货膨胀性的物价上涨率，由今年的10%左右逐步降到4%以下，以便为理顺价格的改革腾出物价合理上升的空间。

治理通货膨胀往往带来某些短痛。不治理则会带来损害整个经济机体的长痛。长痛不如短痛，问题在于抉择。

坚决抑制通货膨胀[*]

今年我国经济形势总的看来是好的,以建立社会主义市场经济体制为目标的各项改革陆续出台,进展比人们预料的要顺利;加强和改善宏观调控进一步取得成效;在金融秩序和经济结构有所改善的同时,国民经济保持了快速增长的势头。但前进中也存在着一些困难和问题,当前人们最关注的问题是通货膨胀和物价上涨幅度过大,中央把抑制通货膨胀作为明年经济工作的首项主要任务,是符合我国经济发展的实际情况的,是反映广大群众的共同愿望的。

但是,对于目前通货膨胀是不是那么严重,要不要坚决抑制,并不是所有的人都这么看,确实有这样的看法,即通货膨胀并不可怕,甚至有益,并试图用通货膨胀政策来促进经济发展。我在1988年发表的两篇文章中,就指出这种观点是不正确的。但是每逢新一轮的高通货膨胀出来,这种观点总要顽强地表现,不仅理论界有人提倡,而且地区、部门、企业都有一些人响应。

---

[*] 本文系1994年12月7日在《求是》杂志社召开的经济形势座谈会上的发言,发言摘要载于《求是》杂志1995年第1期,这里发表的是全文。

我想这里面既有认识问题，也可能有利益问题。认识问题就是笼统地认为通货膨胀是经济发展和经济改革中不可避免的，不必大惊小怪；利益问题就是通货膨胀对于某些社会集团和成员确实有利，特别是对在现行体制下有可能取得贷款进行负债经营者以及关系人有利。他们是很赞成维持通货膨胀的局面的。当然，在经济转制、结构转换过程中，物价总水平一定程度的上升是不可避免的，这是改革和发展必须付出的代价。但是，对于价格改革和结构性物价调整所带来的物价总水平上升，也应适时适度、有步骤地进行。过快过高的物价上涨，特别是由货币供应超量增长所支持的总需求膨胀引发的物价总水平的大幅上涨，则只能搅乱经济秩序，误导资源配置，强化分配不公，助长腐败现象，对于国民经济整体和长远的发展是绝对有害的。进入 90 年代，几年来我国物价总水平及其上涨率都呈现直线上升趋势。零售物价指数，1991 年为 102.9%，1992 年为 105.4%，1993 年为 113.2%，1994 年将超过 120%，是改革 15 年来物价上涨率最高的年份。这么高的通胀率已经开始对我国经济的正常运行和社会安定带来消极的影响，而且通货膨胀率的走势，往往有滚雪球的效应，超过一定界限就会出现奔腾式的跃升而难以收拾，就像拉丁美洲一些国家曾经发生和前苏东国家还在发生的情况那样。诺贝尔奖金得主萨缪尔逊把这比作"骑上虎背"，"当你试着从虎背上下来时，有可能导致一次经济危机和萧条"。另一位得主弗里德曼把通胀比作"酒瘾"，说："从长远的观点看，通货膨胀是有破坏性。它就像'酒瘾'一样，很容易使人们上瘾，特别是使政府上瘾，但抵消它却非常困难。"我在 1988 年底发表的文章也曾把通货膨胀比之于吸鸦片，"国际经验表明，通货膨胀性的物价上涨，从短期看，对经济的发展可能有某些刺激作用，但从长期看，一定会损伤整个经济的机体。这种通货膨胀性的物价上涨就像吸鸦片一样,一吸上瘾就不容易戒掉,所以在一开始发现苗头时,就应努力设法控制,不使经济被它拖入歧途。"我国人民政府是对人民负责的政府,当然不会上瘾,而且在越过恶性界限以前就采取抑制措施。对于通胀的恶果和危险性,一般受通胀之害的人士(广大工薪劳动者、退休金、劳保金领取者,储蓄者,非投机性的经营者等)是很容易理解的,他们对我国政府坚决控制通胀的决心和措施也是十分欢迎和拥护的,但是前述从通货膨胀中得益的某些社会集团和成员对此却不那么容易理解和欢迎。因此抑制通胀是有难度的。这就要求用局部利益服从整体利益,短期利益服从长远利益的大道理对这部分人去做工作,教育他们"皮之不存,毛将焉附",抑制过度的通胀最终对他们也是有益的。

这次物价总水平大幅上升的原因,9月电话会议及这次经济工作会议都作了详尽的分析。造成今年物价大幅上涨的原因很复杂,既有货币供应过量增长导致总需求与总供给失衡方面的原因,也有价格改革和结构性调整方面的原因,还有"成本推进"和其他供给方面的原因。现在理论界和社会上对这些原因强调的重点也不一样。有一种看法认为,造成今年物价总水平大幅上扬的主要原因不在货币供应过量和需求拉动,而在于价格的结构性调整和成本推动,并且判断现在的问题不是需求过旺而是需求不足,所以用紧缩货币控制需求的办法不能解决当前的问题。而价格的结构调整,以及成本推进等供给方面的因素对于物价总水平的影响,一般是一次性的,其滞后影响将迅速衰减,所以对这种物价上涨用不着过分担心。这种意见担心的是需求不足,从而主张适当放松银根,以避免滞胀的发生。这种看法流传颇广,需要商榷。我认为,目前一些产品库存积压增加,并非需求不足之结果,而是结构不合理造成的。不少品种质量不符合社会需要的产品仍然继续生产，生产这些产品的亏损企业不能破产，当然会出现这种现象。其根源深植于体制之中，需要通过进一步深化改革来解决，这不是一朝一夕的事情。与1988年相比，这次物价总水平的上涨受到成本推进因素的影响更大，这是事实。但不能因此小看货币需求方面的因素。成本推进和需求拉动的提法本来就是相对又相连的。我国经济中即期成本价格的上涨，从根本上说是由上期需求膨胀拉动的结果（工资、原料等）。在财务预算制约软弱的经济条件下，工资、能源、原材料等要素成本价格的提高会倒逼货币超发，但这个问题只能靠推进改革和硬化财务预算压缩来解决，而不能靠松动银根、提高增长速度，以追求所谓的"速度效应"来缓解。尽管价格结构性调整和成本推动倒逼货币增发的影响不能忽视，但从宏观调整来说，更不能忽视实际存在的几年来货币供应超量增长、投资规模和消费基金膨胀的影响。今年投资规模的增幅虽然比去年降低，但仍达30%以上，投资率（占GDP比重）达37%，规模仍然偏大；消费基金特别是公费消费的膨胀势头也相当可观。所以，对造成今年物价总水平大幅度上涨的原因，还是应当按照中央的精神，进行尽可能全面的分析和认识，针对多方面的原因，采取综合治理的办法。

这次经济工作会议重申，今年9月全国加强物价管理工作电视电话会议提出的稳定市场物价和抑制通货膨胀的十条措施明年要继续执行。采取这种综合治理的办法，是十分必要的。目前为抑制通货膨胀，在某些方面强化某些行政手段，如对某些商品价格的行使管制，对银行信贷的额度管理等等，这也是可理解的。即使在成熟的市场经济国家在对付严重的通货膨胀时，也免不了启用行政手段。当然，我国还面临着建立以间接手段为主的宏观调控体系的改革任务，在抑制通货膨胀的综合措施中，必须注意逐步加强经济手段的运用，尽可能用经济手段来补充或置换行政手段。其中强化利率手段的运用是非常重要的一条。半年前《求是》座谈会时我讲过这个问题，已在多处发表，至今未见有说服力的反驳，今天我也不想再重复了。只想讲一点，在中国现实条件下，采取妥善方法逐步把国家银行的实际利率（不是名义利率）由负值提高到正值，这对改善宏观调控，提高投资效率和堵住寻租腐败黑洞的有益作用是十分明显的。但是由于它涉及到有可能直接间接取得银行贷款者以及借贷关系者的既得利益，这一必要而合理的建议难以施行。反对这一建议的最主要理由是银行利率的提高将使目前相当多的陷入财务困难的国有企业更加困难。的确，对于那些非由于本身所能控制的原因而陷入困难的企业，这些企业的产品、服务又是国家和社会所急需的，国家是应该给予扶持帮助的，但这种扶持帮助应该用财政资金的公开贴补或财政贴息贷款来重点解决，而不应该用带有普惠性质的负利率贷款进行隐含的补贴。即使对于那些救助无望的企业，把职工用"关门养"或"开门养"的办法全部包下来，也比用负利率进行暗补要好。普惠性的负率暗贴只保持低效率，搞乱资本的配置。当然，利率改革会带来一些新的社会经济问题，实现利率的合理化不能一蹴而就，必须逐步推进，比如需要研究"老贷款老利率、新贷款新利率"的办法，对困难企业给予照顾等，并配套实行其他方面的改革措施以及加强完善宏观调控措施，以保持社会稳定，促进经济的持续健康发展。

略论通货紧缩趋势问题*

关于通货紧缩的含义，学术界有种种不同的说法，并不统一。归纳起来，主要有三种："单要素"说认为通货紧缩是指物价总水平的持续下降；"两要素"说认为通货紧缩是指物价总水平与货币供应量的持续下降；"三要素"说认为通货紧缩是指物价总水平、货币供应量的持续下降，并伴随经济衰退或萧条。我们认为，就我国当前的情况来说，没有必要在通货紧缩的含义上去进行过多的讨论，因为这三种说法有一个共同关注的经济现象，即我国物价总水平从1997年10月开始已连续两年多呈下降趋势。如何认识和把握两年多来我国所出现的通货紧缩趋势，直接关系到宏观调控政策实施的方向和力度。对于这一趋势，既不能掉以轻心，也不可估计过重。若掉以轻心，措施不力，则会加重企业经营和劳动就业等方面的困难，影响经济发展和社会稳定；若估计过重，乱下猛药，也会带来更难治愈的后遗症，如可能导致金融风险的爆发或较长时期的"滞胀"等等。因此，我们的讨论应集中于对我国当前通货紧缩趋势的特点、成因和治理

---

* 本文与刘树成合作，发表于《人民日报》2000年2月22日。

对策等重要问题进行深入而认真的分析。

一　主要特点

我国当前所出现的通货紧缩趋势,具有如下一些特点:

第一,它是轻度的。世界经济史上出现过的通货紧缩,从时间长度来看,美英两国都曾在1814—1849年发生过长达35年的通货紧缩;其后,美国在1866—1896年又发生长达30年的通货紧缩,英国亦在1873—1896年发生长达23年的通货紧缩。从价格下降的幅度来看,美国在紧随第一次世界大战之后的衰退时期,价格下降了15%以上;在20世纪30年代的大萧条时期,价格下降了30%以上。我国物价总水平的下降,持续的时间才两年多,下降程度在-2%——3%。这与历史上发生过的持续时间在二三十年以上的通货紧缩,以及下降幅度在百分之十几和百分之几十的通货紧缩的案例相比,应属轻度的通货紧缩。

第二,它具有一定的矫正性。在前一时期,1993—1995年,我国通货膨胀率曾连续高达13.2%、21.7%和14.8%。价格水平中含有不少的"泡沫"成分。这次物价总水平的下降有其合理的方面,它对前期的高通胀和价格泡沫起到了一种矫正作用。

第三,与它伴随的不是经济衰退或萧条,而是较快的经济增长。在历史上,物价总水平持续下降有的伴随着经济衰退或萧条,亦有伴随着经济继续增长的案例。如美国1814—1849年的通货紧缩,时值美国工业化的初、中期,其国民生产总值年均增长达5.4%;1866—1896年的通货紧缩,时值美国赶超英国时期,国民生产总值年均增长达到7.5%。我国近两年的经济增长率虽有所下降,但仍保持了7%以上的较快发展速度,这与西方30年代大萧条时期的通货紧缩情况是完全不相同的,也与我们周边国家在这次金融危机中所发生的经济衰退和通货紧缩的情况是不相同的。

第四,它是在我国经济转轨中市场格局发生了深刻变化的情况下出现的。经过改革开放 20 多年来的努力,我国的综合国力大为增强,基本改变了过去长期存在的商品普遍而严重的短缺状况,出现了阶段性和结构性供大于求的市场格局。在这一格局下,我国出现了物价总水平持续下降的趋势。

第五,它也受到国际价格水平的影响。伴随世界范围内科技进步的突飞猛进和经济结构调整的加快,并且在亚洲金融危机的冲击下,国际上也出现了某些通货紧缩的态势,这对我国的物价总水平也产生了一定的影响。

二 成因何在

通货紧缩与通货膨胀都属于货币现象,因此人们往往强调其货币方面的成因,认为通胀的主要成因在于货币供应过多,通缩的主要成因在于货币供应不足。近两年尽管我国各层次货币供应量的增长速度仍然超过经济增长速度与物价指数之和,但由于货币流通速度下降,实际的货币供应量难以支撑我国现有经济资源所能容纳的、潜在的经济增长速度,难以保持物价总水平稳定不降。但也有不少人士认为,我国当前物价总水平持续下降的主要成因不在货币方面,而在实体经济方面。目前实体经济由于种种原因对货币资金的需求不旺,尽管金融当局主观上要放松一些货币信贷供应,譬如设想多放些贷款,但碍于借款者意愿不足,也难以实现。其实,当前的通货紧缩趋势既是货币现象,也是经济现象;既有货币方面的成因,也有实体经济方面的成因,而其深层次的成因,则在后者。

从实体经济的角度来看，除了技术进步引致成本下降的情况之外，物价总水平持续下降的成因在于社会商品和劳务的总供给持续地超过了总需求，或是供给过剩，或是需求不足，或是二者兼而有之。我国当前的通货紧缩趋势，既有总供给方面的原因，也有总需求方面的原因，需要作点分析。

先说总需求。总需求由国外需求和国内需求构成。国外需求即出口需求。1997年东亚金融危机发生后，我国出口受到很大冲击。近期虽有好转，但还不能说已完全稳定。国内需求包括投资需求和消费需求。近几年由于种种原因，这两大内需均出现了不足的情况。

就投资需求来说。近几年来，随着我国经济体制改革，特别是金融领域改革的不断深化，企业投资和银行贷款均走向市场化，过去依靠吃财政或银行的"大锅饭"的投资体制逐渐被打破，资金约束趋于硬化。这一方面有利于消除长期以来根深蒂固的投资饥渴和盲目扩张冲动的体制基础；另一方面，也出现了人们一下子还不能适应从而暂时不利于投资的种种情况。企业在改革中由于自我约束的意识有所增强，而又难以摆脱历史债务包袱，在市场行情看淡、好的项目难觅的前景下，投资决策趋于谨慎，出现"慎借"倾向。银行在改革中提高了安全意识，更加重视贷款质量，也出现了"惜贷"倾向。在商业银行贷款有所放松后，又有相当一部分信贷资金以种种方式形成食利资本或套利资金，游离于实体产业部门。这些都阻碍了银企之间的间接融资。而现时我国资本市场还处在发育之中，远未成熟，使直接融资渠道也很狭窄。这些都限制了投资需求。

消费需求不足的主要原因有三：其一，改革开放以来，在我国居民收入与消费水平的绝对额不断增长的同时，社会总产品最终使用中消费所占的比例，即最终消费率却呈现出下降趋势，而积累率呈上升趋势。为了保持经济的较快增长，一定的、较高的积累率是必要的。但如果积累率长期维持在过高的水平，而最终消费率过低，则会造成消费需求相对不足，使消费市场相对狭小，从而影响投资前景和整个社会再生产的顺利进行。其二，影响居民消费需求的不仅仅是其现期收入水平，更重要的是收入和支出的预期。近几年来，由于结构重组和景气下降，下岗人员增多，使居民现期收入和预期收入的增幅有所减缓，与此同时，随着原有福利性、实物性、统配性的分配和消费转向商业化、货币化和市场化，居民的预期支出大幅增加，这就使相当一部分现期消费转化为储蓄。其三，收入差距扩大，特别是原有体制内人员与体制外人员收入差距的扩大。高收入者消费需求基本饱和，而广大低收入者购买乏力，也影响了全社会平均消费需求倾向减弱。

造成社会供需总量不平衡的原因不只限于需求不足，还有供给过剩和供给刚性方面的原因。供给过剩是指多年来盲目投资、重复建设所形成的工业生产能力和产品的结构性过剩，以及由于农业连年丰收使农产品出现了阶段性过剩等等。供给刚性是指多年来在粗放增长方式下形成的低水平过剩生产能力、无效供给和结构扭曲，由于市场缺乏淘汰机制，企业缺乏创新能力，而得不到及时有效的矫正。这种供给刚性，既限制了需求对供给的导向作用，又限制了供给本身创造需求的空间，阻碍了供需互动实现良性循环和结构升级，从而加剧了社会供需总量的失衡，推动物价总水平持续走低。

三 治理对策

近两年来，针对国际国内经济形势的变化和国内所出现的通货紧缩趋势，我国政府审时度势，及时调整政策，作出了扩大内需的重大决策，并陆续采取以实施积极财政政策为主要内容的一系列宏观调控措施。回顾1998年推出积极财政政策的当初，扩大内需的措施主要限于利用政府发行国债进行基础设施建设的投资；现在，宏观调控的内容已发展为一整套综合性的政策措施。它包括：既要扩大基础设施投资，又要加强技术改造投资；既要增加中央政府投资，更要推动社会与民间投资；既要扩大投资需求，又要鼓励消费需求；既要提高居民特别是中低收入者的现期收入，更要稳定居民的收支预期；既要坚持立足内需为主，又要千方百计开拓国际市场，积极扩大外需；既要实施积极的财政政策，又要发挥货币政策的作用，采取多种方式适当扩大货币供应；既要解决需求不足问题，又要解决供给刚性和结构问题等等。总之，随着实践的发展，我们的政策不断完善，措施不断加强。从前几年成功地治理通货膨胀到近两年积极地抑制通货紧缩，说明党中央驾驭经济全局的能力更加成熟，宏观调控的经验更加丰富和加强了。

中央采取的一系列宏观经济政策措施，有效地抑制了经济发展速度可能出现的严重下滑，对拉动经济增长，促进经济效益回升，已经并将继续发挥积极作用。特别是1999年下半年以来，我国经济运行中亮点增加，物价总水平下降趋势也趋于缓和。1999年11月召开的中央经济工作会议，又提出了继续实施积极的财政政策，进一步发挥货币政策的作用等促进经济发展的一系列政策措施，扩大国内需求，以及大力调整经济结构，促进产业优化升级等决策。这对于进一步扩大需求、改善供给，从而有效地抑制通货紧缩趋势，将会起到重要作用。

需要指出，治理通货紧缩，无论是扩大需求，还是完善供给，单靠宏观政策的调控是不够的，因为它们还受到现行体制的制约。我们要在加强宏观调控的同时，着重从体制和机制上进一步解决扩大需求与完善供给的问题。即使在通货紧缩趋势得到缓解之后,体制建设的任务仍是需要长期继续进行的。按照党的十五届四中全会和中央经济工作会议精神,抓紧抓好国有企业改革这一中心环节,继续推进财政、金融、流通、科技、教育、住房、社会保障和收入分配等各项改革,这对于为促进需求和改善供给而清除制度障碍,建立必要的体制环境,是至关重要的。

众所周知,经济体制改革对于促进经济发展的效应,往往要经历一个过程才能显现。而有些改革措施,在短时期内对于扩大需求和改善供给,不但不能起到立竿见影的作用,而且还会暂时产生抑制的效果。如有关强化金融监管秩序、防范金融风险的改革措施,会促进银行放贷谨慎;与强化税收征管有关的改革措施,会对增加财政支出的扩张效应起到某些抵消的作用;又如社会保障、福利、教育等方面体制的改革措施,会使居民消费谨慎,加强储蓄的倾向。这些改革措施非常必要,不能不做。然而,今后各项改革措施要尽可能掌握好出台时机,安排好改革节奏;与此同时,要从加大宏观扩张政策措施的力度来弥补某些必须进行的改革措施对供需关系带来的暂时紧缩效应;还要对人民群众因实施某些必要的改革措施而暂时发生的减收增支,进行适当的货币补偿。国际经验证明,利用扩张性宏观政策来抑制通货紧缩和启动经济,要有足够的力度,延续足够的时间,否则可能出现政策效应不济,不得不重新启动,这样打打停停拖延了经济调整的过程,可能给经济增长带来损失。日本经济90年代就曾发生过这种情况,值得我们注意。宏观扩张政策实施的力度和时间,要根据供求关系和物价走势的变化情况,适时适度地进行调整。调整过程中要注意经济增长潜力的界限,谨防越过这一界限,更要防止大开"水龙头"、乱发票子而引发经济过热和严重通货膨胀的再现。这是扭转通货紧缩趋势的过程中不应忽视的。

关于当前的经济调整和经济改革[*]

——学习十三届五中全会决定的体会

今天我给大家讲一讲自己对十三届五中全会关于经济工作决定的学习体会，主要讲四个问题：（1）为什么要进行治理整顿？（2）治理整顿一年多来所取得的成效和当前存在的问题。（3）进一步治理整顿的几个问题。（4）在治理整顿期间还要强调深化改革的问题。

一 为什么要进行治理整顿

近几年来，中国在经济上出现的问题和主要原因在哪里？五中全会通过了关于进一步治理整顿和深化改革的决定。这次治理整顿是中国经济发展中一次很大的调整，包括今年在内要用三年或者更长一些时间进行。为什么中国经济要进行这么大的调整？国内外人士对此有不少疑虑。特别在今年春夏之交的政治风波之

---

[*] 本文系 1989 年 12 月 16 日在中国社会科学院干部大会上的讲话纪要。

后，在经济工作方面继续推行治理整顿的方针，国外有些人士认为，这是政治风波以后，中国更加强调四项基本原则，不再强调改革开放的一个表现。有的人甚至认为治理整顿是改革开放的停滞或倒退。也有些人实际上怀疑十年改革是否搞错了，所以才来一个治理整顿。这些看法显然是不符合中国的实际的。中国进行治理整顿并不是今年政治风波后开始的，而是从去年秋天开始的。之所以进行这场大的经济调整，当时并不是出于政治考虑，也不是因为经济改革和开放搞错了，而是因为在十年改革和经济发展取得显著成就的同时，经济发展中出现了一些问题和困难。十三届三中全会通过治理整顿方针决定的时候，当时政治形势是稳定的。引发春夏之交的政治风波的原因是多方面的，显然与群众对经济上的不满和不安有关。所以得到的教训是，政治形势的稳定归根到底还要靠经济形势的稳定。治理整顿就是为了让中国经济走上持续稳定的发展道路，这是政治上长治久安的基础。今年五中全会再一次通过的进一步治理整顿和深化改革的决定，使得去年9月通过的方针多了一层重大的社会政治意义。

至于十年来改革开放是错误的还是正确的，我们要用事实来回答。经过十年改革，中国原有的用行政手段来管理的计划经济体制已逐渐向有计划的社会主义商品经济体制，就是向计划经济与市场调节相结合的体制转换。经济改革与经济发展互相推进，给我国经济生活带来了空前未有的勃勃生机。拿这十年发展成就同建国以来几十年相比就可以看出：社会总产值1978—1988年十年中，平均每年增长11%，前25年（1953—1978年）平均每年只增长7%多一点。国民收入这十年平均每年增长9.3%，前25年平均每年增长6%。城乡居民的生活费用收入，这十年平均年增长6.5%，大大高于前25年。这十年是中国经济发展生机最为旺盛、经济实力增长最快、人民得到实惠最多的时期。国内外人士有目共睹，没有人能否定。而这十年也正是中国实行改革开放的十年，十年中国经济发展的显著成就与改革开放的业绩是息息相关分不开的，这说明党的十一届三中全会以后历届中央全会、全国人民代表大会所决定的经济发展战略和经济改革方针是正确的，因而能够取得经济上的巨大成就。

当然，这十年的改革和发展是不平衡的。前六年取得的成就更为显著。1984年以后，经济工作中出现了一些大的失误，使得我们在前进中出现不少问题和困难。概括起来主要是：经济总量的失衡、经济结构的扭曲。总量失衡，指总需求包括投资所引起的需求和发放工资、行政开支等引起的消费需求过大，超过社会总供给。经济结构扭曲，主要指1984年以后农业徘徊，工业膨胀，加工工业发展过快，基础设施滞后等，导致严重的通货膨胀和经济秩序的紊乱。1984年第四季度开始发生经济过热以来，物价年年大幅度上涨，到1988年，物价上涨率进入了两位数达到18.5%，超过了公众所能承受的程度。所以在1988年夏天引发了规模广泛的银行挤兑、市场抢购。在经济秩序，特别是流通秩序的紊乱当中，官倒、私倒流行，贪污行贿成风，以权谋私不良现象颇有发展，收入分配不公的问题也日趋严重。所有这些问题引起社会的普遍关注和公众的严重不安，影响了社会的安定和人们的信心，这是引发今年春夏之交的政治风波的社会背景之一。当然，引发今年政治风波的原因是很多的，有国际大气候和国内小气候等政治及思想上的原因，但经济上的问题也是一个重要的社会背景，这就如上所说，加重了治理整顿的社会政治意义。至于去年秋天，十三届三中全会采取治理整顿方针这是个转折，直接动因还是由于去年夏天的经济形势引起的，挤兑、抢购风潮造成紧张、混乱的局面，打乱了原来要出台的改革部署，如价格改革、工资改革。在激烈的通货膨胀和市场秩序混乱的情况下，改革无法正常进行，严重地障碍了经济改革和经济发展的顺利进行。治理经济环境和整顿经济秩序的方针是针对这种情况提出的，是为了经济改革和经济发展进一步顺利推进，创造一个比较良好的相对宽松的经济环境。所以，治理整顿方针的提出和贯彻，都是在坚持改革开放总方针下进行的，并不是对改革开放总方针的后退和背离。

这里有必要讲一下我国经济出现这些病症，以至于要采取治理整顿的手术，主要病因在哪里？只有把病因查清，才可能对症下药，把病治好。这几年特别是1984年以来，经济工作出现了一些大的失误。这次在五中全会的决定中，党中央和国务院对我国经济生活中的困难和问题进行了分析，承担了责任。决定中指出："十一届三中全会以来，党中央、国务院在执行正确路线、方针、政策的过程中，对经济建设和改革开放的具体指导也有失误。从1984年下半年开始，我国就出现了经济过热、货币发行过多、国民收入超额分配等现象，但党中央、国务院未能及时采取果断措施加以解决。"五中全会决定中又指出："由于对国情缺乏全面深刻的认识，对国力缺乏清醒的估计，在建设和改革两方面都存在急于求成的偏向。出现这些问题的责任不在下面。党中央和国务院要认真总结经验教训，多作调查研究，多走群众路线，努力提高决策的正确性和科学性。"党中央在五中全会决定中，这样坦率地对前几年工作中的失误，认真进行检讨，坦诚地承担责任。其实前几年经济工作的重大失误，主要还是由于长期主管经济工作的中央负责同志在经济发展和改革两个方面都推行了一套急功近利，只求短期速效，从而损害我国经济长远利益的方针。

首先，在经济发展方面重新犯了脱离国情，超越国力，急于求成的老毛病。1982年党的十二大制定的本世纪社会主义建设发展战略，要求在不断提高效益的前提下，力争使工农业总产值翻两番。战略重点是农业、能源、交通、教育科学这几个根本环节。战略部署是分两步走：前十年主要是打好基础，积累力量，创造条件；后十年进入新的经济振兴时期，稳中求进，先慢后快。当时内部设计的速度是，80年代平均每年增长5%—6%，90年代为7%—8%，二十年总算下来，平均每年增长7.2%的速度就可以使我们的总产值翻两番。这样一个内部的设计是符合党的十一届三中全会实事求是的思想路线的。1985年9月，党代会通过"七五"建议，规定了基本指导原则，要为改革创造良好的经济环境，合理确定经济增长率，防止盲目攀比，追求产值产量，避免经济生活的紧张和紊乱。中央决定要为改革创造良好的经济环境，是接受了80年代初期经济理论界提出的要为改革创造一个相对宽松的经济环境的正确意见。但是后来这些正确意见很快被放弃了。当时有一种流行说法，即良好的环境是改革的结果，而不是前提，改革只能在紧张的环境中进行。这种论调占了上风，因为它适应当时决策同志在发展方针上急于求成的思想。在"通货膨胀有益论"、"赤字财政无害论"理论的推波助澜下，经济发展越来越热，速度大大超过了5%—6%的指标，达到了10%。这样表面上成绩很大，轰轰烈烈，但付出了比例失调的严重代价，工农业比例，基础工业、加工工业的比例严重失调。棉花、粮食五年徘徊，至今未能恢复到1984年的水平。加工工业盲目发展，一条条生产线，就是由于过早地提出高消费所引发出来的彩电生产线、冰箱生产线、易拉罐生产线等等，浪费很大，而基础工业滞后，十二大提出要加强的几个薄弱环节非但没能加强，反而更加成为制约我们经济发展的几个大的瓶颈。

其次，在改革方面也是急于求成，使改革有许多片面性，不能配套。十年改革的主要功夫下在放权让利上。把权力下放，让税让利，让给地方、让给企业本是对的，在改革初期为调动企业职工积极性，使企业有较多自主权，让税让利是必要的。但过头过度是不好的，而同时在两个方面没有采取切实有效措施。微观上，自我约束机制没有建立健全起来；宏观上，调控机制也未能很好建立健全起来，宏观的计划管理调控是放松了，没有把间接的通过市场的调控机制很好地建立起来。所以，形成宏观计划管理是真空，市场调节也是真空，在新的间接调控手段未建立发展起来之前，就过早过快地否定原来的直接调控手段，使中央宏观调控能力大大削弱。分配中，国民收入分配向地方倾斜，向企业、向个人倾斜，而国家，特别是中央所占份额大大降低，调控手段大大削弱。整个国民收入中，国家财政收入所占比重是：1979年32%，1988年为19.2%，下降很多。而国家收入里中央财政收入也大大下降：1979年为60%，1988年为47.2%，但中央的职能任务并未降低。在这种情况下，旧体制原来就有的一些促使总量膨胀、投资膨胀的大锅饭体制，向上要投资、要物资、要外汇，搞基本建设，效果不好没关系，摊子越大，好处越多，但是不承担责任。原来就是膨胀机制，经过这几年下放，膨胀主体更多，渠道更多，而自我约束的机制未形成，宏观调控计划控制却削弱了，这是造成近几年通货膨胀秩序混乱又一方面的原因。前面讲的原因是在发展和建设上的急于求成，现在讲的原因是改革不配套造成的机制上的缺陷。这是造成这几年通货膨胀、秩序混乱两个方面的重要原因，也是当前经济调整、经济改革中要认真研究、切实治理的问题。

二 治理整顿一年多来所取得的成效和当前存在的问题

去年秋天提出治理整顿的方针至今已一年多了，这个方针的提出和贯彻都不是一帆风顺的。国民经济中严重问题的出现不是一下形成的，而是冰冻三尺非一日之寒。这个事实对长期以来支持"通货膨胀有益论"、"赤字财政无害论"的同志来说是不愿意承认的，他只承认"见事迟，抓得晚"六个字，而不是深刻分析这几年来工作的失误。他是在去年大提款、大抢购、物价猛烈上涨的形势下，是在大多数同志的坚持下，不得不同意治理整顿方针的。三中全会后，国务院发了几十个文件抓紧治理整顿。治理整顿中心是压缩总需求，压缩投资，压缩集团消费，控制工资奖金总额。不久，就有人出来吹冷风，说只有增加总供给，才是积极的办法，而压缩总需求是消极的。意思是说实行压缩政策造成"滞胀"，所以不能这么做，而要增加总供给，即增加生产，这就是把去年已经过高的速度（20%的速度）再进一步提高，就是给已经发了烧的病人再加温，这样做，会把国民经济带到哪里去？有的宣传自由化的报刊，如《世界经济导报》，连篇累牍发表文章，把治理整顿同改革开放对立起来，认为治理整顿是妨碍改革开放。一些顽固坚持自由化的人把坚持治理整顿同停滞划等号，认为停滞的损失比失败更严重，反对治理整顿，认为"整顿有使十年改革的成果付诸东流的危险"。个别理论界的头面人物还从字面上对治理经济环境、整顿经济秩序进行挑剔挖苦，说什么文理不通。春夏之交政治风波发生时，有人放风说学生闹事的深层原因是害怕治理整顿造成经济停滞、改革停滞，害怕回到传统的道路上去。诸如此类哗众取宠、危言耸听的议论，其目的就是要我们放弃治理整顿，向党和政府施加压力，以显示他们才是真正的改革者。实际上是要把我们的经济拖到灾难的地步去，以在混乱当中实现他们自身的目的。治理整顿根本没有违背改革的方向，而是克服经济过热，抑制通货膨胀，使经济稳定发展，为进一步深化改革、保证改革健康发展，创造良好条件，扫除障碍。并且治理整顿本身不是简单靠行政办法能达到的，还需要靠改革配合，否则不能成功，不能达到最后的目的。一方面治理整顿是使改革顺利进行，另一方面治理整顿本身还需要深化改革的配合。所以，把治理整顿同改革开放割裂开来、对立起来是毫无根据的，完全错误的，一些坚持主张自由化的人提出这点则是别有用心的。

经过一年多治理整顿，尽管中间遇到不少阻拦，特别是今年春夏之交的政治动乱、干扰带来的某些消极影响，包括国外的经济制裁，但总的说，治理整顿取得了预期阶段性成果，主要表现在以下几个方面：

（1）过热的经济，特别是过高的经济发展速度，已经逐步回落。与去年、前年同期相比，去年、前年工业总产值增长速度达到20.8%，今年上半年跟去年同期相比，增长速度已降到10.8%，今年前三季度1—9月，降到8.9%，1—10月降到7.7%，1—11月降到7%，这都是和去年同期比，估计今年全年的增长速度是7%，或多一点，这与年初通过的紧缩计划所预计的差不多。

（2）农业方面今年获得较好收成。夏粮、早稻丰收；秋粮，北方的几个省市因灾减产较多，其他地区大部分增产。全国粮食超过4亿吨，比去年增长100亿—200亿斤。

（3）固定资产投资有所控制。1988年三中全会提出的要求是，今年投资规模比去年压缩20%，今年实际上可压缩10%，没有完成原来的要求。完不成任务的原因，一是各地决心不大，舍不得；二是较多在建工程已到收尾时期，如果停下来，损失很大。明年在建工程减少，新开工减少，控制基建投资见效更大。今年压缩10%不是很容易的事，应该说是取得了成效。往年基建铺摊，每年要增加10%，甚至20%，今年不但没增，还压缩了10%，这是很不简单的事。

（4）物价上涨的势头趋于缓和。去年物价上涨比前年增长18.5%，今年物价上涨幅度与去年同期比，1月上涨27%，9月上涨9.7%，10月上涨8.7%，而去年10月比前年10月上涨28.7%，10月涨幅回落20个百分点。物价指数从1月份看起，全年物价上涨1—12月估计比去年全年上涨18%左右，因为受到上半年涨速较高的影响，全年平均上涨幅度不大可能减少许多，而去年全年比前年上涨18.5%。今年和去年全年物价指数大体持平或略低一点，但这样的统计数字，与老百姓的感受不是一回事。老百姓的感受，今年物价显然比去年缓和。这个18%左右的上涨幅度，有两个因素，其中一个是今年新上涨的因素8%，另外10%左右是去年物价上涨翘尾巴转到今年来的。去年全年上涨18.5%中，有16%是当年的上涨，所以去年大家感觉承受比较重，今年较轻些。前几年学习讨论中，人大、政协会提出意见，认为统计局发的物价指数，跟我们感觉不一样，感觉到的物价上涨比统计指数高，今年却相反，感觉到的比统计指数低。统计怎么更符合实际感觉是值得研究的问题。

（5）货币回笼情况较好。由于人们对市场物价的预期缓和了，银行实行保值储蓄，居民存款大幅度回升，到10月份已增加1000亿元，估计今年可增1200亿元。往年9—10月货币大投放，今年到10月底货币还是净回笼。10—12月投放一些，一是农产品收购，一是明年生产准备。贷款要多放一点，今年货币回笼是较好的。

从以上五方面看，国民经济在治理整顿中还是稳步发展，国务院一年来采取控制需求为重点的一系列政策措施，正朝着稳定的方向发展，取得一定成效。但是十三届三中全会关于治理整顿的决定，因受到当时情况的限制（不少地方、部门对治理整顿的必要性、紧迫性和艰巨性缺乏认识），很多措施没有得到全面、有效的贯彻；所以，治理整顿还存在很多问题，目前只是得到初步缓解，而初步缓解的问题，只是经济生活中浅层次的问题，比如人们对物价暴涨的预期缓和了，过高的工业速度降下来了……国民经济深层次的问题还没有得到解决，结构的扭曲、机制的混乱、效益的下降等问题都没得到治理。另外，在治理整顿当中还出现了一些新问题。目前经济形势是老问题、新问题并发，治理整顿仍面临严峻的挑战，归纳起来存在以下几方面问题：

（1）仍然是总量失衡问题。总需求与总供给继续失衡，这样的格局没有根本打破。一年多来，由于我们实行紧缩的方针，总需求与总供给的矛盾有所缓解，但并不意味着完全消解。比如，今年的财政赤字计划是70多亿，全年有可能超过100亿，社会资金紧张问题没解决。目前回笼的货币主要靠居民的储蓄，而企业存款下降，商品性回笼减少。这样的银行资金格局不利于金融稳定，储蓄资金的所有权在居民手里。如果企业存款、商品货币回笼多些，银行和国家就可以控制。目前资金供需的矛盾仍然十分突出。企业间相互拖欠很厉害。另外，重要物资短缺，外贸逆差的矛盾仍然存在，国际收支的矛盾要加剧。总量失衡不仅是当年的，历年转下来的缺口也不少，表现为一个内债，一个外债。去年内债超过800亿元，明年进入还债高峰。外债余额去年年底超过400亿美元，明年也要进入还债高峰。除此之外，还有对老百姓的债务。银行储蓄5000多亿，还有债券，估计结余购买力达7000多亿元。这是一个很大的数字，很大的压力，人们担心，如果市场不稳，"老虎"就要跑出"笼子"了。总量失衡的问题不能放松，丝毫不能大意。

（2）结构扭曲的问题。实行财政、信贷双紧政策一年来，我们在控制总量的基础上,开始注意对经济结构的调整。如在财政上,在削减基本建设支出的同时,增加对农业的投资;对流通资金的贷款,主要用于大中型企业特别是骨干企业,压缩了对地方乡镇企业的贷款。在工业生产结构上,基础工业产品保持正常增长,下降、压缩的主要是机械加工产品以及投资性产品,如建材、钢材、水泥、耐用消费品、家电产品等。交通运输的紧张状况有所缓解。总的看,结构调整进行得很缓慢,各种结构性矛盾仍然十分突出,特别是农业种植业生产徘徊的局面没打破,每年人口增长而耕地面积缩小,这是很大的危机。主要农副产品的供需依然十分突出,不但制约着以农副产品为原料的轻纺工业的生产,而且对国民经济也是一个很大的制约。一方面投资压缩进展缓慢,另一方面重点建设资金严重不足,需要发展的能源、交通等基础设施方面的资金不足。工业基础设施严重落后的状况没有多大变化。工业产销结构不适应的矛盾仍然突出,表现在商品库存中一方面商品滞销,一方面供不应求,大约30%的商品供不应求,结构矛盾仍然尖锐。

(3) 紧缩过程中出现的引人注目的问题,主要是市场销售疲软,工业速度下降过猛。市场销售从8月开始,社会商品零售总额比去年同期下降0.7%,9月份比去年同期下降1.1%,10月份又下降0.3%,轻工业产品普遍滞销。而销售疲软,已由消费品波及到一部分生产资料,是建国以来很少见的。工业生产速度下降很猛,第一季度工业增长10.4%,第二季度增长11%,第三季度增长5.4%。9月份增长0.9%,10月份下降2.1%,到了11月份又回升增长了0.9%,主要是压缩固定资产投资,对投资类产品需求减少。另外,消费品市场疲软,资金周转困难,造成工业生产下降。疲软和工业生产下降,引起人们的忧虑。它给我们带来了新的困难。有的企业处于停工、半停工状况,奖金少发甚至有些发不出工资，部分职工的安置，新成长起来的待业人员的安置也遇到了困难，各级财政收入受到影响。一部分同志认为这是紧缩政策带来的生产滑坡，已经出现了滞胀。许多同志不这样认为，他们认为应把这种情况看成是治理整顿工作取得的阶段性效应的反映，是治理整顿中必然出现的暂时现象。

工业生产是否出现了滑坡、停滞，不能只看一年一月统计数字上出现的低增长或负增长，这种低增长和负增长是以去年为基数算出的。去年经济过热，从20%以上的速度算，好像今年的速度很低了，如果以前年为基数，1988年、1989年平均算，两年平均工业增长速度不低于10%，当然不是低速度，更不是滑坡、停滞。从更深层次看，这个月工业低速增长，甚至是负增长，这是前几年经济过热、需求膨胀刺激起来的畸形生产结构，超过了真正消费水平，超过国力。刺激起来的高消费、高需求，不正常的经济结构在实行宏观紧缩环境中，不适应总需求和需求结构的变化，是退烧状况。

市场疲软现象从另一方面看，是某些商品出现了买方市场。买方市场正是我们要努力实现的。有限的买方市场是我们为改革创造一个相对宽松经济环境的目标。我们要的是供给略大于需求的有限的买方市场。出现了这样的买方市场，生产者就要竞争，就要提高质量，提高服务，提高效益。努力争取出现一个有限的买方市场，正是我们为改革创造一个相当宽松环境的具体目标。在长期经常供不应求的卖方市场情况下，"皇帝的女儿不愁嫁"，企业没有压力和动力进行改进。只有存在一个供给略大于需求的有限买方市场情况下，企业才有动力、压力。李鹏总理在中央工作会议上的报告中提到："市场上某些商品买方市场的出现促使调整产品结构，提高产品质量，为提高经济效益提供有利机会。如果生产速度不降一些下来，结构就很难调整；如果生产什么东西都能卖出去，企业也就不会去注意如何才能适销对路，提高产品质量，降低消耗和降低成本。"目前，已经出现了某些商品的买方市场，但还不是很正常的买方市场，是用行政的紧缩手段压出来的局部的买方市场，因而是不稳固的。目前总需求超过总供给的态势还没有完全消除，总的讲还是卖方市场。而经济体制内自我膨胀的机制也没有消除，这种暂时出现的买方市场随时有反弹的可能，有消失的可能。还要继续努力，通过治理整顿，深化改革，巩固和发展有限的买方市场，以适应进一步改革和稳定经济发展的需要，为进一步改革和持续、稳定发展创造良好的经济环境和条件。

治理整顿中出现的滞销、工业生产速度下降带来不少困难，如工资、奖金、劳动就业、财政收入等困难要重视加以解决，采取疏导措施帮助企业克服困难。比如，第四季度就有选择地发放了一些启动贷款，帮助一些大中型企业。另外，给流通部门的商业企业一些资金，来收购暂时销不出去、长远看还是需要的产品，让它们储备起来作为蓄水池。由于今年货币回笼好，拿出一些启动资金，这样做还是有条件的，有选择的，但不能开大口子，否则总量失衡问题又要重新出来。总之，在实行治理整顿和双紧方针一年多的开始阶段，出现以上问题和矛盾是不可避免的，也是近几年矛盾积累的暴露。这些矛盾，也确实向治理整顿工作提出严重挑战。许多迹象表明，紧缩的工作，治理整顿的工作已经进入一个极其关键的阶段，如果不尽快审时度势，采取正确的对策加以解决的话，已经取得的治理整顿的成果会丧失，整个国民经济难以从困境中摆脱出来。

三 进一步治理整顿的几个问题

实行治理整顿和紧缩方针一年多来，一方面我们取得了压缩经济过热和缓解通货膨胀的阶段性成果；另一方面又给经济生活、生产、流通带来很大困难。下一步怎么办？有些同志对前几年经济过热造成的滞后的影响估计不足，没看到今年采取紧缩政策取得的成效，把当前经济生活中出现的困难，简单归咎于紧缩，特别是归咎于银行的收紧信贷、收紧银根。为了解决当前企业的困难、市场的困难、财政的困难，他们主张全面放松银根，放弃总需求的收缩政策。这种倾向性的议论不少。如果照这种主张做是很危险的。因为我们不是第一次遇到这个问题，也不是第一次遇到这样的议论。过去几年也采取过紧缩的方针，也遇到过类似惊恐的议论。因为我们迁就了这种议论，致使过去采取的紧缩措施半途而废，前功尽弃，结果通货膨胀愈演愈烈，经济秩序越来越乱。

1984年下半年经济发展过热，信贷失控，一年投放票子262亿元，比改革前30年投放票子的总额还多。1985年不得不进行全面紧缩，一年开了四次省长会议，这种紧缩效应到一年后才显露出来。1985年初工业生产速度下降，跌入谷底，结果引起一片惊慌，许多地方惊呼生产滑坡。某单位有个"理论家"在国外发表文章，说紧缩政策错了，使我们国民收入损失了几百个亿。尽管当时理论界和实际部门有不少好意见，要坚持紧缩，当然不要一刀切；但是，当时宏观决策的思想依然是使得经济重新走上扩张的道路，放弃了紧缩。这种经济扩张的政策，使银根从1986年中期放松，一直迟缓到1987年秋季，带来新的物价上涨。又使中央、国务院采取紧急措施，1987年9月开了计划会、体改会，再次实行强硬的紧缩政策，这就是财政、信贷双紧方针提出的背景。当时中央银行动用了提高准备金，采取提高利率的手段，对信用社开办了强制性的特种使用存款，这都是收缩银根的办法。到1987年冬，全国货币信贷投放值增长19%左右，基本被控制住，紧缩开始收到成效。当时又产生了生产滑坡的惊叫，工业生产遇到困难，刚进入1988年春，在"工业生产不要滑坡"的思想指导下，紧缩方针又被放弃。再次形成信贷发放的高峰，直到8月份，几年积累下来的过大需求，推动物价大幅度上涨，终于又发生全国性的挤兑存款、抢购商品的风潮，这是几年来第三次强硬紧缩的背景。值得注意的是前两次紧缩之所以半途而废，都是强调工业速度不能滑坡所致。生产实际没有滑坡，而是遇到暂时困难。当时的决策思想是，投资膨胀多了，没关系，过大需求不会带来什么危险，担心的是经济降温，生产速度下降。这种思想是"通货膨胀无害论"的反映。这样的指导思想终于把我国经济引上大调整的艰难时期。这次紧缩，现在又到了关键时刻，又面临如何抉择的问题。如果说前两次总量的紧缩半途而废，导致新一轮的宏观失控，我们的国民经济还能承受，那么这次如果半途而废，出现更激烈的通货膨胀的冲击，我们的经济就更难以支撑，更难以治理了。虽然今年社会总供给、总需求的矛盾有所缓解，但是多年积累下来总量失衡的格局并没有根本打破，今年贯彻治理整顿方针必须坚定不移地坚持执行，坚持双紧方针不能动摇。但在坚持宏观总量紧缩的同时要注意防止另外一种倾向，就是忽视总量紧缩的前一阶段的阶段性特征，简单继续执行前一段宏观总量紧缩为主的政策，忽视了适时的调节和推进结构调整。一年多的总量紧缩为主，控制总需求为主的治理整顿，在控制总需求的膨胀上收到初步成效，但结构性的矛盾却日益暴露，严重影响经济的进一步发展。当前，工业速度下降、市场疲软、财政收支困难，都需要适时调整、调节。最近人民银行和专业银行有选择地增发一批短期贷款作为启动贷款，注入经济生活使它更好运转。对于这一点，有些同志产生疑虑，提出银行增加短期贷款是否同紧缩方针矛盾，紧缩方针是否要变。

根据《金融时报》评论员的分析，最近增加投放的一批短期贷款是列入国家批准的年度贷款之内的，是年度贷款之内实行季节性控制的体现。今年以来，在中国人民银行加强了对贷款规模总额管理的条件下，短期信贷的适时调节同坚持银根紧缩方针并不矛盾，而是为了更好地坚持紧缩的方针。所以，治理整顿进行到当前阶段，我们既要看到前一阶段总量紧缩取得的积极成果，也要看到前个阶段以总量紧缩为主的、特别是在治理整顿政策操作上进行一刀切的缺点，及其带来的局限性和问题，要在总结前一阶段经验的基础上作出新的决策。根据上面分析，当前正确决策应当是把治理整顿的中心由总量紧缩为主转到继续坚持控制总量，控制总需求、投资、信贷；同时，把重点转到结构调整上来。为此，应做好各项政策的配套和落实工作，下大力量在改善结构、提高效益上取得实效。必须全面贯彻五中全会的决定，做好各方面工作。

简单讲一下总量控制和结构调整的问题。第一，关于总量控制问题。要坚持紧缩的方针，紧缩大体有四个方面：（1）在财政政策上，要继续严格控制支出，明年压缩5%。（2）金融政策上要严格控制贷款规模，严格控制票子的发行。（3）在投资政策上，要继续控制投资的总规模，不能超过4000亿。（4）在消费政策上，要坚决控制集团消费和个人不合理的超前消费。各项紧缩政策的力度，应以经济不发生大的滑坡为限。从治理整顿时期的客观实际条件看，我们三步走的发展战略，第二步（2000年）发展到小康水平，在近期保持每年GNP增加6%就够了。实行财政、信贷紧缩，控制投资需求、消费需求，生产建设和人民生活都要从紧安排，不能照过去几年老样子，经济过热时靠抬高起来的支出盘子、铺开的摊子来办事，大手大脚。上上下下，首先从上做起，要下决心，真正的而不是口头上的过几年紧日子，分担国家困难。总量紧缩涉及到我们要勒紧裤带的问题，没这一条治理整顿是过不去的。60年代我们遇到的困难比这个大，而我们现在是在前进当中的紧缩。60年代遇到那么大的困难就靠紧缩，二三年就挺过去了，现在还要采取这个办法，全国要真正过几年紧日子，首先上面要示范，还要切实解决分配不公的问题，不能只一部分人过紧日子，另一部分人花天酒地。

第二，关于结构调整的问题。按照五中全会决定精神和国家产业政策的要求，有保有压，首先要动员各方面的力量确保结束农业生产徘徊的局面，使农业登上一个新的台阶。原想1990年登上9000亿斤的台阶，2000年登上1万亿斤的台阶，现在1990年的台阶看来登不上了，农业的任务很艰巨。农业政策上的失误，农村的问题值得大家注意，要保证农业生产年增长率不低于4%。继续压缩加工工业的发展，保证能源、重要原材料、出口产品和基本生活资料、生活必需品的生产，对于市场严重滞销、消耗高、效益差的加工工业要进一步压缩。如彩电、易拉罐、啤酒等生产企业要大大压一批，促使这些企业在市场竞争中优胜劣汰，保证整个工业生产有7%—8%的速度就行了。在三年治理整顿期间，要把产业结构调整过来是不可能办到的，只能在产品结构的调整上快一点。因为产品是否适销对路受到市场影响，不调不行，产品结构调整可用现有的生产能力，不需要很多投资就可以做到。但是产业结构的调整，包括工农业结构调整、加工工业的基础设施调整需要大量投资，而投资目前受到限制，所以产业结构调整还不能大幅度做到，调整的余地不大，需要更长的时间，这是整个90年代甚至更长时期的任务。

在继续进行总量控制，抓结构调整的同时，还要不失时机地掌握宏观紧缩造成的某些买方市场的有利时机，来推进企业素质的提高。企业要在新的竞争环境下努力提高素质，加强企业经营管理、技术改造及企业组织的改组、整顿，通过这些来促进企业经济效益的提高。而企业调整、经济效益的提高都离不开优胜劣汰的竞争。这方面遇到的困难很大，如果不通过深化改革是解决不了的。

四　深化改革的问题

治理整顿期间还要强调改革，逐步加大深化改革的分量。五中全会决定对治理整顿和深化改革两个任务是并提的，文件对两者的关系做了很精辟的阐述，列举了三点：第一，治理整顿并不意味改革停滞不前，更不是不要改革。治理整顿不仅将为改革的深入和健康进行创造必要的条件，而且其本身也需要改革的配合。第二，在集中力量进行治理整顿期间，改革要围绕治理整顿来进行，并且为它服务。第三，治理整顿和深化改革都不是目的，它们都是为了实现经济的持续稳定、协调发展。因此，不能把治理整顿和深化改革割裂开来，更不能把它们对立起来。总的讲，一方面是治理整顿对深化改革有重要意义，治理整顿是为深化改革扫除障碍，创造一个更好的经济环境；另一方面，治理整顿本身没有深化改革的配合不行。治理整顿和深化改革本身都不是目的，都是为了经济更好地稳定发展。

深化改革对经济走上长期、持续、稳定、协调发展的意义。过去十年，改革的主要功夫下在放权让利上。对企业、地方下放权力，让税、让利是必要的，这是为了调动积极性，为了扩大自主权，但放权让利过多过头，使中央调控力量大大削弱。针对这种情况，治理整顿期间，面对严峻的宏观经济形势，我们要强调多一点集中，多一点计划；国民收入更多一点集中到财政收入里来；市场混乱的现象要加以控制；对过度分散的财力、物力，适当增加中央控制的比重；暂时多采取一些行政性的调控办法等等，都是必要的，否则难以进行较迅速有效的紧缩和调整。在治理整顿初期，党和政府采取的一些非常措施，如对一部分产品实行冻结价格，或实行最高限价，对双轨制的生产资料、议价部分实行最高限价。在一个时期对某些商品关闭市场，由国家收购。对一些商品（如农业生产资料）实行专营，以及对资金投放的额度进行控制，信贷的投放由中央银行规定额度，层层加以限制；还有对工资总额的严格控制等。这些都是行政性的控制措施，主要是为赢得喘息时间，使过热的经济温度降下来，以使我们能够重新协调社会总需求和总供给的关系。采取行政性措施，各国，包括西方市场经济的国家，在遇到比较紧急的经济问题时也会采取这一做法。如 70 年代初，尼克松政府遇到通货膨胀时，就采取冻结工资、冻结物价措施。这不是稀奇的事情，更不是改革后退，是在这个形势下必须采取的。但是，治理整顿单靠行政办法是不行的，单靠集中是不行的。比如，控制物价，单纯靠冻结的办法、限价的办法，就是要国家来花钱，粮、蔬菜、煤炭价格很低。大白菜，北京市花了很多补贴。我国为稳定物价花的补贴是相当多的，占财政收入比重的 30%。这对稳定物价有好处。现在一斤粮票值 0.4 元，钱是国库拿出来的，好处老百姓一点儿都不感谢，财政负担越来越重。但是财政要控制，赤字要减少，物价补贴越来越大，赤字控制不住，对总量控制不利。另一方面，物价定死了，价格的扭曲转不过来。对生产、消费都不利，不能鼓励生产，节约消费。例如，要节约粮食，在这样的低粮价下，谁节约？浪费很厉害。有些该提价的，如煤就要提价，否则不能发展了。总之，价格不调整，限死了，出现新的扭曲。治理整顿期间一方面总量控制，一方面要把不合理的产业结构、产品结构加以调整，价格限死了，出现新的扭曲，不利于结构调整。

所以，行政的办法是必要的。但是单靠这些行政性的办法是不能持久的。要使治理整顿取得成效，即使在治理整顿期间也要尽可能采取或转到用经济办法上去。采取经济办法就要考虑进一步深化改革的措施，完善经济机制，使经济真正走上持续稳定发展的道路。

过去我国经济长期以来没有走上持续、稳定、协调发展的正道，老是大起大落。这次又犯了这场大病。主要病因前面分析了两条，一条是政策失误，一条是机制缺陷。政策失误，主要指在经济发展中指导思想上头脑发热，脱离国情，超越国力，急于求成，追求过高的速度。机制缺陷，主要指我国片面的放权让利，改革措施不配套，微观的经济膨胀机制得到强化，自我约束机制和宏观调控机制没有相应建立健全起来。这是引发最近这次通货膨胀和秩序混乱的经济体制的根源。要使经济走上持续、稳定、协调发展的道路，不但要通过治理整顿来端正经济发展的指导思想，防止发展战略、发展政策上的失误；更根本的是，克服经济机制本身的缺陷，在完善经济机制运转的功能上下功夫，使经济不仅在治理整顿期间稳定、协调发展，而且在治理整顿后长期走这条道路。治理整顿期间或是治理整顿任务完成后，反弹的可能性随时存在。不从治理整顿和深化改革两方面同时下功夫，很难使经济持续、稳定、协调发展。所以，治理整顿和深化改革必须相互结合、相互促进。这决不是一句空洞的口号，而是中国经济要走上持续、稳定、协调发展的内在的迫切要求。

治理整顿进行到目前阶段，已取得的成效主要是浅层次的问题，而深层次的问题只有通过经济机制的转换和完善，也就是要通过深化改革才能解决。这就是在继续坚持治理整顿的同时要逐渐加大深化改革的分量的理由。在整个治理整顿期间，由于经济环境和经济秩序还没有完全走上正常，改革的步子不能过大，主要是围绕治理整顿的要求来进行。但是也要看到，随着治理整顿取得更多成效，在经济和市场趋于稳定、宏观环境好转的情况下，较大的改革措施不是不可以相机出台。今年价格结构上，我们适当提高粮棉合同收购价格，提高了盐和盐制品的价格，特别是9月份，较大幅度地提高了铁路、民航、水路、客运票价，这些都是必要的、可行的、正确的。例如，这次调整客运票价，调得很厉害，涨了一倍多。一年调整客运票价金额88个亿。1983年纺织品全面调价大概为20个亿，大大小于这次。这么大幅度的调价，曾担心连锁反应，一个是心理上的反应；一个是实际上的一种商品价格与其他商品价格连起来，增加其成本，会带来轮番涨价问题。这次并未带来多大的社会震荡，连锁反应也不大。昨天又出台了一个措施，即外汇官价从3.7元调整到4.7元。过去不敢这么做，现在敢了，估计不会有什么大问题。它说明总需求控制住了，票子控制住了，人民币的发行、总额控制住了，宏观环境变好，人们的预期好转，在这种情况下，可以出台一些较大的改革措施。随着治理整顿和紧缩政策取得更多成效，我们也可以大胆出台一些重要的改革措施，比如，有些价格不但是调价，还可以放开由市场调节，现在是很好的机会。一旦出现了买方市场，价格是降的趋势。可利用新近出现某些买方市场的势头，推出一些原来由于经济环境过紧，通货膨胀压力过大而不能进行的改革措施。例如，调放结合的价格改革，"两权分开"的企业改革，以及为建立以间接管理为主的宏观调控体系所需要的财税改革、金融体制改革、市场体制改革等都可相继出台。

改革总的方向，还是十二届三中全会所讲的——社会主义经济是公有制基础上的有计划的商品经济，我们要建立有计划的商品经济的体制。十三大所讲的社会主义有计划的商品经济体制应该是计划与市场内在统一的机制。内在统一，即计划与市场有机统一的体制。社会主义有计划的商品经济是内在统一，但也不排除板块的结合。最近提出计划经济与市场调节相结合的体制与过去总的提法，我认为都是一致的，这些提法是改革的方向。如何对这些提法理解、阐述，是个专门问题。

当前宏观经济形势的几个焦点问题[*]

一 当前宏观经济形势的现状

我国改革开放以来,经济发展很快。特别是1992、1993年每年以13%的速度增长。中国改革开放以来的经济增长不是在一个平稳的状态下进行的,而是在一种波澜起伏的状态中进行的。改革开放以来我国的经济发展经历了四个周期:第一个周期是1977年到1981年,第二个周期是1982年到1986年,第三个周期是1987年到1990年,1991年由低谷开始回升。前一个周期的高峰是1988年,当年的国民经济增长速度达到11%,以后经济过热、经济整顿,经济曲线开始向下走,1990年达到低谷。1991年回升,1992年开始新的高速增长,当年经济增长达到12%,1993年上半年达到14%。1992年上半年出现一些经济过热、经济秩序混乱的现象。所以中央、国务院采取了宏观调控措

---

[*] 本文系1994年5月在河南财经学院举行的"河南经济论坛理事会成立大会"上的讲演纪要。原载《经济经纬》1994年第4期。

施，1993年增长势头缓缓下降，一直到今年一季度。所以当前经济处于第四个周期中后期，希望增长的高速度缓缓下调，保持增长高速度，但是必须缓缓下调。如果一直保持一个很高的增长速度，恐怕后果不会好，要平稳过渡到下一个周期。经济波动周期的规律是不可抗拒的，希望通过人为的努力，经过规律性认识，使经济周期平稳过渡而不是大起大落，因为我国过去所发生的大起大落造成了很大的经济损失。从去年下半年到今年一季度，总的来说宏观调控初步实现了初衷。去年上半年速度过快，投资规模过大，经济秩序混乱，经过加强宏观调控以后，下半年开始扭转，有几个主要指标显示了这个趋势。1993年全年经济增长率（用国民生产总值表达）为13%，比上半年的14%降了下来。今年一季度继续下降到12.7%，这还是很高的速度，但是趋势是向下降的。工业的增长速度去年为21%，而今年一季度降为16%；固定资产投资规模（国有资产）去年上半年增长了70%以上，这是个吓人的增长速度，下半年调整紧缩后，全年增长57.6%，全社会也不过40%。今年一季度降到36.2%，这还是个不小的增长速度，是改革开放以来很少有的。对这个问题有不同的看法，今年一季度投资规模为36.2%，扣除物价上涨20%，投资增长率也只有16%，有的同志认为这基本上正常了。现在投资率（即投资规模占国民生产总值比率）达到37%，比过去的正常投资率要高，但37%是不是高，还有不同看法。有的人认为，发展中国家在起飞之后持这样的投资率是可以的。从过去的统计看30%是最好的，现在看30%还是低一点，高于30%还是能够承受的。市场的增长趋势也在缓缓下降，去年增长26%（商品零售额），今年一季度下降到25%，扣除物价上涨率不到4%，这个增长率是较低的。所以从几个主要的经济指标来看，是顺应了第四周期的缓缓下降的趋势，基本是正常的。除了商品零售额实际增长较低外，其他增长还是比较高的。这在世界上还是少见的。

在经济走向上有一个指标是不大听话的，那就是物价。物价总水平居高不下，本来去年物价走势从1月到8月是在不断提高，去年1月物价上涨8.4%，8月上涨到11.5%，9月由于宏观调控措施（从7月份开始）的作用开始回落，10月比较平衡，11月资金又放松了一点（农产品收购需要，重点建设等等），所以又重新回升到15.9%（这里物价都是全国平均零售价格指数），11月反弹，使全年物价平均上升到13%。这是改革开放以来的又一个高峰年（1988年为18.5%，1989年为17.8%，1990年只增长2%多一点，1991年为4%多一点，1993年跳到13%）。这是第三个高峰年。今年物价又进一步上涨，1993年的大中城市物价上涨率为19.5%，其中12月涨至23.9%（35个大中城市）。到了今年第一季度还是居高不下，指数为20.1%。今年1月全国大中城市为20%—25%（河南为15%）。20%以上的上涨幅度是个什么概念？国家物价局有这样四个档次：轻度通货膨胀、中度通货膨胀、严重通货膨胀和恶性通货膨胀。我国现在已到了严重通货膨胀阶段。5%以内为轻度通货膨胀，5%到百分之十几为中度通货膨胀，20%左右为严重通货膨胀，25%以上为恶性通货膨胀，一到这个阶段就麻烦了（如独联体、拉丁美洲、还有40年代国民党统治时期），对居民生活影响已经开始了。我国居民货币收入与物价上涨相比还是提高了，去年和前年的城市职工的货币收入还是增长的，生活水平提高10%左右（农村大约3%），这是大体水平，但实际收入下降面去年达到19%。居民承受力比以前提高了。但是如果通货膨胀再继续，那么实际收入下降面就要扩大，就要影响社会稳定，这个问题不能轻视。有通货膨胀就有议论，有很多人担心，但有人认为不要紧,说通货膨胀是发展中国家都有的,不但无害而且有益。因为它可以创造出市场,创造出需求。钞票多了,需求就增大了,企业的利润也就多了。物价上涨能刺激经济增长。这就是所谓的通胀"有益论"。

当今的宏观经济调控也受到这种议论的影响。不仅是理论界,有些地方市长、县长认为物价上涨不要紧,只要工资赶上不就行了吗?能够承受就行了。高物价、高消费、高增长、高膨胀,这"四高"的提法,是80年代一个考察团从外国带回的。这种议论和想法不适合我国国情。中国这么大国家,能否实行这一点,恐怕不行。但有些同志认为发展中国家(地区)或是起飞中的国家(地区)经济增长必须是高膨胀。这个看法我认为是不全面的。高增长低通胀也是存在的,像中国台湾地区、日本、马来西亚、新加坡等在增长过程中是低通胀的。但低增长高通胀的例子也有的是,就是"滞胀",一方面通货膨胀,一方面经济停滞。有些同志认为我国现在处于"滞胀"状态。我们现在百分之十几的增长速度怎么能叫"滞胀"呢?今年一季度还是12.6%,去年12%—13%。最近,我有机会和日本、中国台湾、新加坡、马来西亚的学者接触,他们对我国经济增长的势头很欣赏,但对是不是有些经济过热还需要讨论,他们对我国的物价上涨幅度表示关注,讲到他们的经验时说:如果有正确的宏观调控政策的话,高增长是可以和低通胀结合的。他们举了一些例子:日本的通货膨胀率大概在5%以内,新加坡等国也是高速度增长,通货膨胀在3%以内,生活比较安定,经济秩序比较好,他们宏观调控第一位的目标是稳定。他们希望我国能够参考这种经验。我对他们解释,我国要压到他们那么低的通货膨胀率恐怕不大可能,因为中国有比较特殊的情况。中国正在进行一个规模宏大的改革事业,这么大的一个国家要从一个非商品、非货币的经济走向商品、货币的经济。许多产品和服务，原来不作为商品，或不完全作为商品，不用货币计量，而是免费的，或自给自足的，或低价收购和供应的，如农产品、矿产品、初级产品、住房、交通、各种社会服务等。我国现在走向商品经济，走向货币经济，从计划经济走向市场经济，这些扭曲的价格都要扭正过来，要用调价的办法或放开的办法，把它扭正过来，这必然要出现产品和服务的价格水平的结构性上涨。不然，改革就无从改起，这些初级产品部门的积极性就无从调动。所以，这里面有个改革带来的结构性的物价的变化，由此引起整个价格水平上涨的问题。像我们这样一个过去落后的非货币成分比较大的国家，这些问题在计划经济转向市场经济过程中是必然会出现的。当然，不能在这个转变过程中一步到位，要考虑到承受能力（社会的和老百姓的承受能力）。居民收入相应地要跟上去。在改革过程中，国家财政的补贴应该减少，国家财政收入应增加。但需要一个过程，不能在短期内就实现，要分若干年来做，并应当与居民承受能力提高、分配机制的转换配套进行。所以每年都有几个百分点要上涨，这是改革引起的。这一点要大力宣传。这些现象是日本、马来西亚等国家没有的，因为人家原来就是市场经济国家。高速增长的通货膨胀与宏观调控、货币政策有关。低度的通货膨胀有一定好处，特别是在人力资源、物质资源没有充分利用的情况下，通货膨胀是调动资源、扩大市场需求的一个必要手段。所以说，马来西亚、新加坡的通胀率为3％、5％是正常的。我国"八五"计划和十年规划拟定的8％—9％的增长率，与6％的物价上涨率是比较合理的。但去年物价上涨率为13％，今年初为20％，与6％的计划相比，超出太多。我认为这是我国当前宏观经济调控中的头一位的问题。通货膨胀问题涉及到稳定和改革问题，今天一个价明天一个价，改革无从改起。如1988年

8月的物价改革要闯关、工资改革要闯关，最后都闯不过去，就是因为通货膨胀。回过头看1988年的改革是失败的，我国受过"通胀无害论"影响，以后得到了扭正。

现在我国宏观调控的态势很好，顺乎客观规律。比较令人重视的问题就是物价，但整个宏观经济问题中不只是物价，还有其他问题，如农业中的粮、棉等，还有收入分配问题。几大差距越来越大：东西差距扩大，城乡、地区差距等不断扩大，不同体制的收入、特别是国有体制与国有体制外的职工收入差距在扩大，国有单位内部差距也在扩大。

再一个问题是国有企业生产困难加剧。这有长期性原因、历史性原因、政策性原因、社会性原因，还有周期性原因。从顶峰下来到低谷再到回升，这在任何一个市场经济国家是一个优胜劣汰的过程，使那些不能适应新的经济条件的企业被淘汰，所以经济一个台阶一个台阶地上。我国就不同了，虽然有《破产法》，但大量的还是得"养"，不能关闭，这是我国体制的问题。国有企业的困难，集中起来目前是资金困难较大。所以现在宏观调控面临两难的选择。

二 宏观经济调控的几种思路

在宏观经济调控上，有三种思路：

第一种思路是目前宏观调控受到通货膨胀的巨大压力，要求把通胀率至少调到13%，今年计划原定调到10%。因此宏观调控要大大加强，银根要大大收缩。这样做的后果是企业更困难了，很快就要造成经济萎缩、滑坡，这不是我们所希望的。

第二种思路是企业在半开工、半停产、三角债、资金不足的情况下，理论界有些同志认为，目前主要的问题是失业，要解决经济衰退、经济危机和失业的问题。我不大同意这种观点。12%的速度怎么是衰退，16%的工业增长速度怎么是衰退呢？不能这么看。按照这么一种观点，就要把货币、信贷放开，投资限制放松或取消。现在的规模还要增加，如大机场、万吨码头、高速公路等等。那么我国居高不下的通货膨胀还要猛烈地上涨，现在"软着陆"的局面还要腾空而起，物价上涨，秩序混乱，1988年大起大落的局面会重新出现。

我个人认为，从过去经验看，我国经济不走出这两条思路是没有出路的，这些是有教训的。1990年的紧缩是由1988年的高膨胀带来的，"大落"是由"大起"引起的，我认为应该顶住这两种压力。

第三种思路就是现在走的路子：审时度势，有松有紧，时松时紧，用微调的方式过渡过去。要考虑从今年到明年经济怎样平缓地过渡到下一个周期的运行，一是我前面讲的通胀严重，不能小视。二是现在的发展虽然在速度和投资上增长率在下调，但规模还是大。三是今年还有一个任务是稳定、改革、发展。

五大改革，即财税、金融、外贸、投资、计划改革，加上企业制度改革又称六大改革，这些改革都要今年起步，但配套的改革也要搞，如社会保障、劳动工资等方面，总之今年的改革步子大，措施多。"十四"大提出了市场经济目标，十四届三中全会进一步具体化，提出了社会主义市场经济新体制的框架，我国各个方面的改革按照老路子是走不下去了。单纯在国有体制外改革很早就在进行，而体制内的改革却没有多大进展，所以各项改革今年都要进行。但全面推进改革却需要一个适宜的宏观环境、发展环境，速度不能过高，不能太快。改革就是各种利益关系的调整，因此改革必须要有发展，要有一定的速度。改革包括中央与地方关系、政府与企业的关系、企业与个人的关系等。如果经济增长了，各方面利益就能兼顾。但又不能有太高速度，否则就会物价上涨，通货膨胀，经济秩序混乱改革就进行不下去。这是我们过去的经验总结。因此，为了改革，为了正确处理改革发展与稳定的关系，也需要把今年发展的"盘子"重新安排，但不是全面紧缩，而是时紧时松，用微调办法来抓紧结构调整和体制的改革，较顺利地过渡到下一时期。这种宏观调控的思路短期内不能彻底解决所有矛盾，特别是上面讲到的两个方面的压力不能全部解决。整个的企业经营环境，从资金方面讲，恐怕还要紧张。另一方面，经济形成的严重通货膨胀的压力，要想办法缓解。国务院正在采取一些措施，但通胀率不会在短期内由20%降到10%以内。李鹏同志《政府工作报告》中也提到这点，控制在10%以内是不大可能的，13%也有些困难，因为往往有个持续的过程。我国今年紧缩的"盘子"也会在物价上有所显现，但不会如想像的那么快。所以这两方面的压力都还存在，企业生产经营环境仍然偏紧，通货膨胀还要持续一些时间，但综合考虑各方面因素，这种思路可以兼顾稳定、增长和改革的关系，是代价较少、收效较好的路子，使我们能够较好地顺应经济周期的走势，不使其出现大起大落，而是平缓的过渡。当然这种过渡不可能满足各方面要求，只能在各种矛盾中前进。

今年我国宏观调控的目标，在李鹏总理的《报告》中已经讲得比较清楚，我认为最重要的有两个指标。一是增长率，国民经济增长率由去年的13%调到今年的9%；另外一个指标是物价上涨率，今年降到10%以内。要达到这两个目标还是比较难的，北京很多搞预测的同志（包括社会科学院）都在进行预测，有个专门预测课题小组测算的经济增长率要达到11%或12%左右，现在物价上涨率可能是15%—16%。从现在客观经济走势和主观的宏观调控的方向的力度来看，他们测算的结果可能要超过这与我国的体制改革的力度和手段有关系。宏观调控体系改革包括财税制度，特别是金融制度，还有其他的宏观调控的改革，今年只是刚刚起步，真正理顺恐怕还得好几年。分税制恐怕要到2000年才能完全实行。即使财税体制、金融体制等都改成功了，但企业的改革还是踏步不前，那么宏观调控的机器还是不能发挥作用。这些改革都要花时间，不是一天两天能够解决的，所以急不得。当前宏观调控力度不够，手段不够的问题，现在可以研究，中央也采取了很多手段，包括发售国库券，抓"菜篮子"工程等等。发售国库券把居民的闲余资金收拢上来，减少货币发行，弥补财政赤字。中国人民银行向中央银行调控货币职能的转变也在抓紧进行，但这不是一朝一夕之功，需要花时间。宏观调控的手段和力度方面还有很多问题需要研究。

三 利率在宏观经济调控中的作用

利率是宏观调控的一个很重要的手段。市场经济国家一般在经济萧条时为刺激经济发展就把利率降低，就是资金成本降低，资金价格减低，大家愿意投资，经济就会复苏；另一方面在通货膨胀、经济过热时期，市场经济国家一般都要把利率提高，把资金成本提高，要借款需要花费更多的利息，价格提高了，这就减少了对资金的需求。所以利率手段是宏观调控的主要手段之一，但不是唯一手段。对我国来说这个手段用得不够。上个周期过热后采取了利率提高并采取保值，对经济稳定起了很大作用。到了1990年低谷时又把利率下调，1990年到1993年有两个时间利率波动稳定在年利率6.69%的水平。1993年连续在5月份和7月份调高利率，年利率从原来的6.69%调到10.98%，调高了3.92个百分点。现在我国控制信贷还是切块分配，是行政手段，那么

10.98%的利率是高是低？与物价上涨相比这个利率是较低的，物价水平现在是上涨20%，消费品物价水平更高。就是说我国银行利率水平低于物价指数，更低于大中城市生活费的物价指数，这是个负利率。它对于借款人有好处，能够借到款就好，不需要花代价（倒贴），所以人们都抢资金，谁能借到款谁就有好处，而存款就贬值了，实际价值减少了。我们国家的资金本来是稀缺的生产要素，现在要求要素市场化，不但商品市场化，而且要素市场化，就是要求要素价格按市场供求规律来定。因此10%利率和20%—30%的非行政利率之间就有很多文章了。因为资金很便宜，就拼命地争，财富从存款人手中转移到借款人手中，造成收入分配不公。

很多专家，还有外国专家认为我国应该多用利率手段，我也赞同这一观点。但我们还不太敢用，汇率改革是要付出勇气和冒险的。去年我国取消了"官"价汇率，与调剂市场汇率并轨，这里确实是担了风险的，现在看来这个冒险是对的，这是更好地纳入世界经济轨道很重要一招。我认为我国利率的改革不如汇率改革那么大胆。顾虑可能有两条：第一个顾虑认为，中国企业是个资金"大锅饭"，利率再高也不怕，利率高低不起作用，特别是与地方投资决策有关系的，再高的利率我也得借。另一个顾虑认为，利率放开或调高，企业承受不住，现在已经很困难，亏损面那么大，利率再放开，就会使亏损面更大，国有企业困难就更大。

我个人认为，这两种顾虑都不大能站住脚，国有经济确实有吃"大锅饭"、不在乎成本高低的情况，但现在国有经济在整个国民生产总值中已降到50%以下，非国有成分一般是在乎利率的，因为它主要自己承担。利率对老百姓存款是起作用的，对非国有经济的作用越来越大。对国有经济也不是不起作用，对一部分已经公司化或股份化的政企分开的企业，它们是要考虑的。至于承受不住的问题，有相当一部分企业，相当一部分项目，是承受得住的，因为它愿意花上比10%的利率高得多的利率到黑市去拆借，为什么官定的利率一定要压到10%？第一，确实有很多效益很好的企业愿意承担。第二，一些需要国家支持的，如公益事业、基础设施、暂时不能盈利的企业，如果增加利率会对其不利，国家可用贴息或其他办法解决，不能因为有这些就把利率压得很低。第三，确实有一些既不能承担高利率，又不是国家支持的企业，需要自己奋斗，优胜劣汰。竞争性的企业连负利率都承受不了，就要淘汰，关停并转。当然，社会保障、职工等问题要协调好。不能以低利率来支持低效率，而低利率是以存款人的存款贬值为代价的。这样一个低利率机制既不符合公平原则，又不符合效率原则，使社会财富再分配流到借款人的手中，流到能把官价资金变成黑市资金，从而大赚其利的人手里。要堵住这个漏洞。这个问题现在还在探讨、在研究。宏观调控的力度和手段不是没有余地，还要加强利率手段。利率市场化的改革应该像汇率市场化改革那样进行改革。

这些观点是我个人的看法，希望能提到论坛上来论一论。

论"软着陆"*

什么是"软着陆"

1993年下半年以来,我国实施了以治理通货膨胀为首要任务的宏观调控。到现在,经过三年多的努力,宏观调控基本上达到了预期目标,国民经济的运行成功地实现了"软着陆"。

什么是"软着陆"呢?"软着陆"是对经济运行状态的一种形象性比喻,即好比飞机经过一段飞行之后,平稳地降落到陆地上。"软着陆"的经济含义则是:国民经济的运行经过一段过度扩张之后,平稳地回落到适度增长区间。所谓"适度增长区间"是指:在一定时期内,由社会的物力、财力、人力即综合国力所能支撑的潜在的经济增长幅度。国民经济的运行是一个动态的过程,各年度间

---

* 本文与刘树成合作。《人民日报》1997年1月7日在发表此文时,加了编者按:1993年下半年以来,我国实施了以治理通货膨胀为首要任务的宏观调控。经过三年多的努力,到1996年底,宏观调控基本上达到了预期目标,国民经济的运行成功地实现了"软着陆"。到底什么是"软着陆",为什么要"软着陆",怎么样"软着陆","软着陆"提供了哪些宝贵的启示,《论"软着陆"》一文深刻而通俗地回答了这些问题。这是迄今为止总结宏观调控经验的一篇最好的文章,值得认真一读。

经济增长率的运动轨迹不是一条直线，而是围绕潜在增长能力上下波动、形成扩张与回落相交替的一条曲线。国民经济的扩张，在部门之间、地区之间、企业之间具有连锁扩散效应，在投资与生产之间具有累积放大效应。当国民经济的运行经过一段过度扩张之后，超出了其潜在增长能力，打破了正常的均衡，于是经济增长率将回落。"软着陆"即是一种回落方式。

"软着陆"是相对于"硬着陆"而言的，即"大起大落"方式。"大起大落"由过度的"大起"而造成。国民经济的过度扩张，导致极大地超越了其潜在增长能力，严重地破坏了经济生活中的各种均衡关系，于是用"急刹车"的办法进行"全面紧缩"，最终导致经济增长率的大幅度降落。

成功的"软着陆"是相对于不成功的"软着陆"而言的。当国民经济过度扩张之后，为了避免"硬着陆"带来的损失，曾试图用"软着陆"的办法使经济降温，但经济增长率的回落尚未在适度区间落稳，在各种压力下，就重新快速起飞，最终还要导致"硬着陆"。

这次"软着陆"，是一次成功的"软着陆"。之所以说"成功"，是因为：经济增长率逐步平稳地回落到适度区间，物价上涨率亦回落到适度水平；在显著地降低物价涨幅的同时，又保持了经济的适度快速增长。经济增长率的适度区间和物价上涨率的适度水平，在不同的具体经济背景下，可以有不同的数量标准。从我国当前的国情出发，经济增长率实际运行的适度区间（不是指计划目标）可把握在8%—10%之间，物价上涨率的适度水平可把握在6%以下。1993年下半年以来所实施的宏观调控，使经济增长率由1992年峰顶时的14.2%，一年年逐步平衡地回落到1996年的10%左右，每年平均回落约1个百分点；物价上涨率（商品零售价格）由1994年的21.7%，回落到1996年的6.5%左右，共回落了15.2个百分点（见图1）。

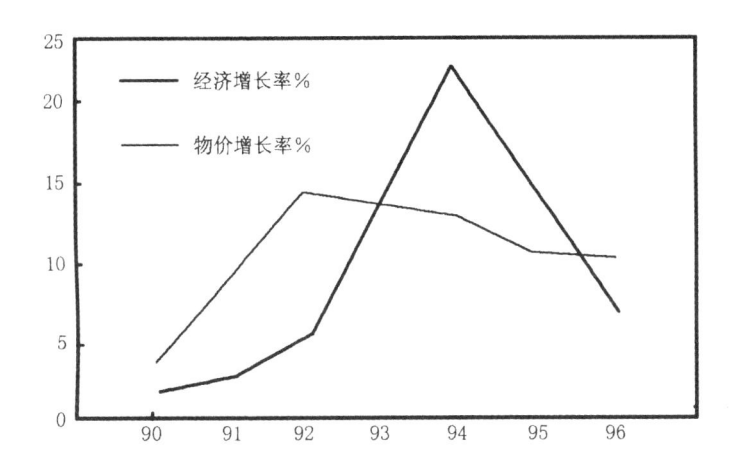

图1　1990—1996年经济增长率与物价上涨率波动曲线

这次"软着陆"的成功有重大意义。首先，避免了重蹈历史上"大起大落"和"软着陆"不成功的覆辙，在我国建国以来的经济发展史上是没有先例的。它表明，我们党对社会主义市场经济体制和社会主义现代化建设规律的认识逐步在深化，领导和驾驭经济工作的水平提高了。其次，为我国今后的经济运行开辟了一条适度快速和相对平稳发展的新轨道，为我国经济的跨世纪发展积累了宝贵的经验，奠定了良好的开端。三者，既大幅度地降低物价涨幅又保持了经济的较快增长，这在二次大战后世界各国的经济发展史上也是罕见的。与西方主要国家经济陷入滞胀困境相比，改革开放的中国充分显示出其增长的活力。

我们要充分认识这次"软着陆"的意义，但是，也绝不可盲目乐观，掉以轻心。目前，经济增长率虽已回落到适度区间，但是处于适度区间的上限边缘；物价上涨率虽已回落到适度水平，但也处于适度水平的上限位置。因此，仍要谨防经济增长率和物价上涨率的强烈反弹。

为什么要"软着陆"

"硬着陆"是有害的。"硬着陆"或"大起大落"的诱因在于盲目地求快。过度地扩张会导致资源的极度紧张、严重的通货膨胀、经济结构的扭曲、经济效益的低下、经济秩序和社会秩序的混乱、人民生活的不安定。建国以来,屡屡出现"大起大落"的情况,每次都带来不小的损失。其中,以1958—1962年的波动最为典型。在这次"大起大落"中,经济增长率的峰顶是1958年,为22%;在其后1960—1962年连续三年的负增长中,经济增长率的谷底是1961年,为-29.7%。经济增长率的峰顶与谷底之间的落差为51.7个百分点(见表1)。这次"大起"导

表1　　　　　中国经济增长率波动的峰谷落差

历次波动(起止年份)	峰谷落差(百分点)
1. 1953—1957	9.6*
2. 1958—1962	51.7*
3. 1963—1968	24.2*
4. 1969—1972	20.4*
5. 1973—1976	11.0*
6. 1977—1981	6.5
7. 1982—1986	6.4
8. 1987—1990	7.8
9. 1991—1996	4.2

注:带*者为国民收入增长率的峰谷落差,不带*者为国内生产总值增长率的峰谷落差。

资料来源:根据《中国统计年鉴1993》、《中国统计年鉴1996》各年度经济增长率数据计算。

致随后国民收入绝对量的下降,直至1964年才恢复到1957年的水平,使国民经济的发展延误了7年。这次"大起大落",总的算下账来,国民收入的净损失是1780亿元(以1957年为基年,以1952年不变价格和"一五"时期的平均增长率计算),相当于1957年全年国民收入的2倍。这深刻表明:欲速则不达,欲快反而慢。

不成功的"软着陆"也是有害的。比如,1986年就是一次不成功的"软着陆"。当时,在经过1982—1985年连续的快速增长后,已采取一定的"软着陆"措施来进行适当的调整。但是,调整尚未完成,1987—1988年又进入了新的快速扩张,导致1989—1991年的三年大调整。1987—1990年的一上一下波动,经济增长率的峰谷落差为7.8个百分点,虽低于改革开放前的历次波动,但也为改革开放以来回落幅度最大的一次波动(见表1)。1986年的"软着陆"之所以不成功,原因还在于想快。当经济增长率刚一回落,企业遇到一些困难,就顶不住惊呼"滑坡"、要求放松的压力,又放弃了"软着陆"。重新起飞的结果是,又不得不再次扑救通货膨胀之火,再次进行大调整。

"硬着陆"有害,"软着陆"不成功亦有害,因此,遇到经济过度扩张,必须要"软着陆",并且要成功。在1991年到1993年上半年,伴随着快速增长,国民经济的运行超越了其潜在增长能力,打破了各种经济均衡关系,突出地表现为经济生活中出现了"四热、四高、四紧、一乱"的问题。"四热"是:房地产热、开发区热、集资热、股票热。"四高"是:高投资膨胀、高工业增长、高货币发行和信贷投放、高物价上涨。"四紧"是:交通运输紧张、能源紧张、重要原材料紧张、资金紧张。"一乱"是:经济秩序混乱,特别是金融秩序混乱。如不及时采取措施,任这些问题发展下去,必将再度导致"大起大落"。在这种情况下,以江泽民同志为核心的党中央,全面、正确、积极贯彻邓小平建设有中国特色社会主义理论和党的基本路线,果断决策,推出一系列加强宏观调控的措施,国民经济的运行开始了"软着陆"。在"软着陆"的过程中,排除了种种干扰,经过三年多坚定不移的努力,终于取得了成功。1991—1996年,经济增长率的峰谷落差约为4.2个百分点,成为建国以来回落幅度最小的一次波动(见表1)。

怎么样"软着陆"

首先,及时削峰。以往的"大起大落",要害在于"大起"。过去,在经济的快速扩张中,经常是直到实在难以为继时方才被迫调整。因此,及时地削峰是成功地实现"软着陆"的关键和先导。1993年6月出台的宏观调控措施,决策果断,时机成熟,方向正确,有效地控制住了扩张的强度与峰位,从而取得了"软着陆"的主动权。

第二,适度从紧。所谓适度从紧,不是全面紧缩,而是指:(1)在总量上,首先要从紧控制货币与信贷总规模、财政支出总规模、固定资产投资总规模,严格把住货币关和财政预算关,以有效地抑制通货膨胀;在此前提下,还要保证经济的适度增长。(2)在结构上,有紧有松。该紧的紧,该松的适度地松。对于低水平重复建设部分、对于单纯外延型扩张和低效益甚至无效益的部分、对于"泡沫经济"部分,一定要从紧;而对于国家重点建设项目,对于有利于调整和优化结构,加强农业、交通通讯、能源以及重要原材料等"瓶颈"部门的发展,增强有效供给的部分,对于有效益、有市场、有利于培育和扶持新的经济增长点、促进内涵型发展的部分,则给予支持。适度从紧，把握调控力度，是成功地实现"软着陆"的重要政策保证。

第三，适时微调。为了"软着陆"的成功，在适度从紧的总原则下，根据各年度内经济运行的具体状况，审时度势地进行微调和预调，以缓解"降温"中的实际困难，防止出现过度滑坡。比如，适时调整信贷结构，增加对农业的贷款，保证农产品特别是粮食的收购需要，增加对效益好、销路好的企业的流动资金贷款，保持生产与市场的活力。再比如，适时停办保值储蓄，适时降低利率。1996年，两次调低利率，使企业每年可减少利息负担1000多亿元，有利于缓解企业的困难。

第四，抓住主线。在加强宏观调控中，自始至终紧紧地抓住了"软着陆"的主线：治理通货膨胀和在"降温"中保持经济的相对快速增长。在市场经济条件下，价格的变动是经济运行状况的晴雨表。经济过度扩张、超越潜在增长能力，其后果会集中表现为严重的通货膨胀。在这种情况下，要治理通货膨胀，就需要相应地降低和控制经济增长率。宏观调控是以治理通货膨胀为首要任务，还是以继续加快经济增长、扩大就业为先，曾一度成为经济学界争论的焦点。实践表明，由于党中央、国务院明确地提出和坚持了以治理通货膨胀为首要任务，采取了综合治理的种种措施，同时，又很好地把握了宏观调控的力度，所以，能够在"软着陆"中，既有效地抑制了通货膨胀，又保持了经济的适度快速增长。

"软着陆"的宝贵启示

这次"软着陆"的成功，给予我们许多新的启示，重要的有以下几点：

其一，在整个体制转轨完成之前，都要坚持"总量平衡、适度从紧、适时微调"的方针。这一方针并不等于短期性的紧缩政策，而是针对传统体制内在的"软约束"、"超分配"的膨胀机制和强烈的扩张冲动所应采取的一项具有中长期战略意义的发展政策，是彻底摆脱传统的"大起大落"、使国民经济走上适度快速和相对平稳发展轨道的一个充分、必要条件。所以，我们认为，这一方针不仅适用于1993年下半年以来的"软着陆"过程，也不仅适用于1997年和整个"九五"时期，而是直到21世纪初期，在新的有效制约机制尚未形成之前，都是适用的。只有坚持这一方针，才能使宏观经济政策既具有稳定性、连续性，又具有必要的灵活性，总的做到稳中求进。

其二，无论是从我国的正反两个方面的经验教训出发，还是从世界各国的经验教训出发，中央政府的宏观调控应该始终坚持以抑制通货膨胀为首要任务。与此同时，保持经济的适度快速增长。在严重的通货膨胀下，无论是改革还是发展，无论是总量平衡还是结构调整，什么都谈不上。即使经济一时起飞，又要马上扑灭通货膨胀之火。我们已几经"起火""又灭火"的情况。反复受到通货膨胀威胁、反复"灭火"的局面不宜再度重演。当然，在机制转轨时期，要为合理的、适度的价格结构调整留出必要的空间。由价格结构调整所带来的物价上涨，与一般意义上的通货膨胀不是同一个概念。我们要努力消除超发货币和"超分配"所引发的通货膨胀，同时留出价格结构调整的空间，但这个调整也要逐年进行，而不可能一步完成。目前，物价涨幅6%的水平并不算低，还应进一步控制。经过努力，逐步使价格形成机制和价格水平走向正常。由此，我们不能满足于"使物价上涨率低于经济增长率"这一目标。因为在"低于经济增长率"的范围内，可以容纳不同的物价水平。当前，我国经济增长率在

10%左右；到21世纪初，也可能保持在7%—8%左右。那么，"低于经济增长率"的物价涨幅在6%—9%之间是否就是可接受的呢？显然这仍是较高的物价涨幅。针对近几年我国物价涨幅高于经济增长率的实际情况，强调首先要把物价涨幅降到经济增长率以下，这是可以接受的近期要求。现在，这一要求已经实现，需要为控制通货膨胀的任务提出更为积极的目标。因此，党中央、国务院又及时提出1997年的物价涨幅要控制在1996年的实际水平（6%）以下的目标。

其三，一方面，在整个机制转轨完成之前，都要坚持"总量平衡、适度从紧、适时微调"的方针；另一方面，要抓住稳定、宽松的经济环境，积极推进"两个根本转变"。在这次"软着陆"中，一些国有企业处境困难，这并非根源于宏观调控，而是根源于旧体制。在市场经济下，当经济增长率处于回落阶段时，在经济关系的调整中，企业的优胜劣汰本是题中之义。然而，我国目前还缺乏应有的淘汰机制。在这种情况下，大水漫灌式地放松银根不仅于事无补，反而会贻误国有企业的改革进程。以往，我国经济增长一再出现"大起大落"，其根源亦在于原有体制。抓紧实现"两个根本转变"，是医治大起大落、抑制通货膨胀、搞好总量平衡和结构调整的治本之路。

从短缺到宽松[*]

我国过去是长期存在产品供不应求的短缺经济。许多消费品实行定量配给或凭票证供应,生产资料由国家统一调拨分配。改革开放后,经过近 20 年的努力,这种情况已基本改变。供不应求的紧缺局面已转变为供求基本平衡,或供大于求的相对宽松局面。我们已经初步"告别"了短缺经济。现在市场商品供应丰富多彩,琳琅满目,使人民生活的改善有了可靠的物质保证。这是改革开放以来中国经济的一个极其显著的变化。

一

这一变化是怎样发生的呢?要回答这个问题,首先要搞清楚,短缺经济是怎样形成的。对于这个问题,过去中外学者有许多讨论。归结为一句话:短缺经济是从传统的计划经济中产生的,或者说它是传统计划经济的一个特征。这可以从以下几个方面进行分析:

---

[*] 本文发表于《光明日报》1997 年 9 月 15 日。

——在生产目的上，在当时的历史背景下，实行工业化主要服务于国防战备和巩固政权的政治目的，而发展生产的真正目标即满足人民生活需要反而降到了次要位置。

——在国民收入分配和积累与消费关系上，着重国家积累，比较忽视人民消费，形成了一方面是国家的高积累、高投资，另一方面是人民的低收入、低消费。

——在产业结构上，实行优先发展重工业的方针，国家的财力物力资源，集中用于发展重工业，使农业、轻工业的发展受到限制，消费品供应严重匮乏。

——在所有制结构上，认为"越大、越公、越纯"越好，实行不断向国有制的方向升级、过渡的政策，使生产者、供应者单一化，垄断化。它们之间缺乏竞争，生产、供应的产品是"皇帝的女儿不愁嫁"，因而没有任何动力去改善商品和服务的供应。

——在管理体制上，实行大锅饭、供给制、软预算约束的体制，上上下下，无不热衷于争投资、争贷款、争物资、争外汇、争铺摊子、上项目等等，而对其效益则不负责任。这就形成了投资饥饿症，带来了投资需求和消费需求的双膨胀。

总之，传统计划经济的发展战略和经济机制，一方面导致供给不足，一方面引发需求膨胀，其结果必然是供不应求的短缺经济。经济短缺的机制和经济波动的机制结合在一起，往往形成周期性的剧烈震荡，即我们过去很熟悉的大上大下的现象。

二

改革开放以来，我国经济被动的振幅比过去大大缩小，供不应求的短缺经济逐步过渡到供求基本平衡或供略大于求，市场商品供应丰裕的经济。这是传统的计划经济逐步向社会主义市场经济转变的结果。具体分析，有以下数项。

——生产目的改变了，从过去为生产而生产或主要为政治目的而生产，回复到为提高和改善人民生活而生产，把人民得到实惠作为发展生产的首要目标。

——在国民收入分配和积累与消费的关系上，从过去重国家积累轻人民消费，逐步变为积累和消费协调并重，人民在收入和消费基金大幅度增长的同时，还成为积累和投资的重要主体。

——在产业结构上，由过去片面优先发展重工业，形成重、轻、农严重失调，逐步转向一产（农业为主）、二产（工业为主）、三产（服务为主）协调发展，商品和服务的品类和数量都大大增加的局面。

——在所有制结构上，改变过去"一大二公三纯"的方针，转向以公有制为主体、多种所有制经济共同发展的格局。市场主体的多样化，促进了市场竞争，有利于商品供应的丰富和服务质量的提高。

——在管理体制上，随着市场取向改革的扩展和深入，大锅饭、供给制、软预算的体制逐步削弱，投资需求和消费需求的自我约束有所增强，生产者、供应者更多地考虑和适应市场需求了。

实行市场取向改革以来，发展战略与经济体制的上述各项变化，一方面使需求膨胀得到约束，另一方面促进了市场供应。再加上近几年加强和完善宏观调控，大大改善了经济总量的供需平衡，使短缺经济逐渐退出历史舞台，并出现了一个相对宽松的经济环境。

三

短缺经济转变为相对宽松的经济，从市场的角度来看，表现为卖方市场转变为买方市场。买方市场的出现，有利于实现消费者选择的权利，有利于促进竞争，并为经济改革和结构调整提供有利的宽松环境。买方市场和相对宽松的经济格局的形成，来之不易，也不是一好百好。对此不可盲目满足，需要正确认识和对待。

目前，买方市场格局仅仅是初步建立，还不能说巩固了。部分产品（如能源产品、部分化工产品和冶金产品等）还没有达到供求平衡；服务业发展滞后，远远未能满足市场需要；部分产品如城市住房，一方面商品房大量空置，一方面居民住房需求远未满足；部分产品虽然已经实现供求基本平衡或供略大于求，但其生产和供给的基础仍然脆弱，如农业，尽管1995年以来连续丰收，但在我们这个人口众多的大国，对粮食供应形势永远不能盲目乐观。

在买方市场初步形成的同时，目前出现了某些产品供应过多、生产能力过剩、产品积压和开工不足等现象。这些现象不能归之于买方市场范畴，因为我们所讲的买方市场是总体上供求基本平衡和供略大于求的市场，而不是供给过度超过需求的市场。目前我国经济生活中出现的某些商品供应过剩、生产能力利用率过低的现象，既与正常的买方市场无关，亦非"需求不足"之过。其产生的主要原因，在于供给结构扭曲，不适应市场需求变化，以及多年来盲目追求粗放扩张和重复建设，超过了正常需求的结果。特别是前几年经济过热时，在需求扩张的假象拉动下，生产能力迅猛上去了，一旦需求膨胀假象消除，便会暴露出种种结构性矛盾。

在消除短缺经济和形成买方市场的过程中，之所以仍然存在前述一些市场缺陷和结构性矛盾，其深层原因还是根植于增长方式和经济体制。传统的粗放增长方式和计划经济体制的惯性，在我们的经济运行中仍有相当大的影响。经济发展中重数量轻质量、重速度轻效益的倾向依然存在，而这又与经济体制中特别是国有经济中软预算、大锅饭，以及政企不分、条块分割等弊端尚未根除有关。

综上所述，对于我国经济生活中短缺的消失和买方市场的出现，我们应当有清醒的认识。第一，市场供求总体形势的转变，是改革开放取得的一个最重大的成果。第二，这一转变是初步的，不能说已经巩固，还有许多深层次结构性问题亟待解决。第三，要从根本上解决这些问题，就要抓住目前相对宽松环境已初步形成的大好机遇，加大经济增长方式转变和经济体制转变的步伐。这样，我们才能有把握地说同短缺经济永远告别，才能进一步巩固和发展建立买方市场已经取得的辉煌成果。

对我国经济形势与宏观调控一些问题的看法[*]

一 我国近期经济形势分析

大家知道，我国经济增长是在波浪起伏中前进的。上一次经济过热的高峰是在1992—1993年。从1993年夏天开始加强和完善宏观调控，主要是实行适度从紧和灵活微调相结合的政策措施，使经济逐渐降温。国内生产总值增长幅度，从1992年14%的峰值，1993年降为13.2%，1994年降为12.6%，1995年降为10.5%，1996年降到9.7%；物价上涨幅度也从1994年21.7%的峰值，回落到1996年的6%。这样，经济过热和通货膨胀得到了有效的控制，中国的经济成功地实现了"软着陆"。目前，人们认为经济增长速度的几年持续下降是正常的。进入1997年，人们起初以为"软着陆"成功后，我国经济运

---

[*] 本文系作者于1999年8月23日，在中国经济规律研究会年会暨'99全国中小城市发展战略研讨会上的专题报告，根据录音整理，发表于《经济学动态》1999年第10期。

行已经到了谷底,经济增长率下降的趋势应该稳住了,或者应该重新回升。可是1997年经济增长率却逐季一路走低,全年降为增长8.8%,比上年又跌落了将近1%。这一下降趋势进入1998年仍未止住。1998年第一季度CDP增长7.2%,第二季度增长6.8%,1998年上半年算下来增长7%。为什么"软着陆"成功后一年多,中国经济增长仍在逐季放慢?去年此时在一个研讨会上我初步分析了四个原因:一是前几年"软着陆"过程中,经济增长降速有一个惯性,不能一下子刹住;二是近年来经济改革和结构调整的力度加大,虽然这最终会有利于提高效率和促进增长,但近期的企业重组和职工下岗,带来暂时抑制增长的因素;三是东南亚金融风波对我国外贸出口和引进外资的负面影响逐渐显露;四是针对上述问题采取的对策措施,还没有来得及跟上、到位、发挥作用。现在看来,这几条分析仍不错,但不够,还要加上几条:(1)由于改革开放以来经济体制转换和经济发展战略转换的效果,我国长期的短缺经济逐渐被买方市场所代替,开始出现供大于求的局面,现在正好处在这个转变的节骨眼上;(2)由于传统经济体制和增长方式的缺陷仍未消除,造成低技术层次低质量水平的盲目投资、重复建设,带来生产能力和产品供应的结构性过剩现象,又缺乏优胜劣汰的机制加以消解。此外,还有人指出,"软着陆"过程中,投资增长率大幅下降后,一向偏低的投入产出率未曾提高;结构调整过程中,新的经济增长点远远未能形成等,都使得经济增长率难以止住下降。这些都可以解释为什么"软着陆"成功后CDP增长速度仍继续下降。

针对"软着陆"成功后,经济运行出现的问题,宏观调控当局陆续采取了一些放松金融的措施,包括几次降低存贷款利率,取消银行贷款的额度管理限制,调低银行存款储备金率等。

1997年第四季度以来，随着对于境外经济风波影响和境内经济收缩走势认识的加深，金融松动的措施一步步强化。但近年的实践证明，在目前情况下主要依靠银行贷款等金融手段来刺激经济的做法，已不如过去那样有效，例如1997年以来连续几次降低存贷款利率，市场反应并不明显，正是说明了目前用货币政策刺激经济增长的局限性。原因何在呢？（1）银行在商业化改革中因防范金融风波，更加重视贷款质量，这是对的，但出现了"惜贷"现象；（2）企业在改革中自我约束有所加强，投资决策趋于谨慎；（3）过去几次利率下调的幅度低于物价下降的幅度，致使实际利率提高，企业盈利前景不佳；（4）去年扩大内需首先从扩大基础设施建设投资着手，而基础设施建设有许多项目属于公共产品或准公共产品，具有明显的外部性特点（即有社会经济效益但投资者不能得到直接回报），这部分投资很难通过降低利率扩大信贷的方式来刺激，而宜于由政府投资来进行。所以在运用货币政策的同时，更要偏重财政政策刺激需求来启动经济。去年年中推出的所谓"积极的财政政策"，实际上就是扩张性财政政策，其主要内容是采取适当增发国债的办法，从银行和社会吸收资金来支持对基础设施的投资，并配合以适当松动的（又叫稳健的）货币政策来启动经济。去年年中我们指出，随着这一系列松动的宏观调控政策的落实，1998年下半年我国经济增长将扭降回升，1999年上半年也可以保持稳定势头。实际结果是，GDP增长速度由1997年的8.8％，1998年第一季度的7.2％，第二季度的6.8％，从这个低点回升，第三季度上升为7.8％，第四季度上升为9％，全年达到增长7.8％。这个速度是在国际金融危机对我国负面影响加深和发生了特大洪涝灾害的情况下实现的成绩，实在是得来不易。

在1998年增加财政投资、扩大国内需求一系列政策措施发挥惯性作用的影响下，进入1999年，国民经济在整体上仍然保持平稳发展的态势。第一季度GDP同比增长8.3%，比上年同期增幅大了1.1%，应该说是一个不低的速度。然而如果与上年第四季度增速9%相比，则有所减缓。第二季度GDP增幅进一步下降，为同比增长7.1%，上半年算下来同比增长7.6%。增长放缓的直接原因是工业和第三产业增速下降，尤其是工业生产上年第四季同比增长10.9%，今年第一季度降为10.1%，第二季度为9%，呈明显逐步回落趋势。这个一路下降的发展态势值得我们注意。今年3—4月以来国际国内形势又发生一些新的变化，国内经济发展中的一些问题更加明显地表现出来，有效需求不足的问题尤为突出，外贸出口和外商直接投资下降，消费需求持续不振，价格总水平继续下降，对于这些问题必须引起高度重视，及时加以解决。由于今年拉动经济增长的三大需求都不太好，特别是3—4月以来固定资产投资增长幅度下降较大的影响，再考虑去年经济前低后高的走势，今年下半年同比经济增长基数增大，全年要达到原预计7%的困难加大。因此，必须采取有效措施，进一步刺激三大需求，促进经济增长。

近年来人们对增长速度的认识逐渐冷静，去年年底经济工作会议已把经济增长速度作为预测性和指导性指标。目前出现的速度趋缓，本身不值得大惊小怪。但我国目前处于就业压力加大时期，增长速度过低不利于缓解就业压力。同时，经济增长速度去年下半年刚刚回升，今年如一路回降，表明我们一年多来启动经济的措施未能遏制住下滑惯性，这种情况需要认真研究对付。

二 积极财政政策的效应与持续时间

1998年我国为应对国际金融动荡、国内经济运行变化和体制转换所引起的需求不足，采取了扩大内需的方针，特别是在适当的货币政策配合下，着力推出积极的财政政策。这些政策措施对去年下半年经济增长速度扭降转升和推动今年上半年继续快速稳定增长起到了积极作用。同时应当看到，迄今扩张性的财政政策所启动的主要是政府的公共投资，一些相关的投资品产业的市场情况也有所改善，但对于非政府的社会民间投资和居民消费需求的拉动则不很明显。比如去年国有单位固定资产投资增长幅度19.6%，集体单位投资下降3.5%，而个体投资仅增长6.1%，非国有经济投资合计仅增长8%；1980—1998年19年间非国有经济投资年均增长27.3%，比国有经济投资年均增幅高9%，而1998年却出现非国有经济投资增幅低于国有11.6%的大转折。目前，内需不足对经济增长的制约作用仍然存在，主要表现在商品零售价格和居民消费价格指数负增长的趋势尚未根本扭转，零售物件指数已连续下降20个月，生产资料价格指数下降明显增长，通货紧缩的迹象仍在加深，失业和下岗情况未见缓和。

大家知道，过去我国中央政府在经济低谷时采取财政投资启动经济是很有效的，往往很快就把地方和部门的投资以及居民消费需求带动起来。当时有个经验的说法，就是相当于固定资产投资的40%转化为消费需求，"乘数"效应很明显。为什么这次增加政府投资对启动社会总需求的效应不如过去那样全面而迅猛呢？

从投资需求方面看，经过20年的体制改革，我国投资主体趋于多元化，投资行为趋于市场化，投资风险机制逐渐强化，企业、银行的财务约束逐渐硬化。所有这一切使中央政府的投资决策，不能像过去计划经济时代那样容易启动地方、部门和企业的投资行为，再加上前述原因形成的当前供大于求、最终需求拉动不足以及物价持续走低的市场情势，影响了投资收入预期和投资者的投资意愿，导致了社会投资启动过程缓慢。

从消费需求看，经过20年的改革，我国居民从过去被动的配给对象转变为自主的消费者，居民消费行为逐渐理性化，预期因素在消费行为中起着越来越重要的作用。在传统的"低收入、低工资、低消费"观念仍然主导着经济决策的条件下，随着住房、医疗、教育、养老等社会保障制度的改革，原有实物性、供给性、集团性、福利性的消费逐渐减少，原有体制内居民市场性支出逐渐增加，而货币性收入却没有随着经济发展相应同步提高。减收增支的预期、下岗失业的阴影、收入差距的拉大，都导致了居民可支配收入的边际消费倾向下降，边际储蓄倾向上升。由于现行积极的财政政策不触及收入分配关系的调整，消费需求也不可能对扩大内需的宏观调控做出迅速反应。

总之，由于投资需求和消费需求机制上的变化，政府财政公共投资的"乘数"效应有所减弱。再加上供给方面的激励机制（特别是企业家的激励机制）迟迟未能形成，国有企业一般缺乏必要的创新动力，供给结构不能迅速调整以适应新的需求格局，更加限制了现行积极财政政策拉动社会投资和消费需求的实际效果。此外，还需指出，去年以来实行积极财政政策过程中，未能始终一致地坚持扩张性方向，如财政收入方面的增发1000亿元国债的同时，增加税收约1000亿元，尽管从加强税收征管本身来说是必要的，但在时机上却使增发国债的扩张性效应在很大程度上被紧缩性的税收政策所抵消，而对于非国有经济企业来说，紧缩性效应甚至大于扩张性效应。还有增加的政府投资局限于产业链条较短的基础设施项目，国债投资支出结构与方式没有很好地同启动民间投资和居民消费结合起来。这些都削弱了积极的财政政策的实际启动效果。

正是基于财政投资"乘数"效应减弱的判断，前些时我国理论界一些人士认为，依靠政府投资拉动经济的作用，只能持续到今年上半年。今年下半年和明年再用这个办法将要失灵，主张要出"新招"，寻找新的启动手段，主要是更多依靠增加货币和信贷的供应，着力于直接启动民间投资和消费，这样来弥补和接替积极的财政政策效应减弱后的经济增长动力。

我认为，在目前社会投资和居民消费相对于政府投资来说启动比较缓慢的情况下，强调直接鼓励民间投资和消费，并增加金融支持的力度，这是正确的和必要的。事实上，今年的经济工作在这些方面已安排了不少积极措施。第一季度以来，货币供应量增幅比上年同期明显上升。今年6月又进行了1995年以来第七次降低存贷款利息率，并采取了活跃股市的措施等。当然这些都是在继续发挥积极财政政策主导作用的同时进行的。去年增发国债用于加快基础设施建设投资的相当大部分，结转到今年上半年继续支用；今年上半年又几次增发国债用于增加今年赤字预算投资。今年人大通过的预算，赤字由去年的960亿元增到今年的1503亿元。今年发行国债3415亿元，略低于去年，发债速度也低于去年。那么，从今年下半年起，积极的财政政策是不是将不再作为启动经济的主要支撑了呢？我以为，这样的判断恐怕还嫌早了一点，实践的发展也否定了这一判断。

第一，启动社会投资和居民消费也需要有一个过程，而不是一蹴而就的。社会投资主要制约因素是资金和市场。从资金方面看，在目前社会储蓄大于投资，金融系统存大于贷差额颇大的情况下，宏观上来说资金问题不大，微观上主要是储蓄转化为投资的机制障碍有待消除，需要建立通畅的金融通道。目前问题更大的是市场不振，归根结底要害仍在于居民的最终消费需求不足。各方面提出来的启动居民消费的招数颇多，但大多不易立竿见影。就拿当前人们议论最多的"消费信贷"来说，这的确是促进消费的一个好办法，从长期来看是个发展方向，不仅汽车、住房，而且其他一些耐用消费品、房屋装修、教育费用等均可实行。然而从近期看，遇到居民消费观念不习惯于寅吃卯粮，收入水平低不敢问津，信用担保难保证，手续烦琐，贷者却步，障碍甚多，进展的步伐并不尽如人意，出现了所谓"叫好不叫座"的现象。那么，降低利率、搞热股市能否刺激消费呢？在居民储蓄动机主要是为了保障未来生活而不是为了赚取现时利息情况下，降低利率并不能明显起到刺激消费降低储蓄的作用。上海的一份储户调查显示，储蓄动机中除日常生活费用外，子女教育费占16.3%，购房占16%，养老占13%，抱这些动机的居民是不会因利率调低而改变其储蓄安排的。何况一般工薪阶层平民百姓区区存款难以产生食利奢望，利率高一点低一点对他们影响不大。至于股市与消费的关系，不少人士鉴于一些发达市场经济国家和地区的现象，认为炒热股市可以通过股票升值、财富放大的效应，使人们心理上产生一种丰富感，从而刺激他们花钱购物。但我国目前股市市值总数只占CDP的1/4，其中流通股只占7%—8%，远低于发达国家和地区（1994年美国为71%，日本为70%），至于股民或个人投资者占居民比重，号称4000万股市投资者，除去机构投资者和重复登记者外，股民占居民不到3%，而美国此比重为40%，日本为22%。总之，我国股市虽然发展很快，重要性在增加，但在国民经济中比重仍不大，实体经济的主体部分仍在股市之外，基本不受影响，倒是股市反过来要受大市（宏观经济总体）的影响。中国股民多数是中小个人投资者，赚了一笔钱主要是重新投入股市，很少大撒手花钱消费。当然这次降息幅度较大，股市牛劲也不小，吸引了部分储蓄转入证券市场。这对松动部分企业上市融资，减轻银行存大于贷的利息负担，促进间接融资向直接融资的转化是有积极作用的，这应予肯定，但能否激起广大企业的投资意欲还很难说，因为这要依存于市场需求和企业盈利指标能否上去。因而降息和股市升温对市场消费需求的影响，目前还不能期望过大。总之，在居民最终需求和社会投资尚未有效启动成功以前，以政府投资为主导的积极财政政策看来还不能放弃。

第二，去年以来由积极财政政策开启的基础设施建设项目，工期长规模大的，需要继续投资才能建成，近期项目建成以后，还要有后续项目来接替，才能保持增长势头，否则会发生建设投资的断层现象，造成损失，影响增长波动幅度。这个判断是今年4月我在中国社科院春季形势分析座谈会上讲的，接着果然出现了断层的迹象。今年4月以来，国有及其他经济类型固定资产投资增幅比第一季度急剧下降（第一季度同比增幅22.7%，4月为11.3%，1—4月为18.19%，1—5月为17.6%），其中一个重要原因就是去年7月开始的国债投资集中期已经基本过去，国家特别国债支持的一些重点工程特别是赶在汛期到来之前完成的水利工程项目陆续完工投产，实际投资工作量相应减少。为防止投资增长和经济增长断层现象的加深，就更需要继续增发国债注入必要的政府投资，继续实施积极的财政政策。

第三，政府投资"乘数"效应的减弱，并不意味政策失效，这里有一个时滞问题，有产业链条短问题，有配套资金不到位问题等。只要政策实施力度和时间足够，配套资金足额到位，后继投入及时续上，行程中不发生断层现象，其推动经济增长后续作用的增强，是不容忽视的。所以，春季形势分析座谈会时我就提出，在直接启动民间投资和消费的措施尚未发挥足够有效作用以前，以及在出口需求不振的局面尚未扭转的情况下，为了支撑必要的经济增长幅度，今年下半年以至明年上半年，继续坚持积极的财政政策还是必要的。

三 继续坚持积极财政政策的能力空间分析

积极的扩张性财政政策是一项特殊情况下实行的特殊政策，作为防范和治理通货紧缩的短期手段，不宜长期实行。从中长期来说还是要坚持适度从紧、动态平衡的财政政策，我们较早地指出了这一点，这也是我国许多有识之士的共同看法。由于前述原因，现在看来，这个特殊的短期政策延续的时间可能要比人们的设想还要长一点。问题在于人们担心今后一段时间我国经济有没有支撑财政赤字继续扩大的能力空间。这个支撑能力空间可以从以下几个层次来分析。

第一，国债余额和财政赤字占财政支出的比率。我国财政支出对国债和赤字的依存度相当高，据测算1998年国债余额占当年财政支出的比率为76.7%，大大高于国际公认的警戒线（25%—30%）；赤字占当年财政支出的比率达15%，相当于1990—1995年期间美、加、英等国的平均水平。这表明，如果单纯从财政能力的角度来把握扩张性财政政策的空间，那么，由于目前我国财政收入占GDP的比重较低，因此除非提高这一比重扩大政府的财政能力，否则，以国债或赤字方式支持的政府投资进一步扩张的空间有限。但我们不能单纯地就财政论财政，而要把财政作为政府调控经济的手段和工具，考察国债、赤字同GDP的关系。

第二，国债余额和赤字占GDP的比重。这是更全面更综合地反映一国举债能力和赤字负担潜力的指标。我国以国债或赤字方式动员的社会资源比率并不高。据测算，1998年、1999年国债余额占当年GDP比重约为10%，赤字占当年GDP比重分别为2.2%、1.7%，债务和赤字的相对规模均低于国际标准，如

《马约》对加入欧元体系国家的控制线分别为60%和30%。因此，如果从全社会可动员资源的角度综合考虑，那么财政政策进一步扩大的空间还是比较乐观的。

第三，国家综合负债指数。国家实际负担的债务规模除国家预算公布的赤字债务外，还有银行不良贷款、政府担保的外债等。据一项测算，中国国家综合债务占GDP的比率，1998年为50%左右，低于许多国家。这表明我国仍然有相当大的发债余地。

第四，从整个国民经济储蓄与投资的关系来看，我国储蓄率较高，应该是有利于经济增长的。但当前居民储蓄增长过快，而且在继续加快，则反映了消费需求的疲软和资源的闲置。近年来虽然银行利率多次下降，每年储蓄仍以七八千亿元的幅度迅速增长，光是今年前5个月就增长了5599亿元，储蓄余额近6万亿元。这么大的储蓄额中相当一部分未能转化为有效投资。统计显示，全部金融机构今年5月末各项存款余额（不只居民储蓄存款，还包括企业存款等）约10万亿元，各项贷款余额约9万亿元，存大于贷12543亿元，这说明进一步实施扩张性财政政策，扩大利用国债进行政府投资，还有很大的空间。

综上所述，进一步实施扩张性的积极财政政策，在目前既是形势发展的迫切需要，也有实际可能。现在的问题是，在进一步实施扩张性积极财政政策时，如何把握好扩大内需的机遇，结合好适当松动稳健的货币政策，合理安排政府投资方向和调整财政收支结构，以提高财政货币政策的绩效，直接引导、启动社会投资和居民消费，通过加快发展和深化改革来提高国家财政能力。只要国家财政能力能够随着国家经济实力的增强而提高，偿还国债、削减赤字，中长期平衡国家预算，是可以做到的。

四 调整财政收支结构和政府投资方向

近年来我国宏观调控的实践证明,单纯依靠政府投资未能很快启动非政府的社会投资和居民消费,如前所述除其他原因外,这里还有财政收支结构和投资导向问题。去年以来为扩大内需而增发的国债,限用于基础设施建设,而不用于加工业及其他方面,其目的在于克服国民经济中的短线瓶颈,增强发展的后劲,并避免再蹈重复建设覆辙,这一决策无疑是正确而有效的。但在扩张性财政政策安排的投资中,一般比较偏重于资本密集、规模较大、并由政府全资包揽的重点建设项目,而对劳动密集的、中小规模的,以及吸纳社会民间资本参与的生产建设项目,则较少考虑。至于将增发的国债用于消费性的转移支付如支持社会保障和教育等方面的支出,则碍于预算制度,更欠考虑。以上种种原因,再加上金融体制和信贷政策的配合上存在的问题,导致了去年以来实施的扩张性财政政策难以取得迅速带动民间投资和消费的成效。今年进一步实施积极的财政政策,增发国债,扩大政府支出,我以为需要考虑调整财政收支结构和政府投资方向,使之有利于民间投资和最终消费的启动。

第一,要在坚持基础设施为主的投资方向,继续加强对一些薄弱环节设施建设如农村电网、城市公用设施等建设的同时,大力加强对传统产业特别是装备工业的技术改造投资和新兴高科技产业的风险投资,以促进我国产业结构的升级和国际竞争能力的提高;在继续兴办资本密集规模较大的工程项目的同时,要较多地考虑劳动密集而技术含量也不太低的中小型生产建设项目,以便更广泛地调动地方和企业的投资意愿,并较好地解决就业问题。

第二，要创造条件，允许非国有经济参与基础设施项目和非竞争性行业的建设与生产，不可再迷信固守那种基础性、非竞争性行业由政府办，非基础性、竞争性行业由民间办的传统分工观念。从发达国家的实践经验来看，只要制度安排得当，非国有经济也会积极而有效地参与基础设施建设和非竞争性行业如交通、电信业等的投资。因此，除少数特殊例外，要废除政府全资独家包揽的做法，要广泛运用财政贴息、政府控股或参股、财政担保等手段，来充分调动、吸纳社会资金参与基础设施、基础产业、高新技术、传统产业的技术改造等方面的投入。我很欣赏人们用"四两拨千斤"来形容这种财政政策的效果。在目前社会储蓄资源较为丰富、银行可贷资金较为充裕的条件下，从有限的国家财政投资中拿出相当的比重来起这种杠杆或带动作用，肯定能比政府独家包揽的直接投资收到更大的效果。不仅非竞争性领域的增量投资采取这个办法，包括竞争性领域在内的存量资产也可以结合国有资产的战略重组，通过国有资产的逐步退出，拓宽非国有经济的投资空间。总之要改革长期以来形成的限制民间投资范围的歧视性投资体制和政策，使非国有经济能够进入更广泛的投资领域。当然实行这些重大举措，既需要财政政策的启动，也需要货币信贷政策的配合。财政政策方面，要考虑必要的税收减免，对国家鼓励投资的领域实行税收的抵免、加速折旧等扶持措施，对高附加值产业适当降低增值税率对电机产品等出口继续提高出口退税率等等。货币信贷政策方面，关键是要建立和完善中小企业和投资者的融资安排，解决非国有企业筹资困难、投资成本过高问题，以有效地支持和引导社会民间投资。这个问题已引起广泛注意，但还有大量工作要做。

第三，扩张性财政政策的政府支出，理论上实践上都可以不限于建设性投资，也可以包含直接增加公共消费和影响居民收入与消费的财政支出。比如当前为了启动居民消费，可以考虑适当增加提高职工工资的支出，完善居民服务的支出，支持社会保障制度的支出等。大家知道，财政对国民经济有三条最基本的功能：一是发挥社会稳定器的作用；二是调节收入分配的功能；三是资源配置功能，其中最直接的是财政投资。最近媒体讨论中有人提出这三个功能中，一、二比三更应优先考虑，认为即使从纯粹影响需求的角度分析，优先考虑财政的稳定和再分配功能也是合理的，举例说假如不是把1000亿元国债用于投资支出，而是用于对贫困阶层的救济，对下岗职工的补贴，对失学儿童的资助，建立各种保障基金或者用于对农民贷款的贴息等，其对需求的作用也许会更大，因为这些人口边际消费仍然是相当高的。我看作者的原意并不是否定财政的投资功能，而是强调财政（包括国债手段）的直接影响收入分配和消费倾向的功能，这是有一定道理的。与此相关的一些问题，下面再讲。

五　调整收入分配关系，启动最终消费

近年来出现的最终消费需求不足的问题，从现象上看是由于居民消费结构进入升级换代期，收入预期下降，支出预期上升等原因造成的。但深层次的原因，却在于分配体制上的缺陷，收入分配关系没有及时调整以适应经济发展和体制变革的要求。

第一，随着经济体制逐步改革，原有体制内居民消费的实物化、集团化和福利化程度降低，货币化、工资化程度提高。但总体来说，原有体制内的分配决策仍然受到"低工资、低收入、低消费"观念的制约，致使居民可支配收入和消费的增长，除个别短暂时期外，总是持续滞后于国民生产总值的增长。在改革开放初期国民收入分配一度向个人倾斜，居民收入特别是农民收

入经过一段快速增长以后，1986—1998年期间，城乡居民收入增长呈下降趋势，人均收入的年均增长率比同期CDP的年均增长率少4%，比同期人均GDP的年均增长率少2.6%。居民可支配收入增长相对于国内生产总值增长的持续下降，导致了居民消费增长率及消费率下降。据一项研究测算，1996年我国消费率已降到56.09%，远低于处在大体类似发展阶段的1975年的韩国（81.53%）、马来西亚（74.17%）和泰国（77.88%）的消费率。国民收入分配中居民可支配收入比率下降，从而消费率下降，是形成目前我国最终消费需求不足的一个重要原因和背景。

第二，在居民人均可支配收入增长趋缓的同时，社会居民中不同阶层之间收入水平差距拉大。最近统计表明，我国城镇高收入户人均月收入为10962元，低收入户为247元，前者是后者的44倍（这是分组平均数，实际个体差距更大），从今年第一季度看，高收入户收入增长6.9%，低收入户增长1.9%，收入差距仍在扩大。高收入家庭生活必需品消费需求早已满足，住、行、消费需求也基本饱和，他们钱多花不出去，边际消费倾向较低。低收入家庭是多数，他们的潜在消费需求是有的，但因收入增幅下降而难以转化为现实消费需求，这就使得总体边际消费倾向下降。由于绝大多数靠工资收入的消费能力不足，再由于农业生产结构调整滞后，农民生产的农产品卖不出好价格，导致农民收入和消费不足，城乡居民收入水平差距拉大，使得农村消费市场发展迟滞。此外，东中西部地区经济水平差距拉大，也造成地区间消费市场发展出现不平衡。

第三，随着住房、医疗、教育等改革使居民消费支出市场化程度提高，原有体制内居民不得不在工资结构没有根本改变的情况下运用即期收入和长期储蓄进行支付。传统计划经济体制遗留的"低工资、低收入"的决策思路如果失去了实物性和福利性收入的支持，已经不再适应现阶段经济发展和改革的要求，人们越来越把未来生活的保障和改善寄托于增加储蓄和开拓体制外的收入。体制外企业和居民的收入与支出都由市场决定，其与体制内低收入、低消费的反差很大。1991—1997年居民消费中来自制度性工资收入总额每年增长只6.1%，而来自非制度性（偶得性）的收入每年平均增长两位数以上。收入分配中这些问题由于所得税未能发挥再分配杠杆功能，财政转移支出又受制于国家财力，因而难以得到有效的调节。

调整收入分配关系问题，现在越来越引起人们的关注。这不仅涉及公平与效益的关系，涉及廉政建设与社会稳定，而且与当前解决需求不振和市场委靡有很大的关系。如何从调整收入分配关系入手，提高居民整体的消费和购买倾向，以启动最终消费，这个问题涉及经济体制和经济政策的方方面面，这里仅就有关财政政策方面来说，我认为目前要强调以下几点：（1）要从思想上摆脱过去计划经济体制遗留下来的对体制内人员仍实行"低工资、低收入"传统决策观念的束缚。我国生产力发展水平低，当然不能同发达国家居民的收入消费水平相比，但以发展阶段相似的国家和地区作为考虑，特别是用我国自己体制外由市场决定的收入消费标准作为参考系数，来调整体制内人员收入水平和分配关系，是可以的。（2）要结合原有实物化、福利化、集团化和供给制的消费体制的改革，大力提高体制内在职人员的制度性工资收入，适度提高离退休人员、下岗职工以及其他低收入生活困难层的收入和补贴。要进一步结合以职工收入与企业效益挂钩，建立企业家年薪制等，使之与其承担的责任与风险相适应。（3）通过改革和规范费税征收制度，认真落实对企业和农民的减负财政预算，为提高企业职工和农民的收入、购买力创造有利条件。实行必要的有利于刺激有效需求和增加有效供给的税收减免。(4)对住房、医疗、教育和就业制度需要财政支持的改革,要实行反周期操作,当前要结合扩大内需对居民支付的改革费用进行适当的货币化补偿,以稳定居民的支出预期。(5)提高个人所得税的起征点和累进税率,开征遗产税、财产税等,以缓解收入差距拉大的矛盾,抑制总体消费倾向的下降。

以上各项调整收入水平和分配关系的政策措施,都会带来增支或减收的财政后果和刺激需求的效应。但这些财政措施不是直接的政府投资并以启动民间投资为目的,而是直接的公共消费或以启动居民最终消费为目的,因而其支出性质就不属于建设性财政预算(账户),而属于经常性预算(账户)范围。我国财政预算制度规定,经常性预算是不能借债打赤字的。那么为了弥补减收增支造成的收支差额,应如何筹措财政资金?当然在实行扩张性财政政策时,我们不能大手大脚挥霍花钱,而仍然要首先依靠努力增收节支和优化收支结构来解决收支差。其次要结合国有经济的重组,有效利用存量资产的出售转让来解决。如果仍然解决不了,则不应排除增发国债扩大赤字的方式,作为一种反周期财政手段来用。当然安排这种国债和赤字时,需要在经常性账户和建设性账户的关系上作一些必要的调整和灵活处理。总体来说,无论是直接启动消费还是启动投资的减支增收,我以为都应属于扩张性财政政策的范围,都是将现时过量的储蓄和存款转化为消费和投资的有效手段,是今后继续实施积极的财政政策时可以同时考虑的选择。

六 恰当调整扩张性财政货币政策的实施力度和持续时间,避免重蹈严重通胀覆辙

以上我着重讲了在当前我国经济回升乏力的形势下,为坚持扩大内需启动经济,有必要进一步实行扩张性的财政政策,并将

这一政策的运用同启动社会民间投资和最终消费需求紧密结合起来。今年已过去半年，目前除股市火暴了一阵还在波动外，其他如固定资产投资、工业生产、商品销售、物价指数等指标的走向都不很理想。时间非常紧迫，为使今年下半年和明年上半年经济增长保持良好势头，宜早下决心尽快推出新的决策措施，增大扩张性财政政策的力度，调整财政投资方向和政府支出结构。如果延缓不决或力度不够，有可能丧失时机，造成经济增长上的损失。当然，继续实行扩张性财政政策并适当加大其力度，并不排除其他扩大内需启动经济的重要政策手段，如进一步松动货币信贷供应，适当活跃资本市场，大力扶持民间中小企业，发展消费信贷等等。如把进一步实施扩张性财政政策与这些方面的政策措施结合起来综合考虑实施。现在有些对目前我国经济回升乏力着急的人士，主张采用通货膨胀的手段（如发大票）来对付通货紧缩。我不赞成这种观点。如前所述，我们现在有每年近万亿元的新增储蓄，有超过万亿元剩余存款，足够用于适当加大扩张性财政政策和适当放松货币信贷政策的力度，而不致引发严重的通货膨胀。物价水平长期下降，固然不好，实行物价基本稳定的政策总要比物价不断上涨能够创造出更为健康的心理预期。所以进一步实施扩张性的财政货币政策仍要注意适时适度，要根据外需变动和内需启动的情况，恰当调整实施扩张性财政货币政策的力度和持续的时间。其界限仍为前述的过量剩余储蓄和剩余存款，及其反映的实物经济中的增长潜力（过剩的生产能力、富余的物资库存等），要谨慎防止越过这一临界线，避免重蹈经济过热和严重通胀的覆辙。

中国经济增长形势分析[*]

一

90年代我国经济是从对80年代后期一段过热进行治理过程中出现的低谷起步的。GDP年增长率从1990年3.8%谷底,迅速上升到1992年14.2%的高峰之后,自1993年起平稳回落到1999年的7.1%,已经连续下降了7年之久。在我国经济增长的11次波动、在改革开放后的4次波动中,这次经济增长速度的下滑时间是最长的一次,平均每年回落1%。对于这7年经济增长速度的下降应当怎么看?不能一概而论,要划分前后两个阶段来看。前一个阶段是1993—1996年,针对1992—1993年的经济过热,1993年夏天开始加强和完善宏观调控,主要是实行适度从紧和灵活微调相结合的政策措施,使过热的经济逐渐降温,GDP年增长率从1992年的14.2%,降为1993年的13.5%、1994年的12.6%、1995年的10.5%和1996年的9.6%。物价上

---

[*] 本文系作者于2000年4月28日在南京召开的"影响新中国经济建设10本经济学著作学术研讨会"上的演讲稿,发表于《经济研究》2000年第6期。

涨幅度也从1994年21.7%的高峰回落到1996年的6%。这样，经济过热和通货膨胀得到了有效的控制，我国经济成功地实现了"软着陆"。这一段经济增长的降速是政策主动调整的结果，是符合宏观调控的主观期望的，人们大多认为是正常的。但是，自1997年起，后一段时期经济降速的情况，则有所不同。进入1997年，人们起初以为"软着陆"既然成功，我国经济运行已到谷底，经济增长率下降的趋势应该稳住了，或者应重新回升。之后人们不断作出经济增长速度正在或者即将出现止降回升的"拐点"的判断和预测，但经济运行的实践却是GDP增长率一路走低，由1996年的9.6%下降为1997年的8.8%、1998年的7.8%和1999年的7.1%。后一段经济增长速度的连续下滑，是出乎人们的预料和愿望的，是由国内外形势的变化和深层次体制性结构性原因引起的。这不是如有的同志所说是实行适度从紧政策的结果。实际上，"软着陆"成功后，宏观调控当局陆续采取了一些放松金融的措施，随着对境外金融风波影响和境内经济收缩趋势认识的加深，金融松动的措施一步步强化；1998年年中，又陆续推出以"积极的财政政策"为中心的一系列扩张性政策措施，扩大投资，启动消费，推动出口。这些政策措施对拉动经济增长，阻止经济滑坡，促进经济结构和效益的改善，已经并将继续发挥作用。例如增发国债扩大投资对拉动经济增长率的贡献，1998年为1.5%，1999年为2%。就是说，如果没有增发国债、扩大投资的措施，1998年经济增长率就不是7.8%而是6.3%，1999年增长率就不是7.1%而是5.1%，那样我国经济运行会遇到更大的困难。总之，1997年开始，适度松动的扩张性政策措施，使我国经济增幅在平稳回落的情况下，仍然保持了居于世界前列的较快速度，对稳定东亚和世界经济做出了自己的贡献，这是很不容易的。

二

对于我国经济运行面临的矛盾和问题,近年来,国内经济学界展开了很多讨论,焦点问题之一就是通货紧缩的问题。这个问题在前几年 GDP 增幅下降的前一阶段并不存在,当时主要是治理通胀的问题,只是在 1997 年 10 月物价总水平变动趋势发生了由上升到下降的逆转后才逐渐得到注意。对于这个问题的分歧好像是很大的,从否认我国出现通货紧缩,到认为通货紧缩非常严重,是头号大敌,各种看法都有。之所以存在分歧,一个原因是对通货紧缩这一概念有不同的理解。第一种是认为通货紧缩是指物价总水平持续不断下降;第二种认为通货紧缩是指不但物价总水平持续下降,而且货币供应量也下降,货币供应量和物价总水平的持续双下降;第三种认为通货紧缩是指除了货币供应量和物价总水平的持续下降之外,还包括经济增长速度或者是增长水平也在持续地下降。由于对通货紧缩有三种不同的理解,因此,对当前经济形势的判断也就不一样。

有的同志查了国外的一些经济学教科书、经济学辞典,这些教科书或辞典对通缩的解释不尽相同,但大多是把通货紧缩定义为"物价总水平的持续下降";与此相对应的是"通货膨胀是物价总水平的持续上升"。"物价总水平"不是个别的物价,而是普遍的物价;"总水平持续下降"不是在很短的时间内表现出来的,而是通过一段时间,半年、一年、两年,甚至更长的时间表现出来的。经济学界大多是把物价总水平的持续下降,定义为通货紧缩,而不把货币供应量、经济发展速度的持续下降包括到这个概念之内。一般经济学的常识应该是这么理解的。我记得早在 1947年南开大学吴大业教授在其《物价继涨的经济学》一书中,就把 inflation 一词转译为"物价继涨",那么与此相对应的 deflation (通货紧缩)一词,就应理解为"物价继落",或物价总水平的持续走低。

1998年10月,中国社会科学院召开经济形势分析会,在那次会议上,我曾经就这个问题讲了一点意见。当时,物价总水平下降已有一年。在这以前的几年时间里物价总水平一直都是上升的,上升的幅度从1994年以后逐年下降,但这是物价增长幅度的下降,而不是物价总水平的下降,物价总水平的下降是从1997年10月开始的,那时正值东南亚金融危机爆发不久。从1997年10月算起到1998年10月已经有一年了,当时,我认为可以判断我们国家出现了一定的通货紧缩,当时讲的也是轻度的通货紧缩。1998年零售物价指数出现了-2.6%的负增长。以后物价总水平的下降又持续了一年多,而且物价总水平下降的幅度也有所加深,1999年零售物价指数为负增长-3%。那么,一年前我们做出的"我国已经出现轻度的通货紧缩"这个判断,是不是要改变呢?在中国社会科学院1999年10月秋季经济形势分析会上,我又谈了这个问题,我认为还无需改变这样一个判断。这一判断同近年正式文件上讲的出现"通货紧缩趋势"没有什么不同,物价总水平二十多个月的连续下降本身就是时间序列上的一个统计的趋势(Trend)。正式文件提"趋势"含有淡化通货紧缩严重性的味道,特别是银行界的有些同志不大愿意听通货紧缩,因为他们认为货币政策没有什么紧缩的问题。这个问题下面还要说。现在讲讲为什么说这次出现的通缩是轻度的,有以下几点原因。

一是我国物价总水平下降持续的时间只有两年,下降幅度也就在2%—3%的范围。如果拿国际经济史上的一些通货紧缩、物价下降的案例来比,这算不了什么。历史上曾经有过几十年的通货紧缩，19世纪非常多见。如拿破仑战争以后，英、美两国1814—1849年持续35年的通货紧缩；美国南北战争以后，1866—1896年持续30年的通货紧缩；美国在紧随第一次世界大战后的衰退时期，物价水平下降了15%以上；在30年代的大萧条时期，价格水平下降了30%以上。与以上的情况比，目前我国发生的通货紧缩时间和幅度都是小巫见大巫了。

二是这次物价总水平下降还有它合理的方面，因为这是对前期高通货膨胀的一种矫正。1993—1995年我国通货膨胀率曾经高达13.2%、21.7%和14.8%，价格水平中含有不少泡沫成分。现在的通货紧缩率不过2%—3%，这次物价水平的下降是对前期盲目投资、重复建设所形成的传统产品、低素质产品的供给过剩和供给扭曲的一种反应。此外，物价总水平下降也是国内价格受到前一段时间国际通缩的影响和国际价格水平下降制约的一种表现，因此说现在物价总水平下降有它合理的方面。

三是这次通缩伴随的不是经济衰退或萧条，而是较快的增长。在历史上，物价总水平持续下降并不都是伴随经济衰退或萧条，亦有伴随经济持续增长的案例，如美国1814—1849年的通货紧缩，时值美国工业化初中期，其国民生产总值年均增长达5.4%，1866—1896年的通货紧缩，时值美国赶超英国时期，国民生产总值年均增长达到7.5%。虽然这两三年我国经济增长率连续下降，但仍保持着比较高的位势。这与西方30年代大萧条时期的通货紧缩情况是完全不相同的，也是与我国周边国家在这次金融危机中发生的经济衰退和通货紧缩的情况不相同的。

四是去年下半年，至今年一季度，由于国际国内经济形势变化的影响，物价总水平下降趋势有减缓迹象，今年1月还出现月环比指数上升的情况，2月国民消费价格在连续20多个月负增长后，出现了与去年同比增长了0.7%的情况，虽然这种情况还不稳定，而且零售物价同比指数仍保持负增长，但是随着我国总体经济形势的好转，通货紧缩趋势不一定还会继续下去，而不发生逆转。比如说，亚洲的经济恢复得很好，美国的经济并不像一部分人所忧虑的那样马上泡沫就破了，还在强劲地增长；我国扩张性财政政策和适度松动的货币政策坚持下去，也许物价走向说转过来就转过来了，这很难预料。所以，对目前我国出现的通货紧缩情况不要看得过重。估计过重就会乱下"猛药"，有些同志喜欢用"猛药"一词，我觉得还是不要用这个词好，"猛药"可以包括如放手让财政向银行透支、放手让银行发大面值票子、全面放松银根、放松对金融的监管等，就是用一些强通货膨胀的办法来治理通货紧缩。下药过猛，就必然会带来更难治愈的后遗症。比如，可能导致金融风险的爆发，还有可能出现比较长时期的滞胀等等。当然，我们不能因为当前的通货紧缩还是轻度的，而且物价总水平下降本身并不全是坏事（因为它可以刺激技术进步，促进优胜劣汰，促进竞争），就对通货紧缩的消极方面予以轻视，这是不对的。如果宏观调控力度不够或者国际经济形势发生逆转的变化，致使目前的通货紧缩再度加深，就不利于市场预期的改善，经营者或投资者看到物价持续下降而不愿意再投资，因此加重企业经营、经济发展和劳动就业的困难，从而影响社会稳定的大局。所以，这方面我们一定要重视，不能等闲视之，必须采取有效措施进一步解决通货紧缩问题。

三

从上述可知，1997年以后我国经济增长速度继续逐年下降的趋势和通货紧缩的趋势，是出乎人们原来主观期望的，而且这几年来当局一直都在采取措施抑制这一趋势的发展，虽然有一些成效，但尚未根本扭转。那么为什么会发生几年来经济增长持续下降和通货紧缩的趋势呢？首先一个直接原因是1997年夏季以来，东亚和世界经济发生金融危机和经济动荡，使我国的出口贸易和引进外资受到冲击。去年下半年以来这方面的情况虽有好转，但仍不稳定，特别是对全球影响巨大的美国和日本经济的变动前景，不容易看清楚。由于进口增长回升不快，目前净出口对经济增长的贡献不是很大。其次，从国内情况看，二十多年来的改革开放，经济体制和发展战略两方面转换的累积效果，长期困扰我国的求大于供的短缺经济，总体上逐渐被买方市场所替代，出现了供大于求的市场格局，现在正好处在这个转变的节骨眼上。当然买方市场是初步的不成熟的，供大于求的局面是阶段性、结构性的。现在过剩的是一般的加工程度低的工农业产品，而高质量高技术含量的产品仍然不少是靠进口（如我国是纺织品生产和出口大国，但每年进口纺织面料达60多亿美元。我国也是玩具生产和出口的大国，但所用长毛绒仍需进口。钢铁生产在过剩限产的同时，每年还进口上千万吨钢材）。再次，就投资需求来说，近几年来，随着我国经济体制改革特别是金融领域改革的不断深化，企业投资和银行贷款均走向市场，过去依靠吃财政或银行"大锅饭"的投资体制逐渐被打破，资金约束趋于硬化。这一方面有利于消除长期以来根深蒂固的投资饥渴和盲目扩张冲动的体制基础；另一方面，也出现了人们一下子还不能适应从而暂不利于投资的种种情况。企业在改革中由于自我约束的意识有所增强，而又难以摆脱历史债务包袱，在市场行情看淡、好的项目难觅的前景下，投资决策趋于谨慎，出现"慎借"倾向。银行在改革中提高了安全意识，更加重视贷款质量，也出现了"惜贷"倾向。在商业银行贷款有所放松后，又有相当一部分信贷资金以种种方式形成食利资本和套利资金，游离于实体产业部门之外。这些都妨碍了银企之间的间接融资。而现时我国资本市场还处在发育之中，远未成熟，使直接融资渠道也很狭窄。这些都限制了投资需求。

消费需求不足的主要原因有三：其一，改革开放以来，在我国居民收入与消费水平的绝对额不断增长的同时，社会总产品最终使用中消费所占的比例，即最终消费率却呈现出下降趋势，而积累率呈上升趋势。为了保持经济的较快增长，一定的、较高的积累率是必要的。但如果积累率长期维持在过高的水平，而最终消费率过低，则会造成消费需求相对不足，使消费市场相对狭小，从而影响投资前景和整个社会再生产的顺利进行。我国国民收入分配在改革开放初期，为纠正过去计划经济时期的高积累低消费，曾一度向个人倾斜，居民收入特别是农民收入经过一段快速增长后，1986—1998年间城乡居民收入增长呈下降趋势，人均收入年均增长率比同期人均GDP年均增长低2.6%。居民可支配收入增长相对于国内生产总值持续下降，导致了居民消费增长率和消费率下降。据一项研究测算，1996年我国消费率已降到56.09%，远低于处在大体类似发展阶段的一些国家的消费率。国民收入分配中居民可支配收入比率下降，消费率下降，是形成目前我国最终消费需求不足的一个重要背景。其二，影响居民消费需求的不仅仅是其现期收入水平，更重要的是收入和支出的预期。近几年来，由于结构重组和经济景气下降，下岗人员增多，就业困难增大，使居民现期收入和预期收入的增幅有所减缓；与此同时，随着原有福利性、实物性、统配性的分配和消费转向商业化、货币化和市场化，居民的预期支出大幅增加，这就使相当一部分现期消费转化为储蓄。其三，收入差距扩大，特别是原有体制内人员与体制外人员收入差距的扩大。高收入者消费需求基本饱和，而广大低收入者购买乏力，也使得全社会平均消费需求倾向减弱。供大于求是体制改革和经济发展中出现的现象，其中含有很大的进步，同时也带来市场销售问题。预算约束的硬化是件好事，是我们想见到的情况。买方市场也是好事，一天到晚在排队，那不是社会主义，是不应该有的事。有的同志不同意我国出现有限买方市场的判断，我觉得很难理解。

最后，造成社会供需总量不平衡的原因不只限于需求不足，还有供给过剩和供给刚性方面的原因。供给过剩是指多年来盲目投资、重复建设所形成的工业生产能力和产品的结构性过剩，以及由于农业连年丰收使农产品出现了阶段性过剩等等。供给刚性是指多年来在粗放增长方式下形成的低水平过剩生产能力、无效供给和结构扭曲，由于市场缺乏淘汰机制，企业缺乏创新能力，而得不到及时有效的矫正。需求引导供给，供给创造需求，供给与需求之间的良性循环和互动，是经济学的基本原理。但是这种供给刚性，既限制了需求对供给的导向作用，又限制了供给本身创造需求的空间，阻碍了供需互动实现良性循环和结构升级，从而加剧了社会供需总量的失衡，推动物价总水平持续走低，抑制了经济增长潜力的发挥。

四

以上是从实体经济的层面分析我国近几年供求关系格局的变化对于经济增幅下降趋势和通货紧缩趋势形成的影响。这个问题也可以从货币经济的层面来分析，因为通货紧缩也同通货膨胀一样，同属于货币现象，人们想从货币上去找原因，也是很自然的。一些专家研究证明，近两三年各层次的货币供应量，M_1、M_2的增长幅度与前几年相比有所下降，尽管货币供应量的增长率还高于经济增长率加物价变动率之和，但由于货币流通速度下降和货币政策传导机制不畅，因此货币供应量的增长仍难以既满足支撑潜在合理的经济增长速度的需要，又能保持物价总水平稳定不降。就是说客观上货币供应量还是不够的。国家统计局最近有一份研究报告估计，1999年资金总量的增长幅度低于合理需要7个百分点，大约短缺2000亿元资金。因此要使国民经济增长速度和物价走势两个方面都有一个比较理想的结果，进一步加大货币供应是势在必行的。这种观点就是强调货币方面的因素。但另一种观点则认为，目前我国出现通货紧缩趋势的主要问题不在货币方面，而在实体经济方面，因为我国货币政策自"软着陆"成功以来就开始松动，随着形势的发展这几年金融松动的力度也在不断加大，但这些松动对于经济的启动并不理想。问题的根源不在货币政策，不在货币增长不足，而在实体经济，我国企业对经济形势不乐观，投资意愿不足等原因，对货币资金的需求不足，加上货币政策传导机制不畅，当局想扩大货币供应，也难完全实现。这两种看法各有其道理，当然更深层次的原因还是在实体经济方面，所以我认为治理通货紧缩问题还是要双管齐下，既要继续适度松动货币资金供应，更要切实解决前面所分析的实体经济中的深层次矛盾问题。

五

以上对几年来我国经济运行中出现的增长率持续下降和通货紧缩的特点和成因，作了一些分析。适应经济形势的变化，宏观调控也由前一段实行的适度从紧的方针逐渐转向适度松动的扩张性方针。过去的经验，对治理通货膨胀用货币政策来刹车比较灵验，但对治理通货紧缩选择什么样的政策，因无成例可循，确实费了一番周折。"软着陆"成功前后至1998年中一段时期采取了一些放松金融的办法,包括取消贷款的额度管理、降低银行存贷款利率等,但实践证明对启动经济收效不大。于是从1998年年中开始推进积极的财政政策,实际上就是扩张性财政政策,并配合适当松动又较稳健的货币政策,来启动经济。

1998年年中到1999年年初,实施的积极的财政政策,扩大内需的措施主要限于政府向银行发行国债,使居民储蓄转用于扩大基础设施的投入。但这对启动非政府的社会投资和居民消费的效应并不明显。以后随着经济的发展,抑制增长下滑趋势和防止通货紧缩的趋势,宏观调整政策内容不断发展。包括:从加大基础设施建设的投资扩展到支持企业的技术改造;从中央政府全额包揽主要项目的投资扩展到采取贴息贷款、财政担保等手段启动地方和企业投资;从扩大投资需求扩展到增加城乡居民收入引导和鼓励消费需求;从立足扩大国内需求扩展到同时千方百计开拓国际市场扩大外需;从着重解决需求不足的问题扩展到同时解决供给过剩和供给刚性的问题等等。总之,经过这两年的实践逐步形成了一整套抑制经济增长下滑和治理通货紧缩趋势的政策措施,使我们不仅有了前几年成功治理通胀的成熟经验,也开始积累了抑制通货紧缩趋势的初步经验,包括综合运用财政、货币、税收、收入分配等多种调控手段,增强宏观调控成效的经验。

扩大国内需求是一项长期的方针,对于像我国这样一个人口众多的大国来说,国内需求总是主要的,世界上的大国莫不如此。但积极的财政政策却不能说是一项长期的政策。我们现在所谓的积极财政政策实际上指的是扩张性财政政策,而所谓扩张性财政政策一般是指通过财政的减税增支等办法来刺激经济的发展,往往要带来扩大国家债务和赤字规模的后果,是不能长久使用的政策,而只能是应对当前通货紧缩趋势和经济增长不振的短期政策。但这也不是说实行这项政策很快就能够收效,用一下子就要改弦更张。1998年夏开始实行积极财政政策后，对1998年下半年和1999年初经济拉动确实发挥了一些积极效果，但因对其时效估计不确，1999年第一季度投资用完，发生了投资断层的问题，加上原来对国债投资会带动社会投资居民消费的预期效应未能实现，从第二季度起经济运行又出现新的困难。于是这年年中再次决策，追加国债投资600亿元，进一步实施积极的财政政策。并且充实了积极财政政策的内容包括技改投资、增加消费支出及增加出口退税、减免投资调节税等。鉴于1999年经济增长由1998年的7.8%降为7.1%，为稳住2000年的增长速度，1999年底经济工作会议决定2000年再增发国债1000亿元，并继续实行积极的财政政策。今年这一次推出时间比较及时，当然力度还可研究（如1000亿元够不够）。总之，实施扩张性财政政策的时间既不能很长，也不能很短，这要取决于经济形势发展需要，也要考虑国家经济承受能力。就经济承受能力来说，1999年我国财政债务余额占GDP的比重约为12.7%，财政赤字占GDP的比重在2.8%—2.9%之间，均低于国际通常衡量国债和赤字规模是否可以承受的标准，如《马约》对加入欧共体的国家规定的控制线是，国债余额占GDP60%，赤字占GDP3%。即使加上国家银行不良贷款等隐性债务，其占GDP比重我国1998年约为50%，也低于许多国家。目前金融机构存款余额仍然大大超过贷款余额，物价水平下降的趋势还没有根本扭转，如此等等，表明我国近期内适当扩大国债发行和增加赤字，还是有一定的余地，不会导致财政债务的危机和严重通胀的危机。所以，进一步实施扩张性的积极财政政策，在目前既是形势发展的需要，也有实际的可能，只要国家财政能力能够随着国家经济实力的增强而提高，偿还国债，削减赤字，中长期实现国家预算平衡，是可以做到的。

六

积极的财政政策是目前我国实行适度松动的扩张性宏观调控的主要政策手段,还要运用多种政策来配合,其中一个十分重要且为人们很关注的政策手段就是货币政策。为了进一步启动经济,不少人主张要像积极的财政政策那样,提出积极的货币政策或扩张性的货币政策。去年,全国人大财委开会时就曾提出这个意见,一直到最近报刊上还有经济学者不断提出这个主张。但我国中央银行近年来对货币政策的提法是实施适当或稳健的货币政策,而没有提积极的货币政策。不久前,央行里有人对记者讲,不提积极的货币政策或扩张性货币政策,绝不意味货币政策是消极的无所作为的。那么为什么不这样提呢?有人认为这是货币政策不明朗或经验不足的表现。我个人却体会,这里面是不是有这样几层意思:

第一,在实施积极的财政政策时,通过财政向银行发行国债借调居民储蓄用于投资,这本身不仅仅是财政政策,同时也运用了货币政策手段,增加了货币供应(流动性)。第二,政府的国债投资还要带动银行的配套投资。1998年1000亿元带动1000亿元,1999年又新增国债投资带动2000亿元银行信贷,这离不开货币供应量的增加。第三,自"软着陆"成功以来,金融当局确实已陆续采取了一些松动货币信贷的措施。如取消额度限制、降低存款准备金率、几次降低存贷利率等,以支持经济增长。但由于现在银行不良资产比例还高,金融风险在加大,仍然是影响经济全局的重要隐患,必须把加强金融监管、防范金融危机的爆发放在金融工作的重要地位,因此不能轻言放松银根,随意扩大货币信贷投放。所以,对货币政策不能简单地套用"积极"财政政策的提法。这样理解是否对,可以讨论。但是,由于需求不足、通货紧缩和经济增长乏力的压力，人们对加大货币政策松动力度的期望也是可以理解的。尽管通货紧缩的深层次原因在于实体经济中供需总量和结构失调，尽管近两年各层次货币供应量增长幅度都超过经济增长速度与物价指数升幅之和，但由于经济紧缩时期，货币流通速度下降幅度较大，货币政策的传导机制不灵，货币供应的实际增幅仍难以支撑必要合理的经济增长幅度，并保持物价稳定不降，所以有必要进一步扩大货币供应和加大金融对经济增长的支持力度。这正是不久前中央提出的现在正在实施的方针，就是今年要在继续实行积极财政政策并加大实施力度的同时，进一步发挥货币政策的作用。这是现在我们的正式提法。积极财政政策还是我国当前宏观调控政策的主体，在这个主体下面，我们还必须同时进一步发挥货币政策的作用，这包括运用多种货币政策的工具适度增加货币的供应量；金融要进一步支持基础设施建设的投资，支持企业技术改造的投资，保证有市场、有效益的企业对流动资金的需要；扩大直接融资的比重，建设规范的资本市场；支持中小企业的融资，努力解决农民贷款难的问题；增加信贷机构贷款审批权限，建立贷款激励的机制，给商业银行贷款的积极性；深化金融体制改革，疏通金融传导机制，整顿金融秩序，加强对金融机构的监管等等。总之，金融业要把支持经济发展同防范金融风险这两个方面紧密结合起来，努力在促进经济发展当中，保持金融的安全。金融安全不是小事，我们一定要重视，把老百姓的血汗钱乱花掉不还，这可不是小事。这些都是在进一步发挥货币政策作用中必须注意的问题。

七

针对1997年以来我国经济运行中出现的问题，国家采取了以积极的财政政策为主要内容的政策措施,扩大投资,刺激消费,推动出口,这些政策措施对于阻止出现像东亚一些国家和地区在金融危机中发生的滑坡,对于拉动我国经济以世界标准来看不低的增长速度,发挥了重要的作用。去年(1999年)虽然经济增长率不仅与上年相比有所降低,而且在年度内也呈逐季回落(一季度GDP增长8.3%,二季度GDP增长7.1%,三季度GDP增长7%,四季度GDP增长6.8%),但我们对于经济形势的判断不能光看速度;即使就速度来说,与去年世界经济平均增长3.3%相比我国经济增长的表现也不错,特别值得注意的是去年我国经济增长质量有明显改善。在经济结构调整上,一些过剩、过时的生产能力和产品如纺织、煤炭、冶金等行业的总量控制和收缩工作取得了进展,电子、信息等高技术部门迅速发展正在逐步成为经济增长的新支撑点。在经济效益指标上,多数行业和相当一部分企业效益指标好转,工业企业实现的利润额大幅度增长(52%),亏损企业的亏损额下降(-15.2%),企业库存品增幅降低,产销率上升,资金占用率下降。尤其引人注目的是,去年下半年以来经济运行中出现了一些新的亮点,如出口转升、消费市场回暖、物价降势也有所趋缓。这个势头今年第一季度还在继续,亮点继续扩大。如工业生产增速加快(10.7%增幅比去年第四季度加快3.4%,其中3月11.9%比前两个月加快1.5点);消费品市场增温(比去年第四季度高2.4%,比去年全年高3.6%);外贸进出口大幅攀高(出口增长39.1%,进口增长41%),物价降幅进一步趋缓,消费价格指数在下降二十多个月后首次出现回升。总括起来说,一季度GDP增长了8.1%,虽然略低于去年一季度8.3%的增幅,但较四季度6.8%的增幅却大大跨进了一步。

从上述迹象看,今年全年我国经济增长会有怎样的前景呢?

年初有几家报刊记者向我提出对今年经济走势怎么看的问题，我的回答是，我持谨慎乐观的态度，总的来说，看好今年我国经济，当时说了以下几点主要理由：第一是1993年以来经济增长速度下降已持续七个年头之久，是过去经济下滑时间最长的；从经济周期运行的规律看，不可能总是下滑，经济增长下降势头已接近尾声。第二是世界经济发展趋好，特别是东亚经济已经开始复苏。国际货币基金组织（IMF）预计2000年世界经济增长速度将达3.5%。这对我国经济增长无论从出口方面看，还是从引资方面看，都是利好因素。最近又预计今年发达国家经济增长率将从去年的3.1%提高到3.6%，发展中国家将从去年的3.8%提高到5.4%。再加上今年我国将进入WTO，而进入WTO对我国经济在总体上是利大于弊，这也将改善我国经济增长环境。第三是近两年连续实施的以积极财政政策为主体的扩张性政策，其累积效应和滞后效应逐渐显露出来。特别是去年11月中央经济工作会议和今年3月全国人大九届三次会议，决定今年还要继续实施以积极财政政策为主体的一系列促进经济发展的政策措施，并加大实施力度。比如，今年实施积极财政政策将增发1000亿元国债投资，从年初就打进财政预算，可以比较早比较快地到位，不像过去两年增发国债投资决策时间较晚，到位时间较迟，力度不如今年。还作出了调整经济结构、西部大开发等重大战略决策。所有这些，对于进一步扩大需求，改善供给，有效地抑制通货膨胀，促进国民经济的持续较快发展，将会起到重要作用。在近两年来实行适度松动的扩张性宏观政策、防治通货紧缩趋势的基础上，如果今年中央采取的各项政策措施力度适当，同时国际经济形势继续好转而不发生重大周折，今年我国经济增长扭转7年来特别是近3年来持续下降的趋势，实现止降转稳或止降回升的转折，是大有希望的。今年第一季度的经济走势已显示出良好的开端。看来，几年来我国经济界和经济学界一再盼望的拐点，今年很有可能出现。

当然，在看好我国今年经济前景的同时，也不能盲目乐观。比如当前出口的快速增长带有很强的恢复性质，去年增长基数前负后正前低后高，将影响今年全年出现前高后低的可能；同时出口增长受到进口也是大幅提升的冲销，因此净出口对经济增长的影响不是很大（去年为负），而且国际经济特别是美、日经济前景还有较多不确定因素。又如价格降势的趋缓及部分价格回升，亦受到季节性供应、假日消费和国际石油价格波动等因素影响，还须进一步观察。总之，1999年下半年到2000年一季度，我国经济运行一方面出现了不少积极的变化，但另一方面，需求不足、就业困难、通货紧缩趋势的压力尚未过去，我国经济发展仍然面临着不少严峻的问题。这样看来，我国经济增长在经过7年连续下降后今年将出现止降转稳或止降回升的拐点，问题不是很大，问题在于拐点后的增长趋势，是否能够回复到过去20年平均达到9%—10%的增长幅度，还是拐向另一个新的增长平台。现在人们大多认为过去那样以10%左右甚至更高的高速度增长在个别年份并不排除，但就中长期平均趋势来说很难再现。这个问题与21世纪初我国经济进入一个新阶段的特点和经济增长面临的条件有关。

八

21世纪初我国经济发展将步入一个新的阶段，即实施第三步发展战略的起步阶段。

世纪之交，我国正处于经济体制转轨、经济结构调整和经济增长方式转变同时并进的重要时期。我国经济进入新阶段的重大转折和主要特征，可从以下三个方面来看。

1. 从生产力发展和供求关系的变化看，经过二十余年的大发展，一般性工农业产品普遍供不应求的短缺时代基本结束，买方市场初步形成，经济发展目标由过去单纯追求数量逐步转向同时注重质量，经济增长方式由粗放型为主逐步转向集约型为主；经济发展的约束由资源、供给约束为主逐步转向市场需求约束为主；产业结构调整由协调比例关系为主逐步转向促进产业结构优化升级为主；工业化由低加工度产业、产品导向逐步转向高加工度产业、产品导向，并与信息化进程相交叉相重叠。

2. 从经济体制的变化看，经过二十余年的改革，传统计划经济体制基本破除，社会主义市场经济体制的基本框架初步建立，经济运行的市场化程度显著提高。但传统体制下的社会经济矛盾并未完全解决，新体制下也产生了一些新的矛盾和问题。21世纪初改革将从破除传统体制为主转入全面体制创新的攻坚阶段，改革将涉及更为复杂更深层次的问题，其难度将大大超过前一阶段。

3. 从国际环境的变化看，经过二十多年的改革和开放，我国在结束了封闭半封闭状况后，逐步形成了全方位、多层次、宽领域的对外开放格局，国际经济联系日益密切。2000年可望加入WTO，标志着世纪之交我国对外开放将进入一个新纪元，我国将在更广泛的领域和更高的层次参与经济全球化。在不断扩大对外开放，积极利用国际市场和资源的同时，国际竞争的压力和世界经济的波动对我国经济发展的影响和冲击将越来越直接。如何抓住经济全球化带来的机遇，应对竞争压力，努力规避其风险，是21世纪初我国经济发展必须应对的大问题。

在上述大背景下，21世纪初我国经济增长既具备有利条件，也面临着制约因素。有利条件从需求方面来说，无论是消费需求还是投资需求，我国国内市场的增长潜力都是非常巨大无与伦比的。从供给方面来说，我国劳动力丰富，有较高的储蓄率，经过初步工业化的建设，物质技术基础大大增强，经济结构的调整和经济体制的改革将进一步改进我国经济的增长方式，提高微观和宏观经济的效率等等。面临的制约条件主要有：庞大就业人口和老龄人口的压力，淡水、耕地、能源等资源不足的压力，以及技术落后和国际竞争的压力等等。此外，尤其要注意的是，我国经济转型（数量型转质量型、粗放型转集约型等），对企业素质、技术开发和体制、机制支持的要求更高，而消除增长的体制障碍的难度将更大。这些都构成21世纪初加快我国经济增长的难点。

综合考虑各项因素，期望我国经济增长在今年止住连续7年的下降趋势后，21世纪初能够拐回到前20年那样平均接近10%的增长速度，从个别年份来看并不排除这种可能，但从中长期平均趋势来看，这种期望是不现实的。我国已经有两个10年接近10%的高速增长，今后能否继续保持这一高速，颇多争论。一种意见以日本、韩国等国经验为例，认为随着发展水平提高和增长方式从粗放转向集约，今后我国经济不可能继续保持快速增长的势头，而将转向中速或低速增长。另一种看法从我国作为一个幅员广阔、人口众多的发展中大国这一基本事实着眼，从我国人力资源开发潜力、市场容量拓宽潜力、高储蓄资金潜力、技术差距的后发优势潜力等方面进行考察，并考虑到工业化、城市化、市场化和国际化进程将为我国经济注入持久不衰的发展动力，认为21世纪初的我国经济，尽管不会继续像改革开放后20年那样以10%左右的高速增长，但仍可以在较长时间保持7%—8%的较快增长速度，且保持在平稳的波动幅度内，这有利于把更大的力量，用在经济体制转轨、增长方式转型、经济结构升级和经济效率的改善方面。我以为，后一种看法可能更接近实际，切实可行。今后，如果能在 7%—8% 平均增长速度的基础上创造比过去在 10% 左右速度时更好的效益，并提供更多的就业岗位，那将是 21 世纪初我国经济发展具有吸引力的一个佳景。我国中长期规划预计 21 世纪头十年 GDP 将再翻一番，即每年平均增长 7.2%，这是一个比较实事求是的考虑。

宏观调控政策转向中性及其他[*]

一 目前宏观调控政策转向中性，首先防通胀苗头滋长，其次防通缩趋势重现

中央经济工作会议指出，当前我国经济发展正处于经济周期上升阶段。GDP 的增速，由 2001 年的 7.3%，2002 年的 8%，上升到 2003 年的 9.1%。要坚持全面、协调、持续、快速发展，就要把更多的精力放到深化改革、结构调整和社会稳定上，放到提高经济运行的质量和效益上。速度可以调低一点，但也不能下降太多。宏观经济政策要在这个总盘子下来把握。

当前宏观经济形势很特殊，既不同于 20 世纪 90 年代中期以前的严重通货膨胀，又不同于前几年持续的通货紧缩。虽然消费品物价指数由负转正，投资品和部分生产资料价格涨势强劲，2003 年 9—10 月后物价上涨趋势较为明显，但消费品价格除粮

---

[*] 本文是作者在 2004 中国年经济形势分析与预测春季座谈会的讲话，载于《经济学动态》2004 年第 4 期。

食等农产品上涨较快外，其余比较疲弱，甚至还有下降的。消费品物价指数总的看还在合理区间移动。当前，我国虽然由于部分行业投资扩张较猛，引起部分物资如煤、电、油等供应紧张，但我们的劳动力不紧张，失业率还在增长；资金不紧张，银行存差很大；产能不紧张，大部分宽松甚至过剩。我国潜在的经济增长率大约为9%—10%。现在实际增长率仅及潜在增长率的下限，未到上限。不过碰到的"瓶颈"制约应当引起重视，因为它影响发展的全局。从经济运行来看，当前既有局部过热，特别是投资过多的现象，又有从总体上供大于求、有效需求不足的问题。前几年，我国实行的宏观调控政策，实质上是"从松"的经济政策，积极的财政政策就是扩张性的财政政策，稳健的货币政策之所以讲稳健，实际上是在放松银根的同时防范金融风险。现在通货紧缩趋势已经淡出，宏观调控政策应该由"从松"的政策转向"中性"的政策。由"从松"转向"中性"，就是要求适度收紧。现在积极的财政政策力度逐步减弱，方向正在调整转型。稳健的货币政策也要从紧一些，但不能太紧。所谓不能太紧，就是说不能像治理严重通货膨胀那样，采用刹车手段。对一些消费热点和投资重点还要继续支持，还要支持扩大就业；但对过度的低水平重复投资要"削峰"。转向"中性"的宏观经济政策，实质上是要"双防"，既要防止通货膨胀苗头的滋长，又要预防通货紧缩趋势重现。要坚持上下微调，松紧适度，这与中央经济工作会议提出的"稳定政策，适度调整"是一致的。

防止通货紧缩趋势，虽然目前并不紧迫，但还是要警惕其再现。从经济走向上看，现在是从通货紧缩向通货膨胀的转化。因此，一定要挡住通胀苗头的压力，特别要注意控制投资的过度扩张。防止大起大落，关键是防止投资的大起。整体经济的大起大落，往往肇始于投资的过度扩张。投资扩张的规律首先是引起投资品需求的扩张，继而引起消费品需求的扩张，再进而引起产能和产品供应的扩张。故而物价走势的轨迹，也是投资品和生产资料先涨，消费品后涨；最终因供大于求导致双双下跌。我国本轮物价上涨趋势，也是上游产品价格涨幅高于下游产品。按照通例，下游最终消费品价格上涨滞后期约为一年。但我国此轮物价上涨，上游产品能否顺畅将涨价传递到下游产品，受阻因素颇多。如居民收入差距急剧扩大、就业增长落后于经济增长、社保教育等支出预期加大等导致消费倾向下降、关税减免、进口限制放宽取消以及国际通缩尚未过去等等，最终消费需求受到上述种种限制影响，生产资料价格上涨难以向最终消费品传递。在这种情势下，过一两年后，一些部门过度投资形成的生产能力过剩，会导致通缩压力。所以，对新一轮投资扩张造成的产能过度膨胀要密切注意。通过投资规模的适当控制，我们既能遏止因投资膨胀而导致的投资品价格领先上涨，防止通胀苗头滋长于先，又能抑止过度建设造成的产能过剩，防止通缩再现于后，实现双防的目的。

现在宏观调控当局对于防止通货膨胀压力非常警惕，并为此采取了收缩货币信贷等一系列措施，我觉得非常必要。2004年，货币供应增幅和新增贷款规模的安排均低于上年实际水平，有助于控制物价上涨趋势，约束投资过度扩张，使CPI同比增幅保持在3%以下。但亦不排除形势发展出现不可预计的不确定因素，显示出现有财政信贷政策调控力度不足、投资规模得不到有效控制、上游产品上涨趋势迅速向下游最终产品传递。引起泡沫性需求（包括对资产的需求和产品的需求）的爆发，推动通胀升级。如果CPI升至3%—5%以上，并持续数月或半年以上，在通胀加剧的情势下，则需考虑出台更加从严的调控措施，如采取大幅减少赤字国债、向上调整利率、进一步提高准备金率等手段。但这只是作参考的预想，且要有备用之道。目前至少在年内较少有现实的可能性。

二 短期经济运行,适时适度微调,可无大虑；中长期经济发展反差,亟待研究克服

我们已经有了1997年"软着陆"制止通货膨胀的经验，又有了1998年以后扩大内需、遏止通货紧缩趋势的经验，只要我们密切关注短期经济运行，进行适时适度的微调，就没有大的风险，可无大虑。真正的问题不在于短期经济运行，而在于中长期经济运行中的不协调、不均衡问题。

我国在很多方面都存在着发展的反差，我认为问题不在于存在差距，而在于这些差距仍在不断扩大。具体数据见表1—5。

表1　　　　　城乡居民收入之比

1983年	1989年	1997年	2000年	2001年	2002年	2003年
1.82：1	2.17：1	2.47：1	2.79：1	2.89：1	3.11：1	3.20：1

表2　　　东部地区人均GDP为中部、西部的倍数

1980年	1990年	2002年	2003年
1.53倍到1.8倍	1.62倍到1.97倍	2.08倍到2.63倍	投资继续向东中部倾斜，西部投资占比下降

表3　　　　　　城镇登记失业率

1992年	1995年	1999年	2001年	2002年	2003年
2.3%	2.9%	3.2%	3.6%	4%	4.3%

表 4　　　　　　　　　全国基尼系数

1988 年	1990 年	1995 年	2000 年	2001 年	2002 年
0.341	0.343	0.389	0.417	0.440	0.470

表 5　　　　　　　　　投资率与消费率

	1992 年	2002 年	2003 年
投资率	18.0%	39.4%	43.0%
消费率	83.6%	58.5%	57.0%

这些反差不断扩大的趋势,是必须引起我们极端重视的问题,因为这种趋势长期发展下去,违背经济社会发展规律,迟早要引发社会经济的深重危机。但是,这种扩大的趋势一时还难以停止。所以,必须强化统筹协调发展的方针,研究采取有效措施,缩小差距,进而扭转反差。要做出中长期的大体规划,来解决此类问题,如最近关于农民增收问题的一号文件。政府要把更多的精力放到抓这些重大的中长期问题上来,从 2004 年开始,就要努力使这些反差扩大的幅度逐步缩小。

三　整顿吏治,解决损害老百姓利益的突出问题

2003 年,一些损害群众利益的突出问题、如土地征用中农民失地失业问题、城镇建设中强迫居民拆迁问题、拖欠和克扣农民工工资问题等等,受到党中央、国务院重视,并开始着手解决,深得民心。温家宝总理曾亲自为三峡库区云阳县农妇熊德明讨回丈夫工钱,总理身教带动了各地积极清欠,一时传为佳话。但这样的好事可遇而不可求,报载云阳县还有多家拖欠,清欠很难。熊德明清欠款被还清后仍不敢出去打工,这类现象量大面

广，造成纠纷甚多，群体性上访逐年增加，成为信访的大头，不可能靠国务院领导一个一个去发现，去解决。据估计20世纪90年代至今，因征地圈地，至少造成2000万以上农民失地。历年拖欠农民工的工资，达1000亿元以上。光是2003年在整顿土地市场秩序中查处到的土地违法案件，就有16.8万件。这样大面积损害群众利益浪潮的形成，绝非一日之寒。"要等受害者走投无路，忍无可忍，采取自残等非理性举动，并有可能影响社会稳定之时，才多少引起注意警惕"。"拆迁户以死抗争的鲜血，换来了国家有关部门和一些地方对被拆迁人合法权益在一定程度上的重视和保护。"[1]

可见这类问题解决处理之难。

造成这类问题的原因很复杂，有体制、机制问题，有法律、法规问题，我以为更重要的是一些地方政府机构和官员行为不正，吏治腐败。一些地方借经济建设、公共利益为名，行牟取商业利益之实，以低价或无偿强行征地拆迁，以市场高价出让土地，中间巨大价差落入地方政府或某些官员之手。或慷国家人民之慨，以低价甚至零价格协议或划拨让地，与市场价相比的高额价差便落于开发商或倒卖土地的投机分子之手，不法官员也可从中分润。如此官商结合，用公权力或雇用黑社会暴力，扰民残民。在工程拖欠中，地方政府工程拖欠占比由2001年的26.7%，增加到2003年的50%，起了很坏的带头作用；有些官员在发包工程中把自己的利益与施工单位的利益绑在一起，施工老板拖欠工资有恃无恐，使企业拖欠农民工工资愈演愈烈。凡此种种，都与政府行为有关。2003年以来，国务院和有关部门，一再下发通知、规程和意见，召开电话会议，作出批示，组织督

---

[1] 根据有关报道。

查，对损害群众利益的突出问题大力进行整治，收到一定成效，但任务仍很艰巨。

清理和整顿征地、拖欠、拆迁中的不正之风，直接关系到维护人民群众的切身利益和保持社会稳定，对加强和改善宏观调控、控制盲目投资、防范金融风险等均有重要意义。我以为要彻底治理这些问题，不仅要从制度建设和法制建设上下功夫，更重要的是要规范政府的从政行为，加强廉政自律的政风建设，坚决根除吏治腐败。对于违纪违法，给老百姓造成损失、损害和痛苦的官员，要严肃查处，撤职、法办、还钱、赔偿，要追究其行政、法律和道义责任。不仅要追究直接的负责人，而且要追究有关领导者的责任。不然这次纠错，以后还会接着干。整顿吏治，严肃纪律，需要采取综合措施。最近国务院决定，把解决损害群众利益的突出问题作为2004年政府廉政工作的重要内容，要求务必获得明显进展。这是一条鼓舞人心的信息。

(2004年3月)

中国经济结构调整问题[*]

一 结构调整的重要性

结构调整在 21 世纪初的中国经济发展中处于十分重要的地位。2001 年 3 月，全国人民代表大会第九届四次会议通过的 2001"十五"计划"纲要"，把经济结构的调整作为"十五"计划的"主线"。为什么现在如此突出地强调结构调整问题呢？

现在突出强调结构调整问题，有着国际和国内的深刻背景。从国际看，世界经济发展出现了新变化：一是经济全球化趋势加强，国家之间的经济联系从未如此紧密，竞争从未如此激烈。不管哪一个国家，要想发展，就必须参与、融入这一时代潮流。二是作为经济全球化重要原因的科技进步，正以前所未有的速度和规模快速发展，为世界各国的经济发展带来了重要的机遇和不容回避的挑战。三是科技进步和经济全球化带来了世界经济结构的大调整，结构调整已成为全球性的课题。发达国家大力发展信息

---

[*] 本文是作者 2001 年 9 月 20 日在俄罗斯科学院授予荣誉博士学位时所作学术报告。

化和高新技术产业，产业结构向高层次发展，走在前面的国家，其经济表现出了持续、强劲增长的态势；东南亚等发展中国家在金融危机后也认识到经济结构调整和升级的重要性。在这种情况下，我们不能不注意经济结构的调整和升级。

从国内的情况看，我国经济发展已进入了一个新的阶段。这主要表现在三个方面：一是生产力发展水平和市场供求关系发生了重大变化，短缺经济基本结束，买方市场初步形成，经济发展由以资源和供给约束为主转向了以市场需求约束为主；同时，随着人民生活水平提高，一般性产品供过于求，但高加工度、高技术含量、高附加值的产品明显不足。二是随着生产力发展水平的提高，经济增长方式发生了重大变化，过去以增加生产要素投入、着重追求数量增长为主的粗放型增长方式，逐渐转向更加重视提高投入效率和产出质量的集约型增长方式。三是经过20多年的改革开放，对外经济联系发生了重大变化，全方位、多层次、宽领域的对外开放格局基本形成，随着即将加入WTO，我国经济将更加全面地参与全球化进程，这使我们在积极利用国际市场和资源的同时，越来越直接地面对世界经济科技发展和产业结构的调整，所受到的压力也将更大。因此，21世纪的国际和国内形势，决定了我们要发展，就必须加快经济结构的调整，这就是21世纪初中国把结构调整作为经济发展主线的时代背景。

二 我国此次经济调整的特点

我国过去曾进行过多次经济结构调整。与过去的结构调整相比，这次调整具有一些新的特点：

首先，这次调整是战略性调整，而不是适应性调整。过去的结构调整是在短缺经济背景下进行的，结构问题主要表现为各种短缺问题。因此，结构调整也主要是截长补短，把各种短缺依其重要性逐一补上去，是一种被动的、消极的适应性调整。现在进行的结构调整，是在商品比较富裕的条件下，在新技术革命的带动下，在与世界经济的互动中进行的积极的、主动的调整，是战略性的调整。

其次，这次调整是在发展中调整，而不是停下来调整。过去结构调整大多是在粗放型的增长方式下，由于片面追求增长速度和数量扩张，造成经济过热或比例严重失调时进行的，而经济过热和比例失调主要是由投资规模过大引起的。因此，需要把投资减下来，把速度减下来，就是说停下来进行调整。这次结构调整是要通过技术进步和体制创新，为经济的进一步发展提供动力，是为了更好和更快发展而进行的调整。所以，要正确处理好发展与调整的关系，坚持在发展中推进结构调整，并以结构调整促进经济发展。

再次，这次调整是纵向的提高，而不是平面的扩张。过去在短缺条件下进行的调整，供给不足是主要矛盾，因此，调整的任务主要是增加供给的数量，是一种平面的扩张和低水平的重复，缺乏优胜劣汰的机制。这次调整强调以经济效益为中心，以提高产业层次、技术水平和竞争能力为目标。因此，不仅不能再搞低水平的盲目重复建设，而且还要淘汰落后生产能力，形成新的增长点，造就优胜劣汰机制，实现经济整体素质的纵向提高。

最后，这次调整所处的制度环境、所运用的手段和所遵循的规则也与过去不同。过去是在计划经济占主导地位，又没有国际贸易组织规则约束的环境下进行的，主要靠行政指令和政府行为来进行调整；而这次则是在社会主义市场经济体制初步建立，并将加入世贸组织的环境下进行的，结构调整必须主要运用市场手段，遵循世界公认的市场游戏规则。这也是与过去的一项重大不同。

三 我国经济结构调整的成效与问题

改革开放以来，我国经济结构不断得到调整和优化，国民经济比例关系出现了积极的变化。1980—2000年我国三次产业占国内生产总值的比重，由30：49：21转变为16：51：33。供给"瓶颈"制约大大缓解，技术装备水平显著进步，高新技术产业迅速发展，服务行业持续增长，城镇水平有所提高。但目前我国经济结构仍存在许多不合理的问题，成为阻碍我国经济进一步发展的重要因素。目前制约我国经济进一步发展的结构性矛盾，突出的有以下几点：

一是产业结构不协调，产出结构中第二产业比重偏高（1998年第二产业占49%，其中制造业37%，高于世界平均水平17个百分点），第三产业比重过低（1998年第三产业占33%，低于世界平均水平28个百分点）；就业结构中第一产业过高，近一半劳动力（48.67%）仍停留在农业领域。

二是各个产业内部的产品结构层次偏低，农业中优势农产品比重偏小；制造业中低水平产品加工能力过剩而高水平产品加工能力不足，不少关键产品和装备大量依靠进口；第三产业中科技、教育、金融、中介等现代服务业发展不够。

三是技术创新能力不强，研究与开发投入较少，技术进步缓慢。科技进步在中国经济增长中的贡献率还不到30%。

四是产业组织结构落后，存在着低水平过度重复分散和规模小的问题。大企业不强、小企业不专，专业化分工协作水平不高。一些年来引进竞争的同时，出现过度竞争与行政性垄断并存的现象。

五是地区布局不合理，主要是东、中、西部发展不协调，东南沿海地区与中部、西部发展差距持续扩大。1998年，我国东部、中部、西部人均GDP之比为100：55.4：42.6。同时，各地区发展自成体系，工业化结构雷同，地区封锁、市场分割严重。

六是城乡结构失调，城市化过程滞后。2000年城市化率为36.9%，落后于人均GDP相当的国家城市化率10个百分点，与我国工业化率相比低了12个百分点。

四 21世纪结构调整要解决的问题

以上列举的突出的结构性矛盾，是我国21世纪初要解决的问题。结构调整的主要目标，在产业结构上，要达到优化升级、增强国际竞争力；国民经济信息化水平显著提高、基础设施进一步完善；地区间发展差距趋势得到有效控制，城市化水平进一步提高。为了实现这些目标，必须注意解决以下几方面的问题。

第一，改善三次产业的结构状况。按照"十五"计划纲要，2005年第一、二、三产业增加值在国内生产总值中的比重，由2000年的16：51：33调整到13：51：36。加强第一产业、提高第二产业、发展第三产业，是21世纪初经济结构调整的重点。农业方面要以优化品种、提高质量、增加效益为中心，积极调整种植业结构，发展养殖业，推进农业产业化经营，加强农村服务体系建设，推动农村富余劳动力向第二、第三产业转移。工业方面要积极运用高新技术和先进适用技术加快改造和提高包括轻纺、石化、钢铁等传统工业，发展和提高装备制造业，压缩和淘汰落后生产能力，加快工业企业的改组改造。把发展服务业特别是发展信息服务、金融保险、咨询中介等现代服务业放在结构调整的重要位置，力争把第三产业的比重由2000年的33%提高到2005年的36%，这也是应对经济全球化、提高竞争力的重要措施。

第二，推进国民经济和社会的信息化网络化进程，把结构调整与信息化结合起来。一方面，有重点地发展以信息技术为核心的电子信息、生物工程、新材料、新能源以及航天航空、海洋、环保等高新技术产业，使高新技术产业在国民生产总值中所占比重不断提高；另一方面，信息等高新技术产业的发展为整个产业结构调整提供必要的技术支持，使传统产业通过广泛运用信息技术，提升技术水平，推动产业结构的优化升级。我们必须以信息化带动工业化，发挥后发优势，实现社会生产力的跨越式发展。

第三，调整生产力布局，促进地区经济协调发展。针对我国东部沿海地区与中西部地区经济发展差距逐步扩大的状况，我国提出了实施西部大开发战略，加快中西部地区发展，同时继续发挥东部沿海地区在体制创新、科技创新、对外开放和经济发展中的带头作用。当前要集中力量，重点抓好几件关系西部地区发展全局性的工作，包括进一步加快交通、通信、水利等基础设施建设，加强生态环境保护建设，着力发展有市场前景的特色经济和优势产业。目前，我国东西部差距扩大的趋势仍在继续，解决这个问题，实现各地区共同富裕的目标，还需要一个较长时期的过程。21世纪初只能从缓解差距的扩大趋势做起。力争用5—10年时间使中西部地区基础设施和生态保护建设有突破性进展，科技教育有较大发展。

第四，提高城市化水平，优化城乡结构。城市化进程的滞后，不利于解决农村剩余劳动力的转移吸纳，不利于第三产业的发展，不利于扩大内需，已成为现阶段我国许多结构性矛盾的关节点。21世纪初要加快城市化建设，争取向人均GDP相当的国家城市化率水平前进。有重点地发展小城镇，积极发展中小城市，完善区域性中心城市的功能，发挥大城市的辐射带动作用。

从我国国情出发，发展小城镇将是推进我国城镇化的重要途径。繁荣小城镇经济，特别是通过乡镇企业的管理集聚，带动第二、第三产业的发展，完善城乡市场体系建设，就能逐步形成合理的城乡人口布局和经济结构。为此，要逐步消除城镇化的体制和政策障碍，改革城镇户籍制度，取消农村劳动力进入城镇的不合理限制，妥善解决城镇建设用地问题。

第五，充分发挥我国劳动力资源优势。众所周知，中国人力资源极为丰富。同时，人口压力和就业问题也使我们的发展面临严峻的挑战。因此，要把结构调整与发挥我们的优势、解决就业问题结合起来，努力搞好劳动密集型产业、资本密集型产业、技术密集型产业和知识密集型产业的合理搭配。一方面把国民经济各部门的技术水平搞上去，提高技术进步对我国经济增长的贡献率；另一方面，大力发展服务业、民营中小企业，积极推进城镇化，以提高吸纳就业的能力。"十五"计划已明确要求今后五年在城乡各创造4000万新增就业岗位，共计8000万个岗位。我们要积极采取相当措施，完成此项艰巨任务。

五　结构调整需配套进行

经济结构的战略性调整不是一个局部的、孤立的举措，而是贯彻我国经济发展全局的重大任务，需要方方面面的配合。要以技术创新和体制创新作为经济结构调整和经济发展的强大动力，大力实施科教兴国战略，加快科技进步和人才培养。要坚持国有经济有进有退的战略重组，把结构调整与所有制调整结合起来，在增强国有经济在关系国家安全和经济命脉领域的控制力的同时，发展多种形式的集体经济、个体经济与混合经济。要适应进入WTO并参与全球化进程后与国际规则接轨的要求，进一步扩大对外开放和对内开放。要正确处理政府、企业和市场在结构调整与经济发展中的关系,以企业为主体,以市场为基础,妥善发挥政府的指导、协调和服务职能。政府要加快制定和完善有关法律、法规,为结构调整提供法律保障;制定和完善有关政策,为体制创新营造良好的政策环境;搞好宏观调控并制定必要的规划,保证经济结构调整能够有序进行。凡是应该由市场和企业去做的而且他们能做的事情,政府都不要越俎代庖,让企业和市场去做。政府只做那些不应由市场和企业去做的事。这样我们才能在社会主义市场经济的轨道上,搞好结构调整,保证我国经济能够在新世纪持续较快和健康地发展,保证我国建设小康社会和基本实现社会主义现代化事业获得成功。

(2001年9月)

研究宏观经济形势要关注
收入分配问题*

研究宏观经济形势，不能不关注收入分配问题，因为，收入分配问题与国内需求状况有密切的关系。需求不足是当前我国经济运行中的一个主要矛盾。收入差距扩大和低收入群体收入增长缓慢是造成内需不足的一个重要原因。收入高者的消费需求不能随收入而增高；收入低者虽有消费欲望而无支付能力。最终消费需求增长缓慢使投资需求也受到制约，形成总需求不足的局面。我想利用这次形势分析与预测讨论会的机会，对我国收入分配问题做点议论。分两个部分。第一部分谈农民收入问题，归结为改变城市偏向的旧战略，实行城乡并重的新战略的建议。第二部分谈一般收入分配问题，归结到从"效率优先、兼顾公平"向"效率与公平并重"分配原则过渡的建议。抛砖引玉，供讨论

---

* 本文是作者在中国社会科学院经济形势分析与预测 2003 年春季讨论会上的发言。原载《经济蓝皮书·中国经济前景分析 2003 年春季报告》，社会科学文献出版社 2003 年版。

参考。

一 摒弃城市偏向、工业优先的旧战略,实行城乡并重、工农并举的新战略

为什么研究收入分配问题,先要讨论农民的收入问题?因为,农村居民,从总体来说,是我国最大的低收入群体。农民收入增长缓慢不仅直接影响国内需求,而且演变成为制约整个国民经济实现良性循环的障碍,日益引起人们的关注。

农民收入增长自1997年以来到2000年逐年下降。1996年,农民人均纯收入增长9%,1997年增长4.6%,1998年增长4.3%,1999年增长3.8%,2000年增长2.1%。2001年、2002年和2003年略有上升(分别为4.2%、4.5%、4.8%),是恢复性的。由于城市居民人均可支配收入增幅大大超出农村,城乡居民收入差距扩大,2001年达到2.9∶1,2002年达到3.1∶1,大大超过了改革前1978年的差距(2.57∶1)。这还不能反映城乡居民生活的实际差距。一方面农民纯收入中包括生产资料费用,扣除后生活费用只有65%;另一方面城市居民享有各种福利,农民享受不到,所以,有人估计城乡居民生活水平实际差距为5—6比1。

城乡居民收入水平差距的扩大,必然带来农村居民消费品占消费品市场份额缩小,由1996年的40%,降到2000年的38%。占人口近70%的农民购买力不能提升,巨大的国内市场就不能由潜在变为现实。因此,扩大国内需求的措施,必须有利于加快农民增收,提升农民的支付能力,扩大农民的市场需求。

农民收入增长减缓的重要原因之一,是20世纪90年代中期以来,我国农产品供求关系产生了重大变化,许多农产品出现供

大于求，价格连年下降。这与城市居民支出的恩格尔系数下降、食品需求减弱不无关系。在农业发展进入新阶段，影响农民收入增长的主要因素发生了变化的情况下，通过增加农产品产量和提高农产品价格的传统增收办法，过去行之有效，现已不能再用。从农业内部来说，只有大力推进农业结构的战略性调整，提高农业素质和效益，才是新阶段农民增收的重要途径。对农业结构进行战略性调整，要适应市场需求，把农产品的品质放到第一位，提高农业商品化、专业化、集约化水平，发展产业化经营。

这些年乡镇企业就业减少，滞留农业的人员增加，也是影响农民收入的重要因素。据估算，2001年，乡镇企业从业人员比1996年减少500万人，从事种植、畜牧、水产、林业的人员增加200万人，农业人均纯收入2001年比1997年减少102元。即使在农业纯收入降低、乡镇企业吸收农村劳动力有所减少的情况下，农民纯收入仍能保持低速增长，关键在于农民外出务工收入的增长。所以，加速城镇化、强化农村农业人口向城镇非农产业转移，是加快农民增收的极重要的途径。限制农民转移进入城镇的壁垒形成多年。20多年来，随着社会主义市场经济的发展，对农民流动就业的不少束缚在逐步解除，但对城乡分割制度的改革尚未迈出实质性步伐。2002年，中央提出对进城农民要实行公平对待、合理引导、完善管理、搞好服务等政策，收到一定成效，2002年，外出农民劳务收入增长对农民收入增长贡献约达70%。但目前仍存在对外出农民工的歧视，一些大中城市为了保证城市居民就业，限制农民进入城市的行业与工种。一些地方简单粗暴地清退农民工，一些地方变相收取过多过滥的费用。要切实清除对农村劳动力进入城市的不合理限制，加快户籍管理制度的改革步伐，解决城乡居民的两种身份和就业待遇的不平等问题。

农民税费负担沉重是农民增收困难的又一重要因素。近年来，税费改革工作试点取得成功，农民负担总体上有所减轻。但税改后乡镇村可用财力减少，难以维持低水平运转，有些地方出现反弹。这与基层政府财政体制不顺，事权和财权分配比例不当有关。如现行体制下县乡在义务教育上的责任很大，相比之下财权却难以负担。全国有1.9亿接受义务教育的学生，70%在农村地区，这些学生要县乡级财政负担极为困难。发达国家以至一些发展中国家，初等义务教育全部或主要由中央和地方政府共同负担，上级政府承担更大责任。而我国中央和省级政府在发展义务教育方面承担责任不甚明显。据湖北襄阳县调查，省级以上财政只负担0.11%的农村义务教育经费。基本上是乡镇政府和农民群众担负发展义务教育的主要责任。事实上，乡财政用于农村义务教育的拨款几乎全部来自农民缴纳的税费，因此，农村义务教育的投入几乎完全是农民负担。

减轻农民义务教育负担的关键是调整农村义务教育的管理体制和投入机制。有人建议农村中小学教师工资改由中央与地方各级政府共同负担，由县统管，各负多少视各省财力状况而定；农村中小学必要的运转公用经费，由县乡两级安排，降低从学生交纳学杂费用中开支的比例，对家庭经济困难的学生实行完全免费教育；实行税费改革后确定一定比例税收用于教育。我认为这些建议可行。

又如基层政府财政供养人员过多。县乡两级财政供养人员占全国财政人员的64.7%（不含军、警），但其财政收入只占全国财政收入的20.7%。这里面有机构膨胀、人浮于事的问题。县乡财政支出中，人员及公用经费一般占可用财力的80%左右，不少县乡财政保工资保不了运行，只能是吃饭财政，甚至讨饭财政，债务累累，无力举办农村生产与生活急缺的中小型基础设施建设。中小型基础设施投资，实际上主要依靠农民自己集资投劳举办。基层干部为了政绩，不顾农村实情与农民能力，大量集资集劳，修路、造桥、建校、改水等，加重农民负担。1998—2001年实行积极财政政策，国债投资连同中央预算拨款，名义上农业投资达1900亿元以上，但主要是投向大江大湖，主要受益者为城市和工业，与农民增产关系有限。必须从体制入手，解决农民负担过重问题，关键是健全财政体制，调整中央和各级地方政府的事权财权分配格局。要有区别地合理降低上划税收比例，重新核定支出基数，考虑地方教育、科技、文化、基础设施与公益性事业需要，逐步改进现行税收返还、定额补助、专项拨款等形式的转移支付制度，保证农业地区特别是不发达地区农村居民都能享有基本义务教育、基本医疗卫生等基本公共服务，逐步实行农村与城市基本相同的国民待遇。目前继续实行的积极财政政策，国债投资的投向也要向县以下农村倾斜。

为了减轻县乡财政加重农民负担的压力，减少财政供养人员势在必行。基层政权维持几套班子，是否必要？重叠设置的机构，如何撤并？经营性与竞争性部门，如何与行政脱钩？这些问题，亟待研究解决。

金融方面也明显存在偏重城市、忽视农村的问题。县和县以下国有企业比重小，所以，从国家金融系统获得金融支持极小，2001年，乡镇企业及农业贷款合计只占贷款总额的10%。直接从事农村信贷的农村信用社，农户从农村信用社获得的贷款不到农信社贷款总额的20%。据中国社会科学院人口与劳动经济研究所课题组调查资料，通过农村信用社流到城市及工业的资金总额，由1987年的121亿元增长到2000年的4639亿元。邮政储蓄更是只存不贷，近年来，每年收储6000多亿元上交中央银行，流入城市，其中，2/3即4000多亿元来自农村。国有银行1998

年起开始在农村撤并金融网点，这虽然是国有金融改革之所必须，但是，也加重了农村资金供应的偏枯。县城非农产业和农村经济金融资源受限，难以健康发展，新的经济增长点难以出现，县乡费用支出，只能盯着农民不放。目前，农村金融主体——农村信用社，由于历史包袱沉重，难以独立支撑农村经济发展的重任。央行提出的推行农村信用社小额信用贷款以及国有商业银行支持中小企业的一系列措施，只能解决一部分问题。农村金融亟待改革。要加速把现有的农村信用社改造为真正的农村信用合作组织，股份制商业银行要在加强监管的前提下，加速开放民间金融，关注非正规金融，使之纳入多层次金融机构网络，实现农村金融系统的多元化。

还有一个严重损害农民利益的渠道，就是城镇发展中，低价征用农村土地。征地按土地原来用途计以低价，而不考虑土地未来用途、地价升值和级差地租因素。有人估算，计划经济时期，国家通过工农业产品交换价格剪刀差，将大约6000万亿—8000万亿元农村资金转到城市与工业。改革开放后二十多年，通过廉价占用土地资源等途径，剥夺农民资金进入城市，每年达几千亿元。2001年，各级城镇政府从土地一级市场获得收入1318亿元，企业从土地二级市场获得收入高达7178亿元，从征用土地剥夺的农民的资金远远超过过去的价格剪刀差，造成大量农民失去土地，给就业和社会稳定带来问题。政府征用农地应以市价为依据，公平偿还。非公益性用地不得应用国家征地权力，应在土地使用总规划、农地转用年度计划控制下，改为征购，同时开放集体土地产权市场。另外，农村内部土地使用权转让，用于集体非农建设用地，亦盛行"反租倒包"，乡村干部往往以规模经营、企业化经营名义，低价反租，高价发包，在转出农民土地中与民争利。随着经济发展，集体非农建设用地有其合理性，但在非农化后，应保障农民对土地利用改善后的收益分享，以体现对农民的土地财产权益保护。

总之，农民收入水平低和增长缓慢，是城乡经济发展失衡、农村和农业经济发展严重滞后于城市工业和经济发展的表现。在工业化的初始阶段，农业支持工业，为城市工业提供积累，在工业化国家发展史上有其必然性和普遍性。但历史也证明，经过一定时期，工业与农业、城市与农村是能够实现共同繁荣的。问题在于，国家经济发展战略应随着经济的发展，做出相应调整。在工业已经取得相当程度的发展后，应回过头来反哺农业，扶持农村，实现工业与农业、城市与农村的协调发展。我国现在已处在工业化中后期阶段，工业基础已经建立，完全有能力反哺农业，支持农村。目前，在农村经济严重滞后于国民经济整体发展的情况下，农村不但从城市反哺不足，反而仍处于资金净流出的状况，每年各种途径净流出资金几千亿元，继续向城市输血，无怪乎农民收入增长迟缓、城乡差距扩大的问题难以解决。应该说，历届中央领导都非常重视农业。20世纪五六十年代理论上提出农业的基础地位，政策上提出农、轻、重为序，但实际上没有得到落实。改革开放以来，中央多次发布有关农业问题的文件，对农业的重要性反复强调到了无以复加的地位。但是，部分干部的认识和行动都跟不上去。原因是抓农业不易出政绩，上产值和上税收都很吃力，所以，不愿往农业上花费力气和资源。新中国成立以来，我国事实上长期执行的是工业优先和城市偏向的政策，改革重心自农村转移到城市后，工作重点更明确摆到了城市与工业。长期重城轻乡、重工轻农的后果，是导致工业生产能力严重过剩，农村经济发展严重滞后，城乡差距不断扩大，消费增长乏力，内需启而不动。要改变这种状况，就必须摒弃长期以来事实上执行的工业优先，城市偏向，轻视农村、农业发展的方针，真正实行城乡并重、工农并重的战略，使城市和农村实现协调发展。这里，重要的一个标志是城乡收入差距，现在首先不能再让这个差距（现在名义上的差距是3∶1、事实上的差距是6∶1）继续扩大下去，而逐步缩小这个差距，应是我们努力的目标。这不仅是当前扩大内需所必须，而且也是将来实现全面小康社会的一个前提。

二 向实行"效率与公平并重"的分配原则过渡

我国自改革开放以来，改变大锅饭式的平均主义，实行按劳分配和按生产要素分配相结合，让一部分居民，一部分地区先富起来，带动和帮助后富的政策。收入分配发生了巨大的变化，一方面居民收入普遍提高，生活有了很大改善；另一方面，收入差距逐渐扩大，贫富鸿沟逐渐拉开。

据国家统计局测算，1990年，全国收入分配的基尼系数为0.343，1995年为0.389，2000年为0.417。其中，2000年已超出国际公认的警戒线0.4的标准，应该引起注意。基尼系数0.4作为监控贫富差距的警戒线，是对许多国家实践经验的概括，有一定的普遍意义。但各国情况千差万别，社会价值观念和居民的承受能力不尽相同。拿我国来说，基尼系数涵盖城乡居民，而城乡之间的收入差距扩大幅度明显大于城镇内部和农村内部差距扩大幅度。1978—2000年城镇内部居民收入差距的基尼系数，由0.16上升到0.32；农村内部由0.21上升到0.35；基尼系数都小于国际警戒线，比较适中合理。但城乡之间居民收入差距幅度甚大，基尼系数由1988年的0.341上升到2000年的0.417，高于国际警戒线。我国城乡居民收入差距悬殊，现时为3.1∶1，若考虑城乡福利补贴等差异，差距进一步扩大到5—6比1（国际经验，相当于现时我国人均收入800—1000美元时，城乡居民收入平均差距为1.7∶1）。由此看来，我国城乡居民是两个根本不同的收入群体和消费阶层。虽然目前我国城乡居民收入差距非常不合理，消灭城乡差距是我们努力的目标，但历史形成的我国城乡居民收入巨大差距的客观现实，使农村居民一时难以攀比城市生活，其承受能力有一定的弹性。所以，我国的收入分配警戒线，不妨比国际警戒线更高一些。究竟可以高多少，是一个值得研究的问题。

撇开国际警戒线问题的讨论，关于我国居民收入分配目前的差距程度，究竟是基本适当，处于合理范围；还是差距太大，已经发生了两极分化。持前一种观点者所考察的依据，主要是官方统计提供的居民正常收入的数据。而持后一种观点者则考虑了非正常收入因素和社会上出现的贫富分化现象。

随着经济市场化程度的不断加深，通过按劳分配或按生产要素分配所获收入，特别是初次分配收入差距的扩大，一般地说是正常的，总的来说也有利于经济效益的提高。但是问题在于，现实生活中收入差距拉大，并非全是合理制度安排的结果，其中不乏许多不合理的、非规范的、非法的因素，这就造成了非正常的收入。尤其是在初次分配领域中，存在许多不平等竞争，最为突出的是各种形式的垄断，市场秩序混乱中的制假售假、走私贩私、偷税漏税，以及权力结构体系中的寻租设租、钱权交易、贪污受贿等各种形式的腐败，这些现象带来大量非法收入，造就了一批暴富者。

随着市场经济理念和运行规则的深入人心，经由合法途径取得的高收入和扩大的收入差距，逐渐被人们理解、认同和接受。引发不满的是体制外的灰色收入和法制外的黑色收入。由于这些非正常收入都是通过非规范的、违背法律的途径所获取，具有很大的隐蔽性，因此，常规的收入分配统计资料中，一般都不能涵盖这些非正常收入。这部分非正常收入在我国居民收入中占了一定的比重，是我们当前收入差距扩大的不容忽视的重要因素。一项测算表明，如果把1999年全国居民基尼系数0.397作为正常收入差异程度，再把垄断租金、非法经营收入、政府公务人员租金收入、社会成员偷漏逃骗税收入，公共投资及公共支出转移形成的非规范和非法收入等估算在内，居民基尼系数将达0.45左右。另一项测算认为，1988—1999年，我国正常收入的基尼系数基本处于0.3—0.4之间，属于比较合理的收入差距范围；但如考虑非正常收入因素，基尼系数则进入0.4—0.5的差距较大的区间。由此可见，这些非正常收入因素对我国收入差距扩大的影响，是不可小视的。有人提议，国家对收入分配调节的重点应放在解决非正常收入方面，这个意见我看是对的。

鉴于居民收入差距不断扩大，贫富差距拉开的现象已经形成，作为改革开放以来收入分配原则的效率优先、兼顾公平，是否需要重新考虑呢？这似乎已经摆上经济学者的议事日程。

改革开放以来，先是思想界，后是政府，都推出效率优先、兼顾公平这一指导思想，它是针对平均主义带来效率低下这一传统体制的弊端，旨在建立市场经济体制，用按劳分配和按生产要素分配的办法，促进效率提高和经济发展。所以，从传统计划经济体制到完全建立社会主义市场经济体制的历史时期，这一指导思想都是适用的。现在市场经济体制虽已初步建立，但尚不完善，这一分配原则似乎无立即调整的必要。但有人认为，即使在建立了社会主义市场经济体制之后，效率优先、兼顾公平，也是"顺应社会发展实际，符合社会公正要求的，所以，必须一以贯之"地贯彻这一原则，似乎这个一定时期收入分配的指导思想是整个市场经济时期不易的分配法则。但这是与历史事实不符的。一些成熟的市场经济国家,并无这种提法。他们为了缓解社会矛盾,致力于实行社会公正的措施,使其收入差距比较缓和,基尼系数保持在 0.3—0.4 的合理区间（如英、法、德、加等国）。尤其北欧诸国,是公认的市场经济高度发达的国家,他们建立庞大的公共财政部门,推行宏伟的贫富拉平计划。2002 年,其基尼系数挪威为 0.258,瑞典为 0.250,芬兰为 0.256,均属世界上收入差距最小的区间。尽管人们认为,巨额公共开支会对经济增长和经济竞争力造成一定负担,但北欧各国的竞争力在工业化国家中并不落后。调查显示,这些国家的经济表现、商业效率、政府效率,在 72 个工业国家中均居前列,并继续提升。在高税收环境下,还产生了大批如诺基亚、爱立信、沃尔沃、ABB 等这样的跨国大企业。这些国家把公平放在显著地位而非兼顾地位,并仍然可以保持高效。我国当然不能与发达的市场经济国家相比,更不能不自量力地采取福利国家的政策。但上述事实启发我们,不能迷信"效率优先、兼顾公平"的口号,不能视其为市场经济分配的惟一准则。我国这一提法的准确性、时效性,仍可以有讨论的余地。

"效率优先、兼顾公平"这一原则在分配上提供激励机制,旨在把蛋糕做大,让一部分人在诚实劳动和合法经营的基础上先富起来,以支持和带动整个社会走向共同富裕。现在这一原则已实行一段时期,一部分人确实先富起来了,其中,既有靠诚实劳动或合法经营起家的,也不乏非正常途径发财致富的,但在支持和带动社会中低收入阶层共同富裕的效应上不甚显著,甚至有因失业、下岗等原因而致绝对收入水平下降者。由于把公平放在兼顾从属地位,社会收入底层的生活即使受到关注,也只能处于被照顾的境地。农民义务教育经费长期得不到解决,失学辍学现象不断发生,即是明证。由于提倡效率优先,不少地方追求微观经济效益，在生产建设中片面追求机械化、自动化，不适当地处置资本与劳动的替代关系，对发展中小企业、民间企业、第三产业不力，加深失业的压力。"更不重视公平，守住民众不闹事的底线就可以了。"在这样的背景下，基尼系数逐年迅猛上升，就不奇怪了。

基尼系数迅猛上升和收入差距迅猛扩大的后果日益明显。其一是国内需求受到严重影响，富者有钱但消费增量小于收入增量，贫者无钱消费，有效需求不足的问题成为长期制约我国经济增长的瓶颈；其二是因非规范非正常收入占相当比重，人们对由此而来的收入差距拉大愤懑不平，影响工作和生产效率，失业问题使相当一部分资源得不到利用，影响宏观资源配置效率；其三是已形成一部分社会不安定因素。

因此，此时重温一下邓小平若干年前的告诫，是非常必要的，随着效率问题逐步获得相对的解决，公平问题会逐步成为需要考虑和解决的问题。面对中国的总体情况，邓小平在1992年就做出了前瞻性的论断。他说，对于贫富差距，"什么时候提出和解决这个问题，在什么基础上提出和解决这个问题，要研究。可以设想，在本（20）世纪末到达小康水平的时候，就要突出地提出解决这个问题"。

20世纪末我国居民生活已经从总体上达到小康水平。与此同时，居民收入差距问题也很突出地表现出来，正如小平同志所指示的，现在已经到了突出提出解决这个问题的时候了，并且解决这个问题的条件也基本成熟。一方面我国经济实力和财力经过二十多年的改革，得到大大加强；另一方面，收入差距过大已经成为影响当前社会阶层关系和社会稳定的重大问题。

当然，解决贫富差距问题，并不是要忽视效率，抹杀差距。在现阶段中国生产力发展水平仍然较低的情况下，提高效率仍要依靠把市场取向的改革进行到底，坚持按劳分配，按生产要素分配的政策。目前我国居民基尼系数大约在0.45左右，根据其他国家发展的经验，人均GDP达到1500美元左右，基尼系数才开始下降。我国现阶段人均GDP只达到1000美元左右，基尼系数还处于倒U形曲线的上升阶段，随着市场经济体制的深化，客观上还有继续上升的趋势。所以，我们不能一下子强行提出降低基尼系数，实行公平分配的主张，而只能逐步加重公平的分量，先减轻基尼系数扩大的幅度，再适度降低基尼系数本身，逐步实现从"效率优先、兼顾公平"向"效率与公平并重"或"公平与效率的优化结合"过渡。根据预测，我国2020年实现全面小康社会时，人均GDP可达3000美元以上。在此之前大约2010年左右，人均GDP可达1500美元左右。此时，基尼系数将倒转为下降趋势，我国社会主义市场经济体制也将趋于完善。那时我们可以将耳熟能详的口号淡出。如果一定要提什么口号的话，即提"公平与效率并重"，应该不会引起大多数正直人们的反对。

关于如何缓解收入差距的扩大，以及进一步缩小收入差距的对策、思路，理论界已有很多讨论并提出了很好的意见，这里不一一重复细说，重点谈三个问题。

1. 关于初次分配调节与再分配调节的分工问题。普遍认为，初次分配管效率，由市场来调节；再分配管公平，由政府来调节。但初次分配中有许多不合理的扩大差距，起因于市场本身不完善或市场缺陷，需要政府插手来管。如垄断行业或部门凭其垄断地位，占有并支配优势资源，获得超额利润，转化为本部门职工的高收入，这种垄断收入就应由政府来监管、限制。某些行业应尽快消除市场准入的障碍，最大限度引入市场竞争机制，使利润率平均化。要建立符合市场经济规则的自然垄断行业中的有效竞争机制。在一定时期必须保留垄断经营权的行业、企业，其产品价格、收入分配方案、薪酬标准等均应纳入国家监管部门的控制。又如目前城镇下岗失业已成为拉开收入差距的一项重要原因，农村收入高低的重要背景之一也在于农村居民从工业和其他企业获得就业机会。发展劳动密集型产业是当务之急，也是中国长期解决就业问题的有效途径。尤其是发展中小企业，发展民间企业，发展第三产业，这些都需要政府产业政策的支持。例如，对于高就业低利润或一时亏损的劳动密集型行业，对于各种灵活就业劳动组织，实行多种形式的优惠政策。没有政府政策的扶持与指导，这些产业发展不起来，会引致更大规模的失业与贫困。这些都不是再分配领域的事，在初次分配领域，在生产领域，就要解决这个问题。

2. 再分配问题核心是要发挥财税制度的作用。税收制度、税务法制的不健全，是目前收入差距不能缓解的重要原因，所得税的纳税主体仍然是工薪阶层，而高收入者偷税逃税较为普遍。要彻底改革税制，完善个人所得税，积极创造条件开征不动产税、遗产税等财产税，逐步扩大对高收入群体的税收调节力度，缩小不合理的收入差距。有人担心对高收入者加强税收征管，是"劫富济贫"，会影响非公经济。我同意国税局发言人的说法：依法惩处违法经营、偷逃税款的不法高收入者，正是为了保护合法经营，有利于非公经济的发展，也有利于普遍提高公民的纳税意识。要加大财政转移支付的力度，解决城乡之间、地区之间收入差距过大的问题。政府要与社会共同负责保障低收入者、无收入者、丧失劳动能力者的生存条件与基本生活需要。要以稳定的财政拨款支持社会保障基金的运转。经常性财政支出要向人民生活与公共福利倾斜，建设性财政支出限于非盈利性公共建设项目，盈利性项目转由民间投资。今后如有必要继续实施积极财政政策，发行赤字国债，其使用也应更多地向改善农村生活条件、增加城镇就业机会、改进社会福利等方面倾斜，以缓解收入差距的扩大。

3. 重视收入分配公平问题，当然不是追求收入平等，重要的是各阶层居民能享受平等机会。强调机会平等就是要保证起跑点平等，不过分追求结果的平等。在中国社会，收入的不平等多源于机会的不平等，结果的不平等多源于起点的不平等。不同的人存在不可否认的智愚才能的差别。其中，不能忽视的是因教育培训程度不同形成不相等的知识水平和专业技能，由此使个人就业机会不均等，收入高低不平等。农村低收入户多么期望下一代能够读书受教育，不再重蹈自己贫困的命运。四川农村低保调查，很多低保家庭的小孩没有上完九年义务教育，村民们说，孩子们的时间还长啊，难道他们还当下一辈子的低保户吗？进城打工仔也为子女上学担忧，他们由于文化水平较低，在城市往往干着最脏、最累、收入最低的活，但沉重的小孩借读费是压在他们心头的一块巨石，许多人只好让子女失学，以致儿女一开始就输在起跑点上。是彻底改革义务教育制度，解决义务教育经费的时候了！国家财政只要减少一些锦上添花的开支，多一些雪里送炭，就有能力完成让所有儿童接受九年义务教育的使命。

党的"十六大"提出扩大中等收入者阶层，提高低收入者的收入水平。这两件事其实是一致的。要将金字塔形的收入分配状况改变为两头小中间大的橄榄形的收入分配状况，关键还在于教育培训。目前社会上有两股低收入人群，一股是每年以千万人次计的农村剩余劳动力向城市涌动的打工仔；一股是每年以百万人次计的城市下岗人员向就业市场涌动，这两支低收入大军以青壮年居多，文化水平较低，知识技能匮乏，就业能力和收入能力较差。要使他们找到职业并上移至中等收入人群，关键也在于提高其基础教育水平并实行职业培训,加强对低收入人群的人力资本投资。这种事情靠低收入人群自身的力量是办不到的。只有政府并组织社会力量切实地、认真地、逐步地把城乡所有居民子女9—12年义务教育办起来,并组织普遍的专业培训,才能在起跑点上解决机会平等的问题。

(2003年4月)

谈谈政府职能与财政功能的转变[*]

目前中国经济已开始进入新一轮快速增长周期。2003 年预期经济增长将高于 2002 年的增速。但在此过程中，经济增长趋强的动力尚不太稳定。在投资、出口、工业生产高速增长的同时，消费和就业却比较疲弱，内需尚未全面启动。消费品和生产资料价格指数由负转正，但上升乏力，物价指数仍在合理区间摆动。现在中国现实经济增长率在向潜在经济增长率提升，但还低于潜在增长率。即使一时达到，也有可能回摆。经济生活中虽然出现局部过热现象，但离真正全面过热还有相当距离。

在这样的宏观经济形势下，应继续保持宏观经济政策的延续性、稳定性，以支持需要发展的行业和企业，增加就业岗位；对于经济中的热点要适当地引导，对于局部过热的经济活动采用降温的措施。总之宏观政策要逐步向中性的调控方向过渡，上下微调，适度松紧。这样既可以继续提升现实经济增长率向潜在增长

---

[*] 本文是作者在中国社会科学院经济形势分析与预测 2003 年秋季座谈会上的讲话，原载《经济蓝皮书·2004 年中国经济形势分析与预测》，社会科学文献出版社 2003 年版。

率靠拢，也可以预防未来可能出现的通胀扩大的局面。

当前宏观经济形势总的来说是走势良好，只要对现行政策作某些调整，即可保持近期健康发展的势头。我们的注意力要更多关注经济发展的中长期问题，特别是一些非均衡发展的问题，包括经济增长与就业增长的非均衡，投资增长与消费增长的非均衡，城乡、地区经济发展的非均衡，经济发展与社会发展的非均衡，收入分配差距急速扩大，经济改革与政治改革不配套等等。这些方面发展的不协调，越来越成为中国经济发展的"瓶颈"，迫切需要研究解决的途径。我在这里谈谈社会发展与经济发展的关系问题，即政府职能和财政功能由经济建设型转为公共服务型的问题。

一 政府职能和财政功能需要转型

2003年上半年，抗击"非典"的斗争，引发了许多令人深思的问题，使人们领悟到政府和社会怎样行为才能更合乎理性。讨论过程中形成的一个认识是，政府职能和财政功能需要转型。政府要从经济建设型转向公共服务型，财政要由投资型财政转向公共型财政。这个意见的表述是否完全确切有待推敲，但其倾向性似已为理论界认可。事实上，也得到党政领导某种积极的反应。比如，领导讲话中强调，通过"非典"斗争，我们比过去更深刻地认识到，中国经济发展和社会发展还不够协调，从长远看，要进一步研究切实抓好促进经济与社会的协调发展。纠正经济发展与社会发展的不协调，可以包括上述政府职能和财政功能的转型。从长期来看，经济发展与社会发展是互动的，相互促进的。但从近期来看，因为公共资源的有限性，就有一个优先分配到哪一方面的问题。中国从1982年和第六个五年计划以来，就在国民经济计划的标题上加上了社会发展的字样，迄今公共资源的分配以经济建设为重，今后要不要调整，是一个需要考虑的问题。

二　政府职能和财政功能转型的方向

对于政府职能与财政功能的转型，由经济建设为中心转为以公共服务为中心，论者并不是完全没有疑问。从大道理讲，党的十一届三中全会以来，全党工作的重点，已经转移到经济建设上来，而且，抓经济建设又是社会主义初级阶段党的基本路线的"一个中心"，整个基本路线是一百年都不能动摇的。这是我们大家共同认可的事情，怎么能把工作重心从经济建设转到其他方面。需要注意的是，把全党工作重点转移到经济建设上来，是针对过去以阶级斗争为纲来说的。社会主义社会的主要矛盾是什么，过去说是资产阶级与无产阶级的阶级矛盾，党的十一届三中全会恢复了党的"八大"提出的是落后的社会生产力与人民日益增长的物质文化需要的矛盾。故而工作重点要从以阶级斗争为纲转移到经济建设上来。这里，经济建设的对立面是阶级斗争而不是社会建设，这是从党的基本路线的高度提出的，不是政府职能、财政功能层次的问题，在后一层次上，可以探讨经济建设与社会建设孰先孰后的问题。再说"经济建设"作为全党工作的重点是党的"十四大"的概括，邓小平同志在更多场合用的是"社会主义现代化建设"作为全党工作的重心，其含义更为广泛，自然既包括经济建设，也包含社会建设。他把社会主义现代化建设落脚到"发展生产力"，也是有深刻内涵的。因为人是最主要的生产力，人力资本是最重要的发展资源。投资于人本身的发展，应当是发展题中应有之义，而投资于人的发展也属于社发展的范畴。"发展是硬道理，中国解决所有问题的关键在于依靠自己的发展"，发展应该包括人的发展即社会发展的含义在内，这是毫无疑问的。

三 正确认识经济增长与社会发展的关系

关于经济增长与社会发展的关系问题，不是一个新问题，但又是一个新问题。20世纪80年代初我们研究经济发展战略问题时，就指出增长不等于发展。当时一些中外经济学者认为，过去发展中国家一般热衷于追求以GDP为中心的经济增长，引发许多社会问题，他们主张"新"的发展战略，应当是满足人们的"基本需要"为主要目标的发展，包括减少失业率、提高识字率、降低婴儿死亡率、延长预期寿命、实现分配公平等等。1983年，在研究中国经济发展战略目标的转变时，我们提出了要把追求GDP的经济增长目标转变为在经济增长基础上满足人民日益增长的物质文化需要，使人民获得实惠为目标。当时这是针对过去长期单纯地为生产而生产，为革命而生产，把经济增长作为最高战略目标，置人民生活于次要地位的片面做法提出来的最一般最基础的要求。应该说，拨乱反正以后，二十多年来，这一要求已经得到基本实现。随着经济增长，人们的物质文化生活大大改善了。但是，不能否认，在我们的工作中，片面追求经济增长的习惯倾向依然存在，GDP增长事实上依然作为政绩考评的主要指标。各级政府特别是地方政府把主要精力放在围绕人均GDP增长的经济建设上，政府职能在经济建设上强，而在公共服务上偏弱，致使大量社会问题和社会矛盾难以得到及时的缓解，遇到像"非典"那样的社会危机，也一度陷于被动。另一方面，在此时期，经济增长与社会发展的关系，在学者和公众的认识上也有了进一步的提升。实施以人为中心的人类发展战略，或称人本主义的发展战略，已成为人类的共识和选择。越来越多的人们认识到经济增长本身不是目的，它只是实现社会发展的手段。发展的政策目标应当是提高人的生活质量和增强人的能力，提高人类的发展水平，而不仅仅是人均 GDP 水平。这些新的提法，与 20 世纪 80 年代初满足人们"基本需要"的"新战略目标"一脉相承，是在此基础上的发展和充实，它要求政府把消灭贫困、充分就业、良好教育、身心健康、机会均等、社会公正、环境保护等全社会关心的事情放到重要地位，解决不同社会群体的需要，特别是低收入群体能够获得公共服务。政府职能从经济目标优先向社会目标优先的转变，日益成为时代的课题。

四 政府职能和财政功能转换已颇具基础

中国市场化经济改革进程，也为政府职能、财政功能的转换奠定了坚实的基础。且不说财政资源实力增长远比过去雄厚，过去计划经济时期，国家统揽一切经济活动，政府充当企业投资和营运主体，从航天石油到餐饮服务，都由国营公营。随着市场化改革的前进，多种所有制共同发展格局形成，市场经济主体不应再由政府承担，转变为应由企业——主要是民营企业——来承担。国有经济集中到关系国家安全、经济命脉、自然垄断等关键领域，以及民营经济暂时无力或无利进入的重要部门（如高科技的前沿开发），发挥其控制力。政府对上述关键、重要部门应做必要的投入，但是其经济职责，应主要放到为发展经济创建良好的市场环境，提供稳健的宏观调控上来，不宜再过多地参与竞争性、盈利性行业的投入。政府应更多地把注意力和公共资源投向提供公共产品和公共服务，转向为社会发展政策提供财政保障方面来。现在人们争论的问题，不在一些公共基础设施部门是否可以吸收民间资本投入，这个问题似已解决，当然在实施过程中仍有障碍有待克服。争论的问题是，国有经济要不要从一般竞争性、盈利性行业退出。我们也不赞成国有经济马上全部从竞争性行业退出，事实上如汽车、石化、钢铁等行业，国有经济凭其规模实力优势和行政特权（垄断、寡断）优势，起到了较好的支撑作用。在民营企业逐步成长足以取代国有经济以前，国有经济不必急于退出竞争性、盈利性行业。但从经营竞争优势上说，竞争性、盈利性行业还是以逐渐民营化为好，政府不必与民争利。现在国有工业企业以 2/3 的工业资本，70% 以上的银行工业贷款，只创造了 1/2 的工业产值，说明它的资源配置效率较低，如果没有规模实力优势和行政特权优势，经营优势是不易保证的。同时国有企业在资产管理上多层次委托代理，所有者到位与内部人控制问题十分复杂，再加上许多说不清道不明的渠道，导致国有资产每年成百亿的流失，成为难堵的黑洞。所以，政府过多参与竞争性行业的利弊，需要认真考虑。政府逐步从竞争性行业抽出身来，把注入这一经济领域的公共资源转移到提供公共产品和社会服务上来，才能做到既不越位，也不缺位。

五 扩大公共产品和公共服务的提供

公共产品和公共服务的提供者，除政府外，还包括社会组织、民间协会、志愿团体一类非盈利组织，他们在发达国家起了相当大的作用，但在中国目前还没有得到广泛的发展，在这种情况下，除了努力发展这类非盈利组织，公共产品与服务的供应目前更要依赖于政府。无论从道义上还是从经济上讲，政府应当是公共产品和社会服务的提供主体。政府提供公共产品和服务，是补偿这方面市场机制的失灵。同时政府可以通过强制性的税收及发行公债等，使公共产品与服务的供给成本得到补偿。因此，政府提供公共产品和服务是责无旁贷的。反之，盈利性、竞争性行业的发展，市场可以承担，政府可以不必插手。但是目前各级政府，尤其是多数地方政府仍然把自己当作经济建设的主体，看轻自己作为公共产品和公共服务天然提供者的角色，仍然把发展经济当作政府的第一职责，把公共服务当作第二职责。不少地方政府直接筹划和投资到竞争性项目，特别热衷于大搞政绩工程，而用于公共服务的资金（如义务教育、公共卫生经费等），却长期捉襟见肘，越是基层财政，这种情况越是突出。从全国来说，若干年来，经济建设支出在全国财政总支出中的比重，占第一位，最高年份达到56%。1999年社会福利卫生体育事业支出仅占当年全国财政支出的1.23%，而党政机关和社会团体支出占当年财政支出的6.18%。巨额的行政管理费用支撑着过多的政府人员，虽然说政府机构也提供"公共产品"、"社会服务"，但机构设置不合理，在职人员过多，实际上是"公共产品"的越位供应或虚耗。经济建设费用过多和公共支出的虚耗，挤占了稀缺的公共资源，侵蚀了政府的财力，使得社会急需的公共产品和服务，如公共设施、社会保障、基础教育、公共卫生等方面供给不足或无力供应。由于若干年来我们没有把财政的行为目标锁定在满足社会公共需要上，在社会公益事业方面投入太少，欠账太多，因此社会问题越积越多。为了缓解社会矛盾，保持社会的稳定和安全，进而实现以人为本的发展目标，普遍提高全体人民特别是低收入群体的福利，我们还得在社会公共需要的领域加大国家资源的投入，而且要加快从那些不属于社会公共需要的领域抽身，降低财政支出中用于经济建设的比重，压缩越位的公共产品和非公共产品的支出，把更多的公共资源用到社会公共需要的领域来。

六 我国公共产品和社会服务供给不足的典型

中国公共产品与社会服务的供给不足，是多部门现象，许多领域都存在这个问题，需要大力加强这方面的政府职能和财政支持。这里仅以卫生与教育为例，谈点看法。

1. 卫生领域。前述20世纪80年代初研讨发展战略问题时，海外学者对中国发展战略在满足"基本需要"方面达到的成就，曾有所肯定，认为是发展中国家的典范。当然在贫穷是社会主义的大背景下，中国只能解决最低水平的社会保障。如20世纪六七十年代，中国农村医疗体系有过辉煌。这个根植于最基层农村的公共卫生体系，采取合作医疗的形式，筹集资金，赤脚医生处理最常见的疾病，这一体系尽管不很完善，但为不少农民提供了最初级的卫生医疗保障。然而，随着医疗卫生体制进行市场化的改革，使农村合作医疗制度逐步解体，合作医疗覆盖的人口减到10%以内。广大农村地区农民小病不看，大病看不起，看大病意味着倾家荡产。农村卫生医疗处于风雨飘摇之中。这不能不说是改革在医疗卫生方面的一大失着。有专家指出，在经济体制改革过程中，医疗领域出现了"市场化过度"和"市场化不足"并存的情况。一些本应该由政府承担的服务和产品，转由市场提供，使农村较贫困的缺医少药的人口无法获得基本的医疗卫生服务。而一些本应主要由市场提供和分配的医疗服务资源，政府却在负担，如政府医疗卫生资源集中投放于城市，占总资源的80%，其中，2/3又集中投在大医院。世界卫生组织公布2000年医疗卫生服务报告中披露，191个国家和地区医疗卫生资源分配公正指数中，中国排188位，是最不公平的国家之一。我们应当由此深刻反省,在医疗卫生工作方面,政府行为与财源分配严重失误。要尽快纠正这种失误。要尽快加强农村公共卫生建设,特别是加强农村医疗救助体制建设和重建农村合作医疗制度,使农民看得起病。最近,财政部有关人士表示,中央和地方财政将联合加大投资力度,加快农村公共卫生建设,为全国9亿多农民织张"健康网",国家将投资数百亿元加强县级卫生机构和乡镇卫生院基础设施建设,强化乡村卫生人员培训,并加快开展农村新型的合作医疗事业。这是农村公共卫生事业改革的一个良好转折与新的开端,我们祝愿它能广泛开展,使广大农民得到应有的医疗卫生服务。

2. 基础教育问题。教育是最重要的人力投资。强制性的义务教育,所有公民都应接受,原则上应由中央和地方政府完全负责提供,使所有公民都有起码的识字和谋生能力。众所周知,个人受教育的程度越高,在其他条件相同时,其就业与牟取收入的能力也越强。相反,受教育的程度越低,其就业和牟取收入能力越弱。据国家统计局的一项测算,中国人均收入在不同教育程度之间的比率,大专以上:高中:初中=4:2.7:1。党的"十六大"提出要提高中等收入者的比重,这是缩小收入差距的重要措施。要提高中等收入者的比重,除了其他的办法外,最重要的办法是提高劳动者的平均教育水平。现在中国高中大专以上毕业生占就业人员比重很小。义务教育供应不足,很多老百姓没有基本的能力进入劳动力市场。尤其相当多农村儿童、青年、成年不能获得改善其生活水平所必须的教育,而被排斥在现代化进程之外。

2002年,中国文盲人口占总人口9.2%,小学初中文化程度人口占68%,大专以上文化程度人口共占4.4%。在全国就业人口中,中等以上文化程度在职人员只占9%。以这样的人口教育文化结构，要提高中等收入者的比重，岂非缘木而求鱼（西方发达国家中等收入者群体一般都占到在业人口的半数以上，中国社会科学院"当代中国社会结构变迁"课题组研究显示，2001年，中国中等收入者占总人口的比重约在15%—20%之间）。要解决这个问题，关键的途径是扩大基础教育的年限，使全体公民都具有高中教育和中等职业培训的水平。我建议把现在的义务教育的年限由九年制逐步延长到十二年制，并大力创办中专等中等职业学校，施以义务培训，以提高公民的知识技能和就业能力。当然在这之前，第一步要做到九年制义务教育的充分供应和真正普及，应该说这一点我们在农村还没做到。九年制义务教育从1986年全国第六届人大第四次会议立法推行，到现在已经十余年，2000年宣告基本完成。现在中国的经济实力、国家财力有了显著的提高，2002年国家财政收入1.9万亿元，为1986年的近90倍。加上财政支出结构的调整，更有条件扩大基础教育产品的公共供应。降低财政支出中经济建设经费的比重，减少公共支出的过度虚耗供应，大量的财源可以用来扩充义务教育。人力资本投资带来的未来回报（包括经济的和社会的效益），比起物力资本的投资（经济建设）的效益，远远更为重要，更为根本。先进国家的经验，可资借鉴。这是决策者应当三思、慎选并要有远见和决心的事情。

七 政府职能和财政功能转换中要克服的障碍

政府职能和财政功能，由经济建设型转为公共服务型，有没有障碍？有的。我认为，首先要克服观念上的障碍。现在虽然强调经济和社会协调发展的方针，但一部分干部总认为，社会建设虽然重要，但第一位还是经济建设，只有在经济建设的基础上才能搞社会发展。因而在公共资源分配上，总是倾向于优先投资经济建设项目，而对社会发展项目就不那么大方。他们没有认识到市场化的改革已经将经济建设主体由政府移向企业，只看到经济建设投入有回报，可以增加财政收入，而社会事业的投入只增加财政支出。这是一种极端短视的观念，也不符合"三个代表"的精神，需要思想上的启蒙。另一种障碍，如高培勇博士所说，是体制惯性障碍。比如，现在财政支出投入有些不属于公共产品的范畴，像对竞争性、盈利性行业的投入，本应纳入市场运作，不应占用公共资源。但由于多年计划经济的惯性，并且涉及部分人员的切身利益，将它交给市场有一个过程，国家还得保证一定的投入。不少财政支出并没有投向公共财政应当投向的范围，而是满足某些特定受益范围人的需要，投向本该由市场或社会负担的部门。在迅速增长的各类事业费的供给范围中，如有些培训中心、报社、出版社、协会、学会等，既不属于公共产品也不属于准公共产品之列，根本不应当由财政供给资金。即便是表面上属于公共事业的支出，是其中每一笔钱都用到公共需要上，还是用到挥霍浪费的形象政绩工程，甚至干部的吃喝玩乐上，也还是个疑问。如果这些体制惯性障碍不能去除，上述政府职能和财政功能的转变也是很难的。只有加快深化经济体制和政治体制改革，扫除这些体制惯性障碍，才能使我们的政府和财政的运转，走上更好的以人为中心的人本主义的社会经济发展的轨道，满足日益增长的人民物质文化的需要。

(2003年10月)

进一步重视社会公平问题*

社会公平是构建社会主义和谐社会的一个重要问题。如果社会公平状况不好，就难以推进社会主义和谐社会的建设。其中，一个十分重要的问题是要正确处理经济效率与社会公平的关系。

一

经济效率与社会公平关系在我国讨论，已有好些年头了。2004年夏天以来，国企产权改革的大辩论，在一定意义上讲是又一次效率与公平关系的讨论。这次讨论不是完全无效果，讨论中出现了不少精彩的文章。讨论的成果有助于改善我国公平与效率关系的现状。

在效率与公平的天平上，争论的一方强调的是效率，而较少注意公平。他们认为，只要能够使社会财富总量增加，什么改革手段都可以用，诸如在我国现有情况下MBO，即管理人收购的办法也可以用。如果有能干的管理人收购了国有企业，把它搞

---

* 本文系作者在2005年中国经济形势分析春季座谈会上的讲话。

活，总比让它逐渐"冰棍消蚀"为好。因此，"纠缠分配问题没有意义"。争论的另一方则以社会公平的名义，竭力反对在目前法律缺位、国有资产真正主人翁也缺位的情况下，将国有资产贱价或白送给少数人，让他们一夜暴富。

国有资产产权改革不是一个单纯的学术问题，而是一个强烈的公共政策问题。所以，争辩不但有学者参加，而且有公众参加，这是应该肯定的。这次讨论大量公众参与网络媒体的活动，是我国公民公共政策意识增强的表现。他们几乎一边倒地倾向于赞成上述后一方的意见，表明从公众舆论的角度来说，后一方是占了辩论的上风。所以，前一方就责难对方"引爆了公众不满国资流失和社会分配不公的情绪"，有把不应当由公众讨论的"潜规则"拿出来公开讨论的说法！

再从对政府决策的影响来说。国资委经过众机构的调查研究，确认了 MBO 在我国现行情况下问题很多，造成国有资产大量流失。于是对 MBO 的政策调整了说法，由过去"从来没有说过反对管理者收购"，到"国有及国有控股的大企业不宜实施管理者收购"，到最后断然宣布"国有大型企业不准搞管理者收购"，中小企业只能在极严格的条件下公开公正地试行。这也可看作对公众舆论的回应，虽然官方没有那么说，但如果说一下，也不见得有损权威机构的尊严，反而会获得反映民心和民众支持的赞誉。总之，这次争论的结果，无论从舆论上说或从决策上说，都在效率与公平的天平上，添加了公平的分量，略微校正了过去偏于一方的倾向。

二

本来从学理上说，公平与效率这一对概念，是一个矛盾统一体。常识告诉我们，收入分配越平均，人们的积极性越削弱，效率自然会低；适当拉开收入差距，只要分配程序、规则公正，就会有助于提高效率。从另一角度说，不提高效率，蛋糕做不大，难以实现持久的更多的公平措施，解决社会增多的矛盾；但是，如果不讲公平，收入差距拉得过大，特别是分配程序、规则不公，也会导致效率的下降，甚至影响社会稳定。所以，效率和公平从来就是既矛盾又统一的，处理好这两者的关系不容易。

现代资本主义国家为了缓和社会阶级矛盾，吸收了社会主义思潮，推行了社会保障、福利的措施。现代自由主义国家既强调效率，也不得不讲公平；现代福利主义国家很强调公平，但也讲效率。他们的效率和公平，都达到相当的水平。有的资本主义国家实施社会公平、福利的措施，实比我们这个社会主义国家还要完备得多。当然这有历史发展的背景，不好简单地类比。

我国改革开放前，是一个绝对平均主义的国家，"大锅饭"的分配体制，使效率大受影响。二十多年前实行市场取向的改革后，逐渐讲求效率，拉开收入差距，"让一部分人先富起来"，从农村到城市，经济活跃起来，非常见效。于是经过十多年，就把"兼顾效率与公平"作为经验总结，写进了十四大的决议。但从十四届三中全会开始，在效率与公平关系问题的提法上有一个新的变化，即把以前的"兼顾效率与公平"，改变为"效率优先，兼顾公平"，使这两者关系，由效率、公平处于同等重要地位，改变为效率处于"优先"的第一位，公平虽然也很重要，但处于"兼顾"即次要地位。两个"兼顾"意义很不相同。所以说，这是一个很重要的变化。

"效率优先，兼顾公平"的提法，从十四届三中全会决议开始，每次中央重要会议的文件都这么提，直到如今。所以，它是我国在收入分配政策领域的正式精神。

共产党向来主张社会公平和公正。为什么一个共产党领导的国家，在分配政策上要把公平与效率相比放在"兼顾"的次要地位呢？这与我国经济长期落后，难以迅速提高人民生活水平和解决众多社会矛盾有密切的关系；也与我国在20世纪90年代到21世纪初面临的国内外形势的深刻变化和发展趋势，及其带来巨大机遇与挑战，有密切关系。这种情势迫使我们积极进取，尽一切努力增大我国的国民财富和综合实力。所以，邓小平南方讲话要求，"思想更解放一点，改革与开放的胆子更大一点，建设的步子更快一点，千万不可丧失时机"，强调"发展是硬道理，是解决中国所有问题的关键"。这样就把增加国民财富总量和国家经济实力的问题突出地提出来，效率成为第一位的问题。另一方面，制约我国提高效率的主要因素，当时仍然是过去计划经济时代遗留下来的平均主义的影响。为了更快提高效率，增加国民财富总量，就必须进一步"打破平均主义，合理拉开差距，坚持鼓励一部分地区一部分人通过诚实劳动和合法经营先富起来的政策"。这一句话也正是十四届三中全会文件中提出"效率优先、兼顾公平"时所作的说明。

因此，十四届三中全会关于效率与公平关系的新提法，是适合我国当时实际情况和发展需要的，是完全正确的。经济理论界阐述和宣传这一分配政策的精神，也是正确的。在这个过程中，随着我国经济发展，我国社会阶层结构逐渐发生变化，经济理论界也出现代表不同利益的声音。有些人借"优先"和"兼顾"之差异，有意无意地贬低、轻视社会公平和社会公正，单纯为一切敛聚财富的过程辩护，这就不符合改革的精神了。因为在这一时期，中央一再强调，"先富要带动和帮助后富"，"要注意防止两极分化"，丝毫没有忽视社会公平的意思。

三

回过头来看国资流失造成少数人暴富问题。为什么经济理论界有人宽容这种现象甚至为此辩护呢？除了别的客观原因和主观原因外，这与20世纪90年代以来国企改革进入了"产权改革"阶段有关。"理顺产权关系"是1992年十四大提出的。十四届三中全会决定提出了建立包括"产权清晰"在内四个特征的现代企业制度，此后到十六届三中全会，发展为"建立现代产权制度"。

"产权改革"是一个新概念，探索产权改革的理论和途径，是一个很复杂的问题，我们缺乏经验，要借鉴现代市场国家的理论和经验。于是西方新自由主义经济学应运输入。西方新自由主义经济学在市场经济运作机理的分析上，不是没有可以借鉴的东西。但在中国传布这一学派的部分学者，却借此转换命题，在产权改革问题上曲解国有产权不清晰，暗地或公开地宣扬和推行（通过他们的影响）国企私有化的主张，利用国有企业改制之机，制造大量社会不公的事实。这就大大与我国经济体制改革的精神相悖了。西方新自由主义经济学在我国改革中，只能"适我所需，为我所用"，断然不能让它主导中国经济的改革和发展。这不仅是我国经济学界应有的认识，也是一些经济部门的决策官员应该注意的问题。

四

我在2003年《关注收入分配问题》一文中指出，"效率优先，兼顾公平"是我国一定时期收入分配的指导方针，而不是整个市场经济历史时期不变的法则。许多同志把这一方针视为市场经济不易的法则，这是与历史事实不符的，一些成熟的市场经济国家，就没有这个提法。我指出，我国这一提法的准确性、时效性，仍可以有讨论的余地。

随着总量发展、经济效率问题逐步得到相对的解决，社会公平的问题会逐步上升为突出的问题。不能忘记，邓小平在1992年就对突出解决贫富差距问题作出前瞻性的论断。他曾设想，在20世纪末到达小康水平的时候，就要突出地提出和解决这个问题。

但是到世纪之交，我们并没有按照邓小平的预示，突出提出和解决贫富问题，调整经济效率和社会公平的关系。在前述文章中，我曾以我国目前基尼系数处于倒U形曲线的上升阶段，收入差距客观上还有继续扩大的趋势，一时难以倒转，隐含地解释邓小平的预言可能乐观了一点；看来要到2010年人均收入达到1500美元左右，基尼系数才有可能倒转下降，那时才有可能开始突出解决这一问题，实现"效率优先，兼顾公平"向"效率与公平并重"或"效率与公平优化结合"的过渡。

当时学术界就有人针对我的意见，认为不能把突出解决贫富差距和改变效率公平关系推迟到2010年以后。因为"中国人对贫富差距的承受能力已达到极限，目前改变适当其时"。最近也有文章指出10年前就有人惊呼我国收入差距已经过大，这不符合我国发展的实际。收入差距是否已经扩大到中国人承受能力的极限问题，当然也可以讨论。在上述文章中，我曾说中国收入差距过大主要受城乡之间差距过大的影响，虽然消灭城乡差距是我们今后努力以赴的目标，但是历史形成的巨大城乡差距是一个客观现实，农村居民知道一时难以攀比城市生活水平，所以承受能力还是有较大的弹性。我国人民对基尼系数在客观上继续上升还有一定的承受能力。

不过我现在重新考虑,收入差距扩大是否到达承受极限的问题,同校正效率公平的关系、近一步重视社会公平问题,不是同一层次的问题。收入差距扩大到达承受极限,很可能与到达两极分化相联系。我们现在显然不能说已经到达两极分化(这是邓小平说改革失败的标志),也不能说到达承受极限。基尼系数客观上还处在上升阶段,如不采取措施,则有迅速向两极分化和向承受极限接近的危险。所以,我们必须从现时起进一步重视社会公平问题,调整效率与公平关系,加大社会公平的分量。第一步可以逐步减少收入差距扩大的幅度,以后再逐步降低基尼系数的绝对值。所以"效率优先,兼顾公平"的口号现在就可以开始淡出,逐渐向"公平与效率并重"或"公平与效率优化结合"过渡。

五

为什么现在就应加大社会公平的分量,进一步重视社会公平问题呢?

经过二十多年的改革与发展,我国经济总量、国家综合经济实力大大增强。现在已完成 GDP 第一个翻番和第二个翻番,正在进行第三个翻番阶段,在我国居民生活总体上已达到小康水平的基础上向全面实现小康水平过渡,已有一定的物质基础和能力,逐步解决多年来累积形成的贫富差距。也就是说,突出提出和解决邓小平提出的问题,进一步重视公平问题的时机条件,已基本成熟。

收入差距扩大迅速,已成为影响当前社会和谐与社会稳定的重大问题。二十多年来基尼系数从 0.2—0.3,提高到 0.4—0.5,

几乎倍增,速度之快,举世无双。国内外一些机构和专家,指出这已经超过国际警戒线。不管这些论断是否符合我国实际,应引起警惕。尤其需要注意的是,已公布的基尼系数,难以计入引发人们不满的不合理、非规范、非法的非正常收入。如果把这些因素计算在内,则基尼系数又会加大,在原来0.4—0.5之间又升高0.1左右,即比现在公布的基尼系数增大20%以上。这些不正常收入对我国收入差距扩大的影响不可小视。有人说这不属正规收入政策的范围,可以化外置之。但对收入差距影响如此之大的不合理、不规范、不合法收入,不尽是也不仅仅是刑法问题,难道不构成我国当前收入分配政策所要处置的重中之重的问题!?

我国改革之初,各阶层人民受改革之惠,生活改善,没有分化出明显的利益集团,普遍积极支持改革。以后,特别是20世纪90年代以后,不同利益人群逐渐形成,有的在改革中受益较大,有的受益较少,有的甚至受损,对改革支持的积极性也有所变化。各阶层居民对改革都有自己的诉求。比如,得益较多的利益集团中有人说:改革必须付出代价,必须牺牲一代人,这一代人就是几千万老工人。同时,也就有另一种对应的声音说:为什么就是我们,不是你们。对立的情绪可见。国企改革过程中一度出现"瓜分风",引起社会震荡,引起国资委负责官员的"心情沉重"。其主要领导也在2004年12月13日一次会议上说,这样做民愤太大了,我们一直从来都说改革要效率优先,兼顾公平,我看近来要强调些公平。我以为,为了使改革获得更广泛的支持,今后要长期强调有利于社会和谐和稳定的社会公正和公平,而不仅限于"近来"。

毋庸讳言,从目前的情况看,我国社会结构已经逐渐形成以占有财富、权力和知识为特征的强势群体,和以贫困农民、城市农民工、城市失业者与下岗人员等为主的弱势群体。强势群体在公共政策的制定和实施中有很强的影响，在社会舆论和话语权中也很有影响。但弱势群体则缺乏相当的组织形式表达他们的利益要求，除了用上访等形式，申诉其遇到的不公外，很难在媒体上发出自己的声音。这种社会缺陷亟待弥补。如果令其发展下去，只能扩大社会鸿沟，而不利于建设和谐社会。强势群体特别是其权势集团的代言人，公然鼓吹"腐败是改革的润滑剂"，钱权交易（美其名曰"官员索取剩余"）是"一种帕累托改进"。另有一位经济学家，竟然违背现代国家利用税收杠杆来调节社会收入分配、实施社会福利的常识做法，公然反对对高收入者多征税，说这是"劫富济贫"（我想懂得累进税道理的理性高收入者也不会赞成此说）。这一立场鲜明的说法，理所当然地遭到一些正直学者和公正舆论的反驳。

六

导致收入差距迅速拉大、社会分配问题丛生的因素十分复杂。体制上的弊端、法治上的漏洞和政策本身的不尽完善等等，都是重要原因。这些方面近几年来政府做了很大的努力，情况有所改善。但由于广大干部经验不足，由于一部分干部误解把公平放在兼顾从属地位，还有一些地方与部门官员受自身利益的驱动，使许多能解决的社会分配问题，迟迟得不到解决，如行政性垄断收入问题。垄断行业的个人收入与非垄断行业相差几倍，同样素质、同等努力的人群待遇不公正，久已为社会所诟病，也讲了好多年要改正这个弊病。但对垄断行业高个人收入的调节，只限于个人所得税这个调节力度较小的措施，不发生什么影响，而没有从源头、从初次分配环节解决垄断利润产生和分配问题。

税收杠杆，如个人所得税制度，本来是一种调节过高收入、抽肥补瘦的税制。但是，多年来中低收入的工薪阶层却成了个人所得税的纳税主体，税法不严使一些富豪逃避交纳个人所得税，连国家领导人也出面表示不满。个人所得税从抽肥补瘦变成了劫贫帮富的税制。现在抓紧完善个人的所得税制度改革，步伐应当加快。

又如遗产税，许多国家都把它当作调节收入分配的重要工具。据保守估计，我国资产总量在100万元以上的高收入家庭，至少已超过1000万个以上，开征遗产税、赠与税已有雄厚的现实经济基础。目前我国缺乏个人财产继承、赠与和转让的法规，没有建立个人财产登记和收入申报（后者只在很有限的范围内实行）制度等，这是实行遗产税和赠与税的前提，本来应当加紧研究，积极准备。但至今尚未见有政府部门牵头召集各方研究起草有关方案，不知要拖到什么时候。

再如，国有资产划转给社会保障基金，这也是实现社会公平福利的一项重要措施。也讲了多年，迟迟难以落实。现在地方国有资产大部分卖光，其收入有多少划拨到社保基金？国企改制中变现收入的用途，包括划拨给社保基金，要赶快立法，不然就要落空。有人建议，为了缩小贫富差距，要向企业职工划转国有资产。划转国有资产给本企业职工，结合职工持股改革，是一个偿还国有企业职工社会保障性债务的办法，是可以实行的。但国有资产不是本企业职工单独创造的，而是全民努力的结果，划转给全国社会保障基金，也是顺理成章的。

又再如，政府职能和财政功能由经济建设型为主转变为公共服务型为主，这是与提高公民福利、促进社会公平有关的十分重要的改革。因为公共服务的受益者多是低收入者，包括教育、保健等在内的社会福利措施，可以提高人的素质，改善人们进入多种就业和社会生活的平等机会。但是，政府职能和财政功能转变滞后，这一转变往往受到许多地方政府把主要精力放在经济建设上，热衷于大搞政绩工程的限制。重视经济建设，轻视公共服务，以致我国曾被世界卫生组织诟为卫生资源分配最不公平的国家之一。教育经费占GDP比重在世界各文明国家排名居后，尤其义务教育供应不足，相当多老百姓没有基本能力进入劳动市场，被排斥在现代化进程之外。当然这些情况都在改进，但与投入经济建设的资源相比，改进的速度还是很不理想。

此外，一些地方还借经济建设与改革之名，使居民财产权利、收入权利受到侵犯。在农村土地征用、城镇房屋拆迁、拖欠民工工资以及企业改制中损害群众利益浪潮的兴起中，可以看到政府权力过大，某些官员行为不正，吏治腐败的背影。现在以解决损害群众利益的突出问题为重点，深入开展廉政建设和反腐败斗争，中央加大了防治腐败的力度，坚持用改革的办法解决产生腐败现象的深层次问题，加快政府职能转变和制度建设，加大对权力的监督制约。大家深切期望，也相信在中央巨大决心和正确领导下一定能够做到，在反腐斗争中不再出现"道高一尺，魔高一丈"；也不再出现交通系统那样"前仆后继，死而后已"的现象。

七

进一步重视社会公平，在效率与公平关系上加大公平的分量，是大家关心的问题。可是现在也有另一种忧虑，认为现在这样强调社会公平，会不会回到传统体制固有的平均主义，担心有些人"刻意渲染"我国收入差距过大，会导致这样的后果。

这种忧虑不是没有来由的，确有中国人对收入差距的承受能力已达极限的说法，如我在前面已经分析过的。我们确实不宜

"刻意渲染"收入差距的问题。但研究者观点不同,估计有出入,也是可以理解的。我们不能忽视收入差距的迅速扩大可能发展为"两极分化",不应忽视实际存在的严重社会不公引发潜在的社会危机。居安思危、防患未然、未雨绸缪,不一定没有积极意义。

我国改革发展到现在这一步,很少人想回到"大锅饭"的旧体制。随着市场经济理念和运行规则深入人心,经由诚实劳动和合法经营取得的高收入和扩大的收入差距,已为广大群众所理解、认同和接受,"能以比较宽宏的眼光看待由于工薪、技术专利和资本收益引起的收入差距的扩大"。引发不满的是体制外的灰色收入、法制外的黑色收入,以及体制内由法律不健全、政策不完善造成的非规范收入。人们希望的无非是调整和纠正这些不公平现象,并改进运用再分配杠杆适当调剂贫富差距,而决不是想触动那些合理合法的高收入。所以,强调社会公平谈不上会重新唤起传统体制固有的平均主义,使改革开放以来达成的共识受到冲击。在目前实际生活中,平均主义的残余已限制在一些国有机构、产业部门中越来越少的部分,而且国有部门单位之间也出现相当大的收入鸿沟。残余的平均主义要继续清理,但目前矛盾的主要方面已不是平均主义,而在分配天秤的另一端,需要适当地校正。

我倒有另一种忧虑。十四大提出建立社会主义市场经济新体制,是一个完整的概念,现在有些被割裂了。好像这些年来,强调市场经济多了一些,强调社会主义少了一些。而在说及社会主义时,则强调它"发展生产力"的本质即提高效率方面多一些,而强调它"共同富裕"的本质即重视社会公平方面少了一些。在我国这样一个法制环境和人治环境下建立的市场经济,如果不讲社会主义,如果忽视共同富裕的方向,建立起来的市场经济必然是人们所称的坏的市场经济，权贵市场经济，两极分化的市场经济。邓小平告诫我们：改革造成两极分化，改革就失败了！我们要避免这个前途，我们一定能够避免这个前途，那只有一个办法，要更加重视社会公平的问题。

作者主要著作目录

个人专著

社会主义再生产问题 1980年10月，生活·读书·新知识三联书店出版

马克思的社会再生产理论 1981年4月，中国社会科学出版社出版

南斯拉夫的计划与市场 1981年4月，吉林人民出版社出版

论经济改革与经济调整 1983年12月，江苏人民出版社出版

苏联东欧几国的经济理论和经济体制 1984年11月，中国展望出版社出版

刘国光选集 1986年12月，山西人民出版社出版

中国经济大变动与马克思主义经济理论的发展 1988年8月，江苏人民出版社出版

改革、稳定、发展 1991年7月，经济管理出版社出版

刘国光经济文选（1991—1992） 1993年10月，经济管理出版社出版

中国经济改革和发展的新阶段 1996年1月，经济管理出版社出版

中国经济走向——宏观经济运行与微观经济改革 1998年11月，江苏人民出版社出版

中国经济运行与发展 2001年9月，广东经济出版社出版

刘国光自选集 2003年9月，学习出版社出版

中国宏观经济问题　2004 年 5 月，经济管理出版社出版

合著与主编

国民经济管理体制改革的若干理论问题　1980 年 5 月，中国社会科学出版社出版

匈牙利经济体制考察报告　1981 年 8 月，中国社会科学出版社出版

国民经济综合平衡的若干理论问题　1981 年 10 月，中国社会科学出版社出版

1997—1980 中国的经济体制改革　1982 年 2 月，人民出版社出版

苏联经济管理体制考察资料　1983 年 8 月，中国社会科学出版社出版

中国经济发展战略问题　1984 年 1 月，上海人民出版社出版

学习《邓小平文选》发展和繁荣社会科学　1984 年 10 月，中国社会科学出版社出版

经济体制改革理论问题　吉林省经济学团体联合会出版

深圳特区发展战略研究　1985 年 12 月，香港经济导报社出版

中国经济建设的若干理论问题　1986 年 4 月，江苏人民出版社出版

中国社会主义经济的改革、开放和发展　1987 年 1 月，经济管理出版社出版

社会主义商品经济问题讲话　1987 年 8 月，北京出版社出版

海南经济发展战略　1988 年 6 月　经济管理出版社出版

中国经济体制改革的模式研究　1988 年 7 月，中国社会科学出版社出版

体制变革中的经济稳定增长　1990 年 5 月，中国计划出版社出版

80 年代中国经济改革与发展　1991 年 7 月，经济管理出版社出版

不宽松的现实和宽松的实现——双重体制下的宏观经济管理　1991 年 8 月，上海人民出版社出版

为什么三峡工程应尽快上马　1992 年 1 月，社科院数量经济与技术经济研究杂志出版

深圳经济特区 90 年代经济发展战略　1993 年 4 月，经济管理出版社出版

中国经济的两个根本性转变　1996 年 12 月，上海远东出版社出版

作者年表

1923年 11月23日生于江苏省南京市。

1946年 毕业于云南昆明国立西南联合大学经济系。

1955年 毕业于苏联莫斯科经济学院国民经济计划教研室（研究生）。

1955年起 在中国科学院、中国社会科学院工作，曾任经济研究所所长和《经济研究》主编等职。

1981—1982年 兼任国家统计局副局长。

1982—1993年11月 任中国社会科学院副院长。1993年11月起，任中国社会科学院特邀顾问。

1982—1992年 曾任中国共产党中央委员会第十二届、第十三届候补委员。

1993—1998年3月 曾任全国人民代表大会第八届常务委员会委员。

1988年 被波兰科学院选为该院外国院士。

2001年 被俄罗斯科学院选为该院荣誉博士。

兼任北京大学、南京大学、浙江大学、东北财经大学、上海财经大学教授。

多年来，参加和领导过中国经济发展、宏观经济管理、经济体制改革等方面重大课题的研究、论证和咨询，是当前中国最著名和最有影响的经济学家之一。

2005年3月获首届中国经济学杰出贡献奖。